21世纪房地产系列教材

房地产经济学

（第3版）

董 藩　丁 宏　陶斐斐 ◎ 编著

Real Estate Economics

清华大学出版社
北京

内 容 简 介

本书共分十一章，第一章至第六章主要从微观角度介绍房地产经济学的基本理论和方法，第七章至第十一章则从宏观角度介绍与房地产经济及市场相关的重要制度问题。本书在编排结构时，既注重对房地产基本理论和知识的阐释，又注意结合中国房地产行业特性和制度特点进行详解，尽可能兼顾普遍性和特殊性的要求。在具体内容上，既兼顾主要知识点的覆盖，又考虑不同层次读者对内容的理解难度，尽可能做到专业性与通俗性的结合。

本书可作为房地产开发与管理、土地资源管理、工程管理、区域经济（城市经济）等专业本科生的教材，也可作为房地产管理者及房地产研究爱好者的参考读物。

本书封面贴有清华大学出版社防伪标签，无标签者不得销售。
版权所有，侵权必究。举报：010-62782989，beiqinquan@tup.tsinghua.edu.cn。

图书在版编目（CIP）数据

房地产经济学：第3版 / 董藩，丁宏，陶斐斐编著. —北京：清华大学出版社，2023.6
21世纪房地产系列教材
ISBN 978-7-302-63783-7

Ⅰ. ①房… Ⅱ. ①董… ②丁… ③陶… Ⅲ. ①房地产经济学—高等学校—教材 Ⅳ. ①F293.30

中国国家版本馆CIP数据核字（2023）第101360号

责任编辑：杜春杰
封面设计：刘　超
版式设计：文森时代
责任校对：马军令
责任印制：杨　艳

出版发行：清华大学出版社
网　　址：http://www.tup.com.cn, http://www.wqbook.com
地　　址：北京清华大学学研大厦A座　　邮　　编：100084
社　总　机：010-83470000　　邮　　购：010-62786544
投稿与读者服务：010-62776969, c-service@tup.tsinghua.edu.cn
质量反馈：010-62772015, zhiliang@tup.tsinghua.edu.cn

印 装 者：三河市铭诚印务有限公司
经　　销：全国新华书店
开　　本：185mm×260mm　　印　张：20　　字　数：485千字
版　　次：2023年6月第1版　　印　次：2023年6月第1次印刷
定　　价：69.80元

产品编号：101324-01

丛书编委会
（以汉语拼音为序）

顾问　陈　淮　顾云昌　聂梅生　秦　虹
　　　　王健林　谢家瑾　郑超愚　朱中一
主任　董　藩　康耀江
编委　代春泉　丁　宏　李　英　刘德英　刘新华
　　　　刘　毅　邱　红　孙　宇　陶斐斐　王军艳
　　　　文　伟　熊志刚　徐　青　杨　瑛　张红日
　　　　张健铭　赵安平　周小平　周　宇　周　哲

丛书顾问寄语

研究规律和国情比臆测价格和猜赌政策更重要。严肃学者与江湖术士的区别就在于前者致力于对客观规律和基本国情的归纳与总结。

——陈淮

作为国民经济支柱产业的房地产业，其对应的学科建设亟待加强，这也是本丛书编辑、出版的意义所在。

——顾云昌

房地产与政治、经济、社会、民生等紧密相连，出版房地产专业教材是系统培养专业人才的长远之计，这项工作虽然是基础性的，但做好它意义重大。

——聂梅生

董藩教授及其团队一直在学习、研究和传播房地产知识，为中国房地产学科的建立和专业人才的培养做出了积极贡献。

——秦　虹

房地产实践的发展需要专业理论的指导，也需要专业人才的加入。而这两点，都有赖于专业教育的发展。认识董藩教授已近20年，深知他称得上是中国房地产学科的搭建者和带头人。

——王健林

梳理专业知识，服务学科建设；解读经济规律，促进行业发展。

——谢家瑾

房地产业是国民经济的主导产业和支柱产业，但房地产教育却还处于初级状态。要发展房地产专业教育，教材建设是最基础的工作。希望本套教材的出版对此有明显的推进作用。

——郑超愚

深化认识，夯实根基，是实施科学管理，促进房地产业平稳、健康发展的基础。相信这套丛书的出版对业内和相关人士认识房地产市场规律、掌握房地产基础知识将起到积极的推动作用。

——朱中一

丛书序言

——大力推进房地产专业教育和知识普及工作

1998年以来，中国房地产业快速发展，已成为国民经济的主导产业和支柱产业，取得了令世人瞩目的成就，尤其是在改善广大城镇居民住房条件、改变城镇面貌、促进经济增长、扩大就业四个方面，更是发挥了其他行业所无法替代的巨大作用。这一切，仅从中国城镇人均居住面积的变化便不难看出：新中国成立初期为4.5平方米，但到了1978年，反而下降到了3.6平方米；1990年为7.1平方米，到了1998年也只有9.3平方米。现在我们的居住条件已经达到人均42平方米了。

然而，随着房地产业的发展，一系列问题和矛盾也出现了。诸如房价问题、住房保障和宏观调控问题、房地产行业融资困境以及市场机制运行阻力增加等，这些问题和矛盾倘若得不到有效解决，势必给房地产业的可持续发展埋下隐患。

这些问题的出现，均与各界对房地产市场认识的偏差联系在一起，而这些认识上的不足，又与房地产教育的短缺、房地产理论的落后、房地产专业知识普及的乏力是密切相连的。这种境况的出现，既有必然的逻辑，又有偶然事件的诱使。而要改变这种现实，必须抓好房地产教育、房地产理论研究工作，同时大力推进房地产专业知识的普及工作。房地产教材的编写就是这样一项实实在在的工作内容。为搭建起中国的房地产学科，20多年来，我与我的合作者一直在积极探索着。

早在2000—2001年，在东北财经大学出版社编辑谭焕忠先生的鼓励和运作下，我就主编了"最新房地产经营管理丛书"，在这方面做了积极尝试，受到房地产业内和财经教育界的关注。后来我们又对这套丛书进行了修订、完善，个别分册还有第三版、第四版和第五版问世，成为普通高等教育"十一五"国家级规划教材。但是，随着时间的推移，这些教材又有了全面更新的必要。为此，从2009年开始，我们与清华大学出版社合作，邀请国内多所知名高校的房地产专家、学者，重新编著了"21世纪房地产经营管理系列教材"，包括《房地产经济学》《房地产开发》《房地产投资分析》《房地产市场营销》《房地产金融》《房地产开发企业会计》《房地产估价》《房地产法律与制度》《房地产管理信息系统》《物业管理》《住房保障制度》《房地产合同管理》等。

从整套教材来看，不仅有介绍房地产基本知识的《房地产经济学》，还将房地产行业和项目所涉及的主要业务知识分册进行了讲解。浏览一下这套丛书各分册的书名就会发现，其中暗含着"投资分析—开发—监理—营销—物业管理—估价"这样的纵向逻辑脉络，主要阶段基本知识的讲解全部囊括其中；同时，又顺着横向逻辑关系对与房地产有关的金融、会计、法规知识按照教材体系做了详细整理。读完该套教材后，读者对房地产行业的理论、业务知识、分析方法、法律规定便有了基本了解。身边准备这么一套房地产专业书籍，遇到什么问题也基本都能从中找到答案。非常重要的一点是，我们充分考虑到房地产行业的实践性，十分注重理论联系实际。当读者阅读过我们的教材之后，也会深刻体会到该套教材的这一显著特征。

在前面多年房地产教学、科研和教材编写基础上的该套教材，与以往的教材相比，无论基础知识的梳理、内容的安排，不同分册间知识的衔接，还是文字的表述、写作的规范性，都有了明显进步。所以，该套教材问世后再次引起房地产、工程管理和物业管理专业领域和房地产业界的普遍关注，十分畅销。

随着时间的推移，从2016年开始，我们着手对该套"21世纪房地产经营管理系列教材"做了修订。清华大学出版社根据各方意见，对该套丛书做了筛选，出版社杜春杰老师与相关作者进行了沟通。大家按照安排，在保持原貌基础上，对本教材中涉及的过时的表述、案例、政策、数据、参考文献等都做了必要的更新，力求向精品化教材的方向发展，丛书的名称也因此更改为"21世纪房地产系列精品教材"。从那时到现在，又是七年过去了，这套教材的第三版修订工作也开始了。

无论是在第一版和第二版的编写中，还是在这次的修订中，我们都得到了各位顾问、同行专家和行业领袖的大力支持。我要特别感谢大家对我的团队和北京师范大学房地产研究中心的长期支持与鼓励。同时，我们还参阅了很多教材、著作、论文和新闻稿件，在每本书的注释或参考文献中都有专门列示，也要感谢这些作者。清华大学出版社的杜春杰编辑为本套丛书的再次修订付出了巨大心血。在此，我们对相关顾问和编辑表示深深的谢意。

由于水平、能力等原因，修订后的这套教材仍可能存在一些错误或不足之处，有些我们有所感知，有些还未认识到。欢迎大家继续批评指正，以便下次修订时加以完善。

董 藩

2023年1月于北京

第 3 版前言

在清华大学出版社的支持下，从 2009 年开始，我与康耀江先生一起，组织 20 位高校、房地产界、金融界、土地资源管理行业的专家、学者，编写了一套"21 世纪房地产经营管理系列教材"，包括《房地产经济学》《房地产开发》《房地产投资分析》《房地产市场营销》《房地产金融》《房地产开发企业会计》《房地产估价》《房地产法律制度》《房地产管理信息系统》《房地产合同管理》《住房保障制度》《物业管理》，共 12 本。教材问世后，得到房地产实业界、教育界和培训界的捧场，被一些大学和培训机构选作教材，也被一些刚刚步入房地产行业的从业人员作为行业知识学习的入门课本。

从 2016 年开始，我们对其中的大部分教材进行了修订，重新申报了新丛书名"21 世纪房地产系列精品教材"，仔细推敲了每本教材的逻辑体系和结构安排，一些内容根据房地产形势和学术界的研究成果，做了增减、调整，对过时的数据、制度、政策、案例、事实描述等做了更新和替换。其中，《房地产经济学》作为整套教材知识讲解中最基础的一本，成为我们修订的重点。这些修订，进一步提升了教材的质量，也因此得到了房地产行业和教育界、培训界同行的继续支持。

房地产行业在继续发展，转眼间，七年的时间又过去了，市场形势与政策发生了很大变化。尤其是限购、限贷、限价、限售等行政管理措施的推出，以及"房住不炒"这一行业管理思想的强调和长效机制这一行业发展目标的明确，都迫切要求我们紧跟实践变化，重新梳理教材的内容，摒弃相对陈旧的陈述，吸纳新的说法。

在本次《房地产经济学》的修订中，我们吸收了成熟的学术研究成果，更新了对行业与市场形势的陈述，更新了因时间推移而变化了的数据，更新了涉及房地产的法规与标准，对部分案例/专栏资料、思考与讨论题目以及阅读推荐资料也做了更新，并调整了个别知识点的写作结构安排，修订和补充了注释、参考文献，对个别表达不严密、不准确的地方做了修改，将技术变革对房地产供求关系及商业模式的影响也做了整理。其中，第一、第四章由柴铎博士帮助修订了第一遍，原作者董藩教授修订了第二遍；第二、第三、第五、第六、第七章由原作者陶斐斐博士修订了第一遍，董藩教授修订了第二遍；第八章至第十一章由原作者丁宏副总裁修订了第一遍，马梓洲博士帮助修订了第二遍，董藩教授修订了第三遍。此外，李英教授、毋黎明老师也曾将教学中发现的问题及时告知我们，对修改工作做出了贡献。

本书在进行结构编排时，延续了以往的要求：既注重对房地产基本理论和知识的阐释，又注意结合中国房地产行业特性和制度背景进行讲解，尽可能兼顾普遍性和特殊性的要求。在具体内容上，既兼顾主要知识点的覆盖，又考虑了不同层次读者对内容的理解差别，尽可能做到专业性与通俗性的结合。

本书定位为房地产开发与管理、土地资源管理、工程管理、区域经济（城市经济）等专业本科生的基础教材，也可作为房地产管理者及房地产研究爱好者的参考读物。大家在阅读和作为教材使用中发现有何不妥或错误之处，欢迎通过电子信箱 dongfan67@163.com 与我们联系，不胜感激。

董　藩　丁　宏　陶斐斐

2023 年 1 月

目　录

第一章　绪论 ········· 1
学习目标 ········· 1
导言 ········· 1
第一节　房地产的含义、分类与特征 ········· 1
第二节　房地产业在国民经济中的地位与作用 ········· 16
第三节　房地产经济学的研究对象、方法与内容 ········· 25
本章小结 ········· 29
综合练习 ········· 30
推荐阅读资料 ········· 30

第二章　地租理论 ········· 31
学习目标 ········· 31
导言 ········· 31
第一节　地租理论概述 ········· 31
第二节　古典政治经济学的地租理论 ········· 36
第三节　庸俗政治经济学的地租理论 ········· 39
第四节　马克思的地租理论 ········· 41
第五节　现代西方经济学的地租理论 ········· 50
本章小结 ········· 53
综合练习 ········· 54
推荐阅读资料 ········· 55

第三章　区位理论 ········· 56
学习目标 ········· 56
导言 ········· 56
第一节　区位理论概述 ········· 56
第二节　冯·杜能的农业区位论 ········· 60
第三节　韦伯的工业区位论 ········· 65
第四节　中心地理论 ········· 72
第五节　土地区位与城市土地利用结构 ········· 81
第六节　现代区位理论 ········· 84
本章小结 ········· 87
综合练习 ········· 88
推荐阅读资料 ········· 89

第四章　房地产供求关系 ····· 90
学习目标 ····· 90
导言 ····· 90
第一节　房地产市场的需求 ····· 90
第二节　房地产市场的供给 ····· 100
第三节　房地产市场的供求均衡 ····· 105
本章小结 ····· 113
综合练习 ····· 113
推荐阅读资料 ····· 114

第五章　房地产市场 ····· 115
学习目标 ····· 115
导言 ····· 115
第一节　房地产市场概述 ····· 115
第二节　房地产市场的运行与四象限模型 ····· 119
第三节　房地产市场过滤规律与分析模型 ····· 126
第四节　房地产市场的空置与空置率 ····· 132
本章小结 ····· 136
综合练习 ····· 137
推荐阅读资料 ····· 137

第六章　房地产价格 ····· 138
学习目标 ····· 138
导言 ····· 138
第一节　房地产价格的基本理论 ····· 138
第二节　房地产价格的分类 ····· 144
第三节　房地产价格与其他变量的关系 ····· 149
第四节　房地产价格评估 ····· 154
综合练习 ····· 162
推荐阅读资料 ····· 162

第七章　房地产周期 ····· 163
学习目标 ····· 163
导言 ····· 163
第一节　房地产周期概述 ····· 163
第二节　房地产周期的影响因素 ····· 172
第三节　房地产周期的形成机制 ····· 176
第四节　房地产周期的测度 ····· 180
第五节　房地产周期与宏观经济周期 ····· 185

本章小结 188
综合练习 189
推荐阅读资料 189

第八章 房地产产权与住房制度 190
学习目标 190
导言 190
第一节 房地产产权 190
第二节 农村住房制度及其现状 196
第三节 城镇住房制度及其改革 202
本章小结 214
综合练习 215
推荐阅读资料 215

第九章 房地产税收 216
学习目标 216
导言 216
第一节 税收的基本原理 216
第二节 房地产税收的含义与作用 224
第三节 国外房地产税收制度及启示 229
第四节 中国房地产税收制度 234
本章小结 243
综合练习 244
推荐阅读资料 244

第十章 房地产市场调控 245
学习目标 245
导言 245
第一节 房地产调控概述 245
第二节 房地产调控的必要性 250
第三节 中国房地产调控政策 255
本章小结 274
综合练习 275
推荐阅读资料 275

第十一章 房地产业可持续发展 276
学习目标 276
导言 276
第一节 可持续发展概述 276
第二节 房地产业与可持续发展 286

第三节　中国房地产业可持续发展的必要性 …………………………………… 289
第四节　影响中国房地产业可持续发展的因素 …………………………………… 295
第五节　中国房地产业可持续发展的对策及成就 ………………………………… 299
本章小结 …………………………………………………………………………… 304
综合练习 …………………………………………………………………………… 304
推荐阅读资料 ……………………………………………………………………… 305

第一章 绪 论

 **学习目标**

通过对本章的学习,学生应了解或掌握如下内容:
1. 房地产的含义、分类与特征;
2. 房地产业的含义及行业性质;
3. 房地产业经济活动的内容;
4. 房地产业在国民经济中的地位与作用;
5. 房地产经济学的研究对象、方法和内容。

 导言

尽管中国的房地产业发展较晚,但房地产作为一种重要的商品,作为家庭财富的主要形式之一,已为广大城市居民所熟识和接受。拥有房地产成为很多人的行为目标之一。拥有什么样的房地产、拥有几处房地产、在哪个城市拥有房地产成为一个人经济地位和社会影响的重要体现。人们关注房改政策,关注商品房的价格与质量,关注物业服务,进而关注房地产行业的发展。国家关于房地产和房地产业的政策、制度和法律也不断推出。在这样的时代背景下,房地产业迅速发展起来,成为国民经济中举足轻重的支柱产业。

第一节 房地产的含义、分类与特征

房地产既是一种稀缺的资源,又是重要的生产要素,同时也是人们生活的必需品。不同的人,站在不同的角度,对房地产的内涵有不同的理解。按照不同的标准,房地产又有不同的分类。由于与其他商品在自然属性上有明显的不同,房地产具有区别于其他商品的自然特征、经济特征和社会特征。

一、房地产的含义

理论界对房地产这一概念的内涵存在着不同的理解,尽管没有出现过引人注目的争执或较大规模的讨论,但从相关的著作、教材、工具书和论文中不难看出这一点,这些延续至今天的各种不同的表述最早主要出现在 20 世纪 90 年代初期的一些文献中。

(一)几种流行观点简评

第一种观点认为,房地产是房屋财产(简称"房产")与土地财产(简称"地产")的总称。从物质形态上看，房产依附于地产，房地相连，不可分割；从经济形态上看，其经济内容和运行过程也具有内在的整体性和统一性。因此，房地产是由房屋建筑和建筑地块组成的有机整体。[1]这一观点的问题是把实物与权利混为一谈，"产"显然是指"资产"，强调权利关系。将房地产仅说成是由建筑物和地块结合在一起的实物整体，显然丢掉了部分内容。另外，说房屋依附于土地是可以的，说房产依附于地产显然不妥。例如，城市土地的所有权基本上都属于国家，建在其上的房屋却既可以是国有财产，又可以是集体财产，还可以是个人财产或共有财产等其他种类。从土地使用权来看，有时恰恰因为购买房产而连带购买了相对应的土地使用权，说房产依附于地产也不合适。

第二种观点认为，房地产是房产与地产的合称，是房屋与土地在经济关系上的体现。房屋与土地反映物质的属性与形态，而房产和地产则体现商品形式的价格。[2]这种概括也有问题，所谓"房屋与土地在经济关系方面的体现"，只能理解为"房屋与土地的价值或价格体现"，而将房地产说成房屋与土地的价值或价格体现，显然在逻辑上讲不通。因此，这种解释不但不能让人接受，还存在明显的逻辑错误。

第三种观点认为，房地产应是房屋财产与土地财产的有机结合，是房屋与土地的有机结合体在社会经济方面的商品体现。[3]这种观点其实是对第二种观点的修正，但这种修正仍存在问题：其一，该观点仍将房地产看作房屋与土地在社会经济方面的商品体现，显然未摆脱第二种观点的逻辑错误。其二，该观点过分强调房地产是房屋财产与土地财产的有机结合。房屋与土地确实是紧密相连的，有房必有地，但有地未必有房。对一块纯天然的海滨浴场来说，并没有什么房屋，但对拥有者来说它仍是一块地产，此时"有机结合体"的说法便不成立了。

第四种观点认为，房地产是不动产，它有广义和狭义两层内涵：在广义上是指土地以及土地上的一切经人类加工、建筑后的物品，主要是房屋；在狭义上是指市场上的供买卖的标的物，主要包括预售房屋、新屋和旧屋。[4]这种观点的问题在于：第一，仍然将权利与实物混为一谈。第二，没有认真区分"房地产"与"不动产"两个概念之间的区别。"不动产"在内涵上强调"不动"，房地产属于不动产，但不动产不全是房地产。例如水坝、桥梁、钻井平台等，显然具有不动产性质，但说其是房地产则不合适。另外，农村集体所有土地虽也是不动产，但按现行法律，我们在谈房地产的含义时一般也将其排除在外。第三，预售是营销的一种手段，显然不是房屋的种类，与新房、旧房相列的应是期房，所谓"卖楼花"是指卖期房。第四，狭义的房地产还应该包括土地使用权（在国外大多数时候强调的是土地所有权）。

第五种观点认为，房地产有广义和狭义两种理解。广义房地产不仅包括土地、土地上的永久建筑物、基础设施以及诸如水和矿藏等自然资源，还包括与土地所有权有关的所有权利或利益、与分析房地产有关的知识以及经营房地产买卖的商业界。狭义房地产仅指土地以及土地上的永久建筑物和由它们衍生的各种物权。[5]这种说法试图克服实物与权利不分

---

[1] 周汉荣，张元端，王振宁. 中国房地产业务大全[M]. 北京：中国物价出版社，1993：1-5.
[2] 汤树华，谢卫东. 中国房地产实务全书[M]. 北京：新时代出版社，1992：1-6.
[3] 夏平利. 我国房地产金融市场行政管理的涵义及原则初探[J]. 中国房地产，1994（3）：72-74.
[4] 何宏生. 房地产基本知识与经营指南[M]. 北京：地震出版社，1993：1-6.
[5] 吕华. 房地产估价理论与实务[M]. 上海：同济大学出版社，1990：1-5.

的错误倾向，但仍有其不合理的地方：其一，从语法上看，"房地产"是具有偏正结构性质的词组，它的中心词是"产"，显然它强调的是财产属性或权利关系。将房地产理解成既包括实物形式又包括权利关系是可以的，而将两者相提并论并不合适。其二，将水、矿藏等自然资源视为房地产也不合适。至少在中国，现在还规定矿藏的所有权属于国家，不能转让，开采权主要也不是由市场关系决定的，这与作为商品的房屋和土地使用权的性质迥然不同。其三，说房地产的含义包括有关房地产知识和经营房地产的商业界，这在逻辑上实在讲不通。

第六种观点是梁运斌博士给出的观点。他在比较了一些学者所下的定义之后，谈了自己的认识：房地产是房产和地产密不可分的、相互依存的有机结合体，它是指地上房屋建筑及其附属物和承载房屋建筑及其附属物的土地以及由它们所衍生的各种权利。[1]其实通过对上面五种观点的评判，已间接给出了对这一观点的意见：其一，过分强调房地产是房产与地产的结合体；其二，将房地产理解成实物形式与权利关系的结合未能抓住其内涵的实质和重点；其三，在中国，房地产范畴中涉及的地产其实只包括土地使用权，绝对不可泛泛说成土地。要知道，除了征用农地外，土地所有权属于国家，不可变更和流通。

第七种观点认为，房地产是一个复合概念，即房地产是指建筑地块和建筑地块上以房屋为主的永久性建筑物及其衍生的权利。房地产的复合性体现在：一是房和地在物态上的不可分性，"房依地建，地为房载"；二是物态上的不可分性导致衍生权利的耦合性。[2]这种观点显然也是过分强调了房地产中房屋的主导地位及房和地的密不可分性，从而忽视了地产的单独存在形式。

（二）本书的看法

在对其他学者的观点进行了一番评析之后，我们也提出了自己对房地产这一范畴的界定。所谓房地产，即指房产与地产的合称，是房屋与土地在经济关系方面的体现，属于资产范畴。房屋与土地反映的是物质的属性与形态，而房产和地产则体现相应的生产关系。

由于物质形态的房屋与土地常常是紧密相连的，房屋建筑与建筑地块经常连在一起，表现为一种有机整体，因此在经济形态上，房屋和土地的内容及运动过程具有内在的整体性，房产与地产两个概念常合称为房地产。又由于房屋和土地不可移动，或者一经移动就要丧失极大价值，因此房地产成为不动产的典型代表形式（不动产不全是房地产），以至于有人常将其混为一谈。

谈到房地产时，需要特别注意房屋与房产以及土地与地产的区别——通常所说的房屋是指建筑物的物质形态或物理特征，一般指上有屋顶，周围有墙，能防风避雨，御寒保温，供人们在其中工作、生活、学习、娱乐和储藏物资，并具有固定基础，层高一般在 2.2 米以上的永久性场所。但根据某些地方的生活习惯，可供人们常年居住的窑洞、竹楼等也应列入其中。房屋是人类生活和生产的基本物质条件，它具有一定的形态（不管是古代的洞穴、巢筑，还是现代化建筑）、建筑材料、建造质量、构建技巧和用途，是生产、分配、交换和消费的客体。而房产是指作为财产的房屋，也就是从财产角度考虑的房屋。提到房产，

---

[1] 梁运斌. 世纪之交的中国房地产：发展与调控[M]. 北京：经济管理出版社，1996：9.
[2] 曹振良. 房地产经济学通论[M]. 北京：北京大学出版社，2003：2.

不仅是指实物形态的房屋，还侧重于房屋的所有、占用、使用、收益、处分等权利义务关系。

不论是原始状态的土地，还是经过人类开发改造的土地，都是指土地这一物质的资源形态。广义的土地是一个垂直系统，是从大气层到地心一定垂直距离的空间状态，是由土壤、地貌、岩石、植被、水文、气候以及地理位置所组成的自然综合体。狭义的土地仅指地球表面构成陆地的土壤层，通常称为地皮或地表。地产是把土地视为财产时的称谓，这时土地体现着相应的生产关系，地产是土地社会属性的具体体现，是指在一定所有制关系下作为财产的土地及其权益关系的总和。谈到地产，必然会涉及土地使用权（国外时常涉及所有权），以及土地流通或使用过程中发生的利益关系及处理方式。

二、房地产的分类

尽管从物质形态和价值构成上房地产常常是不可分离的，但从掌握知识的角度，还需将其"硬性"分开，以便了解它们各自包含哪些内容。

（一）房产的分类

本书认为，同其他许多事物一样，房产的分类也不是唯一的。从不同的角度，用不同的划分标准，可以对房产做不同的分类。对于房地产管理以及估价来说，有意义的房产分类主要包括以下六种：（1）按照房产所有权性质进行的分类；（2）按照房产用途进行的分类；（3）按照房产开发程度进行的分类；（4）按照房产实物形态进行的分类；（5）按照房产是否产生收益进行的分类；（6）按照房产所有制与管理形式结合进行的分类。

1. 按照房产的所有权性质划分

按照房产的所有权性质通常可将房产划分为以下六类。

（1）国有房产。国有房产是指国家按照统一领导、分级管理的原则授权国家机关、国有企业和事业单位等管理的属于国家所有的房产。一般来说，上述单位在国家授权的范围内对国有房产行使占有、使用、处分等权利，同时负有保护国有房产不受损害的义务。

（2）集体所有房产。集体所有房产是指归集体组织和单位所有的房产，集体组织和单位依法对其享有占有、使用、处分等权利。

（3）公民私有房产。包括公民购买、建造和受赠得到的房产，以及在住房制度改革中政府以各种优惠形式协助私人购买、建造，带有一定与国家共有成分，但法律确定为私人所有的房产。

（4）共有房产。包括个人之间共有和不同所有制民事主体之间共有的房产。该房产的产权人依照法律、法规或契约分享房产的占有、使用、处分等权利。

（5）涉外房产。包括外国公民、三资企业、外国政府在国内拥有的，以及香港、澳门和台湾地区同胞在大陆拥有的房产，这些房产同样受到中国法律的保护。

（6）其他房产。其他房产是指其他少量特殊的房产，如宗教房产、宗族房产、会馆房产等。

2. 按照房产的用途划分

按照房产的用途可将房产划分为以下八类。

（1）住宅。住宅是供人们日常生活、居住的房屋。它是最重要的生活资料，是人们从事一切社会、经济、文化活动的最基本的物质前提之一。在现代城市中，住宅一般要占城市房屋总量的六成左右。自1998年大规模启动住房制度改革以来，中国出现了各种类型的住宅，包括商品房、房改房（又称已购公有住房）、不可售公有住房、廉租房、公共租赁住房、经济适用房、两限房、解困房和微利房等。按照容积率和形态，住宅又分为普通住宅（70年产权的）、别墅、联排、叠拼、公寓等种类。

（2）生产用房。生产用房是指物质生产部门作为基本生产要素使用的房屋，包括在工业、交通运输业、建筑业和农业等生产活动中所使用的厂房、仓库、实验室、车站、机场、种子库、饲养用房和配套办公、服务用房等。具体又可分为工业用房、交通运输用房、农业用房等。

（3）营业用房。营业用房是指商店、银行、邮电、旅馆、餐饮以及其他经营性服务行业所使用的房屋，现在行业内一般叫商业用房。它既包括直接用于营业活动的房屋，含商业店铺、百货商场、购物中心、超级市场、批发市场、宾馆、饭店、酒店、度假村、旅店、招待所、洗浴中心、美发厅等，也包括办公室、仓库、堆栈等辅助用房。

（4）公用设施用房。公用设施用房是指自来水、泵站、污水处理、变电、燃气、供热、垃圾处理、环卫、公厕、殡葬、消防等市政公用设施的房屋。

（5）办公用房。办公用房是指供处理各种事务性工作使用的房产，可分为商务办公用房（俗称写字楼）和行政办公用房两类，其中行政办公用房是指党、政、军机关，工、青、妇团体和民主党派等部门的办公用房及其辅助用房。

（6）文教科卫体用房。文教科卫体用房是指文化、教育、科技、卫生、体育事业用房，如文化馆、影院、录像厅、科技馆、体育馆、游泳馆以及大学、中学、小学、幼儿园、中专、业余学校、党校、进修院校、工读学校等机构的房产。

（7）综合性用房。综合性用房是指具有上述两种以上（含两种）用途的房产，如商住楼。

（8）其他专业用房。如教堂、寺庙、外国驻华机构用房。

3. 按照房产的开发程度划分

按照房产的开发程度可将房产划分为在建工程、现房两类。

（1）在建工程。在建工程是指建筑物已开始建造但尚未建成、不具备使用条件的房产。该房产不一定正在开发建设之中，也可能停工多年，因此在建工程包括停、缓建工程。有些在建工程属于"房地产开发项目"。判定是否为在建工程，以是否完成工程竣工验收为依据。未完成工程竣工验收的，即在建工程。完成工程竣工验收的，应当有工程竣工验收报告。在建工程可以按照工程进度，如形象进度、投资进度（投资完成额）、工作量进度（完成工程量）、工期进度等进行分类。例如，按照形象进度可以把在建工程分为基础某层、正负零、结构某层、结构封顶、外装修完成等。

（2）现房。现房是指已建造完成、可直接使用的建筑物及其占用范围内的土地。现房按照新旧程度又可分为新房和旧房（二手房）。其中，新房按照装饰装修状况又可分为毛坯房、粗装修房和精装修房。

4. 按照房产实物形态划分

在房地产评估实践中，按照房产实物形态又可以将房产划分为如下几类。

（1）建筑物。可分为已建造完成的建筑物和尚未建造完成的建筑物。已建造完成的建筑物又可分为新的建筑物和旧的建筑物。尚未建造完成的建筑物又可分为正在建造的建筑物和停缓建的建筑物（如烂尾楼等）。

（2）土地与建筑物的综合体。可分为土地与已建造完成的建筑物的综合体（即现房）和土地与尚未建造完成的建筑物的综合体（即在建工程或房地产开发项目）。

（3）局部房产。非指整幢房屋，而指其中的某层、某套、某部分。

（4）未来状况下的房产。其中最常见的一种是期房。期房是指目前尚未建造完成，而以将来建造完成后的建筑物及其占用范围内的土地为标的的房地产。

（5）已经灭失的房产。已经灭失的房产是指被拆除的房屋，或已被火灾、地震等灾害完全损毁的房屋等。

（6）现在状况下的房产与过去状况下的房产的差异部分。例如，建筑物的装饰装修部分，房地产受损状况与完好状况的差异部分。不可修复状态下的房产损害造成的房产价值减损评估，通常是分别评估房产在完好状况下的价值和在受损状况下的价值，然后将两者之差作为价值减损额。

（7）以房产为主的整体资产或者包含其他资产的房产。例如，正在运营、使用的宾馆、餐馆、商场、汽车加油站、高尔夫球场、影剧院、游乐场、码头。在这种情况下，通常不能把它视为一些单项资产的简单集合来估价，即不能将它所包含的资产分别估价后加总作为其评估价值，而应将它作为一个持续经营的有机组织，根据其具有的收益能力来估价，除非是评估它破产、停业等之后的残余价值。

（8）整体资产中的房产。例如，一个企业中的房屋、一个学校中的房屋等。

需要指出的是，上述房产虽然是从实物角度来划分的，但评估其价值仍然包括实物、权益、区位、配套几个方面。

5. 按照房产是否产生收益划分

按照房产是否产生收益，可把房产分为收益性房产和非收益性房产两大类。

收益性房产是指能直接产生租赁收益或者其他经济收益的房产，包括住宅（特别是其中出租率较高的公寓）、写字楼、旅馆、商店、餐馆、游乐场、影剧院、停车场、汽车加油站、标准厂房（用于出租）、仓库（用于出租的）等。非收益性房产是指不能直接产生经济收益的房产，例如行政办公楼、教堂、寺庙等。

判定一宗房地产是收益性房地产还是非收益性房地产，不是看该宗房产目前是否正在产生经济收益，而是看该种类型的房产在本质上是否具有产生经济收益的能力。

6. 按照房产所有制与管理形式结合划分

1985年全国开展城镇房屋普查时，根据所有制和管理形式的不同，设定了普查房屋的"产别"项目，共划分为以下十一类，现在在管理工作中也会提到这些类别。

（1）直管公有房产。直管公有房产是指由国家各级房地产管理部门直接经营管理的国有房产，其来源包括政府接管、收购、新建、扩建的房产（房屋所有权已正式划拨给单位的除外）。大多数由政府房地产管理部门直接管理、出租、维修，少部分免租拨借给单位使用。直管公有房产是国家财产的重要组成部分。

（2）全民单位自管公有房产。全民单位自管公有房产是指归全民所有制单位所有并由其自行管理的房产，其产权来源主要是新中国成立后由各单位自行建造的，也有少部分房屋是接收国民党政府的或向私人购买的。

（3）集体单位自管公有房产。集体单位自管公有房产是指归集体所有制单位所有并由其自行管理的房屋，其产权来源主要是单位购置或投资建造的。

（4）代管房产。代管房产是指产权还未确认，或产权人下落不明又未委托管理，在法院审定后由政府房地产管理机关代为管理的房产。

（5）托管房产。托管房产是指所有者因管理不便等原因，委托房地产经营单位代为管理的房产。

（6）拨用房产。拨用房产是指产权属于政府房地产管理机关，经批准免租拨给单位使用，并由该单位自管、自修的房产。单位对这类房产只有使用权，没有处置权，不用的话就要退还给房地产管理机关。

（7）中外合资房产。中外合资房产是指中国政府、企业与外国政府、厂商和个人等合资建造、购置的房产，亦称"中外共有房产"。

（8）外国房产。外国房产是指外资企业、外国政府或社会团体、国际性机构所投资建造或购买的房产。

（9）军用房产。军用房产是指归军事单位所有并由其自行管理的房产，包括由国家划拨的房产、利用军费开支或军队自筹资金购建的房产，包括军事机关、营房、阵地、基地、机场、码头、工厂、学校等所用的房屋。它是全民所有制公产的一部分。

（10）私有房产。包括中国公民、港澳台地区同胞、海外侨胞及在华外国侨民、外国人所投资建造、购买的房产，以及中国公民投资的私营企业（私营独资企业、私营合伙企业和私营有限责任公司）所投资建造、购买的房屋，以及国家或企业出售给个人的住宅。

（11）其他房产。凡不属于以上各类别的房屋都归在这一类，包括因所有权人不明，由政府房地产管理部门、全民所有制单位、军队代为管理的房屋以及寺庙、会馆等房屋。

这种分类方式虽然与按房屋的所有权性质分类在形式上有许多相似之处，但由于兼顾了房屋所有权的类别和管理的不同形式，因而它与按房屋所有权性质进行的分类是不同的。

7. 其他房产范畴

除了上述分类，在房地产开发经营实践中，还会遇到一些从不同角度、强调不同含义的概念，它们的含义如下。

（1）商品房。商品房只是特指经政府有关部门批准，由房地产开发经营公司开发的，建成后用于市场出售、出租的房屋，包括住宅、写字楼、商业用房以及其他建筑物，它是能办不动产权证，可以自定价格出售的房屋。从法律角度来分析，商品房按法律、法规及有关规定可在市场上自由交易，不受政府限制。

（2）房改房。即已购公有住房，是指城镇职工根据国家和县级以上地方人民政府有关城镇住房制度改革政策规定，按照成本价或者标准价购买的已建公有住房。按照成本价购买的，房屋所有权归职工个人所有；按照标准价购买的，职工拥有部分房屋所有权，一般在五年后归职工个人所有。

（3）集资房。一般由国有单位出面组织，并提供名下的国有划拨土地作为建房用地，国家予以减免部分税费，由参加集资的职工部分或全额出资建设，房屋建成后归职工所有，不对外出售。产权也可以归单位和职工共有,在持续一段时间后,过渡为职工个人所有。集资房一般属于经济适用房的一种。

(4) 微利房。亦称微利商品房,是指由各级政府房产管理部门组织建设和管理,以低于市场价、高于福利房的价格和租金提供给部分企业职工,用于解决住房困难户和社会住房特困户居住问题的房屋。

(5) 平价房。平价房是指根据国家安居工程实施方案的有关规定,以城镇中、低收入家庭住房困难户为解决对象,通过配售形式供应的、具有社会保障性质的经济适用住房。其建房土地由政府划拨,配售对象及配售价格由政府管理部门审核认定。

(6) 解困房。解困房是指各级地方政府为解决本地城镇居民中特别困难户、困难户和拥挤户住房问题而专门修建的住房。

(7) 廉租住房。廉租住房是指政府和单位在住房领域实施社会保障职能,向具有城镇常住居民户口的最低收入家庭提供的租金相对低廉的普通住房。

(8) 安居工程住房。安居工程住房是指直接以成本价向城镇居民中低收入家庭出售的住房。这类住房优先出售给无房户、危房户和住房困难户,在同等条件下优先出售给离退休职工、教师中的住房困难户,不售给高收入家庭。成本价由征地和拆迁补偿费、勘察设计和前期工程费、建安工程费、住宅小区基础设施建设费(小区级非营业性配套公建费,一半由城市人民政府承担,一半计入房价)、1%~3%的管理费、贷款利息和税金七项因素构成。

(9) 经济适用住房。经济适用住房是指根据国家经济适用住房建设计划安排建设的住宅。由国家统一下达计划,用地一般实行行政划拨方式,免收土地出让金,对各种经批准的收费实行减半征收,出售价格实行政府指导价,按保本微利的原则确定。房屋用途应按设计所规定的用途进行划分。与住宅、商业经营用房有关的兼有两种以上用途的房屋,应按设计规定的用途分别计算建筑面积。

(10) 限价房。限价房是一种限价格、限套型(面积)的商品房,主要用于解决中低收入家庭的住房困难。这类房产用于调控房价,是政府的一种临时性举措。

(11) 公共租赁房屋。公共租赁房屋是解决新就业职工等夹心层群体住房困难户的一类产品。它不归个人所有,而是由政府或公共机构所有,用低于市场价或者承租者可承受的价格向新就业职工、新就业的大学毕业生、从外地迁移到城市工作的低收入阶层出租。

(12) 别墅。根据汉字的含义,所谓"别"就是"另外""第二"的意思,"墅"就是野外的房子,"别墅"就是"另外的房子",也就是"别业""第二居所",是居宅之外用来享受生活的居所。中国最早的别墅叫"别业",在国外第一居所叫"house",第二居所叫"villa"。我们现在常说的别墅,实际上涵盖了国外的两种物业类型:一种是"house",另一种是"villa"。如果直译过来,"house"应该是"房子、住宅",是指普通的独立式住宅;而"villa"才应该是别墅,类似于我们说的庄园、城堡。事实上,中国目前房地产市场中所销售的大部分别墅,并不是"villa",而是"house"。别墅是与"集合住宅"概念相对应的。

(13) 集合住宅。广义的集合住宅是指在特定的土地上有规划地集合建造的住宅,包括低层、多层和高层。《中国大百科全书》中有"多户住宅"的概念,即"在一幢建筑内,有多个居住单元,供多户居住的住宅,多户住宅内住户一般使用公共走廊和楼梯、电梯"。集合住宅最主要的特点体现在居住者的居住形态上。集合主要描述了若干个不同宗族的家庭共同生活在一栋建筑内的居住形态，它区别于以前中国社会普遍存在的家族聚居模式。集合住宅一般层数较高，密度较大，区别于别墅等独立住宅形式。此外，它属于住宅，又区别于宿舍等非家庭集体的居住建筑。集合住宅是与"villa"和"house"两种独立式住宅相对应的概念。

（14）双拼别墅。双拼别墅是联排别墅与独栋别墅之间的中间产品，是由两个单元的别墅拼联组成的单栋别墅。它降低了社区密度，增加了住宅采光面，使其拥有了更宽阔的室外空间。双拼别墅基本是三面采光，外侧的居室通常会有两个以上的采光面，一般来说，窗户较多，通风不会差，重要的是采光和观景。双拼别墅、联排别墅、叠拼别墅、空中别墅都是中国房地产营销领域出现的概念，不是住宅分类中的正规概念，都属于集合住宅性质。双拼别墅、联排别墅尚可看作"类别墅"，叠拼别墅、空中别墅已属于"伪别墅"。

（15）联排别墅。这种住宅有天有地，有自己的院子和车库，由三个或三个以上的单元住宅组成，一排二至四层联结在一起，几个单元共用外墙，有统一的设计风格和独立的门户。是"townhouse"的主要表现形式。

（16）叠拼别墅。叠拼别墅是"townhouse"的叠拼式的一种延伸，介于别墅与公寓之间，由多层的别墅式复式住宅上下叠加在一起组合而成。一般4~7层，由每单元2~3层的别墅户型上下叠加而成。这种开间与联排别墅相比，独立面造型可丰富一些，同时一定程度上克服了联排别墅窄进深的缺点。

（17）空中别墅。空中别墅发源于美国，被称为"penthouse"，即"空中阁楼"，原指位于城市中心地带高层顶端的豪宅。一般理解为建在公寓或高层建筑顶端、具有别墅形态的大型复式/跃式住宅。它要求产品符合别墅全景观的基本要求，如地理位置好、视野开阔、通透等。

（18）花园式住宅。这是营销领域使用的一个概念，也称西式洋房或小洋楼，或称花园别墅，是指带有花园草坪和车库的独院式平房或二、三层小楼，建筑密度很低，内部居住功能完备，装修豪华，并富有变化，一般为高收入者购买。

（19）公寓式住宅。这类住宅是相对于独院独户的西式别墅住宅而言的。一般建在大城市，大多数是高层，标准较高，每一层内有若干单户独用的套房，包括卧室、起居室、客厅、浴室、厕所、厨房、阳台等，供一些往来客商及其家眷短期租用。

（20）再上市房。再上市房是指职工按照房改政策购买的公有住房或经济适用房中，首次再上市出售的房屋。

（21）有限产权房。有限产权房是指房屋所有人在购买公房过程中，按照房改政策以标准价购买的住房，或建房过程中得到了政府或企业补贴，所有人享有完全的占有权、使用权和有限的处分权、收益权的房屋。

（22）成套住宅。成套住宅是指由若干卧室、起居室、厨房、卫生间、室内走道或客厅等组成的供一户使用的房屋。

（23）非成套住宅。非成套住宅是指供人们居住但不成套的房屋，例如缺厨房、卫生间、室内走道或客厅等空间设计的房屋。

（24）集体宿舍。集体宿舍是指机关、学校、企事业单位的单身职工、学生居住的房屋。一般按居住人数，有双人房间、三人房间、四人房间、六人房间、八人房间等分类。随着经济的发展、社会的进步，现在的集体宿舍已经向公寓化方向发展，设施不断完善，环境不断优化。

（25）跃层住宅。跃层住宅是指套内空间跨越两楼层及以上的住宅。其特点是，内部空间借鉴了欧美独院二层小楼的设计手法，住宅占有上下两层甚至三层楼面，卧室、起居室、客厅、卫生间、厨房及其他辅助用房可以分层布置，上、下层之间的交通不通过公共楼梯而采用户内独用小楼梯连接。跃层式住宅的优点是每户都有较大的采光面，即使朝向不好，也可通过增大采光面积弥补；通风较好；户内居住面积和辅助面积较大，布局紧凑，功能明确，相互干扰较小。

（26）存量房。存量房是指已被购买或自建并取得所有权证书的房屋。

（二）地产的分类

从理论上讲，地产首先有"市地"（城市土地）和"农地"（农村土地或农民集体所有的土地）之分。但在中国的房地产法规中，房地产指的是城镇的房地产，即城市、建制镇、工矿区范围内的房地产，故其中的地产均是指国家所有的地产。因此，不能按所有制对其进行划分，只能按使用性质或者其他标准来划分，当然其中包含使用等方面的产权关系。[①]

1. 按使用性质划分

（1）住宅用地。住宅用地是指城镇用于生活居住的各类房屋建设用地及其附属设施用地，包括普通住宅、公寓、别墅等用地以及与居住相关的公共建筑用地、道路广场用地、公共绿化用地等。

（2）工业用地。工业用地主要是指工业生产用地，包括工厂用地、动力设施用地、工业区内仓库占地、铁路专用线占地和卫生防护地带等。

（3）交通运输用地。交通运输用地是指用于运输通行的地面线路、场站等的土地。包括民用机场、港口、码头、地面运输管道和铁路、公路等各种道路用地及防护地带用地。

（4）商服用地。包括用于商场、商店、超市、各类批发（零售）市场、加油站等及其附属的小型仓库、车间、工场等的批发零售用地，用于宾馆、酒店、饭店、旅馆、招待所、度假村、餐厅、酒吧等的住宿餐饮用地，用于服务业等的办公用地，经营性的办公场所用地，以及洗车场、洗染店、废旧物资回收站、维修网点、照相馆、理发美容店、洗浴场所等的用地。

（5）仓储用地。仓储用地是指专门用来存放生活资料和生产资料的各种仓库的用地，中转的场所用地，粮库、油库等均包含在内。

（6）科教事业用地。科教事业用地是指用于各类教育、独立的科研、勘测、设计、技术推广、科普等的用地，包括各类中小学、大中专院校占用的土地，各种研究院（所）等占用的土地及相关的实验用地。

（7）机关团体用地。机关团体用地是指用于党政机关、社会团体、群众自治组织等的用地，包括各级中共党委、政府、人大、政协、各民主党派等机关占用的土地，以及工会、

[①] 2017年11月1日，由国土资源部组织修订的国家标准《土地利用现状分类》（GB/T 21010—2017），经国家质量监督检验检疫总局、国家标准化管理委员会批准发布并实施。土地利用现状分类采用一级、二级两个层次的分类体系，共分12个一级类、73个二级类。其中一级类包括耕地、园地、林地、草地、商服用地、工矿仓储用地、住宅用地、公共管理与公共服务用地、特殊用地、交通运输用地、水域及水利设施用地和其他土地。

共青团、妇联等各种团体所占用的土地。

（8）市政公用设施用地。市政公用设施用地是指用于城乡基础设施建设的用地。包括给排水、供电、供热、供气、邮政、电信、消防、环卫、污水处理、防洪堤坝、公用设施维修等用地。

（9）风景名胜设施用地。风景名胜设施用地是指各种供游览的风景区、森林公园及名胜古迹、旅游景点、革命遗址等占用的土地。

（10）卫生防护用地。卫生防护用地是指居住区与工厂、污水处理厂、公墓、垃圾场等地段之间的防护绿地或隔离地带，水源防护用地以及防风、防沙林带用地等。

（11）特殊用地。特殊用地是指用于军事设施、涉外、宗教、监教、殡葬等的土地，如营房、训练基地、发射基地、文物保护基地、外国政府及国际组织驻华使领馆、办事处用地，监狱、看守所、劳改场、劳教所、戒毒所等的建筑用地，庙宇、寺院、道观、教堂等宗教用地，陵园、墓地、殡葬场所等用地。

（12）水域及水利设施用地。水域及水利设施用地是指陆地水域、海涂、沟渠、水工建筑物等用地。不包括滞洪区和已垦滩涂中的耕地、园地、林地、居民点、道路等用地。

（13）其他用地。其他用地是指上述地类以外的其他类型的土地，特别是市区边缘的空闲地、农田、田坎、盐碱地、沼泽地、沙地、裸地、菜地、苗圃、果园林等占用的土地。

2. 按开发程度划分

按照地产的开发程度，可把地产分为下列三类。

（1）生地。生地是指完成土地征用、未经开发、不可直接作为建筑用地的农用地或荒地等，生地不具备城市基础设施。

（2）毛地。毛地是指在城市旧区范围内，具有一定的城市基础设施，尚未经过拆迁安置补偿等土地开发过程，不具备基本建设条件的土地。

（3）熟地。熟地是指具有较完善的城市基础设施且场地平整，能直接在其上建造建筑物的土地。按照基础设施完备程度，熟地又可分为"三通一平""五通一平""七通一平"等情况。"三通一平"一般是指通路、通水、通电和场地平整的土地；"五通一平"一般是指具有了道路、供水、排水、电力、电信等基础设施条件和场地平整的土地；"七通一平"一般是指具有了道路、供水、排水、电力、电信、燃气、热力等基础设施条件和场地平整的土地。

三、房地产的特征

一般来说，房地产是经过开发建设而获得的商品（特殊情况下具有商品性质或经营性质的纯天然地块也可称为房地产）。与其他商品相比，房地产在自然性质或物理性质方面有着明显的不同之处。由于自然特征以及房地产所具有的财产和权利性质，房地产又有着区别于其他商品的经济特征和社会特征。

（一）房地产的自然特征

房地产的自然特征或物理特征主要体现在如下几个方面。

1. 固定性

房地产一般具有固定性，不能随便移动。这是因为土地的位置是固定的，交通条件的改善只会改变其通达程度,城市规划的调整和城市建设的演进也只会改变其相对位置,土地的经纬度位置是不可能改变的。[①]房屋要建在土地上,无法分离。由于土地具有不可移动性,就导致了房屋的不可移动性。如果人们想在某一新的地理位置上使用房产,则只能在该块土地上建造或购买房产,不可能把原有的房屋搬迁过去。[②]当然,随着现代科学技术的发展,迁移整栋楼已成为可能[③],但这也并不否认房地产位置的固定性:一方面,这种事例还很少,房屋不像其他商品那样可以通过运输工具运往全国乃至世界各地,因此不能决定事物总体的性质;另一方面,房屋的迁移是有条件的,迁移的幅度是极其有限的,目前还很难把整栋房屋迁移出去几十米、几百米,更不可能把农村的房屋搬进城市,把大连的房屋迁进北京。

2. 个别性

由于位置的固定性、地形、地貌的复杂性,以及周边环境的差异,即使是形状完全相同的房屋,每宗房地产之间也必然存在差别。况且,由于每幢房屋的用途不同,所处的地理位置不同,因此一般不能像其他普通商品那样,按照同一套图纸和方案批量生产或大量复制。每一幢房屋会因其用途、结构、材料、装饰、样式、朝向、面积、高度、设备等因素或条件的不同而产生许多相异之处。即使是采用同样的设计、结构、材料、高度、设备等,也会因建造的时间、施工技术和房屋周围气候条件的不同而相去甚远。正如两个双胞胎兄弟也存在一定的差别一样,从来没有两宗完全一样的房地产。值得指出的是,房地产尽管具有个别性,但一些房地产之间,特别是住宅之间、写字楼之间、商业门面房之间,仍然具有一定程度的替代性,从而存在一定程度的竞争,在价格调整上也有一定程度的牵制。

3. 耐久性

一般来说,房地产的地产部分的利用价值是恒久的。地产的自然资源部分,其使用价值永远不会消失。"只要处理得当,土地就会不断改良"。[④]如果能做到合理利用和保护,农用土地的肥力可以维持不变甚至逐步提高,非农用的土地可以反复地、持续地利用。关于这一点,人类发展的历史已做出了充分证明。而其他生产资料或生活资料一般不具有这一特点,它们要随着人们的使用而消耗或磨损掉。房屋通过施工建造完成以后,只要不被动迁、拆毁、烧毁,或只要不遭受地震、风暴、洪水等自然灾害的破坏,使用期限都很长,一般可达几十年乃至上百年。更长些的也有,像布达拉宫等千年左右仍在发挥效能的古建筑也称不上稀世之物。而其他商品的使用期限相对都比较短,一般为几天、几周或数月,还有许多商品属于一次性使用的,用完一次就丧失了使用价值或失去了存在形态(如一次性针头、食品等)。

4. 有限性

房地产供给的有限性源于土地供给的有限性,而土地供给的有限性则是由于三方面的

---

① 在自然界长期的演化过程中出现的地壳运动或沧海桑田变化不在我们的考察范围内。
② 活动板房不是真正意义上的房屋。
③ 迁移保护技术最早可追溯至19世纪末20世纪初,1901年新西兰一栋农房采用蒸汽机车完成了整体搬迁。伴随社会经济发展和城乡功能改造,中国已实施600余项各类建筑物整体迁移保护工程,代表性工程项目有上海音乐厅平移顶升工程、厦门后溪汽车站整体旋转平移工程、南京博物院老大殿(老文史馆)整体顶升工程、上海玉佛寺大雄宝殿整体平移工程等。
④ 马克思,恩格斯. 马克思恩格斯全集:第25卷[M]. 北京:人民出版社,1974:880.

原因造成的：一是受大自然的天然条件制约，是一个有限的量。任何地区的土地供给都不可能超过其拥有的地域面积。二是受到土地利用规划和城市规划的制约，一定时间内可用于开发建设的土地总是有限的，必须在保证人口、资源、环境协调发展的前提下开发、利用土地，必须在保证农业发展，即保证吃饭的前提下搞开发建设。由于房屋必须建造在土地上，空中楼阁根本不存在，因此建在有限土地面积之上的房屋必然也是有限的。由于受到建筑密度、建筑容积率等指标以及建筑技术的限制，这些楼房不可能无限制地向空中或地下延伸。三是像中国这样的国家，土地出让还存在一个计划管理问题，每年土地出让面积有指标控制。在这种情况下，整个房地产的供给就具有了有限性。在城镇，特别是在经济发达的地区以及大城市，由于不得不控制城市规模，可用于开发的土地受到限制，因此，从长期看，房地产市场将呈现供不应求的局面，或者房地产价格居高不下，这些现象都是房地产数量有限性的客观表现。

【案例/专栏 1-1】 面向实施管理的北京城市开发边界规划

（二）房地产的经济特征

已经发表的论著对房地产经济特征的描述是较复杂的，也具有一定的争议。通过文献研究，以下四个特征得到了业界的一致认可。

1. 地产价值常要借助房产价值表现出来

尽管房价是由供求关系决定的，但从价值构成上分析，一般商品的价值，除了由剩余劳动转化而来的 M 外，$C+V$ 部分是由生产该产品所消耗的人工费、管理费、材料费、固定资产折旧费等要素组成的。而房产作为商品，其价值除了利润 M、建造房屋而支出的建筑及设备安装工程费用（含人工费、材料费、施工机械使用费、施工管理费等）、设备及工具器具购置费、勘察设计费、施工机构迁移费等其他费用项目，还包括并非转化和凝固到房屋商品中但要借助房屋价值表现出来的土地价值（包括土地征用费、土地使用权出让金、青苗补偿费等）。因此，房产的价值也就具有了复合性，既包括建造房屋的人工、材料、固定资产消耗，又包括土地使用的代价。在中国，除了土地使用权的直接出让和转让不涉及开发活动外，一般情况下都是如此。

2. 建设周期长、投资大

一般工业产品从消耗原材料、燃料、动力以及劳动到生产出产品，可以在几天、几个小时乃至几分钟之内完成。而房地产开发建设的周期比一般商品要长得多，即使是没有施工期限制的小项目也要几个月，而较大的项目或有施工期限制的项目动辄一年，有时甚至要花费数年。有些大的住宅项目常常要分期开发，建设周期更长。同时，房地产开发需要投入巨额资金，与一般物品相比，房地产不仅单价高，而且总价大。从单价来看，每平方米土地或每平方米建筑面积房屋的价格，少则千元，多则数万元，繁华商业地段经常有"寸土寸金"之说。从总价看，一栋几千至上万平方米的楼房，仅建筑安装工程造价就高达几百万元甚至上千万元，上亿元的也屡见不鲜。在中国，一些城市综合体的投资规模常常高达几十亿元甚至上百亿元。

3. 投资的流动性较差

投资的流动性是指在必要的时候，投资可以迅速地兑换成现金的能力。房地产投资的流动性相对较差，造成这种状况的原因有四点：其一，当房地产出于生产或经营自用目的而建造时，该笔投资只能通过折旧的方式逐渐回收。其二，当房地产被当作商品进行买卖时，需要经过寻找客户、签订合同、抵押融资、物业交割等多个环节，交易周期至少几个月，不能在短时间内转化为现金。其三，当房地产被当作资产进行经营时，其投资只能通过租金的形式逐渐回收。其四，当房地产处于居住自用和办公自用时，一般不涉及投资回收问题，该笔价值会逐渐被使用者消耗。

4. 具有保值和增值性

房地产是相对稀缺的产品，其供应受到严格限制。而随着社会的发展、人口的增加和经济的繁荣，人们对房地产的需求却日益增长。房地产长期供不应求导致其价格水平总的趋势是不断上涨的，而且其上涨幅度通常大于或等于一般物价上涨幅度。另外，房地产拥有者自己对房地产进行投资改良，例如更新或添加设施设备、重新进行装饰装修、改进物业管理等，以及政府进行道路、地铁等交通建设，修建广场、公园、公共绿地，调整城市发展方向，改变城市格局等产生的正外部性也往往带来房地产价值的提升。因而，在一般情况下，拥有房地产不仅可以实现保值，而且能够获得增值。从这一角度来说，房地产具有资本品的明显属性，在其使用过程中能有效抵御通货膨胀的影响，甚至使所有者获得巨额增值收益。

 【案例/专栏 1-2】 投资房产曾回报丰厚，后房产投资时代出路在何方？

5. 房地产的开发和利用具有外部性

房地产的开发和利用不像一般商品在生产和使用上是孤立的，而会对周围其他房地产的开发和利用在通风、采光、视野、噪声、环境和人气等方面产生影响，从而影响周围房地产的价值。举例来说，在一个高档别墅区附近建造一片回迁房，会导致该别墅区项目的价值下降；而如果在郊区一个普通住宅项目附近建设一座万达城那样的文化旅游项目，则会导致该住宅项目的价值上升。因此，在对房地产进行开发和投资时，必须考虑周边房地产的业态现状及其未来的发展状况。

（三）房地产的社会特征

房地产的社会特征是指房地产在法律、制度、风俗习惯等方面表现出来的本质属性。

1. 在生产经营过程中涉及复杂的法律关系

房地产在开发、经营、管理、服务过程中涉及多个领域，牵扯众多部门，因而需要专门的法律法规，如《中华人民共和国城市房地产管理法》等对房地产投资、开发、管理、交易、使用等环节的程序、手续、权利义务关系等做出专门的规定，以保护各方当事人的权利。除此之外，与房地产有关的法律还包括《中华人民共和国民法典》以及各种税法等。可以说，关于房地产应该形成并且已经基本形成了一个庞大的法律体系，单纯运用某一种或某几种法律已无法有效解决与房地产有关的纠纷。这种情况与其他商品是不同的。

2. 受到福利制度、社会保障制度的影响

住房作为一种商品，价值巨大，若完全按照市场价格来出售或出租，一些低收入家庭难以承受，因此在许多国家和地区，房地产的出售或出租往往深受福利制度和社会保障制度的影响。在美国，官方要考虑对贫困的人"提供一些能维持一家生活的……基本项目，包括足够的房租，保证他们不至于被赶走"。[1]美国学者奥纳提的研究表明，在美国，一个四口之家1960年与1908年相比，住房补贴翻了一番。[2]而美国学者鲍登的调查表明，1980年联邦政府的住房补贴已达153亿美元之巨。[3]在中国香港，政府规定，凡薪级点在38以上的高级公务员可以申请房屋津贴，对其购房实行资助政策，政府还兴建了大批"廉租公屋"，向低收入家庭提供住房。[4]在中国内地，从新中国成立至今，可以说住房一直是最大的福利待遇[5]，即使实行房改，也不得不考虑福利和社会保障因素的影响，如建设廉租房、公租房、经济适用房和两限房，发放购房补贴，等等。

3. 政府一般对房地产的开发和利用进行限制

由于房地产的开发和利用具有外部性和不可移动性，因此，世界上大多数国家和地区都对房地产的开发和利用进行了一些限制。政府一般通过管制权、征税权、征收权和充公权实现对房地产开发和利用的限制。例如，政府通过城市规划对建筑物的高度和密度、小区的容积率和绿地率等做出规定，以保障公民居住的安全和健康；政府为了公共利益的需要，可以强制性地以公正补偿的方式征收公民和法人的房地产，来修建公路、公办学校、机场和国防设施等。

4. 生产和消费反映社会风俗和地域习惯

房地产这种商品的生产和消费除了受一般的商品消费偏好影响，还在很大程度上受民族风俗、宗教意识、风水、地域习惯等因素的影响。中国的住房与欧洲的住房在建筑风格上有很大不同，在使用习惯和房间布置上也相去甚远。在宗教信仰不同的地区，住房也常出现很大的区别。著名作家林语堂在"建筑"一文中对包括住宅在内的中西建筑做过比较。他指出："中国建筑……主要倾向是寻求与自然的和谐……不仅如此，中国建筑还辅以象征的意象……中国建筑引进了泛神论的因素，迫使人们考虑房子周围的风水……中国建筑的基本精神是和平和知足，其最好的体现是私人的住宅与庭院建筑。这种精神不像哥特式建筑的尖顶那样直指苍天[6]，而是环抱大地，自得其乐。哥特式大教堂暗示着精神的崇高，而中国的庙宇宫殿则暗示着精神的安详与宁静。"[7]著名作家梁实秋在《台北家居》一文中对日式房屋和台北一般住房都做了描述，从中不难看出风格上的差异。[8]

---

[1] 吉尔伯特，卡尔. 美国阶级结构[M]. 彭华民，齐善鸿，等，译. 北京：中国社会科学出版社，1992：355.
[2] 吉尔伯特，卡尔. 美国阶级结构[M]. 彭华民，齐善鸿，等，译. 北京：中国社会科学出版社，1992：357.
[3] 吉尔伯特，卡尔. 美国阶级结构[M]. 彭华民，齐善鸿，等，译. 北京：中国社会科学出版社，1992：358.
[4] 王德明. 房地产市场入门[M]. 上海：上海远东出版社，1993：116-117.
[5] 住房和城乡建设部在2010年3月底将《中华人民共和国基本住房保障法》（征求意见稿）发国务院各部委和省（区、市）主管部门征求意见。
[6] 哥特式是指20世纪后半期在欧洲兴起的哥特式美术。哥特式美术是从罗马式美术发展而来的，哥特式大教堂饰有大量石雕，其内容均为传播基督教的教义。
[7] 林语堂. 中国人[M]. 杭州：浙江人民出版社，1988：277.
[8] 梁实秋. 雅舍精华[M]. 长沙：湖南文艺出版社，1990：218-222.

第二节　房地产业在国民经济中的地位与作用

国民经济是由许多部门组成的一个庞大的、多层次的行业体系。在不同的历史时期，不同的生产力发展阶段，每个行业都有不同的地位和作用，这种地位和作用随着时间的推进、产业的演化和生产力水平的提高而不断变化着。

一、房地产业概述

一个国家或地区的国民经济体系是由许多行业共同组成的，这些行业通过各种关联方式相互作用、相互影响，共同组成了国民经济的有机整体。不论是西方发达国家还是中国，房地产业都在国民经济中发挥着举足轻重的作用。

（一）房地产业的含义及行业性质

概括地说，房地产业是从事房地产开发、经营、管理和服务的产业，它包括："土地的开发，房屋的建设、维修、管理，土地使用权的有偿划拨、转让，房屋所有权的买卖、租赁，房地产的抵押贷款，以及由此而形成的房地产市场。"（引自1987年11月20日原城乡建设保护部《关于发展城市房地产业的报告》）按照中华人民共和国国家质量技术检验检疫局发布的《国民经济行业分类和代码》（GB/T 4754—2017），房地产业的经济活动涵盖了房地产开发经营、物业管理、房地产中介服务、房地产租赁经营和其他房地产业。从其涵盖的行业内容来看，房地产业总体上属于第三产业的第二层次。房地产业是不同于建筑业的一个独立的行业。[①] 根据联合国制定的《国际标准行业分类》，经济行业按其性质不同分属不同的类别，其中建筑业列为第五类，房地产经营服务业列为第八类。《国民经济行业分类和代码》把中国的国民经济分为20个门类，建筑业列为第5类，房地产业列为第11类。因此，房地产业和建筑业的性质是根本不同的：建筑业是指建筑安装施工行业，是建筑产品的生产部门，是从事工业与民用房屋和构筑物建造的行业，它完全是物质生产部门，属于第二产业；而房地产业不仅是土地与建筑产品的经营部门，它还从事土地开发和房屋建设，具有生产（开发）、经营、服务等多种性质，属于第三产业。当然，房地产业与建筑业之间又具有十分密切的联系，它们的作用对象都是房产、地产这类不动产；在日常的经济活动中，房地产企业与建筑企业之间往往形成甲方和乙方的关系。因此，在房地产业与建筑业内部，人们常说这二者之间是一种休戚与共、唇齿相依的关系。

（二）房地产业的任务

在了解了房地产业的性质后，我们来了解房地产业的任务。房地产业的劳动产品是房屋和经过开发的土地，也就是将自然状态的土地进行平整改造，然后提供给城市作为建筑地基或用于其他方面，是对土地进行投资开发。土地的开发常常是房屋开发的前提条件，自然形态的土地（生地）经过场地平整和基础设施的整备，变成了劳动产品（熟地）。在这

---

① 实践中常常有人将两者混为一谈。

个过程中，土地凝聚了人类劳动，其物质形态就是改变了的地形地貌、新出现的道路和构筑的地下基础设施。同时，通过建筑工人的劳动，在土地之上建造起了房屋等建筑物和构筑物。如果分解开来看，房地产业的任务主要有以下五个。

1. 城镇房地产综合开发

城镇房地产的综合开发包括土地的征用、拆迁安置、规划设计、前期准备工作、地上建筑物与构筑物的施工建设、配套设施建设、房地产经营管理以及旧城区改造等工作。它是在过去"统建"方式的基础上发展起来的一种社会化大生产的房地产开发和城市建设模式。

2. 房地产经营管理

房地产经营管理包括土地使用权的出让、转让，房地产抵押，房屋的买卖、租赁、互换和抵押等业务的操作与管理工作。从房地产开发和经营公司角度来说，房地产经营管理是为了实现房地产的价值，收回投资并赚取利润。在这一过程中，它们向社会让渡了房地产的使用价值，满足了社会公众的消费和投资需求。

3. 房屋重建、维修和养护

当房屋临近其正常使用寿命时，有时出于安全方面的考虑，或者根据新的城市规划，需要进行重建。房屋重建是将没有保留价值的危旧房屋拆除后重新建设。出于安全或从延长使用寿命角度考虑，也可以对房屋进行维修和养护。这些修缮管理、社区服务等，从社会效益方面来说，是为了保持房屋的正常使用功能，保证用户居住安全和舒适；从经济效益方面来说，是房地产开发经营在消费环节的延续和投资追加。

4. 房地产行业管理

国家统计局公布的年度数据显示，2020 年，中国房地产企业的主营业务收入为 118 582.1 亿元，营业利润为 14 022.99 亿元。数据还显示，近几年中国房地产业的规模迅速扩大，截至 2020 年年末，全国共有房地产企业 10.3 万个，从业人员 290.13 万人。一些政府机关和企事业单位还有自己管理与经营房地产的机构和人员，这些机构和人员都应服从于房地产业主管部门的行业管理。所谓行业管理主要是指主管部门制定行业规划、政策与法规，并据此对本行业实行宏观调控和规范。房地产业的行业管理是指各级政府的房地产管理部门对其管辖区内的房地产及从事房地产开发、经营、管理与服务的单位实施统一的方针政策及法规管理。当前房地产的行业管理分为两部分：① 直接管理，即对直管公房及其相关的开发、经营与管理活动实行的管理；② 间接管理，划分为两部分：一是对各单位的自管房产及其开发、经营与管理的单位实行监督、检查及业务指导；二是对市场性的房地产开发、经营与服务活动进行的管理。随着改革的深化和实践的发展，第二部分管理工作将变得越来越普遍和重要。

5. 房地产科研、咨询及人才培养

任何行业的发展都离不开科技和人才。房地产业作为第三产业的一个分支，其发展也离不开科技进步，离不开那些从事房地产开发、经营、管理和服务的专门人才。如果说前面的几项工作都是房地产业的"硬件"部分，那么科研活动和人才培养则是房地产业的"软件"部分,它为房地产业的发展持续供应着可靠的理论依据、科学的决策方案和高素质的经营、管理和技术人才。从国外房地产的发展实践来看,这项工作是十分重要的,但目前在中国还未受到充分的重视。

(三)房地产业经济活动的内容

整个房地产业的经济活动体现在房地产开发建设过程、经营管理过程和后续服务过程。这三个过程,其实就是房地产的生产—流通—消费三个环节。

1. 生产环节

房地产的生产环节,是指通过对自然状态的土地投入人类劳动,进行房屋和城市基础设施建设,获得房地产这种劳动产品的过程。进入生产环节的前提条件是获得可供开发的土地。按照中国现行法规和土地管理体制,总体上来看,农村土地属于村民集体所有,城镇土地属于国家所有。[①]国家(具体到一个城市则由城市政府作为代表)可以依法征收集体所有的土地,将其变为国家所有,或者依法收回已投入使用的城市土地使用权,然后将土地使用权以有期限、有偿使用的方式,出让给土地开发经营单位或建设用地单位。这种出让可以采用招标、拍卖、挂牌等方式进行。招标出让是指市、县人民政府土地行政主管部门(以下简称"出让人")发布招标公告,邀请特定或者不特定的公民、法人和其他组织参加国有土地使用权投标,根据投标结果确定土地使用者的行为。拍卖出让是指出让人发布拍卖公告,由竞买人在指定时间、地点进行公开竞价,根据出价结果确定土地使用者的行为。挂牌出让是指出让人发布挂牌公告,按公告规定的期限将拟出让宗地的交易条件在指定的土地交易场所挂牌公布,接受竞买人的报价申请并更新挂牌价格,根据挂牌期限截止时的出价结果确定土地使用者的行为。不管采取哪种方式,获取土地并组织进行房地产的开发和再开发活动,是房地产开发公司的主要生产活动。

2. 流通环节

房地产的流通环节是指经开发而成的产品及未经开发的生地进入市场,通过经营活动,实现其价值的过程。从实现形式上看,该环节主要涉及房地产买卖、租赁和抵押三种流通方式。

(1)房地产买卖。房地产买卖是指房屋所有权的买卖和土地使用权的买卖。由于房地产是不动产,它的流通方式并不能像其他商品那样,借助从生产者所在地点到消费者所在地点的运输活动实现。对房地产来说,生产地点与消费地点是相同的,它只能通过权利的变更来转移所有权或使用权。因此,交易活动中,房地产始终贯穿着权属管理,其交易程序也比一般商品复杂。

(2)房地产租赁。房地产租赁是房地产交易的另一种形式,是房地产的分期出售。房地产产权人(所有权人或使用权人)作为出租人将房地产交给承租人使用,通过租金的形式逐步收回成本和利润,并在租期结束时将房地产收回。在房地产租赁中,土地的租赁大多是由房屋的租赁关系引起的。按照房屋所有权的性质,房地产租赁可分为公有房地产租赁和私有房地产租赁。

(3)房地产抵押。房地产抵押是指单位或个人将一定量的房地产作为按期偿还借款的

---

① 这是关于土地所有制的大致说法,实际情况较为复杂,法律上也有一些具体规定。

保证物，向银行或其他金融机构做抵押，申请借款，银行或其他金融机构按规定给予贷款。借贷到期，借款者还本付息。若到期无力偿还借款，银行或其他金融机构有权处理抵押的房地产，所得资金首先用于归还借款。对房地产开发公司来说，抵押贷款业务可用于解决资金不足的困难；对购房者来说，抵押贷款业务可以帮助他们提前取得房屋的所有权，但是在到期无力归还贷款时，房屋将由银行等金融机构处理，处理所得的资金必须首先归还借款。不过，金融机构一般都给予购房者在一定时间内居住的权利。

另外，值得一提的是，目前房地产市场中的流通活动主要有两类：一类是由房地产开发经营单位作为至少一方而从事的交易活动，或者是房地产开发公司将其开发的产品投入市场进行出租、出售，或者是房地产经营企业受权经营政府所有的房地产，或者是房地产经营企业接受产权（房屋所有权和土地使用权）单位的委托，代理经营这些单位的房地产。另一类是非房地产开发经营性质的房地产产权（房屋所有权和土地使用权）所有者之间的交易活动。这类产权所有者既包括机关、团体、事业和企业单位，也包括居民个人。一方面，随着企业承包、租赁、拍卖、抵押、兼并等资产流通形式的出现，产权所有人的房地产交易活动将日趋频繁；另一方面，随着住宅商品化进程的加快，居民或产权单位的房地产交易活动大量增加。

3. 消费环节

房地产作为商品，经过流通环节的市场交易活动后转移给使用者，从而进入了消费环节。由于房屋产品的使用寿命往往很长，能够维持几十年或上百年，因此百年老屋可以说司空见惯，土地在一般情况下更可以永续利用。除了具有耐久性，房地产还具有固定性和增值性。在长期的消费中，对价值和数量巨大的房地产，要完善好社会化管理。为了维护产权人的合法权益，要进行严格的产权产籍管理。为延长房屋的使用寿命，保证使用和居住安全，必须经常进行修缮管理。为了满足消费者不断增加的消费要求，还需要提供各类服务。这些不可或缺的管理和服务一直要到房屋的寿命终了，或房屋因其他原因被拆除，进行重建，进入一轮新的房地产再生产过程为止。随着住房商品化的推进以及房地产市场的发展，房屋的售后管理和维修服务工作显得十分迫切和重要。

二、房地产业的地位

概括地说，一个行业的地位是指它在整个国民经济中与其他行业相比存在的必要性、重要性，以及对其他行业的制约和影响。房地产业是从建筑业中分离并逐渐成长起来的，随着时间的推移，它在国民经济中已经具有了非常重要的地位，对城市化、工业化和生态环境改善具有至关重要的影响。

（一）房地产业是整个城镇经济发展的基础性产业

在社会生产和其他经济活动以及科学、教育、文化、卫生、体育等社会活动中都离不开房地产，它是这些经济和社会活动的基础、载体和空间条件。土地不仅是农业、畜牧业、林业、渔业生产的直接场所，是这些经济活动最重要的生产资料和对象，还在其他产业中作为不可或缺的生产要素和物质前提出现。一切经济活动和社会活动都离不开建筑物或构筑物，而建筑物和构筑物总是建立在某一地理方位的土地之上。除了必须使用建筑物或构筑物及其地基，还必须使用与这些活动相适应的场地和交通用地。没有土地，没有建筑物和构筑物，没有一定的空间作为条件，农业生产无法实施，工业活动无法开展，第三产业以及科学、教育、文化、卫生、体育等活动也无法进行。建筑物作为房地产中最大的一部分，又是社会生产和其他经济活动以及科学、教育、文化、卫生、体育等社会活动的主体，是劳动力再生产的必要条件。

随着国民经济的发展和科学技术的进步，人力资本成为国民经济中最重要的投入要素，以至于当今不同经济区域、不同企业的竞争基本上演化成了人才和劳动力素质的竞争。住房作为人类社会最基本的生活资料，是劳动力生产和再生产的最基本条件之一，因为吃、穿、用等消费活动都离不开房屋，劳动力再生产所需要的文化、教育、福利等用房也要靠房地产业提供。由此可见，房地产既是社会生产的基本条件，又是社会生活的基本条件，是城镇国民经济生产和社会生活的物质基础。

从形象上看，城镇是由无数房产和地产所构成的。在市场经济条件下，城镇要建设，城镇经济要发展，房地产业必须首先发展起来。开工厂要先有厂房和仓库才行，开商场如果没有营业厅和货栈无疑是在建空中楼阁，开发区或高新技术产业园区建设先要开发土地，做好"三通一平"或"七通一平"，然后再建造工商业用房、办公大楼和宾馆、饭店、文化娱乐场所等。

从当今的社会经济发展来看，对一个城镇来说，其经济的规模、结构、布局和水平在很大程度上受制于该城镇房地产业发展的规模、结构、布局和水平。若该城镇房地产业发展规模适当，结构与布局合理，就能有力地提升该城镇经济发展的速度与质量。反之，若该城镇房地产业发展的规模过大或过小，在结构与布局上存在问题，房地产业的管理水平不高，粗放经营的特点明显，则该城镇经济发展的速度和质量就会受到不利影响。从这个意义上说，房地产业是城镇经济发展的基础性产业。

（二）房地产业是国民经济的主导性产业

房地产业具有很强的前向关联、后向关联和侧向关联作用。在房地产开发、经营和消费过程中，需要大量的资金、建材以及绿化产品等，于是房地产业和许多行业发生了关联，联系着一大批相关企业。房地产业的发展会促进和带动相关产业的发展，起到明显的牵引和导向作用。

据一些发达国家研究人员对房地产业与国民经济之间关系进行的测算，房地产业的产值每增加1美元，就能使相关产业的产值增加1.5~2美元。住宅与房地产业消费和投资的双向拉动作用十分明显。有资料表明，住宅与房地产业每投入100万元的资金，可为相关产业创造170万~220万元的需求；每销售100万元的住房，可带动130万~150万元其他商品的销售；住宅建设投资若增加10个百分点，可带动国内生产总值增长1个百分点；住宅行业每吸纳100人就业，可带动相关行业200人就业。房地产业和建筑业的关系更加紧密，房地产企业和建筑企业在房地产开发建设过程中是甲方和乙方（发包方和承包方）的关系，这样，房地产业的发展必然会带动建筑业的发展和壮大，这两个行业可以说是唇齿相依、相互制约的关系。20世纪90年代中后期房地产业和建筑业的比肩发展充分表明了这一点。

房地产业的发展能直接拉动建材工业、建筑设备工业、建筑机械工业以及冶金、化工、运输机械、仪表等行业的发展。房地产开发建设中所需要的各种原材料近 2000 个品种，涉及建材、冶金等 50 多个生产部门。在日本建筑业营业额中，新创造的价值约为 40%，其余 60% 左右为各种原材料的消耗和该行业购买各种器具的费用。对中国的建筑业来说，每年耗用的钢材占全国钢材总耗量的 25%～30%，耗用木材占全国木材总耗量的 40%，耗用的水泥占全国水泥总耗量的 70%，耗用的玻璃占全国玻璃总耗量的 70%，耗用的预制品占全国预制品总耗量的 25%，耗用的运输量占全国运输量总量的 8%。数据也显示房地产业对中国国民经济相关产业的拉动作用十分明显。以 2020 年为例，当年中国房地产完成开发投资 141 442.95 亿元。全社会固定资产投资 527 270.3 亿元，增长 2.7%；其中房地产开发投资 141 442.9 亿元，增长 7.0%，这还是在受到疫情的巨大冲击，增长大幅度下滑的情况下完成的。

房地产业的发展还会影响家用电器、家具等民用工业以及旅游、园林、运输业、商业、服务业等第三产业的发展。最近十年随着房地产业的发展和人们居住水平的提高，居民"搬家"活动迅速增多，装修活动以及与之相联系的运输活动也随之迅速增加，家用电器、家具的淘汰率上升，新的购买活动增加，商业活动规模趋向增大。

房地产业的发展同时能带动金融业的发展。国泰君安的研究数据显示，与房地产业直接相关的行业有 38 个，在所有行业中房地产业对金融业的完全消耗系数是最高的，达到 0.0957，即一单位房地产业产值的增长会带动金融业产值增长 0.0957 单位。房地产业是资金密集型行业，投资规模大，无论是从存款活动、信贷活动还是结算活动来看，房地产业都是金融业的最大客户。不动产信托、抵押是现代信用的基础，也是最安全可靠的投资。同时，与其他投资领域相比，住房投资的效益较高，是非常有吸引力的投资领域，金融业也乐于向这一领域拓展。在香港的银行贷款总额中，有三分之一是建造和购买楼房贷款以及物业发展贷款。

（三）房地产业已经成为国民经济的支柱产业

进入现代社会，房地产的地位越来越重要，房地产已经成为构成整个社会财富的重要内容，对国民经济发展具有稳定而长远的影响。据联合国统计，自 1976 年以来，用于建造房屋的投资占国民生产总值的比重一般为 6%～12%（新加坡高达 12%～26%）；所形成的固定资产占同期形成的固定资产总值的 50% 以上，其中用于住宅建设的投资一般占国民生产总值的 3%～8%，占固定资产形成总值的 20%～30%。从财富积累看，许多国家房地产价值占该国总财富的一半左右，英国的房地产价值占该国总财富的比例高达 73.2%。改革开放以来，中国的房地产业迅速恢复并发展起来，并已成为中国国民经济的支柱产业，不仅 2003 年国务院在《关于促进房地产市场持续健康发展的通知》中明确指出："房地产业关联度高，带动力强，已经成为国民经济的支柱产业。"以下统计数字也能体现出来：2020年，房地产的营业收入达到全国 GDP 的 11.67%；房屋施工面积 92.68 亿平方米；2020 年全国已有从事房地产开发建设和经营的企业 10.3 万家，房地产平均从业人员 290 多万人。因此可以说，房地产已经为中国经济做出了巨大贡献。另外，房地产本身价值大、附加值高，随着经济的发展，特别是工业化、城市化的推进和人口的增长，土地还会不断增值。目前，全国城市用地及建制镇用地合计约达 4 万平方千米，如果以每平方千米 6 亿元计算，则有 20 多万亿元。根据国家统计局数据，2021 年，全国商品房销售价格水平值为 10 139

元/平方米①，商品房销售面积 179 433 万平方米，仅此一项新增加的财产就达约 18.19 万亿元。如果把历年建造的现有房屋都作以折价，这种财产规模就相当可观了。

三、房地产业的作用

作用是指一个人或一种事物的地位和功能在实践或现实生活中产生的客观影响。房地产业在国民经济中具有重要地位，是整个城镇经济发展的基础性产业，是国民经济的先导性产业，在许多地区房地产业已成为国民经济的支柱产业，在国民经济发展中起着十分重要的作用。

（一）有利于提高居民的生活质量和消费水平

住宅是维持居民生活所必需的基本物质要素，是社会再生产正常进行的必要条件。社会再生产既包括物质资料和精神文明的再生产，也包括劳动者自身的再生产。人们如果没有必要的住所，很难维持自身的正常生活，更谈不上生产物质资料、创造精神文明以及衍生后代了。住宅是社会再生产的重要基础，是居民安居乐业的条件，而且只有"安居"才能"乐业"。

在计划经济时代和有计划的商品经济时代，中国政府一直把住房作为一种福利品对待，采取低房租的福利制度，结果导致消费结构的畸形发展。一般居民住宅消费占全部消费的比重，从新中国成立前的 4%～10%、新中国成立初期的 3%～5%，逐步降到只占家庭收入的 1.5%～3%；而发达国家，如美国、法国、意大利、澳大利亚等国，住房支出占家庭收入的 25%～30%（包括租金、水电、煤气、清洁和管理费用）。发展房地产业，改革土地使用制度和住房制度，把住房消费基金纳入职工工资，同时逐步将房租调整至商品房租金水平，向居民出售现有公房，终止福利分房，成为改革的阶段目标和主要历程。

不同时期的住宅状况是反映当时人民生活水平和社会经济发展状态的一个重要标志。从中国的发展历史来看，尽管住宅的建设和发展在不同阶段是不平衡的，但在约一半的时间里，它和各个时期国民经济的发展状况是基本相适应的。新中国成立后的前 7 年（1949—1956 年）中，国民经济发展较快，1953—1956 年，全国工农业生产总值平均每年递增 19.6%，人民生活不断改善，住房建设稳步发展，也未发生过住房紧张的情况。1958 年以后，由于"左"的指导思想的影响，片面追求生产增长速度，过分注重发展工业，尤其是重工业，一味追求产量而不管经济效益，要"先生产，后生活"，不但国民经济没有发展起来，人民生活水平也受到了极大的影响，住宅建设基本上处于停滞状态，导致新中国成立 30 年后的人均居住水平甚至低于新中国成立初期水平，造成了住房空前紧张的局面。党的十一届三中全会以后，中共中央确定并开始实施改革开放的基本方针，国民经济走上正轨并迅速发展，住宅建设也得到了长足的发展，人民的居住水平才进入逐步提高的阶段。

（二）对整个国民经济具有明显的促进作用

城市建筑物、构筑物的建造和使用是城市经济发展的结果，反过来这些建筑物、构筑物的建造和使用又会对经济发展起到促进作用。改革开放以后，我们由过去的计划经济体

---

① 数据来源：国家统计局《2021 年 1—12 月全国房地产开发投资和销售情况》。全国商品房销售价格水平值由 2021 年商品房销售额与商品房销售面积计算得出。

制逐渐走上了有计划的商品经济体制和市场经济体制，房地产业对整个国民经济发展的促进作用逐渐明显。

首先，房地产业对社会生产具有明显的制约作用，对此可以通过对住房生产和消费的考察来理解。按照马克思主义的观点，人们的住房消费水平是由社会生产决定的，但住房消费对社会生产又具有一定的反作用。由于住房是人们保持正常生活的必要场所，因此居住状况对劳动者会产生直接影响：舒适的居住环境会使劳动者顺利恢复消耗的体力和脑力，使他们心情愉快、精神饱满地投入工作；如果住房短缺，居住条件很差，往往会直接影响居民的休息，破坏居民的情绪，从而影响他们的工作积极性。另外，随着住房商品化和住房制度改革的深化，住房消费在人们消费中的地位越来越重要，住房的生产和消费不仅会影响消费资料的生产，还会直接或间接地影响生产资料的生产，影响整个国民经济的发展水平和产业结构的调整。例如，建材工业是为建筑工程提供生产资料的，房地产业和建筑业是建材工业的主要市场。市场对生产的反馈作用，在这里表现为建材工业根据市场需求的变化而不断变更自己的生产规模、品种，并不断提高产品质量。不仅如此，由于房地产业所具有的较强的产业关联作用，它还能直接或间接地影响许多行业和部门的发展。

其次，房地产业对社会分配结构的调整具有影响作用。合理的社会分配结构对维护社会稳定、促进国民经济良性发展具有积极的意义。工资作为对劳动者分配个人消费品的货币形式，其结构中也包括住房这一生活资料的价值。在国外，住房费用一般占家庭收入的25%～30%。中国过去由于长期把住房当作社会福利品进行分配，只是象征性地收一点租金，因此，工资额基本上未反映住房这一重要生活资料的价值。北京市于1985年年末曾做过一次抽样调查，平均每户居民月房租支出只占家庭月平均收入的1.25%。这种情况揭示了当时中国工资构成以及收入分配中的严重不合理现象。鉴于此，住房制度改革必须与工资改革联系起来，住房分配的货币化正体现了这一目的。

最后，房地产业对商品交换关系的发展具有明显的推动作用。住房作为价值大、使用周期长的一种商品，与其他许多有形商品一样，可以通过两种方式实现其价值和使用价值：其一是通过买卖，实现所有权、价值和使用价值的全部转移，即住房的出售。其二是采取租赁的形式，即在住房所有权不变的前提下，将"使用价值零星出卖"，逐步实现其价值。住房租赁曾是中国城镇住房交换中的主导方式，但由于当时住房租金太低，价格不能反映供求关系，实物分配制度排斥了商品交换，生产者与消费者之间应有的市场关系被剪断。实行住房商品化、发展房地产业，就是要适应市场取向，进行经济体制改革，改变这种不合理的分配关系。由于住房价值量和需求量巨大，在流通中又是买卖、租赁两种交换方式并存，因此，随着房地产业的发展和住房制度改革的深入，商品交换关系被极大地推动了，不论是商品流通量，还是货币流通量，都随着住房进入市场的程度和规模而发生了重大变化。显然，这对国民经济的发展是有巨大推动作用的。

（三）有利于优化土地资源的配置，增加财政收入，加快城市建设

前面已经介绍过，在土地使用制度改革之前，土地的使用支配权完全集中在国家手中，由国家行政机关代表国家根据计划来安排使用，统一管理，统一调配。任何单位和个人使用土地，均须经过严格的程序，层层上报审批。同时国家和地方政府通过相关的法律、规章、制度和政策，严格禁止土地使用权的流动和转移。所有公有制单位使用土地，在经过申请批准后，由土地管理部门无偿划拨给它们使用，使用是无偿的，不用缴纳地租和土地使用费，也没有规定明确的使用期限。这也间接地造成了土地资源的浪费，多征少用、早征晚用、征而不用的现象非常突出。

根据1980年"全国城市规划会议"提出的征收土地使用费的设想，1982年，深圳、广州、抚顺等城市率先开始改革，收取城市土地使用费。1984年5月，第六届全国人民代表大会在当年《政府工作报告》中肯定了按照土地在城市中所处的位置与使用价值征收使用费和税的做法，并指出了土地有偿使用的原则，确立了土地的资源观念及土地收益的观念，使土地纳入了有偿使用的轨道。城市土地使用制度开始进入深刻变革的阶段，由无偿、无期限、不流动向有偿、有期限、流动的阶段过渡。房地产业也随着土地资源的有偿使用而逐渐发展起来。随着房地产业的发展，土地资源使用的低效状态逐渐得到改善，多征少用、早征晚用、征而不用的现象得到了有效抑制。

房地产业的发展增加了财政收入，促进了城市建设。例如2016年8月16日，上海新静安区中兴社区两幅地块出让，获得土地出让金110亿元，楼面价10万元/平方米，成为中国土地成交史上单价"地王"。2017年1月19日，北京门头沟区潭柘寺镇住宅地块拍卖，获得土地出让金63.3亿元，折合楼面价2.65万元/平方米。根据国家统计局数据，2020年房地产开发企业土地成交价款已实现17 268.83亿元。在财政税收方面，根据国家统计局数据，2020年中国国家财政税收收入为154 312.29亿元，其中房产税为2842亿元，城镇土地使用税为2058亿元，土地增值税为6468亿元，耕地占用税为1258亿元，上述税种占地方财政总收入比重为8.2%。同时，房地产业还以实物和货币的形式向城市建设提供了大量资金，有力地促进了城市的建设与发展。如深圳市在短短的30年里，从一个边陲小镇发展到现在的规模。城市基础设施建设与经济发展需要相匹配，很重要的一条经验就是重视房地产业，通过房地产的开发、经营和流通，为城市基础设施建设积累资金。近几年，许多城市的面貌发生了巨大变化，这在很大程度上也得益于土地出让带来的收益，由此带来的财政收入的迅速增加对城市建设起到了有力的促进作用。

（四）有利于提高城市的聚集效益，提高劳动生产率

恩格斯曾经论述过城市的作用，他认为城市的产生是非常有意义的，它使人口大规模地集中，产生的力量增加了许多倍。而一个城市的形成，尤其是城市人口的集中，需要充足的客观条件，其中最重要的是居民生活和工商业等行业的用房要有保障。在市场经济条件下，这些用房并不都是由用房者自己建造的，很大一部分是通过市场购买取得的，这就需要国民经济中有一个行业来向全社会提供这类商品，房地产业就是在这样的背景下产生和发展起来的。

城市房地产业的发展扩大了基础设施（包括生活设施）的规模，基础设施建设进入了社会化生产阶段，不但改变了过去没有规划或规划层次较低、规划执行难的状况，而且由于社会化生产方式的进入和城市基础设施建设规模的扩大，单位建设成本大大降低。随着基础设施和住房建设水平的提高，生活条件得到进一步改善，城市可以吸引更多的人口，特别是具有技能的人才。城市基础设施的增加与改善以及居住条件的提高为投资者提供了更好的投资场所，这样就可以聚集更多的技术、资金等生产要素，兴办更多的企业；就可以进一步促进社会分工，促进相互交流和学习；就可以推进行业、企业和经营者之间的竞

(五) 可以保护和优化生态环境

城市是一个生态经济系统,它是由城市生态系统和城市经济系统结合而成的统一体。城市土地利用的目标除了为国民经济和社会发展提供作为基础条件的建筑物和构筑物,还有一个重要目的就是改善生态环境,提高生态效率,促进社会、经济、环境的可持续发展。房地产业发展的规模、结构、布局和水平在很大程度上制约着城市生态环境的建设。从规模上看,建筑预留地中绿地的比重多少,功能分区如何安排,房地产业提供的环保设施是否完善,这些都会直接或间接地影响环境的发展状况。房地产又是一种使用寿命长、具有固定性的产品,一旦建成就要使用几十甚至上百年,不易调整和改变。因此,只有在房地产开发建设过程中尊重生态规律,处理好其与生态平衡之间的关系,才能不断优化生态环境,提高生态效益,从而促进国民经济的发展,改善人们的生活质量。从这个角度来说,房地产业又在生态环境领域发挥着重要作用。

(六) 对社会关系的调整具有重要影响

一个社会的存在和发展必须依赖一定的物质条件,而这些物质条件又会反过来影响社会的运行。房地产业的主要产品是以商品形式出现的住房,而住房的存在和发展始终与具体的社会形态、与社会中的人紧密联系:住房始终带有所处的社会形态的社会性,它与人口、经济、法律、政治、伦理道德、社会心理等方面息息相关,成为影响政治生活、调整人与人之间关系的重要因素。例如,在封建社会,儿子结婚后由于伦理道德方面的原因,一般并不与父母分居,整个大家庭的房产连在一起,大院和四合院是典型的房产存在形式。而在当今社会,子女结婚后一般并不愿意与父母生活在一起,以免产生过多的摩擦,父母也不把子女结婚后是否愿意与他们生活在一起当作判断子女是否孝顺的标准,这样房产便以几处分离的形式存在着。

住房的数量不仅影响着家庭结构的变化,延缓或加速着家庭的分离过程,还影响着适龄青年的婚姻。一个典型的表现是:如果房地产业不发达,住房紧张,许多适龄青年将不得不推迟结婚的年龄。住房同时还以文化的方式影响着人们的生活方式。对一个人来说,每天 24 个小时,除了上班、上学外,基本上都是在住房中度过的,住房的环境决定了人的休闲模式;住房的数量与结构影响伦理道德原则的遵循与青少年的心理状态;住房的建造格局决定着人们的休闲方式,影响着邻里关系和人们情感的交流;建筑的布局又涉及城市面貌及市政交通等,影响城市居民对该城市的社会心理和感性认识。

此外,房地产业在调整、优化产业结构,加快第三产业发展等方面有着积极的意义。总之,房地产业在国民经济和社会发展中具有重大作用。[①]

第三节 房地产经济学的研究对象、方法与内容

房地产经济学是房地产经济运行过程的理论化和系统化,以研究和揭示房地产经济运

[①] 目前人们对房地产业作用的认识还不够充分,随着改革与发展的推进,这种认识将逐渐提高到应有的水平。

行规律为宗旨，是应用经济学的一个分支学科门类。房地产经济学的基本学科定位应该属于部门经济学中产业经济学的范畴。为从总体上把握房地产经济学的线索脉络，有必要在学习房地产经济学时，对这门学科的研究对象、研究内容和研究方法有一个概括的了解。

一、房地产经济学的研究对象

研究对象是根据研究目的而选择的认识客体，任何一门学科都有其特定的研究对象，房地产经济学也不例外。

不同的学者对房地产经济学的研究对象定义不同。王克忠认为："房地产经济学是一门部门经济学，它是研究房地产经济实践活动的一门科学，主要研究社会主义市场经济条件下房地产经济的实践活动及其所体现的人与人之间的经济关系"。[1]王洪卫等认为："房地产经济学就是一门研究房地产生产和再生产过程中的各种经济现象、经济关系和经济运行规律的科学，是一门研究和阐述房地产基本经济理论和房地产经营管理的部门经济学。"[2]显然，以上两位学者是从马克思主义政治经济学的角度来理解房地产经济学的学科性质和研究对象的。林增杰等认为："房地产经济学是研究房地产资源合理利用和有效配置的基本经济理论和房地产经济活动运行的经济学科，在整个房地产专业学科体系中处于先导和基础的地位。"[3]曹振良认为："房地产经济学的研究对象是行业内外资源配置及其所体现的经济关系和运行规律。"[4]张永岳等认为："房地产经济学是一门研究房地产经济运行规律和房地产资源配置效率的科学。"[5]以上几位学者则是从西方经济学的角度来理解房地产经济学的学科性质和研究对象的。

本书认为，理解房地产经济学的研究内容应从两个方面着手：一是"房地产"，二是"经济学"。因此，本书以为，房地产经济学是利用经济学的基本理论和分析工具来研究房地产的一门学科，它既研究房地产市场和房地产经济的运行及其规律，也研究政府机制及政府调控政策对房地产市场运作和房地产经济运行的影响；它既研究房地产资源的优化配置，也研究房地产资源的合理利用。要正确理解房地产经济学的研究内容，必须把握以下几点。

首先，房地产经济作为国民经济的有机组成部分，既要遵循一般经济运行的客观规律，又要考虑房地产行业的特殊性。因此，房地产经济学既要研究诸如价值规律、供求规律、竞争规律等一般经济规律在房地产领域的作用，也要揭示房地产市场运作和房地产经济运行所形成的特殊规律，例如，土地区位分布规律、城市地租规律、房地产价格规律、房地产市场供求规律和房地产经济波动规律等。

其次，商品的流通过程包括四个环节：生产、交换、分配和消费。因此，房地产经济学也要研究房地产投资、开发、经营、消费、服务和管理等各个环节的运行机制和基本规律。从房地产商品流通的各个环节及其相互联系中考察和揭示房地产市场运作和房地产经济运行的客观规律，是房地产经济学的重要任务。

---

[1] 王克忠. 房地产经济学教程[M]. 上海：复旦大学出版社，1996：12.
[2] 简德三，王洪卫. 房地产经济学[M]. 上海：上海财经大学出版社，2003：19.
[3] 林增杰，武永祥，吕萍，等. 房地产经济学[M]. 2版. 北京：中国建筑工业出版社，2003：8.
[4] 曹振良. 房地产经济学通论[M]. 北京：北京大学出版社，2003：1.
[5] 张永岳，陈伯庚，孙斌艺. 房地产经济学[M]. 北京：高等教育出版社，2005：2.

最后，正如本章第一节所指，房地产具有有限性的特征，因此提高房地产资源配置和利用效率是房地产市场运作和房地产经济运行的根本目的。从这个角度讲，如何充分利用房地产资源提高房地产资源的配置效率，使其满足经济发展和人们生活的需要，便成为房地产经济学研究的主题。因此，房地产经济学也是一门研究房地产资源优化配置和合理利用的学科。值得注意的是，由于房地产的特殊性，在优化配置和合理利用房地产资源时，既要尊重市场机制的基础性地位，也要发挥政府机制的调控作用。

二、房地产经济学的研究方法

研究方法是指在研究中发现新现象、新事物，或提出新理论、新观点，揭示事物内在规律的工具和手段。任何学科都有其适合的研究方法，没有研究方法的科学研究是不存在的。对房地产经济学而言，其研究方法主要有如下几种。

（一）理论与实践相结合

房地产经济学本质上是部门经济学，是一门应用性的理论科学。因此，从实践出发，理论与实践相结合的研究方法是房地产经济学的基本研究方法。中国的房地产经济尽管走过了 20 余年的发展历程，但整体而言尚不成熟，而房地产经济学理论更是处于形成和成长时期。在这种条件下，对中国的房地产经济进行研究就必须坚持理论和实践相结合的原则，通过不断总结中国房地产经济改革的实践经验，对客观现实加以分析和研究，逐渐上升至理论高度，以此来完善中国的房地产经济学。

（二）宏观分析与微观分析相结合

经济学按照研究对象的不同分为宏观经济学和微观经济学，所以，对房地产市场运作和房地产经济运行的研究也要坚持宏观分析与微观分析相结合。宏观分析和微观分析两者虽然侧重点不同，但其本质是相互联系的。具体来讲，宏观分析侧重于从整个社会或国民经济总体上研究房地产的问题，着重研究政府机制及政府政策对房地产市场运作和房地产经济运行的影响；微观分析则对房地产业的具体活动进行分析，着重研究房地产市场运作和房地产经济运行的规律及其对房地产资源配置和利用的影响。

（三）定性分析与定量分析相结合

定性分析法是对研究对象进行"质"的方面的分析。具体来说，是运用归纳和演绎、分析与综合以及抽象与概括等方法，对获得的各种材料进行思维加工，从而去粗取精、去伪存真、由此及彼、由表及里，达到认识事物本质、揭示内在规律的目的。定量分析法是指通过对研究对象的规模、速度、范围、程度等数量关系的分析研究，认识和揭示事物间的相互关系、变化规律和发展趋势，借以达到对事物的正确解释和预测的一种研究方法。对房地产经济进行研究必须坚持定性分析和定量分析相结合的方法，特别是在当今计算机技术和数学模型广泛应用的现实下，对房地产经济问题进行定性基础上的定量分析，能使人们对房地产经济现象有一个更为全面和更为深入的认识。

（四）规范分析和实证分析相结合

规范分析是指以一定的价值判断为基础，提出某些分析处理经济问题的标准，并以此为依据来树立经济理论的前提和制定经济政策，同时进一步研究如何才能符合这些标准，因此它回答"应该是什么"的问题。实证分析是指对经济现象、经济行为或经济活动及其发展趋势进行客观分析，从而得出一些规律性的结论，它回答"是什么"的问题。由于房地产经济学是一门应用性的理论科学，因此，在对其进行研究时应该既重视实证分析，揭示房地产市场运作和房地产经济运行的经验和趋势，也要重视规范分析，从而为科学、合理的配置和利用房地产资源提供理论依据。缺乏规范分析的房地产经济学研究将是"无源之水"，而缺乏实证分析的房地产学研究则是"阳春白雪"。因此，在房地产经济学研究中，必须坚持规范分析与实证分析相结合。

三、房地产经济学的研究内容

在界定清楚房地产经济学的研究对象的基础上，本书认为，房地产经济学的主要研究内容有如下方面。

（一）界定房地产经济学的基本概念和学科体系

阐明房地产经济学的研究范畴，即"房地产"和"房地产业"的内涵，明确房地产经济学的研究对象、研究内容和研究方法，进一步论述房地产业在国民经济中的地位和作用。

（二）阐明房地产经济学的基本理论

房地产经济学的基本理论包括现代房地产产权理论、地租地价理论、区位理论、供求理论、外部性理论和房地产市场周期理论等。产权经济学认为，通过产权制度的安排，确立排他性的产权以及对产权实施有效的保护，可以降低交易费用，并提高资源配置的效率。房地产产权关系及产权制度的确立，也可以有效地节约交易费用。地租地价理论是非常古老和经典的经济学理论，也是房地产经济学的重要理论问题。经过长期的理论研究和实践发展，地租地价理论已得到不断的丰富和发展，成为研究和探讨房地产问题的重要依据。区位理论是研究生产力空间布局及其相互关系的学说，区位理论对于房地产价格、城市经济结构、房地产经济区位变化的分析是非常必要的。供求理论是西方经济学的基本理论和分析工具，对分析市场经济中的供求关系和由此形成的商品价格及其波动具有重要意义。因此，在分析房地产市场的供求关系和房地产商品价格的形成时，必须运用供求理论。外部性理论是研究某一经济主体对另一经济主体施加的影响，以及如何来消除这种影响的理论，由于房地产的开发和利用具有外部性，因此，需要借鉴外部性理论来研究和解决房地产的外部性问题。由于基础资料、数据的欠缺，加上中国房地产市场发育的不成熟等原因，房地产市场周期理论在国内研究和应用的时间还不长，因此，房地产市场周期理论是房地产经济学当中有待进一步研究的重要领域。

（三）阐明房地产市场运作和房地产经济运行的机制

房地产市场运作和房地产经济运行包括房地产开发经营过程中房地产投资决策、房地产开发、房地产经营、房地产物业管理服务、房地产市场、房地产价格、房地产价格评估、房地产金融和房地产保险等之间相互联系和相互制约的运行机制。房地产业是国民经济中的一个重要而特殊的产业，因此，房地产市场运作和房地产经济运行也具有特殊性，研究房地产业与国民经济运行的相互关系、房地产业与其他产业的关系以及房地产业内部各环节的运行规律，是房地产经济学的重要研究内容。从房地产经济活动的运行过程来看，房地产的投资、开发、经营、使用、服务和管理等不同环节的跨度大、各环节的专业性强，且各环节涉及投资者、开发商、金融借贷者、购买者、使用者、物业管理者、政府各管理部门等的关系，房地产经济学不仅要研究这些关系的特点和运行规律，也要研究不同环节的相互协调的规律，这是房地产经济学要研究的主要内容。

（四）阐明房地产经济运行的制度保障与政策环境

房地产业是一个敏感行业，与国家的政治、经济和社会发展息息相关。开放环境中的房地产经济运行既受国际资本市场的影响，也受国内各类制度和政策的影响。因此，对房地产经济运行的研究应该包含上述内容，即土地制度、住房制度、房地产产权制度以及相关的金融、税收、价格和市场等政策法规。

2022 年，两会政府报告提出，坚持"房子是用来住的、不是用来炒的"的定位，探索新的发展模式，因城施策促进房地产业良性循环和健康发展。在"房住不炒"的主基调下，"三条红线"的穿透式监管，使房企进入了全面降杠杆时代，融资受阻、机构评级下调、兑付出现逾期、部分项目停工停产。2021 年以来，一些房地产企业出现了流动性困难，房地产行业因此遭遇了近 20 年来前所未有的困境。但与此同时，房地产市场长效机制不断完善，各部门在持续不断稳地价、稳房价、稳预期。房地产行业现在面临的困局，是行业转型过程中必然要经历的阵痛。在当前大环境下，房地产业健康长效发展究竟需要什么样的政策环境，也是房地产经济学特别关注的内容。

本章小结

- 房地产是房产与地产的合称，是房屋与土地在经济关系方面的体现，属于资产范畴。房屋与土地反映的是物质的属性与形态，而房产和地产则体现相应的生产关系。
- 房屋和土地的内容及运动过程具有内在的整体性，房产与地产两个概念常合称为房地产。又由于房屋和土地不可移动，或者一经移动就要丧失极大价值，因此房地产成为不动产的典型代表形式，但不动产不全是房地产。
- 根据所有权、用途、开发程度、实物形态、是否具有收益等不同的划分标准，可以对房产做不同的分类。
- 房地产的自然特征主要体现在固定性、个别性、耐久性、有限性几个方面；经济特征主要表现在房产价值包含着土地价值、建设周期长、投资大，投资的流动性较差，具有保值增值性，开发和利用具有外部性几方面；它还具有与其他商品不同的社会特征。
- 房地产业是从事房地产开发、经营、管理和服务的产业，其经济活动涵盖了开发经营、物业管理、中介服务和其他活动。房地产业总体上属于第三产业的第二层次。
- 房地产业是整个城镇经济发展的基础性产业，是国民经济的主导性产业和支柱产业，它还可以保护和优化生态环境。

▶ 房地产业的发展可以提高居民的生活质量，促进国民经济增长，优化土地资源的配置，增加财政收入，加快城市建设，提高城市的聚集效益和劳动生产率。房地产业的发展还对社会关系的调整具有重要影响。

综合练习

一、本章基本概念

房地产；国有房产；集体所有房产；公民私有房产；共有房产；住宅；生产用房；营业用房；公用设施用房；收益性房产；非收益性房产；直管公有房产；全民单位自管公有房产；代管房产；托管房产；商品房；房改房；集资房；微利房；平价房；解困房；廉租住房；安居工程住房；经济适用住房；限价房；公共租赁房屋；别墅；集合住宅；公寓式住宅；有限产权房；成套住宅；跃层住宅；住宅用地；工业用地；商服用地；仓储用地；市政公用设施用地；生地；毛地；熟地；房地产行业管理；房地产买卖；房地产租赁；房地产抵押

二、本章基本思考题

1. 阐述房屋与房产以及土地与地产的区别。
2. 房地产的自然特征主要有哪些？
3. 房地产的经济特征主要有哪些？
4. 房地产的社会特征主要有哪些？
5. 怎样理解房地产的保值增值性？
6. 房地产业在国民经济中的地位如何？
7. 房地产业在国民经济中具有哪些作用？

推荐阅读资料

1. 迪帕斯奎尔，惠顿. 城市经济学与房地产市场[M]. 北京：经济科学出版社，2002.
2. 张永岳，陈伯庚，孙斌艺，等. 房地产经济学[M]. 4版. 北京：高等教育出版社，2021.
3. 丰雷，吕萍，包晓辉，等. 房地产经济学[M]. 4版. 北京：中国建筑工业出版社，2022.
4. 胡乃武，董藩. 利用房地产业拉动经济增长必须考虑可持续发展的要求[J]. 改革，2000（2）：85-87.
5. 贾康. 中国住房制度与房地产税改革[M]. 北京：企业管理出版社，2017.
6. 埃文斯. 经济、房地产与土地供应[M]. 徐青，译. 北京：中国人民大学出版社，2013.
7. 奥沙利文，吉布. 住房经济学与公共政策[M]. 孟繁瑜，译. 北京：中国人民大学出版社，2015.

第二章 地租理论

学习目标

通过对本章的学习，学生应了解或掌握如下内容：
1. 地租的内涵、地租与地价的关系、地租理论的产生与发展；
2. 古典政治经济学的地租理论及代表人物的思想；
3. 庸俗政治经济学的地租理论及代表人物的思想；
4. 马克思的地租理论及其内涵；
5. 现代西方经济学中地租理论的代表人物及思想。

导言

土地是人类社会生产活动中不可缺少的生产要素。英国古典政治经济学创始人威廉·配第早在 1662 年的《赋税论》中就曾指出："劳动是财富之父，土地是财富之母。"①地租的本质是使用土地所付出的代价，是土地权利在经济上的实现，属于土地的社会属性范畴。本章梳理了 17 世纪以来比较有代表性的地租理论，涵盖古典政治经济学的地租理论、庸俗政治经济学的地租理论、马克思的地租理论和现代西方经济学的地租理论，这些地租理论已成为研究房地产经济学的重要基础理论。

第一节 地租理论概述

按照字面意思理解，地租是指土地使用者租用土地所支付的租金。地租（rent）一词来源于拉丁文"rendita"，有报酬（return）和收入（yield）之意，广泛应用于物权所有人将土地、房屋、资源或者其他财物租给其他人使用所获得的报酬。威廉·配第（William Petty）首次提出了现代意义上的地租思想：地租是劳动产品扣除生产投入中维持劳动者生活必需后的余额，其实质是剩余劳动的产物和剩余价值的真实形态。美国当代著名经济学家保罗·萨缪尔森（Paul A. Samuelson）则认为，地租是为使用土地付出的代价，因为土地供给数量是固定的，因此地租量完全取决于土地需求者之间的竞争。可以利用地租和生产要素的价格来分配稀缺的资源，而不收取地租会造成缺乏效率的以及不适当的使用方法。

一、对地租内涵的不同认识

地租作为一个历史范畴，对其内涵的认识经历了漫长的阶段，由此形成了不同的对地

---

① 配第. 配第经济著作选集（赋税论）[M]. 北京：商务印书馆，1981：42.

租的认识。

威廉·配第首先揭示了地租的本质,他认为地租来源于剩余价值,劳动者从他的收获中扣除了自己的种子,并扣除了自己食用的部分以及为换取衣服和其他必需品而给予别人的部分之后,剩下的谷物就是这块土地一年的地租。

弗朗斯瓦·魁奈(Francois Quesnay)提出了"纯产品"学说。农业因自然界的帮助而为社会创造财富,而自然是不会向人类索取报酬的,所以农业部门在扣除一切消耗后还会有剩余。这种因自然界的帮助而产生的剩余产品称为"纯产品"。它是生产领域而不是流通领域创造出来的,"纯产品"以地租形式归土地所有者所有。

安·罗伯特·雅克·杜尔阁(Anne Robert Jacques Turgot)发展了弗朗斯瓦·魁奈关于"纯产品"的观点。他认为"纯产品"是自然的赐予,但这种赐予是土地对农业劳动者的赐予,即"纯产品"是由劳动者生产出来的。由于土地私有权的存在是法律规定的,因而"纯产品"归土地所有者所有。

亚当·斯密(Adam Smith)从劳动价值论出发认为,地租是作为使用土地的代价,是劳动者所创造的生产物价值的一部分,是产品价格补偿生产资本和平均利润后的剩余。不过,他同时认为地租是自然力发生作用的结果。

安德森(Anderson)[①]否认了弗朗斯瓦·魁奈关于地租来源于自然赐予的观点,指出是产品价格决定地租,即地租不是来源于土地,而是来源于生产产品的劳动。他还提出土地相对肥沃的概念,指出土地肥沃程度的差别是形成级差地租的原因。

大卫·李嘉图(David Ricardo)在劳动价值论的基础上阐明了其地租理论。他认为农产品的价值取决于耕种劣等土地所需的劳动,地租总是由于使用两份等量资本和劳动而获得的产品之间的差额。土地数量的有限性和质量的差异性是支付地租的原因。如果土地数量是无限的,而且一切土地都具有相同的特性(包括质量、位置),那么在使用土地时就无须支付地租。地租总是由于使用两份等量资本和劳动,而获得的两个不等量土地产品之间的差额,及因追加的劳动量所获报酬的差异而产生的。[②]

让·巴蒂斯特·萨伊(Jean Baptiste Say)在效用价值论的基础上提出了"三位一体"的分配论。他认为资本、土地如同劳动一样能提供生产性服务,创造效用,具有创造价值的能力,因此,也就具有创造收入的能力。即工资是劳动的补偿,利息是资本的补偿,而地租是使用土地的补偿。他的这个公式否定了亚当·斯密关于利润、利息和地租是劳动所创造的价值的扣除部分的观点。

约翰·贝茨·克拉克(John Bates Clark)则认为,地租是土地这个生产要素对产品的生产所做的一种贡献,即土地生产力的报酬。他在其著作《财富的分配》中提出了边际生产力分配论。他认为,劳动和资本(包括土地)各自的边际生产力决定它们各自的产品价值,同时也就决定了它们各自所取得的收入。

马克思则认为,土地是反映生产关系最重要的物质基础,一部分人拥有了土地的所有权,就排除了其他人对土地的占有。这种排他性和垄断性决定了土地使用制度,决定了土地所有权在经济上实现的形式,如绝对地租、级差地租和土地价格等。

可见,经济学家对地租内涵的认识是一个长期的过程。究其本质,土地作为一种生产

---

① 马克思称他为"现代地租理论的真正创始人"。
② 谢经荣. 房地产经济学[M]. 2版. 北京:中国人民大学出版社,2008:30.

要素，一种生产的自然基础，要么是大自然赐予劳动者的剩余产品，要么是土地对产品及其价值所做的贡献，要么是投入土地的资本的利息，要么是来源于劳动者的生产劳动。广义层面上，地租泛指土地所有者将其所拥有的土地及与土地相关的房屋或其他附着物租给他人使用所获取的报酬，是一种不仅限于土地的租金。狭义层面上，地租仅是指土地的使用者租用土地所需支付的租金，是其所获利润中超过平均利润的部分。

二、地租与地价的关系

土地本身是一种自然存在，并非劳动产品，本身没有任何价值。但在商品经济条件下，土地一旦被占有，就可以成为商品。土地成为商品，和任何其他商品并无两样，一样可以"待价而沽"，一样会有买卖。而土地在不同所有者之间流转时，对方支付的对价，即买卖价格就是地价。

马克思认为"资本化的地租即土地价格"[1]，意思是说土地价格等于地租的资本化。何谓资本化？从经济史角度看，马克思最早提出了资本化、收益资本化及地租资本化的思想。他认为，当土地能够带来收益，能够进入市场流通，能够被自由交易的时候，土地即被资本化了，也即地租被资本化了，在本质上也是土地所有权被资本化了。

从资本获取利息的角度，马克思认为"地租是以地价形式投入土地的资本的利息"[2]。从地租和地价孰先孰后的角度，他认为"土地价格不外是资本化的，因而是提前支付的地租"[3]，"是一次提前付清的未来的地租"[4]。从价格换算方式的角度，他认为"购买价格不是土地的购买价格，而是土地所提供的地租的购买价格，它是按普通利息率计算的"[5]。马克思的地租地价思想的核心是上述的"地价是地租的资本化"。地租与地价的关系是：土地价格=地租/利率。需要注意，上述等式并未考虑时间及贴现等因素。如果考虑时间和贴现，那么土地价格就是提前一次付清的未来多年的地租，同时也可认为是未来多年地租收益的贴现。

地租与地价都是土地所有权在经济上的实现。在本质上，地租与地价具有一定的同一性。基于土地所有权，土地所有者既可以将土地租给他人使用以获取地租收益，也可以将土地出卖给他人以获得地价收益。反之，拥有货币的土地需求者如果想购买土地，必然会进行一种对比：比较获取这块土地后能够获得的地租收益与购买这块土地的货币放贷出去的利息所得，进行权衡之后才可能成交。尽管在本质上具有同一性，地租与地价又是两个略有差异且相互独立的经济范畴。地租与地价的区分，主要在于其使用范围的不同，以及使用目的的差异。地租这一概念经常被用于反映并适用于土地租赁关系，而地价概念则更多适用于土地的买卖关系。地租地价理论是西方经济学和马克思政治经济学的一个庞大理论分支，是分析和研究土地及房产价格的重要理论基础之一。从经济史角度看，对地租理论的研究更为充分，因此本章将集中探讨地租理论。

三、不同社会形态下的地租形式

马克思科学而深刻地揭示了地租的性质和来源。

---

[1] 马克思. 资本论：第3卷[M]. 北京：人民出版社，1975：904.
[2] 马克思. 资本论：第3卷[M]. 北京：人民出版社，1975：904.
[3] 马克思. 资本论：第3卷[M]. 北京：人民出版社，1975：911.
[4] 马克思. 资本论：第3卷[M]. 北京：人民出版社，1975：753.
[5] 马克思. 资本论：第3卷[M]. 北京：人民出版社，1975：703.

首先,地租是与土地所有制关联的,从而与土地所有权关联。在不存在土地所有权的社会中,地租就不复存在。因此,马克思说,不论地租有什么独特的形式,它的一切类型都有一个共同点:地租的占有是土地所有权借以实现的形式。

其次,不同的社会形态下,地租因为土地所有权性质的不同,其内容和形式也不同,体现了不同的生产关系。在奴隶社会中出现了最初的地租,即奴隶制地租。奴隶制地租是奴隶主剥削奴隶的结果。在封建社会中,地租则反映的是地主剥削农民(农奴)的生产关系。地租包含了直接生产者(佃农)的全部剩余生产物。在封建社会中,封建地租主要表现为三种形式:劳役地租(即地主直接占有农奴的剩余劳动)、实物地租(由农奴将剩余生产物以实物形态缴予地主)和货币地租(农民将生产物出售,以货币形态将大部分所得缴予地主)。在资本主义社会中,资本主义地租是从封建地租中产生的,它以货币地租为主要形式。资本主义地租所反映的是土地所有者(地主)和产业资本家共同剥削工人的经济关系。在社会主义社会中,地租反映的则是在国家、集体和个人三者利益一致的前提下,对土地收益的分配关系,地租也成为国家用于调节社会生产与分配的经济杠杆。

四、地租理论的发展历程

在西方经济学理论中,地租理论的发展先后经历了古典政治经济学地租理论、庸俗政治经济学家的地租理论和现代西方经济地租理论等几个阶段[①],如图2-1所示。

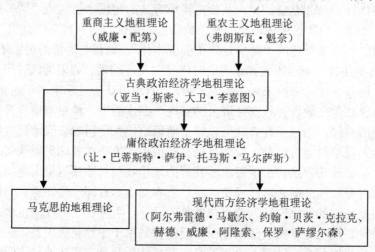

图2-1 西方地租理论发展主线示意图

古典政治经济学地租理论(17世纪中叶至19世纪初)是在重商主义地租论和重农主义地租论的基础上发展起来的,其主要代表人物有威廉·配第、弗朗斯瓦·魁奈、安·罗伯特·雅克·杜尔阁、亚当·斯密、安德森、威斯特(Wister)、大卫·李嘉图等古典经济学家;此后庸俗政治经济学家的地租理论(19世纪上半叶)在此基础上继续发展,主要代表人物有让·巴蒂斯特·萨伊、冯·杜能(Von Thunen)、托马斯·马尔萨斯(Thomas Robert Malthus)等经济学家;现代西方经济学中流行的地租理论(20世纪初至20世纪下半叶)是地租的边际生产力理论,其主要代表人物有阿尔弗雷德·马歇尔(Alfred

---

① 曹振良. 房地产经济学通论[M]. 北京:北京大学出版社,2003:244-245.

Marshall)、约翰·贝茨·克拉克、赫德（Hurd）、威廉·阿隆索（Alonso）、萨缪尔森、歌德伯戈（M. Goldberg）、钦洛依（P. Chinloy）等人；而马克思的地租理论，则是马克思和恩格斯在批判性地继承古典政治经济学地租理论的基础上建立和发展起来的。地租理论的发展历程如表 2-1 所示。

表 2-1 地租理论发展脉络表

时　　期	代 表 人 物	主要观点和贡献
17 世纪中叶到 19 世纪初	威廉·配第	• 提出级差地租的最初概念 • 土地价格=年租×21
	弗朗斯瓦·魁奈	• 提出"纯产品"学说 • 农业中因自然界的帮助而生产的剩余产品（纯产品）以地租的形式归土地所有者所有
17 世纪中叶到 19 世纪初	安·罗伯特·雅克·杜尔阁	"纯产品"是由农业劳动者生产出来的，由于土地私有权的存在使这部分"纯产品"归土地所有者所有
	亚当·斯密	• 系统地研究了地租理论 • 对绝对地租、级差地租、建筑地租、第一性地租、派生性地租等的研究引人关注
	安德森	• 提出了土地相对肥沃的概念 • 地租来源于生产土地产品的劳动 • 土地产品的价格决定地租，而不是相反
	威斯特	• 级差地租以土地耕种的下降序列为前提 • 土地产品的边际收益是递减的
	大卫·李嘉图	• 在劳动价值论的基础上阐明地租理论 • 只承认级差地租，否认绝对地租的存在
19 世纪上半叶	让·巴蒂斯特·萨伊	提出"三位一体"的分配论：工资是劳动的补偿；利息是资本的补偿；地租是使用土地的补偿
	托马斯·马尔萨斯	地租是自然对人类的赐予
	冯·杜能	• 创建农业区位论 • 主要研究级差地租 I 中由于位置的优劣不同而产生的地租
19 世纪下半叶	马克思 恩格斯	• 把劳动价值论贯彻到地租理论的始终 • 资本主义地租是剩余价值的转化形式之一 • 地租分为三种形式：绝对地租、级差地租、垄断地租 • 土地价格是地租的资本化
20 世纪初到 20 世纪下半叶	阿尔弗雷德·马歇尔	• 创立均衡价格论 • 地租只受土地需求的影响且决定于土地的边际生产力
	约翰·贝茨·克拉克	• 地租是土地这个生产要素对产品的生产所做的一种贡献 • 地租是一种"经济盈余"
	赫德	论述区位地租理论，认为土地价值依赖于接近性
	威廉·阿隆索	解决了城市土地地租、地价的计算问题
	丁伯根（Tinbergen）	论述了土地的影子价格
	康托罗维奇（Kantorovich）	论述了土地的影子价格
	保罗·萨缪尔森	地租是否成为决定价格的成本，取决于观察问题的角度
	歌德伯戈 钦洛依	用制度经济学的方法对城市地价进行分析

第二节　古典政治经济学的地租理论

古典政治经济学的地租理论起源于威廉·配第的《赋税论：献给英明人士货币略论》中的地租剩余理论，在"经济学鼻祖"亚当·斯密的《国民财富的性质和原因的研究》中也有所涉及。古典政治经济学中关于地租理论的学说种类较多，其中有代表性的是威廉·配第的地租理论、亚当·斯密的地租理论和大卫·李嘉图的地租理论。

一、威廉·配第的地租理论

威廉·配第在劳动价值论的基础上，在分析工资、利息和货币等经济范畴的同时，考察了地租。他是历史上第一个把地租看作剩余价值的基本形态，认为地租是剩余劳动的产物的经济学家。他还率先提出了级差地租的概念，并初步论证了级差地租Ⅰ和级差地租Ⅱ的形态[①]：靠近人口稠密区位的土地，比距离远而土质相同的土地，不仅能产生更多的地租，而且所值的年租总数也更多一些。"假如维持一支军队所需的谷物必须从四十英里[②]的地方运来，那么在距离这支军队一英里的地方栽培的谷物，除了其自然价格之外，尚应加算将谷物运输三十九英里所需的费用。对鲜鱼、水果等容易腐烂的物品，尚应另外加算保证避免发生腐烂危险的保险费。"[③]威廉·配第提到由于土地丰度差别，从而投在等量土地上的劳动生产力的差别而发生的级差地租Ⅱ，他说："如果能耗费比现在实际耗费更多的劳动，以此来改良土地，使土地丰产，那么地租就会因收成的增加超过所用劳动的增加，而成比例地上涨。"[④]

关于地租的计算方法，威廉·配第认为，不能以少数人在无知的情况下相互进行交易的数据为依据，而应当先评定土地的性质，按教区、征税区等行政界线和由海、河、岩石或山岭等所构成的自然特征两方面，测量所有土地的形状、面积及位置，然后再依据该土地平常所生产的产品来确定地租。"有的土地就比别的土地更适宜于生长某种谷物，同时也应根据这块土地上所播种的作物每年的产量，以及这些作物相互比较所显示出来的相对优越性来判定土地的性质。例如，假定有一块十英亩[⑤]的土地，我认为我们应首先明确它是适宜于栽培牧草，还是适宜于栽培谷物。如果适宜于栽培牧草，那么应该明确这十英亩土地和另一块十英亩土地比较，所生长的牧草是多还是少，以及它所生长的一定重量的牧草所饲养的家畜是多于还是少于另一块土地所生长的等量牧草所饲养的家畜。"[⑥]

威廉·配第还提出了地价的最初思想。土地价格就是预买一定年限的地租总额，地价即地租的转化形式，实际上他把土地价格当作资本化的地租。他根据当时英国土地买卖的

[①] 威廉·配第考察了级差地租的两种形态：第一种是由于土地位置距市场远近不同、土地的肥沃程度不同而产生的；第二种是由于同一块土地连续投入的劳动和资本的生产率不同而引起的。前者为级差地租Ⅰ，后者为级差地租Ⅱ。
[②] 1 英里＝1.61 千米。
[③] 配第. 配第经济著作选集（赋税论）[M]. 北京：商务印书馆，1981：46.
[④] 配第. 配第经济著作选集（赋税论）[M]. 北京：商务印书馆，1981：45.
[⑤] 1 英亩＝0.4 公顷。
[⑥] 配第. 配第经济著作选集（赋税论）[M]. 北京：商务印书馆，1981：48.

实践，做了一个大致符合实际情况的估算，即一块土地的价格等于二十一年地租的总和，也就是祖父、父亲和儿子三代共同生活的年数的地租。他认为："任何一块土地自然所值的年租年数，等于这三代（即祖、父、孙）通常可以同时生存的年数。"并根据当时英国所做的死亡统计图表，"估计英格兰这三代人可以同时生存的年数为二十一年，因此土地的价值也大约为二十一年的地租"。[1]

二、亚当·斯密的地租理论

亚当·斯密是英国古典政治经济学的重要代表人物，是西方经济学的鼻祖，他明确提出了地租概念，而且还把地租看作土地所有权的反映。亚当·斯密认为，土地一旦成为私有财产，地主就要求劳动者从土地生产出来或采集到的几乎所有物品中分出来一定份额给他。因此地主的地租，便成为要从用在土地上的劳动的生产物中扣除的第一个项目。他在巨著《国民财富的性质和原因的研究》一书中指出："作为使用土地的代价的地租，自然是租地人按照土地实际情况所支付的最高价格。"他认为，地租是农产品垄断价格的结果，这种垄断价格是超过足够补还生产作物并上市所需要垫付的资本，并提供了普通利润后的剩余部分，这部分自然归作土地地租。

亚当·斯密虽然没有明确提出绝对地租的概念，但实际上肯定了绝对地租的存在。他认为："一国土地，一旦完全成为私有财产，有土地的地主，像一切其他人一样，都想不劳而获，甚至对土地的自然生产物，也要求地租。"亚当·斯密也对级差地租进行了简略的论述，他认为地租随土地肥沃程度和土地位置的不同而不同。亚当·斯密说："都市附近的土地，比偏远地带同样肥沃的土地能提供更多的地租。耕作后者所费劳动量与耕作前者所费劳动量虽相同，但偏远地方产物运到市场，必需较大劳动量。因此，这偏远地方，必须维持较大数量的劳动，而农业家的利润及地主地租所出自的剩余部分，势必减少。但是前面说过，偏远地方的利润率，一般比都市附近高，所以，在这减少的剩余部分中，属于地主的部分，必定更小。"[2]

关于地租的度量，亚当·斯密认为，工资和利润的高低是价格高低的原因，而地租的高低是价格高低的结果。亚当·斯密说："商品的价格的有高有低是因为这一商品上市所需支付的工资与利润有高有低。但这商品能提供高地租，能提供低地租，或不能提供地租，却是因为这商品价格有高有低，换言之，因为这商品价格，是大大超过或稍稍超过足够支付工资及利润的数额，或是仅够支付工资及利润。"[3]"改良及耕作的扩大，可直接抬高土地的真实地租。地主所得到的那一份生产物，必然随全部生产物的增加而增加。土地原生产物中，有一部分真实价格的昂贵，最初是土地改良和耕作扩大的结果，接着，又是促进土地改良和耕作扩大的原因。劳动生产力的增进，如果能直接使制造品真实价格低落，亦必能间接提高土地的真实地租。社会真实财富的增加，社会所雇用的劳动量的增加，都有间接提高土地真实地租的倾向。"[4]

虽然亚当·斯密对地租理论的研究有一定贡献，但也有不足之处。受重农主义影响，

---

[1] 配第. 配第经济著作选集（赋税论）[M]. 北京：商务印书馆，1981：43.
[2] 斯密. 国民财富的性质和原因的研究：上卷[M]. 北京：商务印书馆，1972：140.
[3] 斯密. 国民财富的性质和原因的研究：上卷[M]. 北京：商务印书馆，1972：139.
[4] 斯密. 国民财富的性质和原因的研究：上卷[M]. 北京：商务印书馆，1972：240.

他认为:"这地租,可以说是地主借给农业家使用的自然力的产物。"这表明他对地租来源问题的理解还不是非常清晰。从劳动价值论出发,他认为地租是对劳动产品价值在工资、利润以外的一种扣除;从生产费用论出发,认为地租是使用地主土地的"自然报酬",主张地租是商品价值的"基本源泉",并从流通角度出发阐明地租是"垄断价格"的结果。

三、大卫·李嘉图的地租理论

英国古典政治经济学的杰出代表和完成者大卫·李嘉图更加细致而系统地研究了地租,他对地租理论的最突出贡献在于用劳动价值论的原理研究地租问题。他认为地租同利润一样,是劳动创造的价值的一部分,从而为地租理论的进一步研究奠定了基础。他还充分地研究了级差地租问题,区分了一般意义上的地租和经济学意义上的地租的不同。

关于地租的定义,大卫·李嘉图认为,地租是为使用土地的原有和不可摧毁的生产力而付给地主的那一部分土地产品。"假定有两个相邻的农场,其面积相等,自然肥力也相同。其中一个具有农场建筑的各种便利条件,而且排水施肥也很得宜,另一个却全然没有这些设施,那么使用前者所付报酬自然会比后者多,然而两种情形下所付的这种报酬却都会被称为地租。但是很明显,在对经过改良的农场所支付的货币中,只有一部分是付给土地的原有和不可摧毁的生产力的,另一部分则是由于使用原先用于改良土壤以及修建为获取和存储产品所必需的建筑物的资本而支付的。"[①]

大卫·李嘉图认为,地租的产生必须有两个前提:一是土地的有限性;二是土地的肥沃程度和位置的差别性。大卫·李嘉图说:"富有丰饶土地的地区最初拓殖时,维持实存人口所需耕种的土地只是其中极小一部分;或者说,用当时的人口所能支配的资本所能耕种的土地的确也是很少,这时不会有地租。当未被人占有而愿意耕种的人可以随意支配的土地还很丰富时,没有人会因使用土地而支付代价。"[②]大卫·李嘉图认为,使用土地支付地租,只是因为土地的数量并非无限,质量也不是相同的,并且因为在人口的增长过程中,质量和位置较差的土地也投入耕种了。"在社会发展过程中,当次等肥力的土地投入耕种时,头等的土地马上就开始有了地租,而地租额取决于这两份土地在质量上的差别。一个地区的人口每发展一步,这个地区就不得不使用质量较差的土地以增加食物的供给,这时一切较肥沃的土地的地租就会增长。因此,如果优良土地的存在量远多于为日益增加的人口生产粮食所需要的量,或者是在旧有地上可以无限制地使用资本,且无报酬递减现象,那么,地租便不会上涨,因为地租总是由于追加的劳动量所获报酬相应地减少而生产的。"[③]

大卫·李嘉图对级差地租进行了明确的阐述,他认为地租的"差额等于这两份土地用一定量资本和劳动所产生的产品的差额。""谷物的价值是由在不支付地租的那一等土地上,或用不支付地租的那一部分资本进行生产时所投入的劳动量所决定的。"大卫·李嘉图认为,地租应当归于一种社会生产关系,即根据土地所有权瓜分剩余价值的结果。他虽然肯定了有级差地租的存在,却否认了资本主义制度下最劣等土地尚有绝对地租的存在。大卫·李嘉图看到了土地所有权的作用,却不承认土地所有权产生绝对地租是其地租理论的缺陷。

---

① 李嘉图. 李嘉图著作和通信集:第一卷[M]. 北京:商务印书馆,1962:55.
② 李嘉图. 李嘉图著作和通信集:第一卷[M]. 北京:商务印书馆,1962:57.
③ 李嘉图. 李嘉图著作和通信集:第一卷[M]. 北京:商务印书馆,1962:59.

第三节 庸俗政治经济学的地租理论

在庸俗政治经济学中,地租理论的代表人物是让·巴蒂斯特·萨伊和托马斯·马尔萨斯,他们起到了承先启后的作用:一方面总结了古典政治经济学的地租理论,另一方面也为现代西方经济学地租理论的发展做了铺垫。

一、让·巴蒂斯特·萨伊的地租理论

让·巴蒂斯特·萨伊的最大贡献在于运用效用价值论考察地租问题。他认为:"劳动除了借助于资本即劳动从前所创造的产品以创造别的产品,同时还利用各种各样的其他因素的力量。这些因素不是劳动自己创造的东西,而是自然赐给人类的东西。通过这些自然力的合作,劳动把一部分效用给予各种东西。"他把商品的价值和使用价值混为一谈,并提出生产的三要素,即劳动、资本和土地。凡生产出来的价值,都应归于劳动、资本和土地三种生产要素作用的结果,即工资是对劳动服务的补偿,利息是对资本服务的补偿,地租是对使用土地的补偿。

让·巴蒂斯特·萨伊总结并发展了亚当·斯密的理论,他从价值理论出发分析土地的价值。他认为斯密所说的劳动是财富的唯一尺度是不正确的,他认为所有生产出的商品的价值都归因于劳动、资本和自然力三者的作用和协力,其中土地为最重要的因素。"一个勤勉的人可以把他的劳动力借给另一个拥有资本和土地的人;资本所有者可以把资本借给只拥有土地和劳动力的人;地主可把地产给只拥有资本和劳动力的人。不论借出的是劳动力、资本还是土地,由于它们协同创造价值,因此它们的使用是有价值的,而且通常得有报酬。对借用劳动力所付的代价叫作工资;对借用资本所付的代价叫作利息;对借用土地所付的代价叫作地租。"①让·巴蒂斯特·萨伊认为,一个国家土地的大小和肥瘠,在很大程度上依存于其位置的好坏;而它的劳动和资本的力量,则依存于其管理能力,因为人总有能力改良劳动的质量和扩大财富的数量。

让·巴蒂斯特·萨伊剖析了土地对于人类的价值,他认为土地有改变物质性质以使其适应于人类的作用。"当农民租借土地时,他把土地生产力所产生的利润交给地主,自己保留他的劳动的工资以及他花费在耕作上的资本利润,他的资本包括农具、马车、牲畜等。在农业企业,企业所有者是个冒险家,他所使用的生产手段中,有一个不属于他而要他给付的租金,那就是地租。"②

关于地租的计量,让·巴蒂斯特·萨伊认为是按土地利润的最高比率决定的。由于从事农业所需要的资本在比例上比其他行业所需要的资本少,能够经营农业的人较多,而在一切有人居住很久和已耕种很久的国家,适合于耕种的土地数量有限,地主对土地具有垄断权利。"如果土地的任何部分给租户带来的利益超过他的资本利息与劳动工资,不久必有愿出更高的价格承租这部分土地的人。一些地主的豪爽或愚昧,有时候可能使地租比率降

---

① 萨伊. 政治经济学概论[M]. 北京:商务印书馆,1963:77.
② 萨伊. 政治经济学概论[M]. 北京:商务印书馆,1963:412.

到最高利润以下，但这是偶然情况，只在一个时期起作用。开辟运河或公路，省内人口或财富的增加，等等，都会使地主的地租增加。此外，不论耕作有什么改进，他们都能从中得利，因为一个人在懂得怎样更好地利用工具时，就愿出更高租金租用工具。"[1]

让·巴蒂斯特·萨伊还考察了长期租借土地对土地产量的促进作用。"如果地主把他的资本花费在自己土地的改良上，例如建造排水渠、灌溉设备、栅栏、建筑物、住宅或其他，那么租金不但包括土地的利润，而且包括这些花费的资本的利息。"[2] "有时候，农民自己承担这样的改良费用，但他只能指望在租约存续期间得到他的花费的利息。在租约期满时，这个利益必须移归地主，因为它是完全无法移动的。尽管地主没有垫付什么款项，但他从那以后却得到全部利润，因为从那时候起他所收获的租金相应增加。所以，除非租期很长，使农民能从他所做的改良中得到充分利润，足够偿还全部费用及其利息，否则农民不会做效果延续到租期以后的改良。正由于这个原因，长期租借对土地产量有促进作用。"[3]

二、托马斯·马尔萨斯的地租理论

托马斯·马尔萨斯提出，地租是总产品价格中的剩余部分，用货币来计算就是总产品价格中扣除劳动工资和耕种投资利润后的剩余部分。托马斯·马尔萨斯认为，地租是总产品价值中扣除各种耕种费用后归于地主的部分，各种费用包括按照当时一般农业资本利润率计算的投资利润。[4]

关于地租这个剩余部分的产生，托马斯·马尔萨斯认为有三方面原因：一是土地的性质（指土地的肥力），土地能生产出比维持耕种者的需要还多的生活必需品，这也是主要原因。二是土地所生产的生活必需品具有特殊的性质，由此，生活必需品在适当分配以后，就能够产生出它自身的需求。[5] 三是或天然或人为的肥沃土地的相对稀缺性。而土地的性质是剩余产品产生的主要原因，因此地租是"自然对人类的赐予"，它和其他垄断无关。"土地能够生产出比维持耕种者的需要还多的生活必需品，这是自然对人类的赠予，它与垄断完全无关，然而是地租存在的绝对必要条件，没有这种性质，任何程度的稀缺性或垄断，都不能使农产品价格在支付必要的工资、利润以后还能有所剩余。不论一块土地的产品实际上怎样分配，是全部分给劳动者和资本家，还是留一部分给地主，这块土地生产地租的能力总是和土地的自然的或者后天的肥力完全相称的。"[6]

托马斯·马尔萨斯认为，促使农产品价格和生产费用的差异扩大的主要原因是地租上涨的原因。

第一，引起利润下降的资本积累。如果资本在某些部门增加了，而增加的资本不能获得和先前一样的利润，那么决不会闲置不用，虽然报酬较低，也会在本部门或其他部门寻找出路，这就会促使资本转到肥力较次的土地上。

第二，引起工资下降的人口增加。如果人口增加超过了一定限额，劳动者就不得不争

---

[1] 萨伊. 政治经济学概论[M]. 北京：商务印书馆，1963：413.
[2] 萨伊. 政治经济学概论[M]. 北京：商务印书馆，1963：413.
[3] 萨伊. 政治经济学概论[M]. 北京：商务印书馆，1963：414.
[4] 马尔萨斯. 人口原理[M]. 北京：商务印书馆，1992：116.
[5] 如粮食的充裕可以加强人口增长的趋势，形成新的需求，进而使粮食价格支付各种费用后还有剩余，从而形成地租。
[6] 马尔萨斯. 人口原理[M]. 北京：商务印书馆，1992：120.

夺数量较少的生活必需品。结果农产品价值就会上升，同量谷物能够使更多的劳动活动起来，过去不可能耕种的土地现在也可以耕种了。

第三，促使生产一定成果所需要的劳动者人数减少的农业改革或勤勉努力的增进。通过降低耕种费用，促使地租上涨的原因，是能使生产一定粮食所需的劳动人数减少的农业改良，或勤勉努力程度的提高。

第四，农产品价格因需求增加而上涨，这种上涨虽然可能引起货币工资的上升或货币价值的下跌，但却带来了农场主的货币支出的暂时或长久的下降。农产品的货币价格因需求增加而上涨，这种上涨虽然可能引起劳动的货币工资的上升，或货币价值的下跌，但是同时会带来农场主货币支出的相对下降。[1]

第四节 马克思的地租理论

马克思的地租理论与西方其他经济学流派的观点的最大区别在于，它不仅是建立在劳动价值论基础上的，而且联系着社会生产关系对地租进行了考察。马克思在对威廉·配第、亚当·斯密、大卫·李嘉图等人的地租理论批判性继承的基础上创立了地租理论，以劳动价值论、生产价格论和剩余价值论为理论根基，以资本主义经济为研究对象，科学地揭示了资本主义土地所有制关系及其地租的本质。深入研究马克思的地租理论，对理解当代中国的房地产问题仍具有重要的参考价值。

一、资本主义地租的实质和形态

马克思地租理论的研究基点在于，土地所有者凭借其对土地的所有权获取地租，任何地租都是以土地所有权的存在为前提的。但是，土地所有权的利用不以人们的主观意志为转移，而是由客观的经济条件所决定的。作为资本主义地租前提的资本主义土地所有权形式是一定经济条件发展的结果。

（一）资本主义地租的实质

马克思地租理论的关键是"考察资本投入农业而产生的一定的生产关系和交换关系"。[2]资本主义农业中存在着大土地所有者、农业资本家和农业雇佣工人三个并存而又互相对立的阶级。农业雇佣工人实际耕种土地，他们同工业中的工人一样，不占有任何生产资料，完全靠出卖自己的劳动力为生。而租地农场主，即农业中的产业资本家只是把农业当作资本的一个特殊投资对象和剥削范围，进而剥削工人创造的剩余价值。农业资本家为了获得进行剥削的条件，向土地所有者承租一定数量的土地，必须按照契约的规定向土地所有者支付一定的货币额，作为取得土地使用权的报酬。这个货币额，不管是对耕地使用权的支付，还是对建筑地段、矿山、渔场、森林、草场等使用权的支付，都称为地租，"在这里，地租是土地所有权在经济上借以实现即增殖价值的形式"。[3]

---

[1] 马尔萨斯. 人口原理[M]. 北京：商务印书馆，1992：133-134.
[2] 马克思. 资本论：第3卷[M]. 北京：人民出版社，1975：94.
[3] 马克思. 资本论：第3卷[M]. 北京：人民出版社，1975：698.

马克思认为，资本主义地租的实质是农业工人剩余劳动生产出来的剩余产品，体现着农业工人所创造的剩余价值。但这部分剩余产品区别于一般剩余产品，是剩余产品的一种特殊形式，是"剩余产品的这个至少在资本主义生产方式基础上在量和质的方面已经特别规定的部分"。[①]

从地租的量上来看，资本主义地租是农业雇佣工人所创造的剩余产品或剩余价值的一部分。农业雇佣工人在剩余劳动时间内所创造的剩余产品或剩余价值也要分为两部分：一部分形成平均利润，为农业资本家占有；超过平均利润以上的部分才转化为地租。因此，地租体现的是土地所有者和农业资本家对农业雇佣工人的剥削关系。实质上，资本主义地租是农业中的超额利润的转化形式，如级差地租，是农产品因社会生产价格高于个别生产价格而产生的超额利润；绝对地租，则是农产品价值超过生产价格的超额利润。

（二）资本主义地租的形态

资本主义地租分为级差地租和绝对地租两种基本形态。级差地租属于平均利润以上的部分，是在某种自然条件[②]被垄断的情况下，农产品按社会生产价格出售而出现的超额利润，是由土地本身的差别引起的。绝对地租是地主凭借对土地的所有权，在最劣等地上所获取的地租。在农业中，农产品市场生产价格的决定不同于在工业中的，它是由最劣等地的生产条件决定的，于是耕种最劣等地也能获得一个超额平均利润，绝对地租因而存在。

二、级差地租

级差地租是超额利润转化而来的，将等量资本投在等面积土地上所产生的不同生产效率的形式，是个别生产价格与社会生产价格的差额构成的超额利润转化的地租形式。资本主义级差地租是由租佃较好土地的农业资本家向大土地所有者缴纳的超额利润，由优等地和中等地农产品的个别生产价格低于劣等地个别生产价格决定的社会生产价格的差额所决定。

（一）级差地租形成的条件和原因

级差地租形成的条件是土地本身在肥沃程度、地理位置等方面的差异，因为正是这种差异导致等量资本投入生产条件不同而面积相同的土地上，所产生的劳动生产效率和产量收益不相同。级差地租以生产价格的存在为前提，并与自然条件相联系。农产品的社会生产价格由劣等地的个别生产价格决定[③]，这使得农产品的社会生产价格不是由中等地生产条件决定的，而是由劣等地的生产条件决定的。投资于优等地和中等地的农业资本家，优越的土地自然条件使得农业劳动生产效率较高，单位面积产出较大，而其农产品的个别生产价格本来就低于社会生产价格，但农业资本家却是按照社会生产价格出售其农产品的，因此他可以获得超额利润。级差地租就是把这种在平均利润之上的超额利润缴纳给土地所有者的部分。

级差地租形成的原因是土地的资本主义经营垄断。[④]土地资本主义经营垄断的客观存

---

① 马克思. 资本论：第 3 卷[M]. 北京：人民出版社，1975：712.
② 如土地肥力、地理位置等。
③ 原因是：如果单纯依靠租种优等地而撂荒劣等地，势必会引起社会上农产品供给的严重不足，导致农产品价格上涨，这样在客观上就使得租种劣等地成为可能，租种劣等地的农业资本家也就可能拿到平均利润。
④ 土地的资本主义经营垄断是指在土地有限的前提下，土地作为经营对象被农业资本家使用后所形成的经营性垄断。

在，使得租种较好土地的农业资本家能够比较稳定地拿到农业超额利润。因为土地数量有限，尤其是优等地数量有限；土地的资本主义经营垄断使得非农业部门的资本不能自由转入农业经营，特别是不能自由投到优等地和中等地，这在很大程度上限制了农业中的竞争。因此农业资本家可长期稳定获得的超额利润便形成级差地租。

级差地租的形成与土地私有权没有关系，但土地私有权是农业中的超额利润以级差地租形式从农业资本家手中转入土地所有者手中的原因。土地所有者凭借对土地的私有权，把优等地和中等地的地租定得高于劣等地的地租，从而使农业中的超额利润以级差地租形式被土地所有者获取。经营优等地和中等地的农业资本家在能够获得平均利润的情况下，也愿意把所获得的超额利润作为级差地租缴纳给土地所有者。

资本主义地租的源泉是农业工人的剩余劳动所创造的剩余价值的一部分，即超额剩余价值。①在大土地所有者存在的资本主义农业中，农业资本家要经营农业，只能从土地所有者手中租佃土地，继而雇用工人进行农业生产劳动，并且要把农业工人创造的剩余价值的一部分作为地租，交给土地所有者。良好的土地自然条件是形成超额利润的自然基础，资本主义土地私有权决定了超额利润归土地所有者所有。农业资本家作为产业资本家的一部分，投资于农业的动机是要获得平均利润，这决定了农业资本家从农业工人那里攫取的剩余价值必须大于平均利润。这部分利润被分割为两部分：相当于平均利润的那部分归农业资本家所有；超过平均利润的那部分以地租的形式交给大土地所有者。

（二）级差地租的形式

级差地租包括级差地租Ⅰ和级差地租Ⅱ两种形式。其中，级差地租Ⅰ是由于等量资本投在面积相等、等级不同的土地上，因而产生不同生产效率的结果；级差地租Ⅱ是连续投在同一块土地上，每次投资具有不同生产效率的结果。

1. 级差地租Ⅰ

级差地租是指等量资本投在面积相等而等级不同的土地上，导致的产量不同，而产生的超额利润转化成的地租，是由土地的肥沃程度或位置差异引起的。因此，等量资本投在相等面积的不同等级的土地上，会具有不同的生产效率。经营肥力或位置较好的土地的农业资本家，因农产品的个别生产价格低于社会生产价格可获得超额利润，这部分超额利润转化为土地所有者的地租。

土地的肥力首先是指土地的自然肥力。"撇开气候等要素不说，自然肥力的差别是由表层土壤的化学结构的差别，也就是由表层土壤所含植物养分的差别形成的。"②不过，相同自然肥力的土地也会产生不同的结果，因为土地的有效肥力还同时与自然肥力的利用有关。在自然肥力相同的各块土地上，同样的自然肥力能被利用到什么程度，一方面取决于农业化学的发展，另一方面取决于农业机械的发展。肥力虽然是土地的客观属性，但总是与农业化学和农业机械的现有发展水平相关，随着社会生产力的发展而变化。

投入相同的资本到面积相同的、具有不同肥力的土地上，由于土地本身劳动生产效率的不同，造成个别生产价格不同。经营优等地能够获得超额利润，如表2-2所示。

---

① 地租是这部分超额剩余价值的转化形式。
② 马克思. 资本论：第3卷[M]. 北京：人民出版社，1975：733.

表2-2　土地肥力不同造成的级差地租

土地等级	投入资本/元	平均利润/元	产量/千克	个别生产价格/元		社会生产价格/元		利润/元	级差地租/元
				全部产品	单位产品	全部产品	单位产品		
劣等	100	20	10	120	12	120	12	10	0
中等	100	20	15	120	8	180	12	80	60
优等	100	20	20	120	6	240	12	140	120

表2-2中，在面积相等的三种级别土地上投入相同的资本100元，假设其产量分别为10千克、15千克、20千克，按照20%的平均利润率，其平均利润为20元。在市场上出售的价格按照劣等地的个别生产价格计算为12元/千克，而中等地和优等地的个别生产价格分别为8元/千克和6元/千克。劣等地、中等地、优等地所能得到的利润分别为10元、80元、140元，除去农业资本家的平均利润20元，中等地和优等地分别有60元和120元的超额利润转换为级差地租交给土地所有者，这就是由土地肥力不同造成的级差地租。

土地的位置是指土地离市场的远近。一般来说，土地的位置决定了各级土地耕种的顺序。经营离市场比较近的土地比经营离市场比较远的土地可节省运输费用，降低农产品的成本。从一个国家来看，各级土地的耕种顺序，一般来说，是由土地的位置决定的。但土地位置本身并不是固定不变的，会随着社会生产的发展而相应地发生变化。一方面，随着社会生产的进步，新的地方市场和先进的交通运输工具被不断地创造出来，使某些原来处于不利位置的土地变得更加有利，这对于因土地位置不同而形成的级差地租起着拉平的作用；另一方面，资本主义农业和工业日益分离，大的工业生产中心逐步形成，又会使土地位置的差别逐渐扩大。

即使土地的优劣条件相同，由于其距离市场的远近不同造成的运输费用不同，也会产生级差地租，如表2-3所示。

表2-3　土地位置不同造成的级差地租

土地	距离市场路程/千米	产量/千克	投入/元			平均利润/元	个别生产价格/元	社会生产价格/元	级差地租/元
			生产投入	运输投入	合计				
A	5	10	50	5	55	11	66	78	12
B	10	10	50	10	60	12	72	78	6
C	15	10	50	15	65	13	78	78	0

表2-3中，A、B、C三块土地的面积和肥力相同，由于其距离市场的远近不同造成运输费用分别为5元、10元、15元，按照20%的利润计算得到个别生产价格分别为66元、72元、78元，在市场上以78元的价格出售，则A、B两块地分别获得12元和6元的级差地租，这就是由土地位置不同造成的级差地租。

土地的耕作顺序可以由优等地向劣等地（即下降序列）推进，也可以由劣等地向优等地（即上升序列）推进，还可以优等地与劣等地交替（即上升和下降交替的序列）进行。[①]而不提供级差地租的最劣等地的生产价格起调节市场价格的作用。级差地租和级差地租的分等情况，可以在下降、上升或者两者交替的耕种序列中产生；在农产品的价格不变、上

---

① 由于土地的肥力也可通过改良土壤等人工方式改变，土地的位置可通过新的地方市场和交通运输工具而相对改变，因此，土地的耕作顺序，就不是像大卫·李嘉图所说的，只能由优等地向劣等地推进。

涨或下降时，都可形成级差地租。

2. 级差地租Ⅱ

级差地租Ⅱ是指由于等量资本连续投在同一块土地上、每次投资具有不同生产效率所造成的超额利润而形成的级差地租。农产品的社会生产价格是由劣等地的个别生产价格决定的，因此，只要在同一块土地上连续追加投资，所生产的农产品的个别生产价格就会低于该产品的社会生产价格，就可能获得超额利润，由此转化而成的级差地租，就是级差地租的第二种形式，如表2-4所示。

表2-4 追加投资形成的级差地租

土地等级	投入资本/元	平均利润/元	产量/千克	个别生产价格/元		社会生产价格/元		利润/元	级差地租	
				全部产品	单位产品	全部产品	单位产品		Ⅰ	Ⅱ
劣等	100	20	10	60	12	120	12	20	0	0
优等	100	20	20	120	6	240	12	140	120	0
	追加100	20	15	120	8	180	12	80	0	60

表2-4中，在优等地上追加投资100元，可得到超额利润80元，虽然增加的产量下降为15千克，这部分投资的个别生产价格比社会生产价格低60元，由此形成级差地租Ⅱ。形成级差地租Ⅱ的超额利润只是形成级差地租Ⅰ的超额利润的不同表现。"在这里一个资本的不同部分相继投在同一土地上所产生的结果，就是在级差地租Ⅰ的场合下社会资本各个相等部分投在各级土地上所产生的结果。"[①]

构成级差地租Ⅱ实体的超额利润是否转化为地租以及在何种程度上转化为地租，取决于农业资本家和土地所有者之间的租约和斗争。在租约的有效期限内，因连续追加投资而产生的超额利润完全由农业资本家自己占有；在租约期限届满后、新租约缔结前，土地所有者往往会考虑追加投资的效果而提高地租，把农业资本家追加投资产生的超额利润部分或全部归自己占有。

3. 级差地租Ⅰ与级差地租Ⅱ的关系

级差地租Ⅱ是级差地租Ⅰ的不同表现，两者在本质上是一致的，级差地租Ⅱ是级差地租Ⅰ的发展形式。形成级差地租Ⅱ的超额利润，只是形成级差地租Ⅰ的超额利润的不同表现。"在这里一个资本的不同部分相继投在同一土地上所产生的结果，就是在级差地租Ⅰ的场合下社会资本各个相等部分投在各级土地上所产生的结果。"[②]但两者之间还存在一定的区别：一是超额利润转化为地租的过程不同。级差地租Ⅰ一开始就明确属于土地所有者，而级差地租Ⅱ则不同。二是无论从历史上看，还是从级差地租Ⅱ的运动来看，级差地租Ⅰ是级差地租Ⅱ的基础和出发点。从历史上看，级差地租Ⅰ与级差地租Ⅱ反映着资本主义农业发展的两个不同阶段；从级差地租Ⅱ的运动来看，它总是以肥力和位置不同的各级土地同时并列的耕种为前提的。

（三）最劣等地的级差地租

把级差地租Ⅰ与级差地租Ⅱ联系起来考察，最劣等耕地也有级差地租，主要发生在如

---

① 马克思. 资本论：第3卷[M]. 北京：人民出版社，1975：763.
② 马克思. 资本论：第3卷[M]. 北京：人民出版社，1975：763.

下情况:

首先,当在优等耕地上连续进行投资所产生的生产效率低于在劣等耕地上投资的生产效率的情况下,劣等耕地也会产生级差地租。假定在一亩劣等耕地上投资 10 元,生产粮食 2 千克,粮食的市场生产价格为 5 元/千克,此时,它的个别生产价格与市场生产价格一致,无超额利润产生,这时劣等耕地不提供级差地租。如果社会对粮食的需求增长了,而在一亩优等土地上追加投资 10 元,只能增加粮食 1 千克,这时 1 千克粮食的市场生产价格就是 10 元。因此,劣等耕地的粮食按照新的起调节作用的市场生产价格出售,就可以获得 10 元的超额利润,从而提供 10 元的级差地租。因此,只要优等土地的连续投资的生产效率低于劣等耕地的生产效率,优等土地上的生产价格就会成为起调节作用的生产价格,而劣等耕地起调节作用的生产价格与追加资本在优等土地上形成的生产价格之间的一个差额,就成为劣等耕地的级差地租。对此,马克思认为:"只要级差地租 II 通过连续的投资而产生,上涨的生产价格的界限,就能够由优等土地来调节;这时,劣等土地(级差地租 I 的基础)也能够提供地租。因此,单纯就级差地租来说,所有的已耕地都会提供地租。"[①]

其次,当比调节价格的劣等地更差的土地加入耕种时,最劣等地也有级差地租。如果社会需求的增加所要求追加的农产品通过现有耕地无法满足,必须由比现有最劣等地更差的土地投入耕种,那么这种新投入耕种的土地就代替了原有最劣等耕地,成为新的最劣等耕地,从而原来的最劣等耕地也就会形成级差地租。

最后,级差地租还可以通过劣等地的追加投资而产生。一方面,当价格不变,在最劣等耕地上追加投资的生产效率提高,也可以使最劣等耕地提供地租。按前例,原来在一亩最劣等耕地上投资 10 元,生产粮食 2 千克,每千克的价格为 5 元。如果在这块土地上再追加 10 元投资,生产效率提高一倍,生产 4 千克粮食,它的个别生产价格是 2.5 元。由于市场价格不变,它按起调节作用的 5 元价格出售,就有 10 元的超额利润转化为级差地租。另一方面,在最劣土地上连续投资的生产效率降低,引起价格提高。在最劣土地上投资 10 元,生产粮食 2 千克,每千克的价格为 5 元。如果社会需求增加了,在这块土地上再追加 10 元投资,但生产效率下降了,只能提供 1 千克粮食,那么这时起调节作用的价格就是 5 元而不是 10 元了。这样,每一次投资都会形成一个 10 元的超额利润转化为级差地租。在资本主义制度下,正是由于级差地租 II 的存在,最劣等耕地也能够提供级差地租。

三、绝对地租

绝对地租是指由于土地私有权的存在,租种任何等级的土地都必须交纳的地租。无论是优等地、中等地还是劣等地,土地所有者总要取得一定的地租,否则他宁可让土地长期闲置,也不会让别人无偿使用。马克思把这种源于土地私有权垄断的地租称为绝对地租。古典政治经济学里只有级差地租理论的思想,而绝对地租理论是马克思的重要贡献。

(一)绝对地租产生的原因

研究级差地租时,假定劣等土地只提供平均利润,而不提供任何地租。这个假定等于说,土地所有权在劣等地上并不存在。实际上,资本主义社会中由于土地所有权垄断的存在,各等级土地都要向土地所有者交纳地租。既然劣等地也要交纳地租,那么,农产品的

---

① 马克思. 资本论: 第 3 卷[M]. 北京: 人民出版社, 1975: 833.

市场价格就不能由它的生产价格来调节，而应该在生产价格的基础上再加上一个可以用来交纳地租的余额。也就是说，经营劣等地不仅要提供平均利润，而且要在平均利润以上提供一个超额利润，以便转化为地租。在这里，土地所有权本身就是引起农产品市场价格上涨到生产价格以上的原因，也是要在平均利润以上提供超额利润的原因。在这种情况下，级差地租的规律依然起作用。

在资本主义条件下，只要土地所有权存在，农业资本家就必须支付绝对地租。"租地农场主不支付地租就能按普通利润来增殖他的资本这一事实，对土地所有者来说，绝不是把土地白白租给租地农场主，并如此慈善地给这位营业伙伴以无息信贷的理由。这样一个前提，意味着土地所有权的取消，土地所有权的废除。而土地所有权的存在，正好是对投资的一个限制，正好是对资本在土地上任意增殖的一个限制。"[1]因此，土地所有权的垄断是超额利润转化为地租的前提。

当土地所有者就是资本家的时候，资本投在土地上面就不会受到土地所有权的限制，可以不支付绝对地租；如果对一整片土地进行考察，可能会有一些个别的地块按照市场价格水平不能支付地租，实际上是无偿出租的，对土地所有者来说，这块地的地租已经包括在整片土地的地租总额中了；农业资本家在土地上追加投资，只能给他提供平均利润，而不能使他支付追加的地租，但这一点并不能说明土地所有权有问题，因为在租约未满期间，土地所有权对在它上面的投资，是不发生限制作用的。

土地所有权垄断在级差地租和绝对地租形成中的作用是不同的。对级差地租来说，土地所有权的作用在于把由土地的资本主义经营垄断产生的超额利润转化为地租，或者说仅在于把农产品价格中并不是由于土地所有权的作用就已经产生的超额利润转化为地租形式。对绝对地租来说，土地所有权本身就是引起农产品价格上涨的原因，也是由于农产品价格上涨所构成的超额利润本身产生的原因，从而也是绝对地租产生的原因。因此，"土地所有权本身已经产生地租"。[2]只有最劣等地也能产生超额利润，从而能为土地所有者提供绝对地租的时候，土地所有者才会把土地出租给农业资本家。

（二）绝对地租产生的条件

马克思认为："单纯法律上的土地所有权，不会为土地所有者创造任何地租。"[3]如果土地不出租，土地所有权就没有任何收益可言，在经济上也就没有任何价值，所以土地所有者必然要把土地出租。[4]绝对地租产生的条件是农业资本有机构成低于社会平均资本有机构成。在资本主义发展的一定历史时期，农业资本有机构成低于工业资本有机构成，因而农产品的价值高于社会生产价格。而农产品按价值出售，绝对地租就来自农产品价值高于社会生产价格的差额。在近代，农业资本有机构成接近工业资本有机构成，绝对地租就来自于农产品生产价格以上的加价，即来源于社会剩余价值的一部分。

在剩余价值率相等的情况下，不同的生产部门由于资本有机构成高低不同，同量资本所带来的剩余价值是不相同的：资本有机构成高的部门，带来的剩余价值就少；资本有机构成低的部门，带来的剩余价值就多。由于种种原因，资本主义农业的技术装备水平和它

---

[1] 马克思. 资本论：第3卷[M]. 北京：人民出版社，1975：846.
[2] 马克思. 资本论：第3卷[M]. 北京：人民出版社，1975：851.
[3] 马克思. 资本论：第3卷[M]. 北京：人民出版社，1975：853.
[4] 土地所有者出租土地的前提就是农业资本家必须给他提供地租。

的资本有机构成一般都是低于工业的,这在资本主义制度下是一种普遍现象。因此,同量资本投在农业里,就会比投在工业里能带来较多的剩余价值,这部分多余的剩余价值便可以用来交纳绝对地租。

农业中所生产的较多的剩余价值不会通过工、农业两大部门之间的竞争和资本的自由转移而平均化,它会固定地留在农业内部,并构成绝对地租的来源,这是由土地私有权的垄断决定的。土地私有权的存在不能排除竞争和资本在工农业之间的自由转移,但却为这种竞争和资本转移设下一道障碍,即任何人要投资农业,即使是租种劣等地也必须交纳地租。而由于必须交纳地租,势必就使农产品必须按照高于社会生产价值的价格出售。这样一来,农业中较多的剩余价值就被留在农业内部了。由此可见,土地私有权的垄断是形成绝对地租的原因;而农业资本的有机构成低于社会平均资本有机构成,则是形成绝对地租的条件。

绝对地租的形成也可以通过以下例子加以说明,如表 2-5 所示。假定工业资本的有机构成是 $80C:20V$,农业资本的有机构成是 $60C:40V$,剩余价值率为 100%,那么,如果各消耗资本为 100,则工业提供的价值为 $80C+20V+20M=120$,农业提供的价值为 $60C+40V+40M=140$。假定平均利润率为 20%,则工业的生产价格为 120,与价值相等;农业的价值为 140,生产价格为 120。如上所说,由于土地私有权的存在,农产品必须按照以价值为基础的市场价格出售,农业资本家则除了收回 100 资本并获得 20 的平均利润,还能获得 20 的超额利润。农产品价值与社会生产价格的这个差额,就转化为绝对地租。

表 2-5 绝对地租的产生

生产部门	资本有机构成		剩余价值率	剩余价值	商品价格	平均利润	生产价格	绝对地租
	C	V						
1	2	3	4	5=4×3	6=2+3+5	7	8=2+3+7	9=6-8
工业	80	20	100%	20	120	20	120	0
农业	60	40	100%	40	140	20	120	20

（三）绝对地租的本质

农产品中所包含的剩余价值都是由农业雇佣工人创造的,而绝对地租也是农产品价值的一部分,所以绝对地租的本质是农业雇佣工人的剩余劳动所创造的剩余价值的一部分。马克思指出:"绝对地租的本质在于,不同生产部门内的各等量资本,在剩余价值率相等或劳动的剥削程度相等时,会按它们的不同的平均构成,生产出不等量的剩余价值。"[①] "这样,地租就成了商品价值的一部分,更确切地说,成了商品剩余价值的一部分,不过它不是落入从工人那里把它榨取出来的资本家阶级手中,而是落入从资本家那里把它榨取出来的土地所有者手中。"[②] 绝对地租是剩余价值的特殊转化形式,它体现了农业资本家和土地所有者共同剥削农业雇佣工人的关系。

当资本主义农业生产力发展到较高阶段,农业资本有机构成等于或高于工业时,原来意义上的绝对地租就消失了。但是,由于土地私有权垄断还存在,还要在经济上有所体现,因此除了级差地租,所有土地都还要交纳绝对地租。也就是说,绝对地租还存在。这时,

---

① 马克思. 资本论:第 3 卷[M]. 北京:人民出版社,1975:869.
② 马克思. 资本论:第 3 卷[M]. 北京:人民出版社,1975:870.

构成绝对地租实体的那个超额利润，则是来自农产品市场价格超过生产价格和价值的余额，即来自农产品的垄断价格，其最终来源是农业资本家利润和工人工资的一部分。

四、垄断地租

马克思认为，除了级差地租和绝对地租两种基本形式，还存在垄断地租。垄断地租是指由于某些土地具有特殊优越性和稀缺性，而使农产品能以垄断价格出售。这种由垄断价格所产生的超额利润转化成的地租就是垄断地租。垄断地租主要有两种表现形式：一是由于对特别优越的自然条件的垄断而形成的垄断价格，进而产生超额利润转化成的地租；二是基于土地所有权垄断而形成的垄断价格，由此产生超额利润转化成的地租。

以上两种形式说明了垄断地租形成的自然条件及其本质：

第一，垄断地租产生的自然条件是某些土地的特殊性质。由于该土地具有某种特殊的性质，能够生产出品质特别优越的农产品，而这种特殊的性质是其他所有土地所不具备的，因而该土地生产出的产品就会显得特别珍贵和稀少，社会对这些产品的需求也是非常强烈的。因此，这些农产品就可以按超过其价值的垄断价格来销售，从而使经营这些特殊土地的农业资本家获得超额利润（进而转化成垄断地租）。

第二，垄断地租产生的原因是由某些具有特殊性质的土地的稀缺性所引起的经营权的垄断。由于这种具有特殊性质的土地非常稀少，当这些土地被某些农业资本家租用后，他们就取得了对其土地经营权的垄断，从而只有农业资本家能够生产出某些珍贵的产品，并卖出垄断高价。但是，由于这种垄断高价而取得的超额利润，农业资本家是不能留给自己的，因为土地所有者会凭借其所有权以地租形式将超额利润占为己有。"这种在这里由垄断价格产生的超额利润，由于土地所有者对这块具有独特性质的土地具有所有权而转化为地租，并以这种形式落入土地所有者手中。"①应该指出，土地所有权与形成垄断地租的超额利润的产生原因是没有关系的，土地所有权在这里只是决定这个超额利润归土地所有者占有的原因。

五、非农业用地地租

社会中的土地不仅在被用于农业经营时需要交地租，当被用于建筑业和采矿业时，也需要交纳地租。②非农业用地地租主要包括建筑地段的地租和矿山地租，它们同样具有级差地租、绝对地租和垄断地租等形式。"凡是自然力能被垄断并保证使用它的产业家得到超额利润的地方，不论瀑布、富饶的矿山、生产鱼类的水域，还是位置有利的建筑地段，那些因对地球的一部分享有权利而成为这种自然物所有者的人，就会以地租形式，从执行职能的资本那里把这种超额利润夺走。"③建筑地段的地租和矿山地租的基础与一切农业用地地租的基础一样，是由真正的农业地租调节的，要交纳绝对地租和级差地租以及垄断地租。但建筑地段地租和矿山地租与农业用地地租相比有其特殊性，特别是由于建筑用地和矿山资源稀缺性的特点，使它们的垄断地租占有显著的优势。

---

① 马克思. 资本论：第 3 卷[M]. 北京：人民出版社，1975：874.
② 正是由于土地所有权的存在，租用任何土地，都必须支付地租。
③ 马克思. 资本论：第 3 卷[M]. 北京：人民出版社，1975：853.

第五节　现代西方经济学的地租理论

从19世纪后期开始，随着世界范围内的城市化，大量农业用地变为城市用地，城市在经济发展中的地位也日渐突出，城市用地与农业用地之间的矛盾也日趋紧张。地租理论的发展趋势之一就是在深化研究农业土地地租理论的基础上开始对城市土地地租进行探讨。而现代西方经济学开始运用边际分析、供求分析和数量分析的方法来研究各种地租问题。其中，阿尔弗雷德·马歇尔、约翰·贝茨·克拉克、赫德、威廉·阿隆索等人是现代西方经济学形成时期的研究地租理论的代表人物。

一、阿尔弗雷德·马歇尔的地租理论

剑桥学派的创始人阿尔弗雷德·马歇尔是著名的新古典经济学家，他的经济学说用折中主义的手法把供求论、生产费用论、边际效用论、边际生产力论等融合在一起，建立了一个以"均衡价格论"为核心的完整的经济学体系。

阿尔弗雷德·马歇尔首先考察了土地的本质和特性，认为土地是一种特定形式的资本。他分析并总结了土地所具有的特性，主要包括：（1）土地的供给数量是不变的，与需求程度无关。（2）土地没有生产费用，也没有能够生产它的供给价格。（3）一块土地的使用权，就是对一定空间的支配权。（4）土地的位置和形状都是固定的，人类是无法制造的。（5）土地的肥力是自然和人为两个因素决定的。（6）土地通过大自然提供的光、热、水、空气等因素来造就其肥力状况。此外，人类通过耕作、改良等手段也可以使土地的肥力获得改观。

阿尔弗雷德·马歇尔认为，地租由土地的原始价值、私有价值和公有价值三部分组成。原始价值是指土地自然肥力带来的价值，它是大自然赋予的收益；私有价值是指土地所有者为改良土地和建设地上建筑物而投入的资本及劳动带来的收入；公有价值是指国家为了社会的发展而进行的一般性的改良措施①所带来的对土地价值的影响。他认为三个地租的组成部分中，只有原始价值才是真正的地租。

阿尔弗雷德·马歇尔提出了稀有地租的概念。大自然未给人们以无限制的恩赐，因此地租的产生是因为大自然的供给有限。他认为，在某种意义上，所有的地租都是稀缺地租，所有的地租都是级差地租。在他看来，如果不存在稀缺性，任何土地都不会有地租。马歇尔同时指出，土地的稀有性与土地的自然级差和利用方式的不同并不矛盾，正是由于这两个方面才产生了级差地租。

阿尔弗雷德·马歇尔的最大贡献在于首次论述了城市工商业的土地价值问题，提出了城市地租理论。他把场地位置利益的货币价值总和定义为位置价值。场地价值指的是某场地清除了建筑物之后在自由市场上出售所获得的价值，等于位置价值加农业地租。阿尔弗雷德·马歇尔考虑了场地的大小与它上面建筑物高度的关系：如果土地是廉价的，那么企业家就会购置很多土地，反之会购置少量土地，以增加建筑物的高度。

---

① 如修建水库、电站、公路、铁路等。

二、约翰·贝茨·克拉克的地租理论

美国经济学家约翰·贝茨·克拉克于 1900 年左右提出了西方经济学中著名的边际生产力分配理论。该理论认为，土地租金是由在土地上最后一单位投入的边际产出决定的，在数额上等于边际收益。从土地的总供给来看，它完全缺乏弹性，是一条极端的垂直线；但对某一行业来说，土地供给并非完全缺乏弹性，而是一条上扬的曲线，它与该行业需求曲线的交点即为均衡点，决定了地租的价格。当某一行业因扩大规模需要增加土地时，例如城市工业发展需要增加土地，会因提高租价而将其他行业的土地（如农业用地）转移到该行业。

约翰·贝茨·克拉克的边际分配理论不能简单用来确定城市土地价值，因为该理论假设每一单位的土地都是均质的，并在此基础上建立了更一般意义上的分配理论。而城市地租理论旨在论证每一具体土地的价值是如何确定的，正是因为每一块土地本身具有的区位属性不同而造成土地的巨大差异。约翰·贝茨·克拉克地租理论的中心内容是，地租是土地本来的产品，地租要根据边际生产力原则按剩余法确定。

约翰·贝茨·克拉克是用生产要素贡献来说明他的地租理论的。任何生产至少需要两种生产要素的相互配合才能进行，当两种要素结合而生产出某种产品时，它们都对这种产品及其价值做出了贡献。在此基础上，他提出地租是土地这个生产要素对产品及其价值所做贡献的报酬。

关于地租的度量，他认为必须精确地计算出参与生产的各要素对产品的生产所做的贡献大小，才能加以确定。由于"收益递减规律"的缘故，增加一种要素的投入量后，尽管会增加总产量，但要素的边际产量却是下降的。约翰·贝茨·克拉克认为可以用要素的边际产量决定要素价格的方法，解决两个协作生产要素间的分配问题。而地租可以在土地这个生产要素的数量不变的情况下，分析劳动力的价格，再计算出地租的大小。

三、赫德的区位地租理论

美国经济学家赫德在 1963 年的《城市土地价值原理》一书中论述了区位地租理论。随着城市人口增加和城市地域向四周扩张，远离城市因而更劣等的土地必将投入使用。由于两个级别的土地在满足人们欲望程度上的差别，会对第一级土地产生经济地租，但第二级的区位不会产生经济地租；随着城市地域的继续扩展，更遥远因而也更劣等的土地被投入利用，第一级土地的地面租金会更高，同时第二级土地的经济地租出现，但第三级土地没有经济地租。如此这般，城市地域的任何一级土地都具有租金，任何具有效用的土地都可以对城市内任一区位进行竞争，而所有的土地都愿意租给付出最高地租的人。

既然价值依赖于经济租金，而经济租金又依赖于区位，区位依赖于方便性，方便性依赖于接近性，那么可以省略中间环节，而直接地认为，价值依赖于接近性。很显然，只有城市边缘土地无价值（不考虑农业对土地的利用）才能成立。实际上城市边缘的土地还是有价值的，即作为农地的利用价值。

四、威廉·阿隆索的地租理论

美国经济学家威廉·阿隆索在杜能农业区位论的基础上，建立了厂商对城市土地的投标曲线，然后根据经济学中的一般均衡原理，在土地市场的均衡中创造包括农业、工商业和居住性用地在内的土地价值模式。

假定经济活动在一个完全均质的大平原上进行，城市坐落于这个大平原，它的中心是商品交换的唯一场所。土地可自由买卖，没有任何制度限制土地及地上建筑物的交易。税率在这个城市是统一的，并且地主和土地使用者对市场都有完备的知识和了解。使用土地的目的各不相同，厂商和农场主选择土地是为了获得最大利润，居住者是为了满足最大的效用，而地主则是为了出租他们的土地，谋取最大的收益。在上述假设的基础上，威廉·阿隆索创立了他的地租理论，主要内容如下。

首先，利用数学模型揭示了各行业的地租成因，把地租的研究推向了更广阔的领域。以土地面积、产品价格、经营成本以及单位产品的运输成本为变量，建立了农业地租的投标曲线，解释了地租成因，并在地租为零的假设条件下，分析了不同区位相应的经营作物；利用住户收入开支的三个方面，即租用土地的支出、通勤费用以及各种商品消费和服务支出，建立了住户的地租模型和相应的投标曲线；以追求最大利润为目标，以经营成本、利润额、营业量以及土地成本为变量，建立了厂商地租模型和相应的投标曲线。

其次，威廉·阿隆索利用所谓的地租结构分析了不同作物的竞标情形，并揭示了杜能环的形成机制。威廉·阿隆索认为，在农业投标模型中，每种作物都有各自的产量、价格、成本和运费，与别的作物形成明显的差异，故它们的投标曲线也各不相同。将众多的作物投标曲线同时都显示在二维坐标系中，便可决定不同作物的分布和区位地租。

最后，威廉·阿隆索利用地租结构，揭示了城市土地市场出租价格的空间分布特点。把自城市中心向外，处于不同位置的土地市场中出租的价格，在二维空间坐标系中连接起来，就得到真实的土地价格线（出租价格线）。威廉·阿隆索把它称为价格结构。它与竞价曲线中价格的不同之处在于前者是市场真实的价格，后者则是在满足一定效用水平的条件下，土地使用者对租地面积做最优选择时愿意支付的价格。

威廉·阿隆索结合竞价曲线，解决了城市土地地租计算的理论方法问题，用竞价曲线表示地价与距离的组合。他将竞价曲线定义为："一组家庭在不同的距离都有此能力支付而又保证同等满意度的价格曲线。"如果地价按此曲线变化，那么，家庭就不会计较具体的区位。相对于不同的满意度水平，就会有一组竞价曲线。竞价曲线的位置越低，其满意度越高。威廉·阿隆索将竞价曲线与地价曲线相叠加，得出如下结论：家庭会选择一个满意程度最高，而又与地价曲线相吻合的区位，即图 2-2 中的竞价曲线和地价曲线的相切处 E。

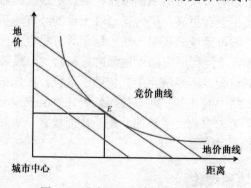

图 2-2 威廉·阿隆索的竞价曲线①

---

① 高晓慧. 中国住房价格机制研究[M]. 北京：中国物价出版社，2003：49.

威廉·阿隆索还对城市郊区土地市场进行了分析，提出了土地市场取得平衡的条件，即供求数量相等，"直到城市边缘所有土地被卖光，在一定距离内不再有土地出售"。竞价曲线斜率最大的用户因其竞争力强而取得市中心的区位，斜率次大的将处于其外围，直至城市边缘。

五、其他西方经济学家的地租理论

除了以上现代西方经济学的一些地租理论，还有不少其他经济学家对地租理论进行了深入研究。美国著名经济学家保罗·萨缪尔森认为，地租是为使用土地付出的代价，土地供给数量是固定的，因此地租量完全取决于土地需求者之间的竞争。他认为，可以利用地租和生产要素的价格来分配稀缺的资源，而不收取地租会造成缺乏效率，以及使用不适当的方法。在地租衡量方面，保罗·萨缪尔森认为，地租是土地要素的相应报酬，取决于供求关系形成的均衡价格。由于土地供给缺乏弹性，所以其需求就成为唯一的决定因素，地租完全取决于土地需求者支付的竞争性价格。地租在更大程度上是土地产品的市场价格的后果，而非某种市场结果产生的原因。

加拿大的歌德伯戈、钦洛依还用制度经济学的方法对城市土地和地价进行了分析。他们认为，制度是影响地租的重要因素之一，相关的制度因素包括有关法律、财政政策、货币政策、区划政策、环境保护政策等，所有这些因素都会对城市土地市场产生影响，以至于直接对在市场理论下形成的城市地租产生影响。基于此可把地租划分为契约地租、经济地租和竞标地租三种类型。契约地租是在一定时期内为使用土地而支付的费用，通常由租赁契约规定；经济地租是在完全非弹性供给的情况下，对生产要素支付的费用；竞标地租是某人愿意向不同位置的土地支付的最大费用。由于土地与一般生产要素不同，土地的固定性和信息的不对称性导致土地市场成为不完全竞争的市场，由市场本身配置土地是不可能实现的，这就决定了政府必须对城市土地利用进行干预。

美国土地经济学家雷利·巴洛维则认为，地租可以简单地看作一种经济剩余，即总产值或总收益减去总要素成本之后的剩余部分，各类土地上的地租额取决于产品价格水平和成本之间的关系。

西方地租理论的发展经历了一个从农业区域到城市、从宏观到微观、从理论到实际操作的过程。由于研究的局限性，西方地租理论也存在一些问题，但这并不影响其重要的研究和应用价值。以上有关西方地租理论的研究有助于我们更清晰地观察中国土地市场价格体系，并对理解中国地租问题有重要的意义。

 【案例/专栏2-1】 改革开放后上海市第一次土地批租

 **本章小结**

> 在广义层面上，地租泛指土地所有者将其所拥有的土地及与土地相关的房屋或其他附着物租给他人使用所获取的报酬，是一种不限于土地的租金。在狭义层面，地租仅是指土地的使用者租用土地所需支付的租金，是其所获利润中超过平均利

润的部分。地租与地价都是土地所有权在经济上的实现。地租这一概念适用于土地租赁关系，而地价概念则更多适用于土地的买卖关系。

▸ 地租理论的发展大致可分为四个阶段：第一阶段是 17 世纪中叶到 19 世纪初，以威廉·配第、亚当·斯密、大卫·李嘉图等古典经济学家的地租理论为代表；第二阶段是 19 世纪上半叶，以让·巴蒂斯特·萨伊、冯·杜能、托马斯·马尔萨斯等庸俗政治经济学家的地租理论为代表；第三阶段是 19 世纪下半叶的马克思主义地租理论；第四阶段是 20 世纪初至下半叶，以阿尔弗雷德·马歇尔、约翰·贝茨·克拉克、威廉·阿隆索、保罗·萨缪尔森等人为代表的现代西方地租理论。

▸ 威廉·配第考察工资、利息和货币等经济范畴时一同考察了地租，他在历史上第一个把地租看作剩余价值的真正形式，并初步论证了级差地租 I 和级差地租 II 的形态，提出了地价的最初思想：土地价格就是预买一定年限的地租总额，地价即地租的转化形式，是资本化的地租。

▸ 亚当·斯密把地租看作土地所有权的反映，在实际上肯定了绝对地租的存在，也对级差地租进行了简略的论述。

▸ 托马斯·马尔萨斯认为地租是总产品价格中的剩余部分，是用货币计算的总产品价格中扣除劳动工资和耕种投资利润后的剩余部分。地租定义为：总产品价值中扣除各种耕种费用后归于地主的部分，各种费用包括按照当时一般农业资本利润率计算的投资利润。

▸ 马克思在对前人的地租理论批判性继承的基础上创立了地租理论，以劳动价值论、生产价格论和剩余价值论为理论根基，以资本主义经济为研究对象，科学地揭示了资本主义土地所有制下的经济关系及地租的本质。

▸ 阿尔弗雷德·马歇尔认为，地租由土地的原始价值、私有价值和公有价值三部分组成。他提出了稀有地租的概念，还首次论述了城市工商业的土地价值问题，提出了城市地租理论。

▸ 威廉·阿隆索在杜能农业区位论的基础上，建立了厂商对城市土地的投标曲线，然后根据经济学中的一般均衡原理，在土地市场的均衡中创造了包括农业、工商业和居住性用地在内的土地价值模式。

综合练习

一、本章基本概念

地租；级差地租 I；级差地租 II；垄断地租；绝对地租

二、本章基本思考题

1. 简述西方经济学界关于地租的内涵及其演变历程。
2. 简述地租与地价的关系。
3. 简述西方地租理论发展的四个阶段及其代表人物。

4. 级差地租 I 是如何形成的？
5. 简述级差地租 I 和级差地租 II 的关系。
6. 简述级差地租 II 形成的不同情况。
7. 简述最劣耕地也有地租的理由。
8. 简述保罗·萨缪尔森的地租理论。

 推荐阅读资料

1. 陈征．社会主义城市地租研究[M]．济南：山东人民出版社，1996．
2. 李延荣．土地租赁法律制度研究[M]．北京：中国人民大学出版社，2004．
3. 张永岳，陈伯庚，孙斌艺，等．房地产经济学[M]．北京：高等教育出版社，2021．
4. 洪银兴，葛扬．马克思地租、地价理论研究[J]．当代经济研究，2005（8）：3-6．
5. 高晓慧．中国住房价格机制研究[M]．北京：中国物价出版社，2003．
6. 董藩，徐青，刘德英．土地经济学[M]．北京：北京师范大学出版社，2010．

第三章 区位理论

 **学习目标**

通过对本章的学习,学生应了解或掌握如下内容:
1. 区位的内涵、特点及区位因素;
2. 区位理论的分类与发展历程;
3. 杜能农业区位论和韦伯工业区位论的基本要点;
4. 克里斯塔勒中心地理论和廖什市场中心地区位论的主要内容;
5. 城市土地利用结构的三大古典模式;
6. 四种现代区位理论的各自基本观点。

 导言

房屋建立在土地之上。既然涉及土地,就必然涉及土地的分区利用。人们在空间上做出的每一行为都可视为一种区位选择活动,大至城市功能区(商业区、工业区、生活区等)的设置与划分,小到具体某一房产的开发、买卖与消费,都体现出区位选择的重要性以及区位因素对于土地价值、房地产价值乃至城市价值的巨大影响。区位理论是人们为寻求更合理的活动空间而创建的理论,在实践层面反映出人类征服空间环境的历程。区位理论与地租理论一样,已成为房地产经济学的重要基础理论之一。房地产业的发展必须遵循土地区位理论,无论是以农业区位论、工业区位论及中心地理论为代表的古典区位理论,还是以新古典微观区位论、新古典宏观区位论及新经济地理学派区位论为代表的现代区位理论,均具有重要的现实指导意义。

第一节 区位理论概述

加拿大经济学家歌德伯戈和钦洛依在《城市土地经济学》中曾经说过:"城市土地的决定因素,第一是区位,第二是区位,第三还是区位。"不同的区位是决定土地价值的最重要因素之一。对于房地产开发这一经济行为来说,土地是其进行楼盘开发的空间基础。不同区位的土地会对其开发活动产生迥然不同的影响,也决定了所开发楼盘在价格上的显著差异。

一、区位

区位是人类活动或某种物理实体占有的场所,既指事物所处的具体位置,更指该事物与其他事物之间的一种空间联系。区位不仅从点、线、面等角度界定了物体的空间位置,而且从空间联系角度揭示了人们在社会经济活动中的位置选择以及空间分布的规律。

(一)区位的内涵

"区位"一词源于德语的"standort",其英文是"location",是位置、场所、分布地点及区域之意,最早由 W. 高次于 1882 年提出。地理学家最先利用了区位的概念,认为区位除了可以指代空间的位置,还有放置某事物或为特定目标而标定的一个地区或范围的含义。人类活动必须选择空间场所,所选择的地点即区位。区位是一个综合概念,包含绝对区位和相对区位两层含义。前者指基于地理位置角度在地球表面的空间位置,可凭借经度、纬度和海拔加以精确地测定;后者指特定地理空间与周围地理事物的相对位置关系及空间联系。绝对区位是固定不变的,它反映了地理因素的某些重要自然特征,如气候及地形条件等;相对区位是发展变化的[①],可用空间距离、交通运输难易程度,以及经济、政治、社会联系等因素加以衡量。总之,绝对区位是指位置,而相对区位是指事物与其他事物的空间联系。

不同学科理论对区位的表述不同,但是对其内涵的理解却是一致的,即区位是人类活动在空间上的反映,是人类活动或行为所占有的场所,是空间位置与空间联系的统一。区位包含三层含义,即自然区位、经济区位和交通区位。其中,自然区位表现了某一事物与其周围陆地、山脉、河流等自然地理事物之间的空间关系,其优劣直接影响人口、城市与产业的空间分布,影响土地功能结构分布状态,是经济区位形成后其效益大小的重要自然条件和制约因素。经济区位是指基于人类社会经济活动所创造的经济条件的空间关系的总和。自然状态的土地一经开发利用,渗入土地的社会生产力和土地自身所含的自然生产力融为一体,即转化为现实土地生产力,这就实现了土地自然区位向经济区位的转化。交通区位则反映了某地域或某地块与交通运输方式、线路、设施等之间的关系,如与铁路、高速公路、港口、机场、航道、公交场站等相对位置关系。交通区位的优劣往往决定该区域的经济价值。

经济区位可分为宏观区位、中观区位和微观区位三个层次。[②]宏观区位主要指某个城市在一定地域范围内,如在一个地区、一个国家乃至全世界所处的位置或地位。宏观区位主要由距离江河的远近、地形条件等自然因素所决定,也受人类社会长期建设和发展所形成的经济发展水平和地区文化结构的影响。中观区位主要指城市内部不同地段土地的相对位置及其相互关系。城市土地由于原有自然条件的差异以及人类对各区段土地投入的劳动积累的不同,而导致不同地段土地的质量和价格水平明显不同。微观区位主要指某宗土地在城市中的具体位置及周边的环境条件。距离很近而且面积接近的地块,背街的、临街的、处于道路拐角的,其地价的差异就很大。

(二)区位的特点

区位是人类活动选择的或占据的空间位置,它反映了与环境及其他主体之间的相对关系。概括起来,区位的特点如下。

第一,空间性。空间是事物存在的基本形式之一,因为区位的基本含义就是事物占有

---

① 例如,随着科学技术的发展、交通运输条件的改进,以及政治经济和社会联系的加强,一个原先条件较差的自然地理区位会得到很大的改善,最终发展成重要的经济区位。
② 卢新海. 城市土地管理与经营[M]. 北京:科学出版社,2006:67.

的空间位置，所以区位的本质就是其空间性。

第二，唯一性。就空间利用而言，因土地的不可移动性而导致的区位之间的差异是空间差异的最突出表现。两宗土地即使其他环境特征完全相同，也会因区位的不同而出现其他方面的差异。同一区位可以因承载的人类活动的差异而产生不同的区位效益，因而其区位的优劣是相对意义上的，不存在绝对好的区位或绝对差的区位。

第三，动态性。区位的自然地理位置虽是固定不变的，但由于其他各种区位因素（见表3-1）总是处于不断变化中，因而区位具有动态性特征。区位可以通过人们有意识的干预行为而改变。人们可以根据自身需要，在不违背自然规律的前提下，改善区位质量，提高区位效益。

表 3-1 区位因素构成表[①]

区 位 因 素	因 素 构 成
自然因素	主要指影响区位的自然资源、自然条件和地理位置等
价格因素	主要指直接影响工业、商业和住宅业区位的地租及地价因素
交通运输因素	交通运输的可获得性及价格
生产要素因素	劳动、资本等要素的数量、质量及价格水平
公共服务因素	教育、消防、医疗、治安、水电、基础设施等
集聚因素	主要指空间集聚的规模效应和外部效应
科学技术因素	指科学技术发展水平及发展趋势
制度文化因素	经济、政治、法律等正式制度以及文化、风俗、观念等非正式制度
市场因素	区域市场的分布、规模、结构等因素以及居民的收入水平及分布特征等
通信因素	主要指影响区位的信息网络及通信条件
政策因素	税收、规划、住房、保障、金融等政策

第四，相依性。各个空间之间彼此依存，各区位之间也存在高度相依性，每一空间的区位条件都会受周边环境的影响，反过来也会对周边环境产生影响。这种相互影响形成外部经济或外部不经济。

第五，稀缺性。相对于大量不同类型的人类活动而言，适宜的区位一方面由自然条件决定，另一方面由长期的人类活动所形成，其供给往往小于相应的需求，因而区位具有稀缺性。

第六，综合性。区位是一个综合的概念，既是以自然地理区域为依托的地理学概念，也是经济学概念。在经济学意义上，区位研究以人的选择活动、相互的经济联系以及人与客观环境的相互作用为内容。

第七，等级性。对某一类经济活动来说，如农业开发、房地产开发等，区位因为自身土地质量、相互方位关系以及地点的不同而表现出差异性，即区位的等级性，房地产价格与区位之间的密切联系就是这一特点的反映。

（三）区位因素

所谓区位因素，就是影响市场主体进行区位选择的关键性因素。区位选择的主体是开

---

① 王大治. 城市住宅开发投资区位选择的理论分析[D]. 大连：东北财经大学，2003：18.

发商、商业企业、政府或消费者等。区位选择活动是指市场主体在追求经济利益最大化的前提下,综合分析各种影响因素而选择最优区位的经济行为。①对市场主体的区位决策起到决定性作用的那些条件就是区位因素,一般都是一些关键的经济因素或非经济因素。对于不同主体而言,经济因素与非经济因素所起的作用也不同。各类区位因素通过相互作用和相互联系,形成特定的区位综合环境,共同作用于市场主体的选择目标、选择过程,从而形成不同类型的区位状况。

区位优势是指某一区位所拥有的那些对该区域经济发展起积极作用的、相对于其他区域具有比较优势的区位因素。不同区位的条件和构成因素一般存在差异,并显著影响着区位所属区域的经济发展水平。当某一区位具备一种乃至多种优于其他区位的区位因素时,这种区位因素即表现为区位优势。②区位优势既可指全球范围的,也可指一国或一地区范围内的,还可以指一个城市或者城市中某一区域内的优势。无论何种类型的区位优势,始终都是一种相对优势,某个地区在某个较小范围有某种优势,但在较大范围就可能没有优势。

二、区位理论

区位理论是研究人类经济行为的空间区位选择及空间区域内经济活动优化组合的理论,最早产生于19世纪20年代至30年代,其标志是1826年德国的冯·杜能的著作《孤立国农业和国民经济的关系》(以下简称《孤立国》)的上市,他在此书中提出了区位理论的最早形态——农业区位理论。

(一)区位理论的流派

区位理论自产生之日起,逐渐形成不同的理论体系。按不同的研究领域及阶段划分,区位理论主要可分为农业区位论、工业区位论和中心地理论三大类型。在农业经济时代,人类如何选择他们从事农业经济活动的场所成为社会主要问题,于是产生了农业区位论。在工业经济时代,如何进行工业企业区位选择与组织成为社会发展的核心问题,因此产生了工业区位论。随着工业的逐步发展,城市规模扩大,商业成为城市的一种核心活动,由此产生了中心地理论。

影响区位选择的因素有很多,不同学派的侧重点也有所差别,根据研究中所依赖的主要区位因素的不同,可将区位理论具体分为以下几个学派。③

第一,成本学派。以杜能农业区位论、韦伯工业区位论、胡佛交通区位论为代表,该学派主要关注成本最低,以运输成本最小化和劳动力成本最小化等作为决定区位配置的主要因素。

第二,市场学派。以克里斯塔勒的中心地理论与廖什的市场区位论为代表,该学派认为产品与市场之间存在紧密的依存关系,应以最大利润为目标,考虑企业的区位选择。

第三,行为学派。以史密斯收益空间界限区位论、普雷德行为矩阵区位论为代表,该学派认为现代企业管理的发展和交通供给日益现代化,人的地位和作用应该是区位理论分析的重要因素,运输成本降为次要因素。

---

① 郭崇义. 商业布局与区位决策[M]. 北京:中国商业出版社,2008:10.
② 曹克瑜. 区域经济理论与实践[M]. 西安:陕西人民出版社,2009:58.
③ 何芳. 城市土地经济与利用[M]. 上海:同济大学出版社,2009:40-41.

第四，社会学派。该学派的核心观点是强调政府干预经济发展。这一派的经济学家认为，政府的政策制定、国防和军事原则、人口的迁移、市场的变化等因素都在不同程度上影响区位配置。

第五，历史学派。该学派的理论核心是强调空间区位发展的阶段性，认为区域经济的发展是以一定时期的生产力水平为基础的，具有明显的时空结构特征。

第六，计量学派。该学派的基本观点是，现代区位论涉及内容多、范围广，人工处理已经逐渐无能为力，必须采用定量方法建立区域经济数学模型，进行大量数据处理和统计分析。

（二）区位理论的产生与发展

区位理论是研究经济活动中空间利用的科学，其最先研究的是农业生产中因对土地的不同使用而产生的区位问题，而后随着社会经济的发展，该理论逐渐扩散到工业、商业等社会经济活动的不同领域，因而产生了不同的区位理论。

19 世纪初，冯·杜能创立的农业区位论奠定了区位理论的研究基础。19 世纪中期之后，德国完成了产业革命，随着钢铁等新兴工业部门的出现与发展，工业区位问题日益重要，德国经济学家阿尔弗雷德·韦伯（Alfred Weber）提出了工业区位论。20 世纪以后，随着第三产业的发展，市场开拓与商业竞争成为企业生存的关键，对影响产业区位的市场因素的研究日益受到重视。德国经济学家瓦尔特·克里斯塔勒（Walter Christaller）提出了中心地理论，开创以城市聚落为中心，依据市场原则、交通原则和行政原则等进行市场分析之先河。德国经济学家奥古斯特·廖什（August Losch）1940 年的著作《经济的空间秩序》（英译本名为《区位经济学》），则从利润最大化原则出发，对工业区位、市场区位进行分析，并将这一原则与消费者对产品的需求结合了起来。

1956 年沃尔特·艾萨德（Walter Isard）的著作《区位与空间经济》及 1968 年贝克曼（Beckman）的著作《区位论》标志着现代区位论的形成。1991 年，克鲁格曼（Krugman）发表的《报酬递增与经济地理》则标志着新经济地理学派区位论的形成。现代区位论主要沿着宏观区域研究和微观区域决策两个方向发展。在宏观方面，一些经济学家突破了古典区位论以单个企业最优区位为研究对象的传统，根据区域经济社会发展的要求，把区位论发展成为区域总体经济结构及其模型研究。在微观方面，现代区位论不再满足于古典区位论关于企业最优区位的分析，而是着重研究了企业区位决策是如何做出的问题。区位决策的动机和目标不再仅仅是成本最低或利润最大，还包括各种非货币收益和效用最大化。在影响区位决策的因素上，传统区位论尚未涉及的信息成本、不确定性、制度、政策等因素也被引入分析。

纵观区位理论的产生与发展，实践层面是随着社会经济生活重心的不断转移而发展的，理论层面则是通过不断放宽假设条件，同时将其他学科的知识与现实问题相融合而发展的。

第二节　冯·杜能的农业区位论

区位理论的研究始于 19 世纪德国（普鲁士）农业制度改革时期，这一时期出现了大量的农业劳动者，是企业型农业建立的时代。农业资本家和农业劳动者构成的农业企业式经营在此时期大量涌现，这为冯·杜能创建农业区位论奠定了现实基础。冯·杜能本人就是一名农业资本家，基于研究的需要，他于1810年在德国梅克伦堡购置了特洛农场。他将十多年的农业经营数据详细地记载下来，并用这些基础数据检验自己提出的假说。最终，冯·杜能完成的《孤立国》建立起了著名的研究农作物的空间布局问题的农业区位论。

一、杜能区位理论的基本前提

冯·杜能从"孤立国"的假想空间出发，寻求企业型农业时代的合理农业生产方式，研究这种生产方式下的地域配置原则。冯·杜能提出的"孤立国"的假定条件如下：第一，肥沃的平原中央只有一个城市；第二，不存在通航的河流与运河，马车是唯一的交通工具；第三，土质条件一样，任何地点都可以耕作（其他自然条件也是匀质的）；第四，距城市50英里之外是荒野，与其他地区隔绝；第五，人工产品供应仅来源于中央城市，而城市的食物供给则仅来源于周围平原；第六，矿山和食盐坑都在城市附近；第七，运费是运量和距离的函数，且由生产者承担。此外，追求利益最大化也是其重要的前提条件。冯·杜能基于以上假设重点分析了两大问题：其一，农业在空间上的发展呈现怎样的经营状态；其二，合理的农业生产方式与距离城市的远近存在何种关系。

二、杜能区位理论的基本内容

冯·杜能根据其假设前提得出以下认识：市场上农产品的销售价格决定农业经营的产品和经营方式；农产品的销售成本为生产成本和运输成本之和；运输费用又决定着农产品的总生产成本。因此，某个经营者是否能在单位面积土地上获得最大利润，将由农业生产成本、农产品的市场价格和把农产品从产地运到市场的费用三个因素所决定，它们之间的变化关系可用公式表示为

$$P = V - (E + T) \tag{3.1}$$

式中，P代表最大利润；V代表销售的商品价格；E代表总的生产成本；T代表运输费用。

冯·杜能根据其假设前提进一步分析，"孤立国"中的唯一城市是全国各地农产品的唯一销售市场，故农产品的市场价格都要由这个城市市场来决定。因此，在一定时期内"孤立国"中各种农产品的市场价格应是固定的，即农产品的市场价格是个常数。冯·杜能还假定，"孤立国"各地发展农业生产的条件完全相同，所以各地生产同一农产品的成本也是固定的，即农业生产成本也是个常数。因此，农产品的市场价格与农业生产成本之差也是常数，故式（3.1）可改写成

$$P + T = V - E \tag{3.2}$$

式（3.2）中市场价格减去生产成本是一个常数，也就是说，利润加运输费用等于一个常数。其意义在于只有把运输费用压缩到最小，才能将利润增至最大。因此，冯·杜能农业区位论所要解决的主要问题就是如何通过合理布局使农业生产节约运费，从而最大限度地增加利润。

三、杜能圈的形成机制

冯·杜能在排除其他生产要素干扰的前提下，重点探讨了距离城市或者市场的远近对农业生产方式的影响。在运输费用与距离及重量成比例、运费率因作物不同而不同、农产

品生产的动机是追求地租收入最大化等前提条件下,冯·杜能推导出地租形成的公式,为

$$R = PQ - CQ - KtQ = (P - C - Kt)Q \quad (3.3)$$

式中,R 代表地租收入;P 代表单位农产品的市场价格;C 代表单位农产品的生产费用;Q 代表农产品的生产量(等同于销售量);K 代表距城市(市场)的距离;t 代表农产品的运费率。依据地租形成的公式,冯·杜能得出两点结论:第一,在"假定条件"下,同一产品的地租只与 Kt(运费)有关。第二,运费不能无限制增加,否则需要改变经营方式。

对同样的农作物而言,地租收入 R 随与市场距离的增加而减少。当地租收入为零时,即使耕作技术可能,经济上也不合理,此时为某种作物的耕作极限。市场点(运费为零)的地租收入和耕作极限点连接的曲线被称为地租曲线。每种作物都有一条地租曲线,其斜率大小取决于运费率,不易运输的农作物的地租曲线一般斜率较大,反之则较小。冯·杜能对所有农业生产方式的土地利用进行计算,根据计算结果得出各种方式的地租曲线的高度以及斜率(见图3-1上半部分)。因农产品的生产活动是追求地租收入为最大的合理活动,所以农场主选择能够获得最大地租收入的农作物进行生产,从而形成了农业土地利用的杜能圈结构(见图3-1下半部分)。

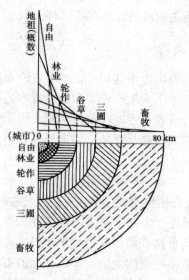

图3-1 杜能圈形成机制与圈层结构示意图①

四、杜能农业区位论中的空间组织结构

杜能圈关于土地配置的基本原理是,在距离城市较近的地方种植笨重而体积大的作物,或生产易于腐烂的或新鲜的产品。随着与城市距离的增加,则种植运费相对较少的作物。冯·杜能将农业生产的空间模式表述为:"一般地说,近郊应该种植这样的产品:相对于其他价值来说是笨重而体积大的东西,往城市运输费用很大,从原地供应这些产品不合算;再则就是易于腐烂、必须新鲜消费的产品……离城市越远的地方总是逐渐地从事那样的产品:相对于其价值来说,只要求较小的运输费用……城市四周将形成一些界限相当分明的同心圈,每一同心圈内有各自的主要产品。"②

---

① 杜能. 孤立国同农业和国民经济的关系[M]. 吴衡康, 译. 北京: 商务印书馆, 1986: 19.
② 杜能. 孤立国同农业和国民经济的关系[M]. 吴衡康, 译. 北京: 商务印书馆, 1986: 19-20.

如图 3-1 所示，在城市周围将形成某一圈层以某一种农作物为主的一种同心圆结构。随着种植作物的不同，农业的全部形态也随之变化，在各圈层中将能观察到各种各样的农业组织形式。以城市为中心，由里向外依次为自由式农业、林业、轮作式农业、谷草式农业、三圃式农业、畜牧业这样的同心圆结构。

第一圈为自由式农业圈，是最近的城市农业地带，主要生产易腐或难运的产品，如蔬菜、鲜奶等。由于运输工具为马车，速度慢，且又缺乏冷藏技术，因此需要在新鲜时消费的蔬菜、不便运输的果品（如草莓等）以及易腐产品（如鲜奶等）等就在距城市最近处生产，形成自由式农业圈。本圈大小由城市人口规模所决定的消费量大小决定。

第二圈为林业圈，主要供给城市用的薪材、建筑用材、木炭等。由于木材等重量和体积均较大，从经济角度考虑，必须在城市近处（第二圈）种植。

第三圈为轮作式农业圈，此圈没有休闲地，在所有耕地上种植农作物，以谷物（麦类）和饲料作物（马铃薯、豌豆等）的轮作为主要特色。冯·杜能提出每一块地的六区轮作，第一区为马铃薯，第二区为大麦，第三区为苜蓿，第四区为黑麦，第五区为豌豆，第六区为黑麦。其中，耕地的50%种植谷物。

第四圈为谷草式农业圈，为谷物（麦类）、牧草、休耕轮作地带。杜能提出每一块地的七区轮作。同第三圈不同的是，总有一区为休闲地，七区轮作安排为：第一区黑麦，第二区大麦，第三区燕麦，第四、第五、第六区为牧草，而第七区为荒芜休闲地。全部耕地的43%为谷物种植面积。

第五圈为三圃式农业圈，此圈是距城市最远的谷作农业圈，也是最粗放的谷作农业圈。三圃式农业将农家近处的每一块地分为三区，第一区黑麦，第二区大麦，第三区休闲，三区轮作，即三圃式轮作制度。远离农家的地方作为永久牧场。本农业圈内全部耕地中仅有24%为谷物种植面积。

第六圈为畜牧业圈，此圈是杜能圈的最外圈，生产谷麦作物仅用于自给，而生产牧草用于养畜，以畜产品（如黄油、奶酪等）供应城市市场。据冯·杜能计算，本圈层位于距城市51～80千米处。此圈外地租为零，为无人利用的荒地。

五、杜能圈的修正模型

杜能圈是冯·杜能根据假设前提得出的农业空间地域模型，其存在过于理论化，存在与实际不太相符的弱点。为了使其区位图示更加符合实际情况，他将假设前提加以修正，指出现实存在的国家与"孤立国"有以下区别。

第一，现实国家中，找不到与"孤立国"中所设想的自然条件、土壤肥力和土壤的物理性状都完全相同的土地。

第二，现实国家中，不可能有那种唯一的大城市，它既不靠近河流，也不在通航的运河边。

第三，在具有一定国土面积的国家中，除了它的首都，还有许多小城市分散在全国各地。

"孤立国"条件下的杜能圈是一种完全均质条件下的理论模式，冯·杜能放宽了"孤立国"的假设条件，首先考察了河流的影响，其次考察了其他小城市的影响，如图3-2所示。

冯·杜能根据市场价格的变化和可通航河流的存在对"孤立国"农业区位模式产生的巨大影响，对"杜能圈"进行了修正。他假设当有一条通航河流可达中心城市时，若水运的费用只及马车运费的 1/10，于是一个距离城市 100 英里且位于河流边的农场，与一个同城市相距 10 英里且位于公路边的农场是等同的。这时，农作物轮作制将沿着河流两岸延伸至边界。此外，冯·杜能还考虑了在"孤立国"范围出现其他小城市的情况，这样大小城市就会在产品供应等方面展开市场竞争。结果，根据实力和需要形成各自的市场范围。大城市人口多，需求量大，不仅市场范围大，市场价格和地租亦高。相反，小城市则市场价格低，地租亦低，市场波及范围也小。

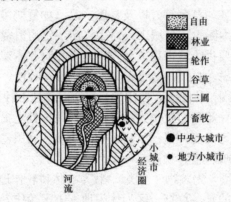

图 3-2　修正后的杜能圈模式示意图[①]

注：上为理想模式，下为河流和小城市的修正模型图。

冯·杜能进而考察了谷物价格和土质对农业用地的空间分布的影响，如图 3-3 所示。当土质一定（假定单位面积谷物产量为 10 斗），城市中谷物（裸麦）价格为 1.5～0.6 塔勒时，农业用地的空间分布如图 3-3 左侧所示。随着谷物价格降低，商业性谷物种植范围明显向中心缩小，相反畜牧圈的面积扩大。当城市的谷物价格一定（假定裸麦价格=1.05 塔勒/斗），土质从单产 10 斗至 4 斗发生变化时，农业用地的空间分布如图3-3 右侧所示。随着土质的劣化，单产降低，谷物农业圈的范围会缩小，而畜牧圈面积却增加。

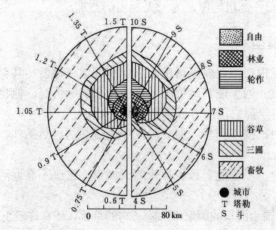

图 3-3　谷价与土质对"孤立国"模式的影响示意图[②]

注：左为谷价影响修正模型图，右为土质影响修正模型图。塔勒：德国当时的货币单位；斗：德国当时的容量单位。

---

① 杜能. 孤立国同农业和国民经济的关系[M]. 吴衡康，译. 北京：商务印书馆，1986：312.
② 杜能. 孤立国同农业和国民经济的关系[M]. 吴衡康，译. 北京：商务印书馆，1986：312.

六、对杜能农业区位论的评价

在当时的社会经济条件下,冯·杜能的农业区位论有其开创性与先进性,主要表现在以下方面:第一,冯·杜能揭示了农业生产布局的两个重要原理,即农业生产方式的相对优越性以及农业生产的集约程度、空间布局与市场之间的关系。第二,冯·杜能创立了"孤立化"的研究思维方法,首次从理论上系统地阐明了空间差异对人类经济活动的影响,成为土地区位一般理论的基础。

但冯·杜能的农业区位论应用于现代农业布局还是存在一定缺陷的:第一,在现实经济社会中,"孤立国"的条件不存在,城市间交流更充分。第二,冯·杜能没有考虑自给性农业经营的空间问题。第三,不同区域之间在土质等自然条件方面存在很大差异。第四,技术的发展、交通工具的进步以及基础设施的改善使得冯·杜能理论中起决定性作用的距离因素的制约变小。①第五,冯·杜能仅考察了影响农业区位的距离因素,没有考虑其他很多相关因素。第六,冯·杜能没有考虑城市的发展和扩张必然影响农业布局。第七,市场供求因素对土地布局的影响日益加剧。

冯·杜能"孤立化"考察问题的方法排除了其他要素(如土质条件)的影响,仅探讨了市场距离对农业土地布局的影响,这种演绎化的科学研究方法为之后社会科学的研究提供了重要借鉴。此外,农业区位论也为之后对于工业区位及商业区位的研究奠定了良好的基础。

第三节 韦伯的工业区位论

英国的工业革命使近代工业得到较快发展,人口向大城市不断积聚。资本家为在自由竞争中获取最大利润,开始提出工业的区位选择问题,这使得工业区位的合理选择在竞争中越来越具有重要意义。在此社会历史条件下,研究工业区位选择的工业区位论应运而生并得以发展。阿尔弗雷德·韦伯第一个完整地提出了工业区位理论。他于1909年发表了《工业区位理论:区位的纯粹理论》,因此被公认为工业区位理论的奠基者。以后又于1914年发表了《工业区位理论:区位的一般理论及资本主义的理论》,对工业区位问题和资本主义国家人口集聚进行了进一步的综合分析。

一、区位因子:韦伯工业区位论的核心概念

阿尔弗雷德·韦伯首创了区位因子的概念:"经济活动发生在某个特定点或若干点上,而不是发生在其他点所获得的优势。"②他将这种优势解释为:"优势是成本的节约,即在这个点上工业企业生产一定产品比在其他地方生产的成本都低,在一个地方实现一定工业产品的整个生产过程和分配过程比在其他地方更为廉价。"③简言之,区位因子就是经济活动

---

① 例如,杜能理论中的交通工具以马车为主,而现代社会出现了汽车、火车乃至飞机等先进的交通工具,加之公路、铁路等基础设施的日益完善,使得运送农产品到市场的速度更快,时间更短。
② 韦伯. 工业区位论[M]. 李刚剑,译. 北京:商务印书馆,1997:32.
③ 韦伯. 工业区位论[M]. 李刚剑,译. 北京:商务印书馆,1997:32.

在某特定地点进行时所获得的利益，即费用的节约。从工业区位论角度讲，区位因子就是在特定区位进行特定产品生产可比在别的场所花的费用少。

区位因子分为一般因子和特殊因子。一般因子与所有工业有关，例如运费、劳动力、地租等；而特殊因子与特定工业有关，例如空气湿度等。一般区位因子按其作用方式又可分为区域性因子和集聚、分散因子。促使工业企业向特定地点布局的一般区位因子称为区域因子；因集聚利益而向某一点集聚的，或者因为集聚导致地价上升而向其他地点分散的则被称为集聚因子或分散因子。集聚因子与分散因子对地域条件所决定的工业区位基本格局具有促进偏移的作用。

判别一般区位因子的具体方法是考察影响工业生产与分配过程的成本因素，即在区位因子中寻求与所有工业均相关的区域性因子。具体识别办法是通过分析某些孤立的生产过程与分配过程，找出影响工业生产与分配的成本因素。

在整个生产过程与分配过程中，都必须投入资本与劳动，此外与资本有关的利率、固定资产折旧率，与劳动有关的劳动费用也必须纳入生产与分配成本。因此，一般成本因素可包括：(1) 布局场所的土地费；(2) 固定资产（不动产与设备）费；(3) 获取加工原料和动力燃料费；(4) 劳动成本；(5) 物品的运费；(6) 资本的利率；(7) 固定资产的折旧率。

在上述七种成本因素中，固定资产的折旧率以及利率没有区位意义；土地费（地租）在考虑集聚、分散因素之前被认为是一样的，因此不宜作为区域性区位因子；固定资产费主要反映在购入价格上，一般不与区位发生直接关系。而获取同种同质量的原料与动力燃料的价格，因产地不同而不同，工厂区位接近价格相对低廉的原料、燃料地，将有利于成本的节约，因此原料、燃料费是一个区位因子。劳动成本因各区域劳动力供给状况以及生活水准差异变化很大，这种差异水平直接影响到工厂区位是趋近还是远离某一地区，因此劳动成本是一个区位因子。运费是原料、燃料获取以及产品分配过程中必不可少的成本，同时运费依工厂区位不同而不同，因此运费也是一个区位因子。由此可知，获取加工原料和动力燃料费、劳动成本以及物品的运费是三个影响所有工业的一般区位因子。[1]出于理论研究以及便于处理的需要，可将原料和燃料价格的地区差异用运费差异来替代。这样，影响工业区位选择的一般区位因子分别为运费和劳动费。

二、韦伯工业区位论的理论前提与构建步骤

韦伯工业区位论是建立在原料基地、消费基地与劳动力基地三个基本假定基础上的[2]：第一，已知原料供给地的地理分布。第二，已知产品的消费地与规模。第三，劳动力存在于多数的已知地点，不能移动，而且各地的劳动成本是固定的，在这种劳动费用下可以得到劳动力的无限供应。

在上述三种假定条件下，韦伯分成三个阶段逐步构建起工业区位论。

第一阶段（运输指向论）：不考虑运费以外的一般区位因子，即假定不存在运费以外的成本区域差异，影响工业区位的因子只有运费一个，此即韦伯工业区位论中的运费指向论。基于运费指向形成地理空间中的基本工业区位格局。

---

[1] 韦伯. 工业区位论[M]. 李刚剑, 译. 北京: 商务印书馆, 1997: 41.
[2] 韦伯. 工业区位论[M]. 李刚剑, 译. 北京: 商务印书馆, 1997: 47-48.

第二阶段（劳动力成本指向论）：将劳动费用作为考察对象，考察其对由运费所决定的基本工业区位格局的影响，即考察运费与劳动费用合计为最小时的区位，此即韦伯工业区位论中的劳动费用指向论。劳动费用指向论可以使由运费指向所决定的基本工业区位格局发生第一次偏移。

第三阶段（集聚指向论）：将集聚与分散因子作为考察对象，考察其对由运费指向与劳动费用指向所决定的工业区位格局的影响，此即韦伯工业区位论中的集聚指向论。集聚指向可以使由运费指向与劳动费用指向所决定的基本工业区位格局再次偏移。

三、韦伯工业区位论的基本要点

韦伯工业区位论的基本要点包括由运费指向形成地理空间中的基本工业区位格局；由劳动费用指向使运费指向所决定的基本工业区位格局发生第一次偏移；由集聚指向使运费指向与劳动费指向所决定的基本工业区位格局再次偏移。

（一）运费指向论

在给定原料产地和消费地条件下，如何确定仅考虑运费的工厂区位，即运费最小的区位，是运费指向论所要解决的核心问题。

1. 运费决定因素

运费主要取决于运输物品的重量和运输距离，而其他因素，如运输方式、货物的性质等都可以换算为重量和距离。工业生产与分配中的运输重量主要来源于原料（包括燃料）以及最终产品的重量。下面从原料（包括燃料）入手，讨论工业区位的基本原理。

按空间分布状况可将工业原料分为遍布性原料和限地性原料。遍布性原料是指任何地方都存在的原料，例如普通沙石等，此类原料对工业区位影响不大；而限地性原料是指那些只在某些固定地点才存在的原料，例如铁矿石、煤炭、石油等，会对工业区位模式产生重大影响。根据限地性原料生产时的重量转换状况不同，又可将其分为纯原料和损重原料。纯原料在工业产品中包含局地原料的所有重量，而损重原料则是部分重量被容纳到最终产品中的原料。

运费指向论主要使用原料指数判断工业区位指向，是指需要运输的限地性原料及其重量，以及产品重量之比，用公式表示为

$$\text{原料指数} = \text{限地性原料重量}/\text{产品重量} \tag{3.4}$$

原料指数的大小决定理论上工厂的区位。生产一个单位重量的产品时，需要多种限地性原料。而在整个工业生产与分配过程中，需要运送的总重量为最终产品和限地性原料之和。每单位产品需要运送的总重量为区位重量，用公式表示为

$$\text{区位重量} = (\text{限地性原料重量} + \text{产品重量})/\text{产品重量} = \text{原料指数} + 1 \tag{3.5}$$

2. 运输指向定律（最小运费原理）

阿尔弗雷德·韦伯根据原料指数和区位重量提出了一般性工业区位的运输指向定律，又称最小运费定律。在生产过程不可分割，消费地和限地性原料地都只有一个的前提下，依据最小运费原理，区位为：（1）仅使用遍布性原料时，为消费地区位；（2）仅使用纯原料时，为自由区位；（3）仅使用损重原料时，为原料地区位。这里，可以用上述的原料指

数以及区位重量得出一般区位法则,具体如下:

第一,当原料指数>1(或区位重量>2)时,运进工厂的物质总量>运出工厂的总量,为节省运费,工厂应该设在原料地,也被称为原料地指向性区位。

第二,当原料指数<1(或区位重量<2)时,运进工厂的物质总量<运出工厂的总量,在消费地布局比在原料地布局节省运费,因此工厂应该设在消费地,也被称为消费地指向性区位。

第三,当原料指数=1(或区位重量=2)时,运进工厂的物质总量=运出工厂的总量,消费地与原料地的运费相等,工厂设在原料地、消费地均可,这也被称为自由指向性区位。

3. 区位三角形的运费最小点

在生产过程中,当原料地为两个,且与消费地不在一起时,其区位图形是一个三角形,即区位三角形,如图3-4所示。

三角形是最基本的区位图形结构,由劳恩哈特(Wilhelm Launhardt)首创。韦伯对于区位的推求采用了力学方法,即"范力农构架"(Varignnon Frame),如图3-5所示。

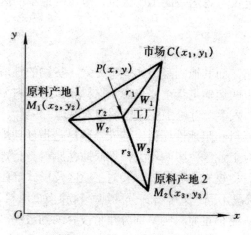
图3-4 区位三角形模式图①

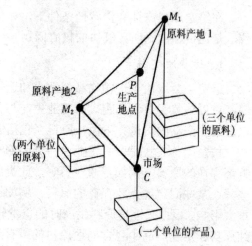
图3-5 范力农构架②

即在给定生产1个单位供应市场的产品,需原料产地1(M_1)供应3个单位的原料,原料产地2(M_2)供应2个单位的原料的区位三角形中,工厂区位(P)应该选择在哪里?根据韦伯工业区位论的运费指向论,工厂区位应该在运费最小的地点。韦伯假定运费只与距离和重量有关,那么运费最小地点应是M_1、M_2和C的重力中心P(见图3-5)。

而当原料地为多个,并且不与市场在一起,其区位图形为一多边形(区位多边形),如图3-6所示,其运费最小点仍为该多边形的重力中心P。

4. 综合等费用线

最小运费指向是韦伯工业区位论的基础,可以用综合等费用线形象地加以说明。综合等费用线是运费相等点的连线,如图3-7所示。

---

① 魏后凯. 现代区域经济学[M]. 北京:经济管理出版社,2006:85.
② 李小建. 经济地理学[M]. 2版. 北京:高等教育出版社,2006:71.

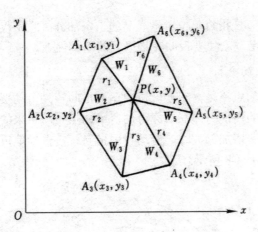

图 3-6　区位多边形模式图[①]

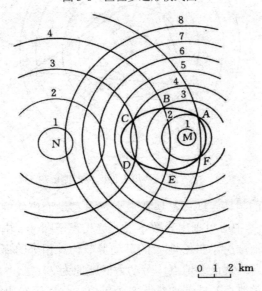

图 3-7　综合等费用线示意图[②]

假设在单一市场 N 和单一原料产地 M 下，运输一个单位重量的原料，每千米需 1 个单位货币；而运输一个单位的产品，每千米只需 1/2 个单位货币，表示相同运输费用线将分别围绕 N、M 呈同心圆状。就 N 而言，同心圆的一个货币单位的间隔为 2 千米；对 M 而言，则为 1 千米。这种呈同心圆状的线为等费用线。而综合等费用线则为全部运费相等地点的连线，图 3-7 中 $A—B—C—D—E—F$ 各点的连线，就是运费为 7 个货币单位的综合等费用线。A 点是原料地 M 的 2 个单位、市场 N 的 5 个单位的等费用线的交点；而 B 点是原料地 M 的 3 个单位、市场 N 的 4 个单位的等费用线的交点，依此类推。

（二）劳动力成本指向论

在原料运输中，运费随着空间距离的变化表现出一定的空间规律性。而劳动费则不具有这种特性，它属于地区差异性因子，是使运费形成的区位格局发生变形的因子。劳动费

[①] 魏后凯. 现代区域经济学[M]. 北京：经济管理出版社，2006：85.
[②] 韦伯. 工业区位论[M]. 李刚剑，译. 北京：商务印书馆，1997：200.

不是指工资的绝对额,而是指每单位重量产品的工资部分。它不仅反映了工资水平,也体现了劳动能力的差距。劳动费主要反映在地区间的差异性上。

1. 基于等运费曲线的分析

韦伯劳动费指向论的思路是,工业区位由运费指向转为劳动费用指向仅限于节约的劳动费用大于增加的运费的情况。即在低廉劳动费用地点布局带来的劳动费用节约额比由最小运费点移动产生的运费增加额大时,劳动费用指向就占主导地位。对此,韦伯用临界等费用线进行了分析,如图 3-8 所示。

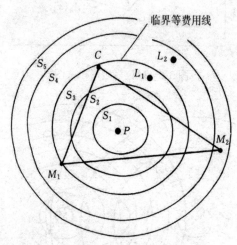

图 3-8 劳动费用最低区位的图解①

图 3-8 中,围绕 P 的封闭连线即从运费最小点 P 移动而产生的运费增加额相同点的连线。从理论上说,以 P 为中心可画出无数条线,这相当于图 3-7 中的综合等费用线。在这些综合等费用线中,与低廉劳动供给地 L 的劳动费节约额相等的那条综合等费用线称为临界等费用线。图中,P 为运费最小地点,劳动力低廉地为 L_1、L_2,如果在 L_1、L_2 处布局工厂,分别比 P(最小运费地点)处劳动费低 3 个单位。临界等费用线为标记为 S_3 的综合等费用线,因 L_1 在临界等费用线的内侧,即增加运费低于节约的劳动费,工厂区位将移向 L_1 处;相反,由于 L_2 在临界等费用线的外侧,则不会转向 L_2 处。

2. 劳动力成本指向的两个决定条件

阿尔弗雷德·韦伯认为,决定劳动力成本指向的有两个条件:一是基于特定工业性质的条件,该条件通过劳动费指数和劳动系数测定;二是人口密度和运费率等环境条件。

(1) 劳动力成本指数与劳动力系数。阿尔弗雷德·韦伯为了判断工业受劳动力成本指向的影响程度,提出了"劳动费指数"的概念,即每单位重量产品的平均劳动费。如果劳动费用指数大,那么,从最小运费区位移向廉价劳动费区位的可能性就大;否则,这种可能性就小。但阿尔弗雷德·韦伯也认为劳动费指数只是判断劳动费指向的可能性的大小,而不是决定因素。因为尽管某种产品的劳动费指数高,但如果该产品生产所需要的运输重量非常大,那么它也不会偏离运费最小区位。为此,他又提出了"劳动系数"的概念,即

---

① 韦伯. 工业区位论[M]. 李刚剑,译. 北京:商务印书馆,1997:205.

每单位区位重量的劳动费,用它表示劳动费的吸引力。劳动系数大,表示远离运费最小区位的可能性大;劳动系数小则表示运费最小区位的指向强。即劳动系数越大,工业就会更加向少数劳动廉价地集中。

(2)环境条件。劳动力成本指向受现实中各种各样条件的影响,阿尔弗雷德·韦伯把这些条件称为环境条件。在环境条件中,人口密度和运费率对劳动力成本指向的作用较大。人口密度低的地区劳动力的密度也低,人口密度高的地区劳动力的密度也高。劳动费指向与人口密度相关,人口密度低的地区劳动费相差小,人口密度高的地区劳动费相差大。因此,人口稀疏的地区工业区位倾向于运费指向;人口稠密的地区则倾向于劳动力成本指向。

3. 技术进步与劳动力成本指向的关系

阿尔弗雷德·韦伯同时论述了技术进步与区位指向的关系。他认为技术进步会产生两种相反的倾向:一是运输工具的改善会降低运费率,劳动费用供给地的指向将变强;二是机械化会带来劳动生产率的提高,降低劳动系数,导致在劳动供给地布局的工业会因运费的作用转向消费地。

(三)集聚指向论

集聚因子是指一定程度的生产集中于某一地点后,所出现的能促使生产或销售成本降低的区位因子。与此相反,分散因子则是集聚的反作用力因素,是随着生产集中于某一地点后,所出现的能消除因为集中而带来的生产成本上升的区位因子。

集聚又可分为纯粹集聚和偶然集聚两种类型。纯粹集聚是集聚因子因技术性或经济性原因而产生的集聚(获取集聚利益),也称为技术性集聚;偶然集聚是纯粹集聚之外的集聚,如由于大城市的吸引、交通的便利、同类或上下游企业之间的相互靠近等引起的集聚。

集聚因子的作用可以体现为两种方式:一是由经营规模的扩大而产生的生产集聚。大规模经营相对于明显分散的小规模经营可以说是一种集聚,这种集聚一般是由"大规模经营的利益"或"大规模生产的利益"所引发。二是由多种企业在空间上集中产生的集聚。这种集聚利益是通过企业间的协作、分工和基础设施的共同利用所带来的。

分散因子的作用是由集聚结果所导致的,可以说是集聚的反作用。这种反作用的方式和强度与集聚的大小有关。其作用主要是消除由于集聚带来的地价上升而造成的原料保管费、劳动费等的上升。

阿尔弗雷德·韦伯进一步研究了集聚对运费指向或劳动费指向区位的影响。他认为,集聚节约额比运费(或劳动费)指向带来的生产费用节约额大时,便产生集聚。一般而言,发生集聚指向可能性大的区域是多数工厂互相临近的区域。如图 3-9 所示,五个工厂不考虑集聚情况下的费用最小地点在图中的各处。假定当三个工厂集聚带来的集聚利益可使单位产品节约两个货币单位的成本,为得到这一集聚利益,工厂必须放弃原有费用最小的地点,从而增加运费。工厂移动的前提必须是增加的运费低于两个货币单位。图中围绕各工厂的封闭连线,是与由集聚利益而节约的成本相等的运费增加额曲线,也即临界等费用线。在斜线阴影部分,三个工厂集聚可以带来两个单位成本的节约,并且又都在临界等费用线内侧,这就是最有可能发生集聚的区域。

为了判断集聚的可能性,他提出了加工系数的概念,即加工系数等于单位区位重量的加工价值。该系数大的工业,集聚的可能性也大;相反,集聚的可能性就小。

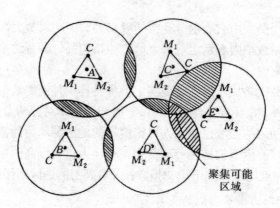

图 3-9 集聚指向的图解[1]

四、对韦伯工业区位论的评价

阿尔弗雷德·韦伯第一个系统地建立了工业区位论体系，这个理论体系是经济区位论的重要基石之一。他的两部区位论著作不仅是理论研究的经典著作，同时对现实工业布局也具有重要的指导价值。

如前所述，韦伯区位论的借鉴意义在于：第一，韦伯首次将抽象和演绎的方法运用于工业区位研究，建立了完善的工业区位理论体系，为之后的学者提供了研究工业区位的方法论和理论基础。第二，韦伯区位论的贡献在于最小费用区位原则，即费用最小点就是最佳区位点。第三，韦伯的理论已经超越了工业区位的范围，而发展成为经济区位布局的一般理论，对其他产业布局也具有指导意义。

尽管韦伯的区位论意义重大，但仍然具有局限性：第一，韦伯工业区位论中的运费，是重量和距离的函数，并且成比例地增加，这并不符合现实中的运费制度。第二，韦伯假定的完全竞争条件也是非现实的。第三，对工厂经营者来说，与其说关注成本最小，不如说关注利润最大的区位。第四，技术进步使得运费对工厂区位的影响越来越小，从而最适宜区位发生变化，原料地指向弱化，消费地指向增强。第五，交通的日益发达使得在产品价格中的运费所占的比重越来越小。

当今世界，由于技术和交通运输的发展，原料使用量和劳动费以及运费大幅度削减，本来属于原料地和劳动供给地指向的区位类型，现在可能已变为消费地指向区位类型，特别是一些尖端技术工业布局受地域束缚极小，工业区位的选择范围扩大。在这种条件下，工业区位出现了新的指向型，如临空型、临海型和高智能型等区位类型，这些类型的工业区位不能直接套用阿尔弗雷德·韦伯的理论。

第四节 中心地理论

农业区位论和工业区位论分别揭示了农业和工业活动的空间分布规律，而中心地理论则揭示了城市及商业服务业活动的空间分布规律。20世纪以来，随着城市化的加速发展，

---

[1] 韦伯. 工业区位论[M]. 李刚剑, 译. 北京：商务印书馆, 1997：200.

在社会经济生活中，城市日益占据主导地位，城市的形态和空间分布也成为学者关注并研究的重点。其间，阿尔弗雷德·韦伯的工业区位论也得到进一步拓展，主要表现为区位理论由成本学派向市场学派的发展。随着研究的深入，区位论由立足于单一企业转向立足于城市与市场，着眼点不再是降低运输成本而是开拓新的市场。中心地理论是由德国城市地理学家克里斯塔勒和德国经济学家廖什分别于1933年和1940年提出的。

一、克里斯塔勒的中心地理论

克里斯塔勒从"为什么城市有大有小？安排城市的原则是什么？"的问题出发，探索城市的分布规律。他对德国南部城镇进行了调查，1933年，他的著作《德国南部的中心地》一书问世。书中系统地阐明了中心地的数量、规模和分布模式。克里斯塔勒完成了对零散中心地理论的系统化总结，是中心地理论的奠基人。他运用演绎法探讨中心地的空间秩序，提出了聚落分布呈三角形、市场地域呈六边形的空间组织结构，分析了中心地规模等级及根据人口、交通与行政三原则形成的中心地空间模型。

（一）中心地理论的基本概念与基本假设

为构建中心地理论，克里斯塔勒提出并定义了以下基本概念。

1. 中心地

中心地（central place）可表述为向居住在它周围地域（尤指农村地域）的居民提供各种货物和服务的地方。

2. 中心货物与服务

中心货物与服务（central good and service）分别指在中心地内生产的货物与提供的服务，生产这些东西是中心地的职能。中心货物和服务是分等级的，有较高（低）级别的中心地生产的较高（低）级别的中心货物或提供的较高（低）级别的服务。在大多数中心地，每一种中心货物或服务一般都由一家以上的单位承担。中心地的职能单位数量必定大于或等于中心地职能种类的数量。

3. 中心性

中心性（centrality）也可称为"中心度"。一个地点的中心性可理解为一个地点对围绕它周围地区的相对意义的总和。简单地说，是中心地所起的中心职能作用的大小。一般认为，城镇的人口规模不能用来测量城镇的中心性，因为城镇大多是多功能的，但人口规模是一个城镇在区域中的地位的综合反映。

4. 服务范围

克里斯塔勒认为，中心地提供的每一种货物和服务都有其可变的服务范围。范围的上限是消费者愿意去一个中心地得到货物或服务的最远距离，超过这一距离他便可能去另一个较近的中心地。以最远距离为半径，可得到一个圆形的互补区域，它表示中心地的最大范围。服务范围的下限是保持一项中心地职能经营所必需范围的最短距离。以此下限为半径，也可得到一个圆形的互补区域，它表示维持某一级中心地存在所必需的最小范围，也称为需求门槛距离（threshold），即最低必需的销售距离。

服务范围的上、下限之间存在着三种关系，克里斯塔勒对其进一步分析认为：（1）如果门槛距离大于货物的最大销售距离,那么这种货物在该地区就不可能以正常的方式提供。(2)如果货物的最大销售距离和门槛距离相等,那么,经营该种货物正好盈亏平衡。(3)如果货物的最大销售距离大于门槛距离,那么,该项货物不仅可被提供,而且经营者还可从为居住在两个腹地间的人口服务中得到超额利润。

克里斯塔勒的中心地理论深受冯·杜能和阿尔弗雷德·韦伯研究的影响,而且他的理论也建立在理想化的假设之上。他假定理想地表上的每一点均有接受一个中心地的同等机会,一点与其他任一点的相对可达性只与距离成正比,而不管方向如何,均有一个统一的交通面。克里斯塔勒还引入新古典经济学的假设条件,即生产者和消费者都属于理性人。这一概念表示生产者为谋取最大利润,寻求掌握尽可能大的市场区,那么就应该使生产者之间的间隔距离尽可能地大;消费者为尽可能减少旅行费用,都自觉地到最近的中心地购买货物或取得服务,生产者和消费者都具备完成上述行为的完整知识。

(二)六边形网络和城镇等级体系的形成

从以上概念和假设出发,克里斯塔勒推导了在理想地表上的聚落分布模式。克里斯塔勒关心在农村市场服务中心演化基础上发展起来的聚落体系的特征,他提出了构成市场原则的两个限制因素:一是各级供应点必须达到最低数量以使商人的利润最大化;二是一个地区的所有人口都应得到每一种货物的提供或服务。为满足第一个条件,模式的概括中就必须采用货物的最大销售距离,因为这可以使供应点的数量达到最少化。如图3-10所示,克里斯塔勒假设在理想地表上均匀分布着一系列的 B 级中心地,分别为 B_1、B_2、B_3、B_4、B_5、B_6 等,它们的最高级别货物的最大销售距离假定为 r。这样,两个 B 级中心地之间的距离为 $2r$。如将所有的 B 级中心地连接,则可得到一张有规则的等边三角形的网。

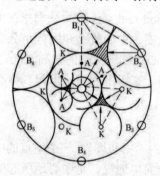

图 3-10 基于市场原则形成的中心地系统图①

但这样的一个系统将不能满足第二个限制因素。因为 B 级市场区都是圆形的,居住在三个圆形相切所形成的空角里的消费者将得不到供应(图 3-10 中的阴影区域)。因此,对图 3-10 必须做一些修改——将所有的圆形市场区重叠起来。重叠后,B 级中心地仍按有规则的等边三角形网排列,只是间隔更紧凑,其距离为 d。此外,由于重叠区被分割,圆形的市场区被六边形的市场区所替代,其理由是消费者应按"最近中心地购物"的假设,选择距离自己最近的中心地去得到货物或服务,如图 3-11 所示。

上面是一种货物的供应情况,但实际上,一个中心地能提供多种货物。由于克里斯塔勒采用的是 B 级中心地最高等级货物最大销售距离的概念,这就意味着 B 级中心地还提供

---

① 克里斯塔勒. 德国南部中心地原理[M]. 常正文,王兴中,译. 北京:商务印书馆,1998:75.

一系列较低级别的货物或服务。这些货物和服务组成一个连续的、递降的等级序列，自高级向低级，它们的最大销售距离分别为 $r-1$, $r-2$, $r-3$，……但是，由于距离数值均小于 r，因此不能服务于 B 级中心地市场区的所有地方。随着货物级别的降低，较低级货物市场区的范围与 B 级中心地市场区范围的差距将越来越大。在此情况下，一个较低级别的中心地（克里斯塔勒称之为 K 级中心地）的出现就顺理成章了，它可以为 B 级中心地中的较低级货物服务不到的区域的居民服务。K 级中心地的位置处于三个 B 级中心地所构成的等边三角形的中央，即引力中心的位置，因而可与 B 级中心地展开最有效的竞争。K 级中心地市场区的边界由它所提供的最高级货物的最大销售距离 e 所决定。

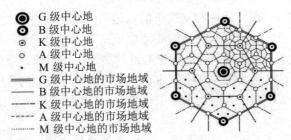

图 3-11　市场原则下的中心地系统的形成图①

如图 3-11 所示，与 K 级中心地产生的过程类似，在某项更低级货物的最大销售距离上可产生相应级别的 A 级和 M 级中心地。作为一个反过程，则可能出现高于 B 级中心地的 G 级中心地，较低一级的中心地的位置总是在高一级的三个中心地所形成的等边三角形的中央，由此形成克里斯塔勒命名为 K=3 的中心地网络。

（三）中心地三原则与中心地系统的空间模型

克里斯塔勒认为，有三个原则支配中心地体系的形成，分别是市场原则、交通原则和行政原则。在不同原则的支配下，中心地网络呈现不同的结构，而且中心地和市场区大小的等级顺序有着严格的规定，即按照所谓 K 值排列成有规则的、严密的系列。

1. 市场原则

克里斯塔勒首先关心的是在农村市场中心基础上发展起来的聚落体系，他首先论述的也是按市场原则建立起来的中心地模型。按照市场原则，低一级的中心地应位于高一级的三个中心地所形成的等边三角形的中央，从而最有利于低一级的中心地与高一级的中心地展开竞争，由此形成 K=3 的系统。

低一级市场区的数量总是高一级市场区数量的 3 倍。由于每个高级中心地包括了低级中心地的所有职能，即一级中心地同时也是二级乃至更低级的中心地，所以，一级中心地所属的 3 个二级市场区内，只需在原有的一个一级中心地之外再增加两个二级中心地即可满足 3 个二级市场区的需要。在 9 个三级市场区内，因已有了一个一级中心地、两个二级中心地，因此只增加了 6 个三级中心地。这样，在 K=3 的系统内，不同规模中心地出现的等级序列是：1，2，6，18，……

由市场原则形成的中心地等级体系的交通系统是以高等级中心地为中心的，有 6 条放射状的主干道连接次一级的中心地，又有 6 条也呈放射状的次干道连接再低一等级的中心

---

① 克里斯塔勒. 德国南部中心地原理[M]. 常正文，王兴中，译. 北京：商务印书馆，1998：83.

地。由于此种运输系统联系两个高一等级中心地的道路不通过次一级中心地,因此,被认为是效率不高的运输系统。

2. 交通原则

克里斯塔勒认识到,早期建立的道路系统对聚落体系的形成有深刻影响,这导致 B 级中心地不是以初始的、随机的方式分布在理想化的地表上的,而是沿着交通线分布。在此情况下,次一级中心地的分布也不可能像 K=3 的系统那样,居于三个高一级的中心地的中间位置以取得最大的竞争效果,而是位于连接两个高一级中心地的道路干线上的中点位置,如图 3-12 所示。

和 K=3 的系统比较,在交通原则支配下的六边形网络的方向被改变。高级市场区的边界仍然通过 6 个次一级中心地,但次级中心地位于高级中心地市场区边界的中点,这样它的腹地被分割成两部分,分属两个较高级中心地的腹地。而对较高级的中心地来说,除了包含一个次级中心地的完整市场区,还包括 6 个次级中心地的市场区的一半,即包括 4 个次级市场区,由此形成 K=4 的系统。在这个系统内,市场区数量的等级序列是:1,4,16,64,……

次级市场区的数量以 4 倍的速度递增。与 K=3 的系统类似,由于高级中心地也具备低级中心地的功能,在 K=4 的系统内,中心地数量的等级序列是:1,3,12,48,……

依交通原则形成的交通网,因次一级中心地位于联系较高一级中心地的主要道路上,被认为是效率最高的交通网,而由交通原则形成的中心地体系被认为是最有可能在现实社会中出现的。

3. 行政原则

在 K=3 和 K=4 的系统内,除高级中心地自身所辖的一个次级辖区是完整的外,其余的次级辖区都是被割裂的,显然,这不便于行政管理。为此,克里斯塔勒提出按行政原则组织的 K=7 的系统。在 K=7 的系统中,六边形的规模被扩大,以便使周围 6 个次级中心地完全处于高级中心地的管辖之下。这样,中心地体系的行政从属关系的界线和供应关系的界线相吻合,如图 3-13 所示。

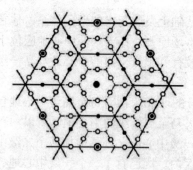 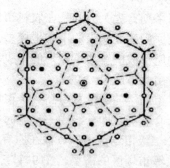

图 3-12 交通原则下的中心地系统①　　图 3-13 行政原则下的中心地系统②

根据行政原则形成的中心地体系,每 7 个低级中心地有一个高级中心地,任何等级的中心地数目为较高等级的 7 倍(最高等级除外),即 1,6,42,294,……

---

① 克里斯塔勒. 德国南部中心地原理[M]. 常正文,王兴中,译. 北京:商务印书馆,1998:93.
② 克里斯塔勒. 德国南部中心地原理[M]. 常正文,王兴中,译. 北京:商务印书馆,1998:99.

市场区的等级序列则是：1，7，49，343，……

在 K=7 的系统内，由于其运输系统显示出每位顾客为购买中心地商品或享受服务所需旅行的平均距离较另两个系统都长，因此，行政原则下的运输系统被认为是效率最差的一种。

以上三个原则共同推动了城市等级体系的形成。克里斯塔勒认为，在开放、便于通行的地区，市场经济的原则可能是主要的；在山间盆地地区，客观上与外界隔绝，行政管理更为重要；年轻的国家与新开发的地区，交通线对移民来讲是"先锋性"的工作，交通原则占优势。克里斯塔勒得出结论：在三个原则共同作用下，一个地区或国家应当形成如下的城市等级体系：A 级城市 1 个，B 级城市 2 个，C 级城市 6~12 个，D 级城市 42~54 个，E 级城市 118 个。

二、廖什（市场）的中心地区位论

1940 年，德国经济学家奥古斯特·廖什的《区位经济学》一书问世。在与克里斯塔勒的工作毫无联系的情况下，奥古斯特·廖什利用数学推导和经济学理论，得出了一个与克里斯塔勒学说完全相同的区位模型——六边形。与克里斯塔勒的工作相比，奥古斯特·廖什更多的是从企业区位的理论出发，通过逻辑推理方法，提出了自己的生产区位经济景观，即通常所称的廖什景观。奥古斯特·廖什为中心地学说树立了更为牢固的理论基础。

（一）廖什需求圆锥体模型

廖什市场区位论模型的假设条件是：第一，在均质平原上，沿任何方向的运输条件都相同，生产原料充足，均等分布。第二，农业人口均等分布，生产自给自足，消费行为相同。第三，居民的生产技术知识以及得到的生产机会相同。第四，不考虑经济以外的其他因素。

奥古斯特·廖什提出了需求圆锥体的概念，并对六边形市场区的形成做了严密的经济论证。需求圆锥体以一般货物（如啤酒）的销售状况为例，如果其他条件不变，消费者购买某种货物的数量取决于他准备为之付出的实际价格。这个实际价格等于货物的销售价格加上运费。实际价格随货物提供点的距离长短而变化。距离越远，运费越高，货物的实际价格越高，结果对该货物的需求也就越少。如图 3-14 所示，P 为生产地，PQ 为啤酒的销售量，PF 为啤酒的最大销售距离，F 点的需求量为零，QF 为需求曲线。若以 PQ 为轴，需求曲线 QF 旋转一周，就得到了廖什的需求圆锥体。以 P 为圆心，PF 为半径的圆形区域就是啤酒的销售市场。它反映了销售随距离的增加而减少，直到因距离增加使成本提高以致利润降为零为止。

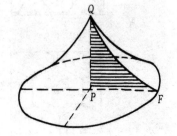

图 3-14　廖什的市场区位与需求圆锥体模型

（二）市场网

在需求圆锥体的基础上，奥古斯特·廖什阐述了市场区由圆形转变为六边形的过程。事实上，在啤酒厂有利可图的情况下，将会有多个工厂同时出现，并各自垄断一个区域，如图 3-15（a）所示。随着生产规模的扩大，市场地域也得到扩大，以至于圆形市场相接甚至相交（见图 3-15（b）），竞争的结果使得圆形市场区域缩成六边形（无空白市场空间），从而形成大小不同的六边形市场网,如图3-15(c)所示。廖什认为,要充分消除圆与圆之间的空隙地区,除了正六边形,还有等边三角形和正方形。相比之下,六边形的面积最接近于圆的面积。因此,在3种可能存在的几何形状中,六边形的单位需求最大。廖什还从数学上证明六边形是市场区最理想的形式。按照他的计算,六边形的需求量比面积相等的正方形的需求量大2.4%,比圆大10%,比等边三角形大12%。换言之,在实现相同需求的前提下,占地最多的是等边三角形,占地最少的是六边形,六边形能容纳尽可能多的企业,因此成为市场区最理想的形状。

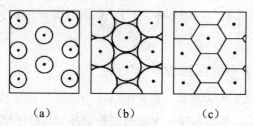

图3-15 廖什的市场区组织的发展过程

(三)廖什经济景观(完全系统)的形成

以上廖什推导出的单一职能的中心地模型与克里斯塔勒的模型非常相似。而在多种职能供给的情况下,廖什的中心地系统与单一职能的均衡不同,同克里斯塔勒模型差异较大。在廖什的体系中,克里斯塔勒的3种形式仅是其中的特例。廖什通过不断改变六边形的方向和大小,得到不同规模的市场区,如图3-16所示。

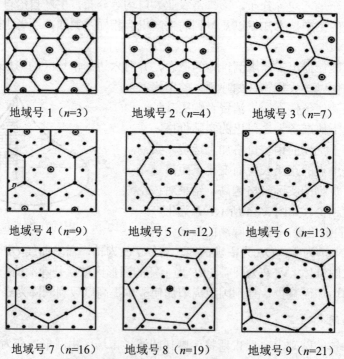

图3-16 廖什中心地系统(1~9)的最小市场圈

注:图中,n表明市场地域的大小;地域号是规模序数。图中$n=3,4,7$时,分别与克里斯塔勒中心地理论的市场、交通以及行政原则相对应。

廖什假定中的基础聚落不仅是得到商品供给的消费者居住地，同时也是企业布局的地点。基础聚落能够供给等级低的自给性商品。如果供给等级较高的商品，当仅以自己的聚落为市场不能够到达此供给门槛时，必然把相邻的聚落也作为自己的市场区域。也就是说，比自给性商品等级稍高的商品同时也供给相邻的 6 个基础聚落。

如果自给性商品的市场区域规模为 1，比其等级稍高的商品的市场区域规模为 3，前者因为是自给性商品，因此主要满足 1 个基础聚落；后者则是以 3 个基础聚落为对象。如果供给门槛值更大的商品，其市场区域规模和拥有的基础聚落数同样会有规律地扩大。图 3-16 表示市场区域的规模为 3~21 的市场系统，图中市场区域的规模由地域号 1，2，3，4，……的大小表示。随着地域号码增大，市场区域规模以 3，4，7，9，……的顺序扩大，这个数列也称为廖什数码。如果以 $n=3$ 的市场区域的中心地配置为基础，$n=4$ 的市场区域的配置可看作 $n=3$ 的配置以最高级中心地为中心旋转 90°并扩大而形成的。同样，$n=7$ 的市场区域配置可当作 $n=4$ 的配置旋转一定的角度并扩大而形成的。如此不断地旋转和扩大就可形成图 3-16 所表示的所有市场区域。随着商品门槛值的增大，市场区域规模也在扩大，同时拥有的基础聚落也在增加。

图 3-16 表示各个市场区域的个别情况，如果把它们全部重叠起来，就会形成图 3-17 中那样的市场系统，即位于区域中心的中心地分别以 $n=3$，4，7，9，12，13，16，19，21，25 形成的市场系统，也可看作供给 10 种门槛值不同的商品时所形成的市场系统。在这种市场系统中，各个 n 值决定基础聚落中的中心地，但有一些中心地会被不同 n 值市场区域重复选择。在图 3-17 中，表示中心地位置的双重小圆旁边的数字就是该中心地供给商品的种类。由此可见，位于区域中心的中心地拥有 1~10 的所有商品，而位于其右侧的 4 个中心地分别拥有商品 2、商品 1 和 4、商品 2 和 7，以及商品 10，相互间具有一定的距离，拥有的商品种类各不相同。

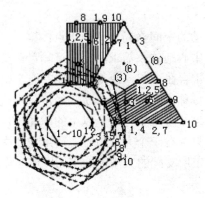

图 3-17　10 种商品的市场圈

廖什经济景观中不同等级货物的市场区可以通过改变六边形的方向和大小得到。但是如果把这些大小不同的六边形网络任意重叠在一起，就会形成无规则的网络。因此，廖什在重叠不同大小的六边形网络时，使它们至少有一个共同的中心，该中心点由于能提供所有地方的需求而成为最高级的中心地。[①]

[①] 廖什把它称为大城市，它能够供给 150 种商品，可以满足大范围的区域需求。

把各六边形网络绕大城市旋转，使各中心地在中心地体系内所集中的活动数量尽可能地大，使其他中心地的位置尽可能地相互重合。通过六边形网的旋转，从中心城市放射出6个60°的扇面。每一个扇面由两个30°的扇面组成：一个是"城市密集"的扇面；另一个是"城市稀少"的扇面。总共有6个"城市密集"扇面和6个"城市稀少"扇面，形成所谓廖什的"经济景观"。图3-18表示围绕大城市的两个扇形区内中心地的位置，从中可以看出，居住点（城镇）少的扇形区不仅供给商品的中心地数量少，而且每个中心地供给的商品种类也比居住点（城镇）多的扇形区少，同时商品的等级也比较低，换言之，中心地的中心职能低。

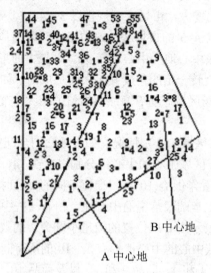

图 3-18　完全系统下各中心地的位置

注：数字表示 i 个市场圈的中心地。

廖什认为，这种经济活动的空间格局有两个优点：第一，由于各城市（城镇）之间的总距离是最短的，因而满足中心地体系需求所需的运输量，交通路线的长度也缩短了；第二，由于生产位置尽可能地重合在一起，使得在当地就能实现最大的购买量。

廖什把中心地的市场区域称为经济景观，认为经济景观包括了所有的市场区域的一般模型，也称为完全系统。在这一系统中，两个以上的职能可以拥有同一规模的市场区域，即各职能可孤立地存在。当只存在一个大城市时，所形成的中心地市场系统如上所述。廖什把各经济景观（即由大城市所支配的大规模的市场区域）作为1个单位，研究了它们相互间的关系。

三、中心地理论的评价

克里斯塔勒和廖什中心地理论的学说均建立在假设的基础之上，并且都得出市场区的最佳形式是六边形。克里斯塔勒遵循"利润最大化"原则，从最高级货物的最大销售距离的顺序开始，由上至下地建立起他的中心地理论；而廖什则从最低级货物的最小必需销售距离的顺序开始，由下至上地建立起他的中心地理论。一般认为，克里斯塔勒的模式用于解释第三产业的区位比较合适，因为职能的聚集是服务业的重要特征，这能使人们的购物或取得服务比较方便。而廖什的模式解释第二产业的区位比较恰当,因为第二产业各企业彼此相对独立,其区位易受市场、交通、原材料、燃料等区位因素的影响。

第五节 土地区位与城市土地利用结构

20 世纪 20 年代以后,西方国家的工业化与城市化加速,城市用地规模随着城市人口的增长迅速向外扩展。针对城市功能布局等问题,很多学者从区位、空间结构、土地租金和价格等方面展开了土地利用空间结构的分析,形成了城市土地利用地域空间结构的各种理论。在有关城市空间结构模式的研究中,以三大古典模式——伯吉斯同心圆模式、霍伊特扇形模式与哈里斯和乌尔曼多核心模式最为著名。

一、同心圆模式

同心圆模式由欧尼斯特·伯吉斯(Ernest Burgess)于 1925 年对芝加哥城市土地利用空间结构分析后总结得出,他基于社会生态学来解释土地在空间上的利用结构。伯吉斯首先假设土地利用是由生态过程引致的,包括竞争、优势、侵入和演替。通过出价地租机制(bid-rent mechanism),地价由市中心向外下降。由于市中心的可达度高,能产生最高的回报,因此土地的竞争最激烈,是最高地价所在。由于越远离市中心,运输成本越高,地租则较便宜,出价地租曲线描述了两者之间的取舍。另外,伯吉斯做了三方面的假设:第一是有规律的、一致的地势,没有任何地区因为地势上的差异而较有吸引力。第二是在均质的地面上,所有方向的运输同样容易,因此形成圈环状的城市扩展。第三是市中心的竞争最激烈,是最高地价所在,地价由市中心向外下降,由于不同土地有不同的付租能力,因而形成圈环结构。

城市各功能用地以中心区为核心,自内向外做环状扩展,共形成 5 个同心圆用地结构,如图 3-19 所示。

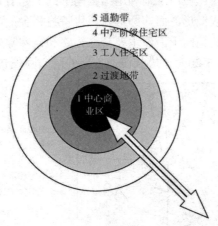

图 3-19 伯吉斯同心圆模式

从城市中心向外缘布局,依次顺序是:第一环带为中心商业区(CBD),包括大商店、办公楼、剧院、旅馆,是城市社交、文化活动等的中心。第二环带为过渡地带(zone of transition），是围绕市中心商业区与住宅区之间的过渡地带。这里绝大部分由老式住宅和出租房屋组成，轻工业、批发商业、货仓占据该环带内一半空间，其特征是房屋破旧，居民贫穷，处于贫民窟或近乎贫民窟的境况。第三环带是工人住宅区（zone of workingmen's homes），这里租金低，便于乘车往返于市中心，接近工作地，工厂的工人大多在此居住。第四环带是中产阶级住宅区（zone of better residences），分布着高级公寓和花园别墅，居住密度低，生活环境好。第五环带为通勤人士住宅区（commuter's zone），处于约距中心商业区 30~60 分钟乘车距离范围内。

利用同心圆土地利用模式进行动态分析后可以得出结论：当城市人口的增长导致城市区域扩展时，第一个内环地带必延伸并向外移动，入侵相邻外环地带，产生土地使用的演替。如商业中心区进一步发展，入侵过渡地带，吞没贫民的住房，迫使住在这里的低收入居民不得不向外环地带转移，致使高收入居民把其旧的住房转给低收入居民，搬入新的高档住宅。①基于这种思想，美国在 20 世纪 60 年代和 70 年代里，以此作为城市更新政策的基本原则，把过渡地带的一部分扩展为商务用地，而把陈旧的低收入群体的居住区改建为中产阶级住宅区，改善了各阶层的住房条件，而位于该区域的大部分工厂则跃过以前限制制造业扩展的居住区，搬迁到被伯吉斯称为通勤人士住宅区的居住区，形成新的土地利用空间格局。

伯吉斯的同心圆模式基本符合单中心城市模式，但忽略了道路交通、自然障碍物、土地利用的社会和区位偏好等方面的影响，与实际情况有一定的偏差：首先，它假设的一个均质平原，一个平均、不变的地势，在现实中是不可能的。其次，它没有研究垂直的土地利用，只研究地面。最后，同心圆模式各圈环界线清楚分开，而现实中可能没有明确的界线。

二、扇形模式

扇形模式是霍姆·霍伊特（H. Hoyt）利用 1934 年的 64 个中心城市房租调查资料及对纽约、芝加哥、底特律、华盛顿、费城等著名城市的住宅区进行分析后，于 1939 年创立的。霍伊特认为，高房租住宅区在城市土地利用结构的形式上起着重要作用。它与交通线的关系十分密切，往往成扇形或楔形，而非圆形。霍伊特将租金的高低作为住房质量的象征，证明各类城市居民住宅用地趋向于沿着主要交通线路和自然障碍物最少的方向，即由市中心向市郊呈扇形发展（见图 3-20），该模式在伯吉斯的同心圆模式的基础上加入了方向因素。

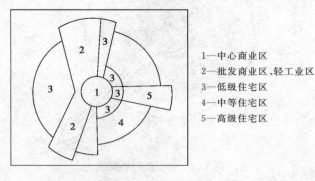

图 3-20 霍伊特扇形模式

---

① 英国城市经济学家巴顿将此现象称为"渗透"；伊文思则称之为"过滤（filter down）"。

由于特定运输线路线性的可达性（linear accessibility）和定性惯性（directional inertia）的影响，各功能用地往往在其两侧形成。他还把市中心的可达性称为基本可达性，把沿辐射状运输主干线所增加的可达性称为附加可达性。轻工业和批发商业对运输线路的附加可达性最为敏感，多沿铁路、水路等主要交通干线扩展；低收入住宅区环绕工商业用地分布，而中高收入住宅区则沿着城市交通主干道或河岸、湖滨、公园、高地向外发展，独立成区，不与低收入的贫民区混杂。

高租金住宅的扇形结构形成的原因如下：第一，扇面从中心商业区附近开始，沿方便的交通线向另一高租金建筑区发展，最后彼此相连形成一个扇面形。第二，高租金住宅区多在地势较高与滨水地带发展，特别是当这类地方尚未被工业占用时，由于这里环境条件优越，会吸引富有阶层趋向该处。第三，高租金住宅区多借助最快速的交通线发展。第四，高租金住宅区往往转向空阔的地区。富有阶层在那里可以建造新的住房，以控制其社会环境，而不愿插到低收入阶层已占据的地方。随着高租金住宅区声望的形成与方便交通线的出现，中等租金的住宅区便在高租金已占据的地区旁边发展起来。

当城市人口增加，城市用地需要扩大，高收入的人就从原居住区搬迁到新的声望更高的地方，原来的高收入住宅区的房产变为低租金的住宅，供贫民居住，出现了土地利用的演替。但大部分低收入阶层由于经济及社会等多种因素的影响，很难进入中产阶级和高级住宅区居住，只能在原有贫民区的基础上向外做条带扇形状延伸发展，因此，城市各类土地利用在空间上呈现出扇形结构。

扇形模型因为是总结较多城市的客观情况而抽象出来的，所以它适用于较多城市。霍伊特的模型出现得较晚，汽车等现代交通工具的作用已经得到显现。但是，该模型是建立在租金的基础上的，忽视了其他因素的作用，这对该模型的应用有一定的局限性。

三、多核心模式

多核心理论最先由麦肯齐（R. D. Mckenzie）于1933年提出，后由哈里斯（C. D. Harris）和乌尔曼（E. L. Ullman）于1945年加以发展（见图3-21）。该理论强调，在城市土地利用过程中，并非只形成一个商业中心区，而会出现多个商业中心区，并且其中一个主要商业区为城市的主要核心，其余为次核心。这些中心不断地发挥成长中心的作用，直到城市的中间地带完全被扩充为止。而在城市化过程中，随着城市规模的扩大，新的中心又会产生。

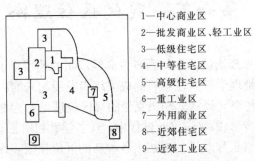

图3-21 哈里斯和乌尔曼多核心模式

哈里斯和乌尔曼指出，城市核心的数目多少及其功能因城市规模大小而不同。中心商业区是最主要的核心，另外还有工业中心、批发中心、外围地区的零售中心、大学聚集中心以及近郊的社区中心等。他们还进一步指出，形成城市多中心的因素有四个：第一，某些活动需要彼此接近，从而产生相互依赖性。第二，某些活动互补互利，自然集聚。第三，某些活动因必须利用铁路等货运设施，且产生对其他使用有害的极大交通量，因此就排斥其他使用而自己集聚在一起。第四，高地价、高房租吸引较高级的使用，而排斥较低品质的使用。

多核心理论仍然基于地租地价理论，支付租金能力高的产业位于城市中心部位，其余是批发业和工业以及高密度的住宅区。多核心理论没有假设城区内土地是均质的，所以各土地利用功能区的布局无一定顺序，功能区面积大小也不一样，空间布局具有较大的弹性，尤其是那些由几个小市镇扩展合并而成长起来的城市。另外，该理论仅涉及城市地域发展的多元结构及地域分化中各种职能的结节作用，对多核心间的职能联系和不同等级的核心在城市总体发展中的地位重视不够，故不足以解释城市内部的结构形态。

四、其他模式

除了以上介绍的三大古典模式，各国城市区位研究者还提出了另外一些城市功能分布的结构模式。例如，英国的阿福特曼（After Mann）就根据英国中等城市土地利用现状，在综合伯吉斯同心圆模式与霍伊特扇形模式的基础上，提出了同心圆加扇形的空间结构综合模式。1947年，迪肯森（Dickinson）根据对欧洲诸城市的考察，提出了地域上由中央地带（central zone）、中间地带（middle zone）和外缘地带（outer zone）或者郊区地带（suburban zone）共同组成的三地带学说。埃里克森（Ericksen）则于1954年提出了折中理论，该理论是同心圆理论、扇形理论和多核心理论综合的产物，他把城市用地类型简化为商业、工业、住宅三大类，市中心的商业区（CBD）呈放射状向外伸展，在商业区的外侧是大工业用地（bulk industry），而住宅用地处于各放射线与工业区围起来的地方。这种模式更接近于西方工业化国家城市空间结构的演变情况。

城市空间结构的研究从城市密度、城市布局和城市形态三个侧面深入解析了不同的经济活动占据城市内不同的空间，在城市地区内部出现的不同组合格局。不同城市形态的形成既涵盖房地产业的发展，又对房地产业发展产生巨大的影响。

第六节 现代区位理论

区位理论是在马克思政治经济学与西方古典经济学的地租学说，以及比较成本学说等学科基础上，广泛吸收地理学等其他学科的成果逐步发展起来的。20世纪60年代，以沃尔特·艾萨德的《区位与空间经济》和贝克曼的《区位理论》为标志，以新古典区位论为代表的现代区位理论逐步形成。[1]在这一过程中，众多学者利用新颖的方法和工具，对本章前述的古典区位论进行修正和改进，构建出各种新的区位模型。纵观现代区位理论发展，企业和消费者的区位选择、关于公共区位的决策、宏观区位等问题逐步成为研究的核心。

---

[1] 陈文福. 西方现代区位理论述评[J]. 云南社会科学，2004（2）：62-66.

本节介绍较有代表性的四种现代区位理论：新古典微观区位论、新古典宏观区位论、新经济地理学派区位论、"新"新经济地理学。

一、新古典微观区位论

新古典微观区位论是主要利用新古典微观经济学的基本研究工具，如价格、供求、竞争等，对微观经济主体的空间经济活动进行分析的区位理论。古典区位论一般聚焦于研究经济主体（消费者或企业）的区位选择，并且经常采用线性的方式。但地质地貌、河流道路等因素的影响用线性方式很难完全解决，因此新古典微观区位论的研究者采用了网络、均衡等创新的视角和工具。

网络视角的新古典微观区位论的主要代表人物是 Labber 和 Thisse，他们利用拓扑网络构建区位模型，研究微观主体区位选择。此处网络指由几个相互连接的具有一定长度的线构成一个整体，几个线在端点处相交，网络中任意两个区位点之间的距离由网络中相互连接的端点之间的最短路径给出。Hakimi 则用拓扑网络方法证明了哈克密原理（Hakimi theorem）。该原理指出：第一，含有优区位的点集是有限的；第二，当这些点集是市场区、原料地或节点时，从这些点集中找出优区位点的效果很显著。但是，企业最后定位在哪个点上，由网络的形状、市场的空间配置和物品（含投入品和产成品）的相对价值决定。[①]

Daspremont、Gabszewicz、Hotelling、Thisse 等学者从空间竞争均衡的角度重新审视区位。空间竞争均衡的意义在于：把经济主体放置在空间环境下，竞争只发生在少数主体之间。因为每个主体都有自己的关联群体，该主体只与他相邻的竞争者的行为产生关联。各行各业有许多主体，但由于运输等成本的存在，竞争对主体的影响随着距离的增大而逐渐减弱。Hotelling 认为，市场往往被划分为数个较小子区域，而在这些子区域中，每个主体都可能处于准垄断的位置。

总之，新古典微观区位论认为：由于资源有限及地域空间分散，经济主体进行最优区位选择时也呈现出显著的地域分散性，因此可把某些市场假设放宽，这样就可以更大范围、更深程度地解释现实区位问题。同时，新古典微观区位论把价格理论纳入一般区位分析，也显著拓宽了区位理论研究范畴。

二、新古典宏观区位论

新古典宏观区位论是在微观区位论、贸易理论的基础上，充分利用凯恩斯的宏观均衡分析方法对区域经济主体的经济活动进行分析的区位理论。新古典宏观区位论使区位研究从单个经济主体的区位决策发展到对区域总体经济结构及其模型的研究，从抽象的纯理论模型推导，发展为尝试建立接近区域实际的、具有应用性的区域模型。

奥林（Ohlin）在《地区间贸易和国际贸易》一书中考虑了资本和技术均不能自由流动的产业区位问题，把贸易理论看作区位理论的一部分，显著启发了新古典区位论的思路。艾萨德在《区位与空间经济》一书中，在新古典微观区位论的基础上，利用宏观均衡方法对美国各个地区在人口、产出、收入、资本和增长等方面的差异进行了研究，将局部静态

---

① 陈文福. 西方现代区位理论述评[J]. 云南社会科学，2004（2）：62-66. 转引自：HAKIMI S L. Optimum Location of Switching Centers and the Absolute Centers and Medians of a Graph[J]. Operations and Research, 1964(6): 450-459.

均衡的微观区位论动态化、综合化，根据区域经济综合发展要求，把研究重点由部门的区位决策转向区域综合分析，建立区域的总体空间模型，研究了区域总体均衡及各种要素对区域总体均衡的影响。他应用计量经济方法和系统分析方法，将单个部门、单个企业最优规模与最优布局加以扩大，形成企业性综合开发模型，涉及生产、流通、运输、生态、政策等多个方面的内容，他所独创的区域科学在某种程度上也是对宏观区位论分析的一种拓展。[1]

总之，新古典宏观区位论突出表现出以下特点：在古典微观区位论基础上，放宽某些假设条件，对经济主体区位选择的研究逐步从局部均衡向一般均衡发展，从而使各种区位模型更接近现实的经济情况。需要看到，新古典宏观区位论理论框架仍沿用新古典经济学完全竞争和规模报酬不变的假设，这也对区位选择的解释和应用有所制约。

三、新经济地理学派区位论

从20世纪90年代开始，新经济地理学派的经济学家利用施蒂格利茨（Stiglitz）及萨缪尔森等著名经济学家建立的垄断竞争等新模型，通过博弈论等新方法，加上计算机技术的新分析工具，把区位因素纳入西方主流经济学的分析框架，使区位理论在不完全竞争和规模报酬递增的框架下获得了新发展。

新经济地理学派区位论的代表人物克鲁格曼在1991年发表了《报酬递增与经济地理》(*Increasing Returns and Economic Geography*)，它已成为新经济地理学派区位论的奠基性文献。克鲁格曼讨论了垄断竞争市场结构条件下的离散空间经济模型，并把该模型引入新经济地理学，提出了解决传统区位问题的分析框架，把古典区位论中不能解释的这种相互作用内生化，建立了内生发展模型，从而为区位论的一般均衡研究提供了微观经济学基础。[2]克鲁格曼的两区域模型表明：运输成本的下降、规模经济效应以及要素的流动均加强了经济主体的市场导向型区位选择，在某一区域（或区位）形成前后向联系，可能产生集聚效应，在市场作用下，会出现一种自我持续的行业集中现象，经济规模越大，则集中越明显。藤田（Fujita）和莫瑞（Mori）认为，在一定时期内，人口持续增长导致新城市在一条长而狭窄的经济体中崛起，并沿一条线渐次展开，从而产生多城市的空间经济。

总之，不完全竞争和规模报酬递增模型的研究促使了20世纪90年代以来新经济地理学派区位论的大发展，学者以上述模型为基础，把区域经济活动聚集和扩散的内在机制用严密的数学模型表达出来，努力把空间因素纳入主流经济学的理论体系。也要看到，在新经济地理学派区位理论取得重要发展的同时，制度和个人偏好仍然具有外生性，难以被引入模型，因而无法解释制度和个人偏好对区位选择的影响。

四、"新"新经济地理学的区位论

新经济地理学侧重于通过同质化居民和企业的微观区位选择机制来解析集聚经济的宏观异质性，忽略了企业和居民的异质性对其微观区位决策的客观影响。[3]2006年，Baldwin

---

[1] 陈文福. 西方现代区位理论述评[J]. 云南社会科学, 2004（2）: 62-66.
[2] KRUGMAN. Increasing Returns and Economic Geography[J]. Journal of Political Economy, 1991, 99(3): 483-499.
[3] 李福柱. "新"新经济地理学研究进展[J]. 经济学动态, 2011（6）: 98-102.

和 Okubo 借鉴"新"新贸易理论的研究思路发表了《异质性企业、集聚与经济地理：空间选择与分类》，在垄断竞争一般均衡框架内建立了第一个基于微观主体异质性的地理模型[①]。2011 年，Ottaviano 对这一方向的研究进行初步总结概括，正式提出了"新"新经济地理学（"new" new economic geography）[②]。

"新"新经济地理学继承了新经济地理学将不完全竞争和报酬递增、要素流动、运输成本纳入一般均衡分析框架的研究方法，但更重视居民和企业的个体异质性所导致的一般性空间行为，认为异质性是区位选择效应和空间排列效应存在的重要原因。"新"新经济地理学主要有对异质性企业、异质性消费者以及异质性劳动力集聚模型的研究。综合研究成果，从异质性企业来看，高生产率企业倾向于选择在核心地区，而低生产率企业倾向于选择在边缘地区，这主要是因为市场规模较大的区域存在激烈的竞争，高生产率企业具有更低的边际生产成本，因而能够在激烈的竞争中生存下来，并且出售更多的产品，所以高生产率企业选择布局在核心区以占领更多的市场份额；而低生产率的企业为了避免竞争，选择布局在边缘区，力求通过运输成本等壁垒来维持市场份额。从异质性劳动力来看，微观异质性劳动力会根据个人技能禀赋进行自主区位选择。一般地，高技能劳动力倾向于去核心区域，而低技能劳动力倾向于去边缘地区，人才向大城市集中会吸引高效率企业选择大城市，后者则会吸引高技能人才选择大城市。[③]

西方现代区位理论是古典区位理论的新发展，发展的根本在于通过对古典区位论假设条件的不断放宽，使其能在一般的条件下更准确地解释现实，从而指导经济主体的区位选择。

【案例/专栏 3-1】 小投资者选铺——学习"麦肯"好榜样

 **本章小结**

- 区位是人类活动在空间上的反映。可以将区位界定为人类活动或行为所占有的场所，这种场所既体现一定的空间位置，又体现一定的空间联系。区位包含三层含义，即自然区位、交通区位和经济区位。区位有下述特点：空间性、唯一性、动态性、相依性、差异性、稀缺性与可设计性。
- 区位理论是研究人类经济行为的空间区位选择及空间区内经济活动优化组合的理论，按照区位因子划分，区位理论可分为以下几个学派：成本学派、市场学派、行为学派、社会学派、历史学派、计量学派。
- 杜能农业区位论的中心内容是：土地利用类型和农业土地经营集约化程度，不仅取决于土地的天然特性，更重要的是依赖于当时的经济状况和生产力水平，尤其是农业生产用地到农产品消费地（市场）的距离。城市周围土地利用类型以及农业集约化程度应该围绕城市中心进行同心圆式配置，其配置规则是：靠近消费地

---

① Okubo B T. Heterogeneous firms, agglomeration and economic geography: spatial selection and sorting[J]. Journal of Economic Geography, 2006, 6(3): 323-346.
② OTTAVIANO G. 'New'new economic geography: firm heterogeneity and agglomeration economies[J]. Journal of Economic Geography, 2011(2): 231-240.
③ 杨开忠，董亚宁，薛领，等. "新"新经济地理学的回顾与展望[J]. 广西社会科学，2016（5）：63-74.

的区域配置重量轻、不易腐烂、体积小的作物，随着离开消费地的增加，土地经营也就愈发粗放。

▸ 韦伯首创的区位因子指的是经济活动发生在某个特定点或若干点上，而不是发生在其他点所获得的优势。其工业区位论的基本要点包括：由运费指向形成地理空间中的基本工业区位格局；劳动费指向使在运费指向所决定的基本工业区位格局发生第一次偏移；集聚指向使运费指向与劳动费指向所决定的基本工业区位格局再次偏移。

▸ 克里斯塔勒完成了对零散中心地理论的系统化组织，他运用演绎法探讨中心地的空间秩序，提出了聚落分布呈三角形、市场地域呈六边形的空间组织结构，分析了中心地规模等级及根据人口、交通与行政三原则形成的中心地空间模型。廖什更多从企业区位的理论出发，通过逻辑推理方法，提出了自己的生产区位经济景观，即通常所称的廖什经济景观。

▸ 城市土地空间布局的形态指的是城市各类用地在空间上的组合关系，是城市土地利用空间布局的特定组合。市场经济各主体的选址行为形成了城市中主要用地的不同分布，从而决定了城市内部的空间布局形态。城市空间结构模式的研究以三大古典模式最为著名：伯吉斯同心圆模式、霍伊特扇形模式与哈里斯和乌尔曼多核心模式。

▸ 新古典微观区位论是主要利用新古典微观经济学的基本研究工具，如价格、供求、竞争等，对微观经济主体的空间经济活动进行分析的区位理论。新古典宏观区位论是在微观区位论、贸易理论的基础上，充分利用凯恩斯的宏观均衡分析方法对区域经济主体的经济活动进行分析的区位理论。新经济地理学派的经济学家利用施蒂格利茨及萨缪尔森等著名经济学家建立的垄断竞争等新模型，通过博弈论的新方法，加上计算机技术的新分析工具，把区位因素纳入了西方主流经济学的分析框架，使区位理论在不完全竞争和规模报酬递增的框架下获得了新发展。"新"新经济地理学在继承了新经济地理学的分析框架的基础上探讨了异质性企业、异质性消费者以及异质性劳动力集聚模型，认为异质性是区位选择效应和空间排列效应存在的重要原因。

综合练习

一、本章基本概念

区位；区位优势；杜能环；区域因子；中心地；中心性；运费指向论；劳动费指向论；集聚指向论；廖什经济景观；新古典微观区位论；新古典宏观区位论

二、本章基本思考题

1. 简述区位的三层含义。
2. 按照区位因子划分，区位理论可分为哪几个学派？
3. 当考虑通航河流、土质、商品价格变化时，杜能圈如何变化？

4．分别简要评价杜能区位论与韦伯区位论。

5．分别叙述运费指向论、劳动费指向论、集聚指向论。

6．克里斯塔勒认为哪三个原则支配中心地体系的形成？

7．简要叙述伯吉斯同心圆模式、霍伊特扇形模式与哈里斯和乌尔曼多核心模式。

8．分别叙述新古典微观区位论、新古典宏观区位论、新经济地理学派、"新"新经济地理学等区位论的代表人物与基本理论。

推荐阅读资料

1．王万茂，王群．土地利用规划学[M]．9版．北京：中国农业出版社，2021．

2．李小建．经济地理学 [M]．3版．北京：高等教育出版社，2018．

3．张春勋，陈新力．区域经济学理论与应用教程[M]．北京：科学出版社，2021．

4．王振．中国区域经济学[M]．上海：上海人民出版社，2022．

5．蒋贵国，何伟．城市土地管理[M]．北京：科学出版社，2019．

6．卡佩罗．区域经济学[M]．2版．北京：经济管理出版社，2022．

7．陈文福．西方现代区位理论述评[J]．云南社会科学，2004（2）：62-66．

第四章 房地产供求关系

学习目标

通过对本章的学习,学生应了解或掌握如下内容:
1. 房地产需求的内涵、特点及影响因素;
2. 房地产需求函数、需求曲线及需求弹性;
3. 房地产供给的内涵、特点及影响因素;
4. 房地产供给函数、供给曲线及供给弹性;
5. 房地产供求均衡。

导言

供求关系是指在商品经济条件下,商品供给和需求之间相互联系、相互制约的关系,它是生产和消费之间的关系在市场上的反映。供求联结着生产、交换、分配、消费等环节,其力量对抗的结果表现为供求运动,其他要素(如价格、竞争、货币流通等)的变化都围绕供求运动展开。企业需要充分研究市场供求情况,调整自身的战略、经营模式、产品、技术、营销等内容。房地产市场的供求关系是一个阶段商品房供求状况的客观反映,是社会经济发展水平的真实体现,它受到多种因素的影响,同时也引导着资金和其他房地产开发要素的流向。

第一节 房地产市场的需求

需求的"需"本义是指"缓和而有节度的雨",即对庄稼生长有益无害的雨。"求"本义是指"毛皮大衣"。二字本为名词,引申后转为动词,有了"索取""需要"的含义。引入经济学领域后,需求成为供求理论的两个关键概念之一。马克思曾经指出,没有需求,就没有生产。研究市场的供求机制必须对需求的含义加以把握和理解。一般而言,需求是指在一个特定的时期内,居民或企业在每一个可能的价格水平下愿意而且能够购买的商品的数量。

一、房地产需求的内涵和特点

房地产需求对房地产市场具有重要意义。首先,房地产需求是房地产生产的出发点,是房地产供给的依据和归宿。需求规模、水平、速度和结构的变动,预示和推动着房地产

供给的变化,并影响房地产的交易价格、资金周转、市场要素及市场本身的变化。其次,房地产需求是房地产市场运行的原动力,没有房地产需求就没有房地产市场的价格、供应、资金运作乃至整个市场。最后,房地产需求是检验房地产经济体制完善程度的重要标尺,房地产需求被满足的过程是房地产从开发到消费的经济运作过程,没有一个良好的市场环境和体制保证,需求很难达到满意状态。新需求的产生,在总量和结构上是上一轮需求被满足的结果,也是新一轮供给的起点。

(一) 房地产需求的内涵

根据需求的定义,本书认为房地产需求是指房地产需求者在特定的时间内、在一定的价格水平上,愿意购买而且能够购买的房地产商品的数量。形成房地产需求有两个必要条件:一是购买房地产的意愿;二是购买房地产的能力。某个市场主体有购买能力而无购买意愿或有购买意愿而无购买能力,都形成不了房地产需求。购买房地产的意愿和购买房地产的能力对形成房地产的需求缺一不可。

准确理解房地产的需求必须把握以下三点。

1. 要区分房地产的个别需求和房地产的市场需求

房地产的个别需求是指在一定时期内、在一定的价格水平上,单个居民、家庭或者企业对房地产商品的购买数量。房地产的市场需求是指在某一市场区域内,市场主体对房地产商品的所有个别需求的总和。房地产的市场需求是以房地产的个别需求为基础,经过数量加总而得到的每一价格水平下房地产商品的市场需求总量。房地产的市场需求是分析特定地区或国家房地产市场的基础。

2. 要区分房地产的有效需求和房地产的潜在需求

房地产的有效需求是有支付能力的房地产需求,体现投资者对房地产的现实购买力。因此,从微观角度讲,房地产市场的有效需求即前文所指的既有购买意愿又有购买能力的房地产需求,它是房地产实现供给的依据。从房地产市场均衡的角度看,房地产市场的有效需求是房地产市场实现供求平衡时的房地产需求。

房地产的潜在需求则是指按目前社会一般生活水平计算的投资者对房地产商品应有的需求量,即过去和现在尚未转变为实际的,但在未来可能转变为实际的房地产购买力的需求。由于潜在房地产需求是一定时期内房地产需求的最大可能值,因此也称为房地产的边界需求。潜在需求虽然不能作为提供房地产现实供给的根据,但它对规划未来房地产开发规模和投资决策有重要的参考意义。因此,政府部门和房地产开发企业在制定长期发展规划时,需要重视并预测房地产的潜在需求。

3. 要区分不同类型的房地产需求

房地产的需求是多种多样的,根据其需求的性质大致可分为生产性需求、自住性需求和投资性需求三种类型。生产性需求是指物质生产部门和服务部门为满足生产经营需要而形成的对房地产商品的需求,如对工厂的厂房、商店的商铺、办公用房、服务行业用房以及其他生产经营性用房等的需求。这类需求直接同社会生产经营活动有关,是房地产作为生产要素存在而形成的需求。房地产开发商要从生产性需求出发,提供符合需求的物业。自住性需求是由人们的居住需要形成的房地产需求,主要是指住宅房地产需求,其需求的主体是居民家庭。自住性需求占整个房地产市场需求的比重较高，一般占总需求的 70%～80%。投资性需求是指人们购置房地产不是为了直接生产和消费，而是作为一种价值形式储存，在合适的时候再出售或出租，以达到财产保值、增值的目的需求。投资性需求可分为长期的出租需求、短期的投机需求和相机行事的混合需求三种，它本质上属于获利性的投资行为，其中房屋转售是为了获取差价收入，房屋出租是为了获得租金收入。房地产投资性需求的作用具有双重性：一方面，它是市场经济的润滑剂，有利于促进房地产市场繁荣，特别是在供过于求的情况下，投资性购房能够扩大需求，活跃市场，有助于保持供求平衡，这种积极作用正是投资性需求得以长期存在的缘由。但另一方面，它也有可能产生某些消极作用。例如，过度投机可能增加房地产市场需求的水分和泡沫，造成需求旺盛的假象，从而加剧房地产供求的失衡。所以，对房地产投资性需求的政策选择，应把握恰当的"度"。国际上通行的适度量化标准是投资性购房量在房地产交易总量的 20%以下，但不同国家、不同时期，这个比例可能会差别很大。在保护投资性需求积极作用的同时，应采取适当的政策措施（例如物业税或资本利得税）进行调节，在必要时还可制定法律法规加以限制。

（二）房地产需求的特点

由于房地产的特性与一般商品不同，因此，房地产需求相较一般商品需求具有自身的特点，主要表现在以下方面。

1. 需求的区域性

房地产的区域性是由其位置的不可移动性决定的。一个城市的房地产需求大部分来自这个城市的居民及常住居民。城市越小，人口的流动性越差，区域性的特征就越明显。同一城市的不同地段，即使是同样的房地产，由于地段不同，其需求也有很大的差异，特别是商业用房和服务用房。在城市黄金地段，即使价格高，需求也很旺；在偏远地段，即使价格较低，其需求仍然较少。以北京为例，北京的区域优势在全国都具有不可替代性。它是中国的首都，也是一座国际化大都市，因此在北京房地产市场上，高需求和高房价就成为很自然的现象。因为有太多的人和机构需要在北京占有一席之地，高房价是其获得在首都、在国际化大都市居住便利时不得不支付的成本，同时也是其进入国际化大都市的经济门槛。

2. 需求的层次性

按照著名心理学家马斯洛的观点，人的需要具有层次性，按层次高低可分为生存需求、生理需求、社会需求以及享受和自我实现需求。显然，人们对于房地产的需求符合马斯洛的需求层次理论。具体而言，随着社会经济的发展和人们收入水平的不断提高，以及社会各个层次居民支付能力的不同，人们对房地产的需求也呈现出层次性：低收入阶层以满足基本的居住需求为目标，更偏好实用、价格较低的房地产；高收入阶层不仅要满足基本生活的需求，还追求美观、舒适和享受，更偏好别墅类高档住宅。以住宅为例，住宅可以分为大户型和小户型、别墅和花园洋房、高价房和低价房等，这些分类都是房地产需求层次性的具体表现。

3. 需求的连续性和间断性

房地产需求的普遍性和不可替代性以及房地产价值的耐久性决定了房地产需求的连续

性。从整个社会发展的连续性来看,只要社会还在发展,房地产需求就不可能停止,房地产需求在连续发展的社会中表现出连续性的特点。但不可否认的是,由于任何事物都存在着生命周期的局限性,受战争、经济危机等各种因素的影响,房地产需求也有间断性。当然,这是一个在长期性基础上的间断性。对于具体的房地产需求主体——居民或企业,由于消费心理和需求多样性特征的存在,短期内产生房地产需求的间断性也很正常。

二、房地产需求的影响因素

一种商品的需求数量是由许多因素决定的,在市场经济条件下,有多种主客观因素影响房地产市场的需求。

(一)房地产价格

房地产商品与其他一般商品一样,价格和需求量之间存在着反方向变动的关系。即在其他条件不变的情况下,房地产价格提高,会抑制购房者对房地产商品的需求;反之,房地产价格下降,会刺激买房者即投资者对房地产的购买欲望,导致需求量上升。可见,房地产价格的高低对房地产需求具有重要的调节作用。但由于房地产是与土地紧密联系的特殊商品,具有生产资料和金融工具的双重属性,因而房地产价格对房地产需求的影响在实践中表现出复杂的特点。如在投机性需求占据房地产市场主导地位时,房地产需求与房地产价格之间反而会呈现出一种正向变动的关系,此时,房地产市场会出现如股票市场一样的"买涨不买跌"现象。

(二)居民收入水平和消费结构

居民收入,尤其是居民的可支配收入是决定家庭一切需求的重要因素。房地产作为一种高价的耐用商品,需要投资者支付的资金数额巨大,要求投资者必须具有良好的资金存量或稳健的现金流[①]。居民收入水平与房地产需求呈正向变动的关系。从住宅需求的角度分析,在住房价格既定的前提下,居民的收入水平和支出结构对住房需求具有决定性作用。[②]首先,居民收入水平的提高直接拉动居住投资和消费需求的增加。中国城镇居民长期以来收入水平都比较低,因此,其居住水平和居住质量也都比较低。改革开放以后,随着居民收入的大幅度增加,中国城镇居民十分迫切地希望改善住房条件,从而促使住宅的需求数量和质量都急速提高。其次,居民收入水平的提高会促使居民的消费结构发生重大的质的变化,即花费在食品方面的比重减少,而花费在"住"和"行"上的比重增加。从数据来看,近些年来,中国城镇居民居住消费在居民总消费中的比重提升很快,人均居住支出占总消费支出的比重由 1990 年的 4.8%提高到 2020 年的 24.6%,占人均可支配收入的比重由 4%提高到 16.2%;农村居民居住支出自 1993 年以来一直维持在 13.9%~18.4%的高水平,是农村居民消费支出中仅次于食品的居第二位的主要支出。这种消费结构变化也直接导致近些年中国城市房地产业的繁荣。

[①] 这里主要是指那些通过稳定现金流的信誉担保实现银行按揭贷款的房地产需求。对于城市的中产阶级来说,按揭贷款是满足其对房地产的需求的重要手段。因此,房地产按揭购买行为的存在使得大部分收入存量不足的居民能够进行房地产商品的购买。
[②] 根据经济学含义和国民收入核算的统计规定,个人购房计入国内私人总投资项下,而租房则计入消费项下。

（三）国民经济发展水平与城市化水平

中国经济处于高速增长阶段。改革开放以来，中国经济的增长速度位列世界第一，而且这种增长趋势还会继续下去。如果中国致力于构建缘西边境国际经济合作带，大力拓展沿边经济技术合作[①]，至少会在经济不过剩的情况下再高速增长 20 年。世界经验表明，在经济起飞时期，一方面，房地产业需要超前发展以提供固定资产支撑，如支持企业和经济组织对工业厂房、商铺和办公用房等需求的扩大。另一方面，经济起飞阶段国民收入和居民可支配收入增长加快，对房地产的生产性需求和消费性需求会相应增大，从而促进房地产业的发展。因此，一国或一个地区的国民经济发展水平会直接影响对房地产的需求。一般来说，房地产需求水平与国民经济发展水平呈现出正相关的关系，即一个国家或地区国民经济发展水平高，能够促使其房地产的需求水平提高，反之则相反；一个国家或地区某一时期国民经济发展速度快，这个时期房地产需求增长也比较快，反之则相反。

城市化是目前中国房地产业发展最大的内在动力。从 1978 年起，中国城镇总人口比重平均每两年上升 1% 左右，近几年每年都超过 1%。根据第七次全国人口普查主要数据，2020 年全国城镇人口达到了 9.02 亿人，占总人口的比重为 63.89%，比 2010 年上升了 14.21 个百分点。中国城镇化率已逐步接近中等收入国家的平均水平。从国际房地产的发展经验来看，一旦一个国家的城镇化水平达到 30%，城镇化进程将大大加快，一直加速到 70% 左右，才会进入减速发展的过程中。而中国目前正处于城镇化的加速发展阶段。根据国家"十四五"发展规划，中国仍处在城镇化快速发展期，2021—2025 年每年约有 1340 万人口，即大约 432 万个家庭相继进入城镇。若以城镇人均住房面积为 42 平方米来计算，每年就需要新建住宅 5.628 亿平方米，建造成本以 1800 元/平方米计算，每年的投资就达 10 130.4 亿元。在此过程中，还需要配备建设大量的工业用房、商业营业用房、办公用房。由此可以认为，城市化将会成为中国今后房地产业发展的主要内在动力之一。与城市人口增长相伴的城镇化进程的加快发展，必将带动中国对房地产的需求的飞速增长。

（四）政府相关经济政策

房地产需求还受政府相关经济政策的影响，土地政策、财政政策、货币政策和产业政策对房地产的生产性需求、消费性需求和投资性需求都会产生相当大的影响。

政策是政府对房地产业进行宏观调控的必要和直接手段，对房地产市场的结构优化有较强的调节作用。从宏观上讲，一个国家的国民经济发展必然会带来对写字楼、商业营业用房、工业厂房等生产经营性和服务性房地产需求的增加。同时，国家的产业发展政策也决定着房地产业在整个国民经济中的地位及与其他相关产业的结构关系。与产业发展政策相关的财税、金融、投资等政策大体上框定了投资的总量、结构以及导向，是投资约束机制和激励机制的重要组成部分。另外，国家也可以通过调节生产性需求的价格、税收、利率等，鼓励或限制微观经济组织的投资行为。其间，货币政策是影响生产性需求最直接的杠杆。

要在日益走向成熟的中国房地产业取得一席之地，房地产开发经营企业需要学会对这些宏观及产业政策的效应做出迅速有效的响应，科学预测政策对生产性需求可能带来的调

[①] 董藩. 缘西边境国际经济合作带的构建依据与发展规划[J]. 北京师范大学学报（社会科学版），2004（5）：114-121.

节作用，以减少投资的盲目性。在消费性需求方面，由于城镇住房制度的改革和住房福利的取消，许多城市都看到了房地产业发展的客观必然性，因此都把房地产业的发展作为拉动城市经济增长的重要措施，通过价格、税收、利率等财政和货币政策手段，鼓励居民住房消费，大量家庭需要购买或置换更为舒适宽敞的住宅，从而增加了住宅的需求总量。各地一般把人均居住面积当成社会经济发展、市民生活水平提高的一个重要指标，而人均居住水平的提高使对房地产的需求量逐年增加，从而带动整个房地产业的发展。

（五）投资者对未来的预期

尽管行为经济学及行为金融学不断地在向"经济理性人"这一经济学理论的基石性假设提出冲击和挑战，但是包括卡内曼（Kahneman）等在内的行为经济学家都不否认他们的理论是对主流经济学的一次革命性突破发展。[1]因此有理由相信，行为人的理性预期在行为决策中的假设仍是有其可行性的。

从根本上来说，需求者的投资决策行为以及消费决策行为都是受现实的或潜在的需要影响的。但同时，这种需求也受到了外部环境的刺激。外部环境会影响现实支付能力的即刻实现性。如果投资者预期未来经济形势不好，收入下降，则市场对土地的需求量和可作为投资的房地产的需求量就会减少，投资者购买意愿下降，更多的投资者会选择持币观望，更多的潜在需求便难以转化为现实需求。反之，如果预期未来经济形势较好，收入增加，投资者可通过投资房地产获得更多的超额利润，则投资者的购买意愿上升，会有更多的购买者做出购买决策，更多的潜在的需求转化为现实需求。当然，以自住为目的的住宅投资者和以出租或经营为目的的投资者有所不同，他们更加关心近期投入的最小化，而非远期收益的最大化。需求者对价格涨落的预期是影响现实市场需求量的重要因素。当他们预期价格还会下跌时，尽管市场价格跌幅很大，他们仍然会持有现金不肯入市，使很多的现实性需求亦作为潜在的需求暂时沉淀下来。此外，还有一种消费心理，即"负债消费"观念也会影响对房地产的需求。例如，以往长期形成的"即期消费"观念，使人们难以接受住房消费信贷，以致因购房支付能力不足而影响住房需求；而最近10年中国人逐步建立起"负债消费"的新观念，在对未来收入预期的基础上，敢于"用明天的钱圆今天的住房梦"，愿意借助住房抵押贷款购买更大的房屋，从而扩大了住宅市场需求。

随着房地产市场的不断发展和完善，中国的房地产消费者和投资者已日渐成熟，知识与经验的积累推动市场呈现出一定的理性和有序性，人们对房地产市场的预期已经进入一个适应性预期阶段，但是，与我们所说的完全理性预期又有一定差距。可以说，这种预期是介于适应性预期与理性预期之间的"准理性预期"[2]，但这种准理性预期还不充分稳定，是投资者利用过去的信息、当前所能利用的信息及自身所具有的经验和知识对房地产市场未来价值的判断，它既不同于适应性预期过于简单的特点，又有别于理性预期[3]。

---

[1] 近年来，以行为经济学以及行为金融等为主题的著作和论文不断地在出版领域和权威的经济金融学杂志中出现，而且也作为研究生课程开始进入名牌大学经济系和金融系的授课计划。2002年，瑞典皇家科学院将诺贝尔经济学奖授予普林斯顿大学经济学家丹尼尔·卡内曼（Daniel Kahneman），以表彰其对行为经济学的开创性研究。卡内曼的这次获奖让很多年轻的经济学者们再次看到了行为经济学的魅力和前景所在。

[2] 准理性这一概念最早是由Russell和Thaler两位行为经济学家首先提出的，有兴趣的读者可以参考：RUSSELL T，THALER R. The Relevance of Quasi Rationality in Competitive Markets[J]. American Economic Review, 1985(75): 1071-1082.

[3] 张金明. 论我国房地产市场的预期性质[J]. 现代财经，2000（3）：57-59. 如果要具体了解理性预期，这里推荐阅读：史莱佛. 并非有效的市场：行为金融学导论[M]. 北京：中国人民大学出版社，2003.

（六）城市人口数量和家庭结构

从宏观层面来看，中国的计划生育政策控制了人口出生率，但医疗卫生事业的发展使人口平均寿命不断延长，人口自然增长率随之提高。因此，中国的人口数量首先表现为机械增长，即人口总量一直处于增长过程中。中国的 12 亿人口日出现在 1995 年，随后只用了 10 年，中国就又迎来了 13 亿人口日。根据第七次全国人口普查的情况，截至 2020 年 11 月 1 日，中国 31 个省（区、市，不包括港澳台地区）的总人口和现役军人共 14.1 亿人，与 2010 年第六次人口普查相比，10 年增加 7206 万人，年平均增长 0.53%。近期人口出生率有下滑趋势，这主要与疫情冲击及生活压力的提升有关。随着疫情的结束、生育限制政策的放开及鼓励生育政策的陆续出台，预计人口出生率会逐步提升，还要持续增长 10 年以上，这会导致人口总量的继续上升。虽然增长率不好预测，但每年增加的人口总数的 60% 以上会生活在城市。如果每人需要 40 平方米的住房面积，住宅需求的上升应比较可观。显然，在人口机械增长的过程中，城市人口数量必然随之增长，对房地产的需求也就必然要增加。其次，人口变化还表现为一种结构性变化，中国是目前世界上经济增长速度最快的国家之一，经济体制改革、社会结构分化以及城市化、工业化进程导致大量的农村人口快速向城市集中，由此城市人口数量出现剧增，对城市居住、商业、办公空间的需求也随之不断增长。截至 2020 年 11 月 1 日，中国城镇（不包括港澳台地区）人口为 9.02 亿人，占总人口比重达 63.89%。因此，发展经济学理论一致认为，城市人口的自然量和机械增长量及人口平均增长速度，与房地产需求量的增长有着直接的相关性，是影响房地产需求的重要因素之一。

从微观层面来看，家庭人口结构也在发生微妙变化，家庭结构是影响住房需求的重要因素。城市化发展带来了家庭核心化趋势，即由父母与未婚子女组成的"核心家庭"成为整个社会的主要家庭结构。家庭核心化趋势使户均人口数量下降，即家庭规模小型化。以中国为例，前些年规模大的家庭比比皆是，一家五六口甚至六七口人的情况较为普遍。近年来，多人口家庭正在分解。目前，核心家庭和丁克家庭在中国城市家庭结构中高达 60% 以上，而且有增加的趋势，独身家庭也在增加。根据第七次全国人口普查的情况，全国平均每个家庭人口数为 2.62 人，城市家庭人口还低于这一数字。还有一些人，名义上属于一个家庭，实际上相互独立生活，分别独自居住在一套住宅里。这种社会变革使中国传统的大家庭结构受到冲击，推动了住房需求的增加。家庭规模愈小，人均住宅消费面积愈大，即便是两口之家，也需要厨房、客厅、厕所以及过道等。因此，即使人口总量不变，小规模家庭的大量出现也会引起住宅需求的增加。

（七）生活方式的变化

社会学定义的生活方式是指在一定的历史时期与社会条件下，一个人（或团体）的生活模式，包括社会关系模式、消费模式、娱乐模式、穿着模式等各个方面，而生活方式通常也反映了一个人（或团体）的价值观、道德观或世界观。中国改革开放之后，尤其是住房商品化改革之后，城市居民的生活方式发生了深刻的变革，而生活方式的变化对房地产市场需求的影响也日益加剧。首先是社会关系模式的转变带来了房地产需求的增加，其中表现比较显著的是婚姻关系以及核心家庭人口数量等方面的变化。如平均结婚年龄的推迟、离婚率的提升、三口之家的日益普遍等。其次，赡养老人等社会关系的转变也带来新的房地产需求。再次，随着经济发展，跨地域公司及从业人员需要在多个区域置业，从而相应带来额外的房地产需求。此外，如教育资源的紧张带来学区房需求上涨，也反映了生活方式变化对房地产需求的影响。类似的情况还有很多，所有这些生活方式的变化都对住房市场产生了不同程度的影响，这些影响叠加在一起可能比城市化对住房市场的影响还要大。

【案例/专栏 4-1】　*不是我太"雷人"，是记者太有才*　

（八）其他因素

影响房地产需求的因素还有一些，例如人口素质、政治与社会稳定状况、国际环境等。

随着人口素质的提高，人们对房地产的投资与消费观念不断改变，可能增加对房地产质量的要求和数量的需求，使房地产价格趋升。例如，高学历人才比较重视子女的教育问题，往往要争取把子女送到好的小学或者中学读书。这些好的小学或者中学可能不在自己原来的住宅附近，这样就产生了对学区房的需求。在富裕人群中，城里有豪宅、郊区有别墅的情况也十分普遍。

政治安定状况、社会治安程度等也影响房地产市场需求。政治安定状况是指政权的稳定程度，政治不安定、社会动荡，房地产需求就会下跌。社会治安情况主要是指社会各种犯罪情况。社会治安状况较好，房地产的需求规模就大，否则房地产的需求规模就小。

国际环境主要包括国际政治环境和国际经济环境。中国已经加入WTO，成为世界经济的重要组成部分，世界经济运行状况良好，大量外资涌入中国房地产市场，都会引起房价的上涨，特别是在北京、上海、深圳等经济发达、对外联系紧密的城市。国与国之间的政治对立、经济封锁甚至军事冲突等则可能导致房地产需求的下降。

三、房地产需求函数与需求曲线

显然，一种商品的需求量可以看成是所有影响该商品需求量的因素的函数，房地产市场上影响需求量的因素很多，如房地产价格，购买者的收入水平、偏好和消费结构，对房地产的价格预期等。因此，可以用需求函数表示房地产的需求量和影响该需求量的各种因素之间的相互关系。也就是说，影响需求量的各个因素是自变量，需求量是因变量，房地产的需求量函数可表示为

$$Q_d = f(P, I, R, G, C, W, E, F, L, \cdots) \tag{4.1}$$

式中，Q_d 表示房地产在一定时期的市场需求量；P 表示房地产价格；I 表示购买者的收入；R 表示购买者的偏好；G 表示社会经济发展水平；C 表示城市化水平；W 表示政策因素；E 表示购买者的预期；F 表示人口及家庭结构的变化；L 表示生活方式的变化；"$\cdots$"表示其他因素的影响。

一般来说，如果对影响房地产需求量的所有因素同时进行分析，会使房地产需求问题变得复杂。由于房地产价格是决定房地产需求量的最基本因素，所以，假定其他因素保持不变，仅分析房地产价格对房地产需求量的影响，即把房地产需求量仅看成是房地产价格的函数，于是，房地产需求函数就可以表示为

$$Q_d = f(P) \tag{4.2}$$

房地产需求函数表示房地产需求量和房地产价格之间存在着逻辑上的一一对应关系。当房地产价格下降时,房地产需求量就会增加;而当其价格上升时,房地产需求量就会下降。把这种关系表现在直角坐标系上,就是房地产需求曲线,如图4-1所示。

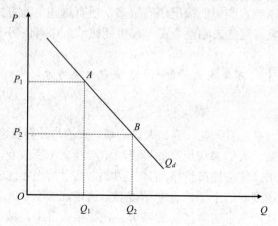

图 4-1 房地产市场的需求及其需求曲线

图 4-1 的房地产需求曲线是一条直线。实际上,房地产需求曲线可以是直线,也可以是曲线。当房地产需求函数为线性函数时,相应的房地产需求曲线是一条直线,直线上各点的斜率是相等的。当房地产需求函数为非线性函数时,房地产需求曲线是一条曲线,曲线上各点的斜率是不相等的。房地产需求曲线具有一个明显的特征——它是向右下方倾斜的,斜率为负值。它表示房地产的价格和房地产需求量之间呈反方向变动的关系。

四、房地产需求的弹性

上文对影响房地产需求的各种因素做了定性分析,主要回答了这些因素对房地产需求有什么影响。本节将主要回答房地产价格和收入变动因素对房地产需求有多大的影响。

(一)房地产需求的价格弹性

根据经济学的一般原理,房地产需求的价格弹性是指在一定时期内,房地产需求量的相对变动对于房地产价格相对变动的反应程度,它是房地产商品需求量变动率与房地产价格变动率之比。用公式表示为

$$e_d = -\frac{\frac{\Delta Q}{Q}}{\frac{\Delta P}{P}} = -\frac{\Delta Q}{\Delta P} \cdot \frac{P}{Q} \tag{4.3}$$

式中,e_d 表示房地产需求的价格弹性系数;P 表示房地产价格;ΔP 表示房地产价格变动量;Q 表示房地产需求量;ΔQ 表示房地产需求变动量。

由于价格与需求量反方向变动,所以房地产需求的价格弹性系数为负。因此,在房地产需求的价格弹性公式中加上负号,这是为了平衡等式右半式所产生的负效应。当然,也有些学者没有把这个负号加上。本书认为,两种表达方式都是对的,但对于使用者来说,一定要明白这里面的逻辑关系。从一般意义上讲,由于房地产的区位条件至关重要,又难

以替代，所以当房地产价格在一定幅度内变动时，房地产需求是缺乏价格弹性的。根据国外经验，当住宅售价相当于购房者年收入的 3~6 倍时，房地产需求缺乏价格弹性；但当房地产价格超过一定幅度而继续上涨时，房地产需求的价格弹性会变大，这是因为房地产是耐用品，并且具有一定的容纳弹性，因此当价格偏高时，居民和企业会紧缩正常需求量，导致住房需求量减少。

（二）房地产需求的收入弹性

如前所述，房地产需求量 Q 与居民人均可支配收入 M 呈正相关关系，人均可支配收入的变动对房地产需求量变动的影响程度可以用房地产需求的收入弹性表示。房地产需求的收入弹性是指收入变动的比率所引起的房地产需求量变动的比率，它反映了房地产需求量变动对收入变动的反应程度。用公式表示为

$$e_M = -\frac{\frac{\Delta Q}{Q}}{\frac{\Delta M}{M}} = -\frac{\Delta Q}{\Delta M} \cdot \frac{M}{Q} \tag{4.4}$$

式中，e_M 表示房地产需求的收入弹性系数；M 表示居民可支配收入；ΔM 表示居民可支配收入的变动量；Q 表示房地产需求量；ΔQ 表示房地产需求的变动量。

由于居民的可支配收入与房地产需求量同方向变动，所以房地产需求的收入弹性系数应为正值，即 $e_M > 0$。

如前所述，房地产需求的收入弹性与一国或一个地区的国民经济发展水平有着密切的联系。房地产经济学家一般认为，发达国家的房地产需求对收入基本上是缺乏弹性的[①]。例如，加拿大学者测算出的房地产需求的收入弹性的数值应该为 0.7~0.9。日本的房地产经济学家森泉阳子对 1969—1974 年的日本居民支出状况进行充分调研发现：若将房地产需求用购买住宅的支出占总支出比例表示时，自有住宅为 0.310，设备专用民间租赁住宅为 0.550，设备共用民间租赁住宅为 0.930；当房地产需求用住宅面积表示时，自有住宅为 0.260，设备专用民间租赁住宅为 0.296，设备共用民间租赁住宅为 0.397。也就是说，相对简陋房子中的居民对改善住宅条件的愿望是最为强烈的，投入房地产的支出的比例也要大得多，他们往往希望能在短时间内改善居住条件。

不同类型的房地产商品，其需求的收入弹性也是不同的。例如，普通住宅面向广大工薪阶层，其需求的收入弹性较大；而高档别墅、高档商品住宅面向高收入阶层，其需求的收入弹性较小。另外，需求的收入弹性还与居住文化和社会发展阶段有关系，如果一个民族在居住方面攀比风气比较浓厚，则需求的收入弹性较小。

应该指出，尽管目前房地产已经成为中国新的投资热点，政府也把调控房地产市场作为调节中国经济的重要手段，但是，这一宏观政策在微观层面还缺乏实证支持，目前的研究也并没有对房地产需求的收入弹性有足够深入的分析和探讨。因此，本书认为，要使这些宏观调控政策能得到最有效的执行，必须对中国的房地产需求的收入弹性有更多的研究，这也是今后一个值得深入研究的方向。

---

① 需求收入弹性大于 1，则需求是富有收入弹性的；需求收入弹性是正的并小于 1，则需求是缺乏收入弹性的。

第二节 房地产市场的供给

供给是经济学供求理论的另一个关键概念,研究市场的供求机制也必须对供给的概念加以把握和理解。一般而言,供给是指在一个特定的时期内,生产者在每一个可能的价格水平下愿意而且能够提供的商品或劳务的数量。

一、房地产供给的内涵和特点

房地产市场上的均衡价格与均衡数量不是由房地产需求单方面决定的,而是由房地产市场的需求和供给两种力量共同决定的。

(一)房地产供给的内涵

根据供给的定义,本书认为房地产供给是指房地产商品生产者在特定的时间内,在一定的价格水平上,愿意提供而且能够提供的房地产商品的数量。形成房地产供给有两个必要条件:一是供给房地产的意愿;二是供给房地产的能力。生产者有供给能力而无供给意愿或生产者有供给意愿而无供给能力,都形成不了房地产供给,供给房地产的意愿和供给房地产的能力对形成房地产的供给缺一不可。

准确理解房地产的供给必须把握以下两点。

1. 要区分房地产的个别供给和房地产的市场供给

房地产的个别供给是指在一定时期内,在一定的价格水平上,单个房地产商品生产者对房地产商品的供给数量。房地产的市场供给是指在某一市场区域内,房地产商品生产者对房地产商品的所有个别供给的总和。房地产的市场供给是以房地产的个别供给为基础,经过数量加总而得到的每一价格水平下房地产商品的市场供给总量。房地产的市场供给也是分析特定国家或地区房地产市场的基础。

2. 要区分房地产的有效供给和房地产的潜在供给

在微观层面上,房地产市场的有效供给是指现实供给层次中符合投资者需求的、正在或即将实现交换的那一部分房地产商品的供给量。因此,房地产的现实供给不等于有效供给,现实供给中有部分房地产或因地段偏僻交通不便,或因房型设计不合理,或因售价太高,而难以实现销售,就不能称其为有效供给。在宏观层面,房地产市场的有效供给是指房地产商品的总供给与总需求达到均衡时的总供给。因此,有效供给就是适应需求的供给,它不仅要求供给总量的有效,还要求供给结构的有效。

房地产的潜在供给则是指在一定制度条件下利用现有资源可能开发出的最大房地产供应量,是最大开发能力限制下的供应量。由于潜在房地产供给是一定时期内房地产供给的最大可能值,因此也称为房地产的边界供给。潜在供给是房地产有效供给的来源,但它不可能全部转化形成房地产有效供给,因为在现实中,总有一部分潜在供给会因为各种原因形成滞存。

(二)房地产供给的特点

与其他一般商品相比,房地产市场的供给具有一般性和特质性。比较而言,需要重点论述房地产市场供给的特质性,因为这种特质性将直接影响中国房地产行业的发展。本书认为,房地产市场供给的主要特点可以从垄断性、土地刚性、投资风险性以及价格弹性等几个方面加以论述。

1. 房地产的一级市场具有高度的垄断性

中国实行的是土地公有制,土地所有权不能买卖,在市场上转让的是土地使用权。城市土地的所有权归国家所有,由各级政府具体行使使用权转让,所以代表国家利益的各级政府就成了城市土地权市场的唯一供给主体,垄断了一级市场的土地供给。同时,尽管房地产二级市场是自由流动的,但是由于规模壁垒等原因,每个城市的房地产商的数量也是有限的,因而也具有较高的垄断性。三级市场由于某些特殊的原因,也存在一定的垄断性。

2. 土地供给呈刚性

土地供给可分为自然供给和经济供给。自然供给被称为大地的物理供给或实质供给,是指自然界为人类所提供的天然土地,也就是地球供给人类的土地数量,是整个经济供给的最大储备量。土地的经济供给是指土地经人类投入劳动开发以后,成为人类可直接用于生产、生活等的土地供给。土地自然供给是经济供给的基础,人类的开发能力和开发水平离不开这一基础。城市土地的自然供给在相当长的时期内是一定的、无弹性的,是人类难以或无法增加的,而土地的经济供给是有弹性的、可变化的。随着人类对土地利用的知识积累和技能的逐步提高,可利用的土地范围也会越来越广,原来不能被利用或不能被有效利用的土地逐渐被利用起来,使土地的经济供给增加。尽管中国土地辽阔,但人口众多,人均占地量较少,除去农业用地之外,可供应房地产的土地量十分有限。所以,在增加房地产供应的同时,要不断提高土地集约利用水平。

3. 房地产投资具有较大的风险性

房地产作为一种商品,不但投入价值较大,而且建设周期很长,一般需要一年以上,有的甚至需要数年。这就决定了房地产供给有一定的滞后性,也增加了市场中的不确定性。滞后时间越长,不确定性越大,风险也就越大。在开发投资阶段,房地产市场可能发生较大的变化:或是经济由繁荣走向萧条,需求疲软,价格下跌;或是经济由萧条走向繁荣,需求旺盛,价格上涨。尽管房地产开发商总是竭力根据当时的需求进行开发,但是仍然不可避免地需要在市场中承担一定的风险,也正是这种风险性导致了整个房地产市场供给存在结构性的不均衡。

4. 供给的短期价格弹性不充分

供给的短期价格弹性不充分的原因在于房屋建筑的周期较长,在短期内房地产的售价和租金上涨并不会导致房地产供给水平的迅速增长。房地产供给量常常取决于前一时期的价格水平,增量房地产的供应量是由房地产开发企业按当时价格水平所做的投资决策决定的。可供出租的存量房地产的供给量,其变化率对租金变化率的反应在短期内也是滞后的。

二、房地产供给的影响因素

一种商品的供给数量取决于多种因素的影响,在市场经济环境下,影响和决定房地产供给的因素也是多方面的,主要有以下几个因素。

（一）房地产价格

在市场经济中，供给会随商品价格的变动而变动。生产部门原材料价格的变动会决定这个部门对原材料的需求，从而决定这个部门的生产，最终影响商品的供给。房地产价格是影响房地产供给的首要因素。在成本既定的情况下，房地产价格的高低将决定房地产开发企业能否赢利和赢利多少。因此，当房地产价格低于某一特定水平时，不会有房地产供给；只有高于该水平时，才会产生房地产供给。根据供给定律，房地产供给量与房地产价格之间存在正相关的关系，即房地产供给量随着房地产价格的上升而增加，随着房地产价格的降低而减少。

（二）房地产开发成本

房地产开发成本的高低决定着开发利润的多寡。在房地产开发过程中，开发商在这一过程中投入大量资金、劳动力、技术和其他生产要素，这些生产要素的价格发生变化势必影响开发成本的变化。如果相关生产要素，如土地的价格、建筑材料价格有所上升，房地产开发成本就会增加，在房价不变或增幅低于成本增幅时，开发利润势必下降，下一生产周期房地产的供给则相对减少；反之，下一生产周期房地产的供给则会相对增加。再如，设计能力和建筑技术水平的提高会促使房地产开发成本下降，从而在房价不变时增加房地产开发的利润，促使下一生产周期房地产供给相对增加。

（三）城市土地的供给数量

房地产商品的特性在很大程度上产生于土地的特殊性，因此，房地产的供给能力在很大程度上取决于土地供给数量的多少。土地供给数量的多少一方面取决于自然条件，另一方面取决于经济因素。从自然条件来讲，中国是人多地少的国家，可供利用的土地比较少。中国人均占有土地面积不足世界平均水平的1/3，与俄罗斯、加拿大、美国和澳大利亚等人少地多的国家相比，差距相当明显。例如，加拿大国土面积为990多万平方千米，人口只有3400万，平均每平方千米为3.4人；澳大利亚的国土面积为769万平方千米，共有人口2340万，平均每平方千米不到3.1人；而中国的国土面积为960万平方千米，人口为14.12亿，平均每平方千米约为147人。从经济因素来讲，一般来说，一个国家经济发展水平越高，特别是农业生产力越高，可以提供给城市使用的土地就越多。换言之，城市土地的供给水平必须与经济发展，特别是农业发展水平相适应。改革开放以来，中国农业发展迅速，为城市土地的扩大创造了条件，缓解了中国土地自然缺乏的压力。但也应看到，中国当前人多地少的人地矛盾仍十分尖锐，粮食安全问题仍是个大问题。因此，政府仍应该严格执行耕地管理，严肃城市规划和建设用地计划管理，并应用其他措施和手段增加城市土地的可供数量。

【案例/专栏4-2】 美经济学者："谁来养活中国"仍是问题

（四）房地产开发资金的供应量和利率

由于房地产的价值量大，因此，房地产的开发建设需要投入大量资金，这其中包括自有资金、贷款、利用外资等。以2021年为例，全年全国房地产开发企业到位资金201 132

亿元，其中国内贷款、利用外资、自筹资金和其他资金的占比分别为 11.58%、0.05%、32.53%和 55.84%。考虑到其他资金中很大一部分资金为房地产开发企业的预收款和定金，而预收款又有大部分是由银行的住房按揭贷款提供的，可以说，房地产开发资金和银行贷款之间依存度很高，这就导致国家的货币政策对房地产供给产生了巨大影响。若货币供应量紧缩，对企业的开发贷款减少，建设资金紧缺，就会导致房地产供给量下降；反之，当货币供应量扩张，对企业的开发贷款增加，建设资金充裕，则房地产供给量上升。同时，房地产开发贷款利率的高低也会对房地产供给带来重大影响。若银行的贷款利率提高，会增加利息成本，在销售价格不变的情况下势必减少利润，影响开发企业供给的积极性，反之则相反。所以，银行的信贷政策是调节房地产供给的重要工具。

（五）国家的相关政策

政府制订的土地供应计划、财政金融政策等相关政策都会影响房地产市场的供给。在计划中扩大土地供给量，地价就可能下降，房地产开发成本就可能减少，随后的房地产供给量就会增加；反之，紧缩土地供给量，地价上升，房地产开发成本增加，房地产的供给量就减少。政府通过税收、财政补贴、政府投资等财政政策也可以对房地产的供给进行调节。提高房地产业的税率可以减少开发商的利润，降低房地产的供给；反之，降低房地产业的税率可以增加开发商的利润，增加房地产的供给。财政补贴可看作一种负税收，与税收的作用正好相反。此外，金融政策对房地产市场的供给也有重大影响。房地产业是资本密集型行业，需要大量的资金，这些资金不可能完全通过企业自身来解决，大部分的资金主要通过金融市场来获得，国家通过对贷款的数量、投向、贷款利率进行干涉等手段影响开发商的融资成本，进而影响房地产的供给。

（六）房地产开发商的理性预期

房地产开发商的理性预期反应在国民经济发展形势、通货膨胀率、房地产价格、房地产需求、信贷政策、税收政策、产业政策等方面，其核心问题是房地产开发商对盈利水平，即投资回报率的预期。房地产开发商对未来盈利水平具有良好预期，认为房地产的投资回报率会上涨，就会增加房地产的供给；相反，如果房地产商对未来盈利预期较为悲观，判断房地产的投资回报率会下跌，就会减少房地产的供给。对房地产未来的预期一般是根据房地产行业发展周期来判断的。房地产的经济周期与宏观经济发展周期之间存在着相关性，房地产开发商往往以房地产经济波动周期为重要依据做出房地产开发项目的投资决策。

三、房地产供给函数与供给曲线

与房地产需求量相似，房地产供给量也受一系列因素的影响，其中主要的因素有房地产价格、房地产企业的开发成本、城市土地的供给数量、建筑材料的供给能力和建造能力、房地产开发资金的供应量和利率、国际相关政策、房地产开发商的理性预期等。如同房地产需求函数一样，也可以用供给函数表示房地产的供给数量和影响该供给数量的各种因素之间的相互关系。考虑到如果我们同时对影响房地产供给量的所有因素进行分析会使房地产供给问题变得复杂，因此，为分析方便，假定其他因素均不发生变化，仅考虑房地产价格的变化对其供给量的影响，即把房地产的供给量只看成是房地产价格的函数，则房地产

供给函数可以表示为

$$Q_S = f(P) \tag{4.5}$$

房地产供给函数表示房地产的供给量和价格之间存在正相关的关系。当房地产价格下降时，供给量就会下降，而当其价格上升时，供给量就会上升，把这种关系表现在直角坐标系上，就是供给曲线，如图 4-2 所示。

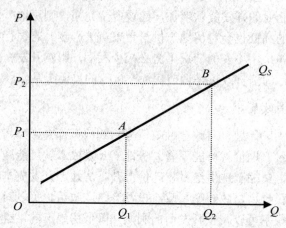

图 4-2 房地产市场的供给及其供给曲线

如同房地产需求曲线一样，房地产供给曲线可以是直线，也可以是曲线。如果房地产供给函数是一元一次的线性函数，则房地产供给曲线为直线，如果房地产供给函数是非线性函数，则房地产供给曲线是曲线。房地产供给曲线表现出向右上方倾斜的特征，即房地产供给曲线的斜率为正值，表示房地产价格和房地产供给量呈同方向变动的规律。

四、房地产供给的弹性

根据经济学原理，房地产供给弹性是指在一定时期内，房地产供给量的相对变动对于房地产价格相对变动的反应程度，它是房地产商品供给量变动率与房地产价格变动率之比。用公式表示为

$$e_S = -\frac{\dfrac{\Delta Q}{Q}}{\dfrac{\Delta P}{P}} = -\frac{\Delta Q}{\Delta P} \cdot \frac{P}{Q} \tag{4.6}$$

式中，e_S 表示房地产供给弹性系数；P 表示房地产价格；ΔP 表示房地产价格变动量；Q 表示房地产供给量；ΔQ 表示房地产供给变动量。

由于房地产价格与供给量同方向变动，所以房地产供给弹性系数应为正值。由于房地产开发周期较长，因此房地产供给弹性具有明显的时期性。具体而言，在特短期[①]内，由于房地产生产要素和产品很难发生变化，因此房地产供给一般无弹性，即 $e_S=0$；在短期内，由于土地供给无弹性，土地供给不可能发生变化，而房地产可以通过可变要素的增减而改

[①] 经济学一般将生产分为短期和长期，短期是指生产者来不及调整全部生产要素的数量，至少有一种生产要素的数量是固定不变的时间周期；长期是指生产者可以调整全部生产要素的数量的时间周期。由于房地产商品的生产周期很长，在此就将房地产商品的生产分为特短期、短期和长期来分别考察。

变其供给，但变动幅度不会很大。因此，房地产供给弹性较小，即 $0<e_S<1$，房地产供给曲线呈现出较为陡峭的状态。在长期内，由于土地供给具有一定的弹性，土地的供给量可以变动，而房地产的供给量变化也会更加明显，因此房地产的供给弹性会更大，房地产供给将富有弹性，即 $e_S>1$，房地产供给曲线也会呈现出较为平坦的形态。

以上三种情况是房地产供给弹性的一般规律，在非常时期，也会出现一些特殊情况。例如，当房地产需求低迷，价格下降时，弹性系数变成负值，其绝对值或大或小，但这只是一种特例。

第三节 房地产市场的供求均衡

供求均衡状态的位移是与社会发展、科技水平进步直接相关的。影响需求的因素还有收入、偏好、替代品、文化习俗等。对于房地产市场的研究来说，单独分析需求与供给是不够充分的，因为这种分析不足以形成房地产市场的各种状态点及其分布。用专业术语来讲，房地产市场需求和供给两个变量不是单列的，而是存在于两者之间的交叉效应。正是这种相互交叉的、非独立的需求机制和供给机制的共同作用，才形成了房地产市场研究最重要的理论分析基石之一。

一、房地产市场的供求均衡状态

所谓房地产市场的供求均衡，即供给与需求的均衡状态，是指房地产商品的供给价格与需求价格一致，且供给数量与需求数量一致时的房地产经济运行状态。在该运行状态下，开发商愿意供给的房地产商品总量与购买者需要的房地产商品总量正好相等，既不存在房地产商品短缺现象，也不存在房地产商品过剩现象。如果把房地产市场需求曲线和房地产市场供给曲线画在同一直角坐标系内，就得出了房地产市场的供求均衡点，如图4-3所示。房地产供给曲线 S 与房地产需求曲线 D 有一个交点 E，E 点就是房地产市场供求均衡的均衡点。在房地产价格发生变化时，房地产需求量和房地产供给量都会向 E 点移动。只有在 E 点上，房地产价格才是稳定的。房地产均衡价格表现为房地产市场上需求和供给这两种相反的力量共同作用的结果，它是在房地产市场供求力量的自发调节下形成的。当房地产价格偏离均衡价格时，房地产市场上会出现房地产需求量和房地产供给量不相等的非均衡的状态。一般来说，在市场机制的作用下，这种供求不相等的非均衡状态会逐步消失，实际的房地产价格会自动地恢复到均衡时的房地产价格水平。当房地产价格 P_2 高于均衡价格 P_e 时，由于利润高，开发商愿意多开发房地产，会出现房地产供给量大于房地产需求量的过剩或超额供给情况，开发企业需要通过降低价格保证商品的销售，随着房地产价格的下降，更多的购房者有能力支付房地产商品，房地产成交量逐步增加，而利润的下滑则致使房地产供给量逐步减少，从而实现房地产市场的供求均衡。相反，当房地产价格 P_1 低于均衡价格 P_e 时，会出现房地产需求量大于房地产供给量的短缺或超额需求的市场状况，房地产价格随之上升，迫使房地产需求者提高房地产价格直到能实现需要购买的房地产商品量；另一方面，房地产供给者在价格作用下增加房地产的供给量，从而达到房地产市场的供求均衡。

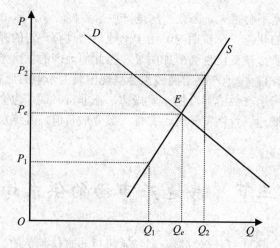

图 4-3 房地产市场的供求均衡

理解房地产市场的均衡状态要注意以下几个问题。

第一，均衡状态的形成是供给和需求两种力量相互作用、相互变化的结果。房地产供给和房地产需求这两种力量对房地产市场均衡状态的形成都至关重要，切不可忽视任何一方的影响。

第二，一般来说，房地产的供给弹性小，需求弹性大，因为供应受到可开发地域面积、城市规划、建设用地供应计划、建设项目规划等各种自然、法律、计划、行政等多种因素的严格约束，而需求没有严格管制，通常只会受到货币政策和财税政策的调节。

第三，均衡状态的构成要素不仅包括供给价格和需求价格一致，还包括供给数量和需求数量一致，二者缺一不可。而价格和数量两个要素之间又是相互联系、相互影响的。

第四，如前所述，为方便理论分析，通常把房地产供给量或需求量仅看作房地产价格的函数。实际上，房地产的供给量或需求量不但受多种因素影响，而且反过来对房地产价格产生重大制约作用。通常所说的"供不应求，价格上涨；供过于求，价格下跌"就是这个道理。

第五，供给数量与需求数量相一致，在微观层次上，表示某特定市场、特定房地产商品的供求数量相当，供求结构吻合。在宏观层次上，表示一个地区或一个国家的房地产总供给数量与总需求数量相一致。

第六，当房地产的供给或需求发生变化，即增加或减少时，其均衡状态也会发生变化，表现为均衡价格、均衡数量的增加或减少，如图4-4所示。

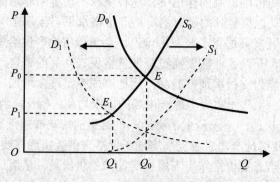

图 4-4 房地产市场均衡状态的变动

从理论上讲，能够保持房地产价格稳定的只有一个均衡点 E，但在实际房地产市场中，除价格以外的其他因素也处于不断变化中，无时无刻不在影响着房地产市场供求关系的变化，从而导致房地产市场均衡的变化。因此，房地产市场的供求关系也同其他商品市场的供求关系一样，均衡是暂时的，而不均衡却是普遍的。

二、房地产市场的供求非均衡[①]

如前所述，由于房地产市场供求双方是动态变化着的，房地产市场的供求非均衡状态是绝对的、普遍的，而供求的均衡状态是相对的、有条件的。房地产市场的供求非均衡，即供给与需求的失衡状态，是指房地产商品的供给价格与需求价格、供给数量与需求数量之间，或者一对不一致，或者两对都不一致的经济运行状态。在该运行状态下，有可能是开发企业愿意供给的房地产商品总量与购买者需要的房地产商品总量不相等，即存在房地产商品短缺现象或房地产商品过剩现象；也可能是开发商愿意供给的房地产商品总量与购买者需要的房地产商品总量相等，但供给结构与需求结构失衡。因此，房地产市场的供求非均衡状态表现为总量性供不应求、总量性供过于求和结构性供求失衡三种状态。

（一）总量性供不应求的状态

总量性供不应求的状态是指房地产市场中商品房供给总量小于需求总量的一种房地产供求结构，即房地产商品的短缺状态。一般在总量供不应求状态下，房地产市场处于卖方市场状态。其基本特征表现为商品房供应紧张，导致价格上升，购买者急于求购，处于被动地位，而供应商处于主动地位，产生惜售行为，甚至抬价出售。引起总量供不应求状态的主要原因是商品房开发供给能力的不足，或房地产市场需求的集中释放。一般来说，一个国家或地区在人口增长、城市化进程加快、家庭规模小型化以及生活方式变革时期，需求上涨的速度大于供应的速度，价格上涨倾向明显。此外，房地产供应体制的不合理也会造成体制性供不应求。如在 20 世纪 80 年代以前中国城镇实行实物福利分房制度，一方面政府建房很少，另一方面福利分房需求无限扩张，住房短缺成为严重的问题。

（二）总量性供过于求的状态

总量性供过于求状态是指房地产市场中商品房供给总量大于需求总量的一种房地产供求结构，即房地产商品的过剩状态。在总量供过于求的状态下，房地产市场处于买方市场。其基本特征表现为购买者处于主动地位，有较多的挑选余地；商品房供过于求，引起房价下跌，开发企业利润空间下降，实力较弱的开发企业甚至破产倒闭。在市场经济体制下，当微观经济层次盲目扩大投资，而宏观经济层次又缺乏有力调节时，总量供过于求的房地产市场非均衡状态最容易出现。有的国家城市化进程结束，人口增长处于停滞甚至萎缩状态，这时房地产的供给可能存在过剩倾向，需求不振，房价不涨甚至微跌，欧洲一些老牌资本主义国家便存在这种情况。而在持续城市化的过程中，这种情况一般只表现为短暂的、局部性情况。例如，中国曾在 20 世纪 90 年代中后期出现过房地产市场总量供过于求的情况。据报道，1995 年年底，全国商品房积压 5031 万平方米；1996 年年底，积压增加到 6624

[①] 张永岳等学者在《房地产经济学》一书中对这个问题已经做了系统整理，本书在借鉴的基础上做了更新。参见：张永岳. 房地产经济学[M]. 北京：高等教育出版社，2005：93-94.

万平方米;到 1998 年年底,在东南亚金融危机的冲击下,积压进一步增加到 8000 万平方米,其中商品住宅积压占到了 80%,但由于多种因素影响以及统计方法原因,全国均价并未下跌。

(三)结构性供求失衡的状态

房地产的结构是指房地产业内部各类物业及其相互间的关系,也被称为房地产业内部结构。如第一章所述,房地产的分类不是唯一的,从不同角度可以对房地产进行不同分类。例如,按房地产的用途可将房地产分为住宅、生产用房、营业用房、行政用房(写字楼)等,此时房地产的结构是指住宅、生产用房、营业用房、行政用房等的各类物业及其相互间的比例关系。一般来说,房地产的结构从市场角度出发可分为供给结构和需求结构。因此,结构性供求失衡一般表现为供给结构与需求结构的不匹配。结构性供求失衡一般是由于供给方的投资决策失误造成的,例如有些经济发展水平一般的城市开发高档办公用房、商业娱乐用房过多,住宅比重太小;住房开发中高档别墅太多,普通住房太少;等等。这时,虽然总量上没有产生供过于求,但由于供求结构失衡,仍有一部分供给表现为"积压",另一部分供给严重不足,因此,结构性失衡也会影响供求总量平衡,并造成资源的浪费。

三、改善当前房地产供求关系的思路与措施

近几年,中国商品房价格持续上涨,居民和企业对商品房的需求不能得到充分满足,一个重要原因是中国房地产市场出现了结构性失衡。一方面,不受限制的投资和高端自住需求挤占了过多的住宅资源;另一方面,大户型住房比例的增加显著地减少了商品房有效供给的套数,形成了日益增多的小家庭数量与住宅供给套数不匹配的刚性需求缺口。与此同时,城市改造和城市化进程导致的城镇、城郊住宅的大规模拆除进一步影响了商品房的有效供给。针对当前中国房地产市场的供求失衡问题,本书提出以下思路和措施,以缓解当前房地产市场供求矛盾。

(一)实现中国房地产市场供求均衡的基本思路

从本质上讲,住房不是纯正的商品,它具有一定的公共产品的属性,这就必然要求政府在一定程度上参与其供给活动。得出这一判断源于以下三个理由。

第一,住房是房地产业的基本产品种类,而保证居民最低层次的居住要求是保障人权的体现。人权的基础含义是生存权,一个人只要活着,他就有这种权利,社会和政府就必须保证他能吃上饭,能喝上水,不能露宿街头甚至冻死。联合国《住宅人权宣言》宣称:"有环境良好适合于人的住处,是所有居民的基本人权。"显然,住房问题具有明显的政治色彩,不能完全交给市场解决。

第二,住房价值巨大,但却不是奢侈品,这就要求社会保障的参与。过去中国政府把住房作为福利品进行分配是不对的(当然有其制度背景),但实行百分之百的商品化也不合适。本书认为,总体上看,住房具有七分商品色彩,三分公共产品色彩(其中,廉租房是纯正的公共产品,经济适用房从价值构成上看已经具有明显的公共产品色彩,使用公积金贷款购买的住房也体现着轻微的政府帮助)。住房价值量大,在中国的大城市,一套住房动辄几十万元、上百万元,工薪阶层没有政府的帮助是很难解决好居住问题的。发达国家的

实践早已证明，必须对市场竞争中的弱者和最低收入者提供帮助和救济。这不仅是人道主义的体现，更是弥补市场机制缺陷的需要。

第三，住房建设要求土地要素的参与，而在中国，参与建设的城市土地资源是公共资源。房屋建在土地上，土地的所有权属于国家，国家有合理的理由干预商品房的价格。虽然开发企业购买了一定年度的土地使用权，但这种交易其实是典型的土地租赁关系。土地使用权的价格要通过房价一并显示出来，当政府认为房价或租金超出了购买者或承租者的承受能力，需要进行调控时，通过控制建设用地规模、土地使用权出让价格和房地产税费标准的措施来干预房地产市场，是理所当然的。

因此，实现中国房地产市场的供求均衡的基本思路是：一，必须把住房保障问题同房地产市场运行与调控区分开；二，对市场问题要尽量采用经济手段调控，短期要灵活调控需求和供应，长期则要适当增加供应，适当抑制需求；三，政府要引导舆论正确认识当前较高房价的成因，不要简单地与国外水平相比，并在此基础上制订科学的调控目标；四，要让群众意识到政府进行房地产市场的调控是必需的，调控既是社会保障与尊重人权的需要，也是房地产业可持续发展的需要，但要防止因房地产市场调控而产生的市场剧烈震荡影响国民经济的健康发展。

（二）增加住宅，尤其是小户型住宅及其用地的供应

中国房地产市场的结构性供求失衡主要表现为供给结构的失衡。从中长期看，政府在死保18亿亩[①]耕地"红线"和确保粮食安全的前提下，必须适当增加住宅尤其是小户型住宅用地的供应，并引导房地产开发企业增加住宅，尤其是小户型住宅的供给。具体措施如下。

1. 一级市场土地供应要变机械控制为动态控制

房地产开发属于城市建设的重要内容，必须严格按照规划和计划行事。国有建设用地供应计划的编制依据一般包括：（1）国民经济与社会发展规划；（2）土地利用总体规划；（3）土地利用年度计划；（4）住房建设规划与计划；（5）年度土地储备计划；（6）军用空余土地转让计划；（7）建设用地使用标准。在编制计划过程中，一般要遵循城乡统筹、集约用地、供需平衡、有保有压等原则。

但是，在确定住房建设规划与计划时，一般根据上一年度建设规模进行，适度增加，因此土地供应处于机械增长状态，没有考虑当前社会变革、需求爆发等特殊情况。因此，政府很有必要在思路上根据当前全国人口布局调整趋势、城市化快速推进、生活方式变化等情况，对经济增长水平、人均住房面积、房地产市场走势等进行调整，大幅度增加当前建设用地指标，待需求稳定下来后再收缩用地计划。这样在长期总量基本不变的情况下，土地供应变机械控制为动态控制，通过增加土地供应和住宅供应，房价控制压力就会大大减轻。

2. 调整建设用地结构，大力压缩工业用地，确保住宅用地指标

长期以来，工业用地一直是中国的用地大户。尤其是近些年来，随着工业化进程的加快，工业用地增长较快。然而，由于长期存在的工业用地集约水平不高等问题没有得到根本改善，本已十分紧张的土地供应短缺问题进一步恶化。工业用地利用强度普遍偏低，部

[①] 1亩=667平方米。

分地区单位土地投资强度只有每亩几十万元，全国工业项目用地容积率只有 0.3~0.6，工业用地平均产出率远低于发达国家水平。尽管国土资源部修订了《工业项目建设用地控制指标》，把投资强度、容积率、建筑系数、行政办公及生活服务设施用地所占比重、绿地率五项指标都做了提升，但实际执行效果仍不理想。

工业用地区位一般较好，如果能通过提高集约利用率，压缩工业用地比例，进而增加住宅用地比例，对缓解住宅用地紧张局面、增加住宅供应很有意义。为此，必须严格执行工业项目的建筑系数应不低于 30%，工业项目所需行政办公及生活服务设施用地面积不得超过工业项目总用地面积的 7%，严禁在工业项目用地范围内建造成套住宅、专家楼、宾馆、招待所和培训中心等非生产性配套设施，为用地结构调整创造条件。

3. 调整规划思路，对新批住宅项目要提高容积率

容积率是指总建设面积与总用地面积的比率，这个数字越小，建筑密度越小，通常容积率小于 1.0 的住宅产品多为密度较低的独栋别墅、联排等高档住宅。在土地面积一定的情况下，减少低容积率住宅用地的出让，可减少高收入人群过多占用社会资源，尤其是对土地资源稀缺的城市，有利于提高土地使用率，使更多的土地资源投入普通商品房和保障性住房建设。

未来 20 年，中国城市人口分布将进行大的调整：由内陆向沿海流动；由村镇和中小城市向大城市流动；由偏僻、封闭区域向核心、开放区域流动；由落后区域向发达区域流动；由干旱缺水区域向水资源丰沛区域流动；由资源枯竭区域向资源丰富区域流动；由气候较差的区域向气候较好的区域流动。人口流动是市场规律的反应，无法通过行政等手段阻止这种流动。因此，政府应该顺势而为，提高流入区域，特别是一些核心城市的规划密度和容积率，提供更多的住宅以便容纳外来人口。

4. 加快旧城尤其是"城中村"改造，增加住宅供应

旧城区原有的城市格局、经济模式和生活方式已明显暴露出与现代社会的不适应。例如，旧城区普遍存在着功能过度集中、房屋破旧、居住拥挤、交通阻塞、环境污染、市政和公共设施落后等问题，这些问题在很多大中城市尤其突出。

城中村是指原来农村村落在城市化进程中，由于全部或大部分耕地被征用，农民转为居民后仍在原村落居住而演变成的居民区，这种居民区演化为"都市里的村庄"。目前，各大城市普遍存在不少城中村，这些"城中村"存在着乱搭建、脏乱差、治安管理难等问题，特别是乱搭建问题尤为突出，严重影响了城市形象和整体风貌。

改造旧城和城中村，使其跟上城市高速发展的步伐，纳入现代城市管理，提高居民生活质量，是城市管理的重要工作。旧城和城中村容积率低，在改造过程中可以释放出更多的建设面积，这对缓解目前相对紧张的住宅供求关系也是很有价值的。

5. 划小出让地块面积，减少千亩大盘，从而提高土地出让的竞争性

地方政府在土地出让过程中，倾向于出让大的地块，原因是可以一次性获得大量土地收益，确保年度财政收入稳定，也往往通过引入知名开发企业进行大片地产开发，改造城市形象，提高政绩。如果出让的地块单幅面积小，政府出让的地块数量会增加，管理成本会大幅度提高，也不利于整体规划的实现。而开发企业也愿意付出溢价成本，一次性获取大的地块，原因在于可以获得持续开发的土地资源，控制周围市场，享受该区域房价上涨

带来的增值回报。另外，开发大体量项目时，开发企业和政府谈判时主动性也相对较强。正因为如此，以往在土地出让过程中出现了很多千亩大盘的案例。

但是，如果地块开发出现垄断，就不利于形成竞争局面，不利于控制房价上涨。如果一个区域有多个开发商，它们之间首先在产品上产生竞争，在产品设计和建筑品质等方面偷工减料、降低标准的情况会大大减少，在定价上也会产生竞争，质优价廉的产品更容易受到市场欢迎。另外，单个开发企业开发过大面积地块，必然拖长开发期，对加快改善供应状况也不利。因此，建议政府划小开发地块面积，让更多开发企业参与区块开发，多家开发企业同时启动开发，快速增加供应。

（三）加大对改善性需求、投资需求和投机需求的调节力度

中国房地产市场的结构性供求失衡表现为需求结构的失衡，政府必须在不影响经济增长目标的前提下，区别对峙状态与正常交易状态，从而采取措施加大对房地产需求的调节。具体如下。

1. 通过行政立法抑制房地产的过度需求

如前所述，中国的基本国情是人多地少、人口继续增长、城市化进程加快，在这种国情下是不允许居住享受欲望无限膨胀的。如果不对中国人的炫耀性、超前消费习惯进行约束，不仅会出现买来房屋空置不住的现象，还会出现买下大片土地盖公馆、庄园，甚至造坟墓的现象。由于中国土地资源的公共属性和稀缺性，这就难免会出现私权对抗公权、侵犯他人居住权的情况。现在中国城镇户均人口2.62人，户均建筑面积达到100平方米已经足矣，我们并不赞同不加引导、任由市场扩张的做法。中国应该而且必须考虑通过立法手段严格限制新开发单套住宅标准150平方米以上项目，当然不是搞"一刀切"，超过标准的项目需由省级人大或者政府审批，居住者在行政级别、职称和纳税额上必须达到一定的条件，并考虑用累进幅度较高的交易税、持有税抑制面积的扩大，从而抑制住房过度需求，促进房地产业可持续发展。

2. 通过房地产税，按面积进行梯度调控，以正确引导房地产需求

税收政策是政府进行房地产市场调控的重要政策手段之一。对房地产市场的税收调控政策主要分为两个方面，即对供给的调控和对需求的调控。如果单纯从供给方面进行调控，可能会进一步加剧供求关系的扭曲，客观上增加对房地产价格上涨的预期，实际的结果便是房地产价格不但没压下来，反而继续上涨。因此，在保证供给的基础上，发挥税收政策对需求的调控就显得很重要。从实践来看，大多数发达国家的税收政策也主要是致力于对需求的调控。在中国，对房地产需求产生影响的税种主要有营业税、个人所得税、土地增值税、印花税和契税，提高各类房地产税的征收比率将有利于抑制房地产需求。

由于中国房地产市场的需求结构存在不合理性，因此，利用税收政策调控房地产需求时，不能采取"一刀切"的方式，应该根据面积或套数按梯度征收各类房地产税，从而达到抑制房地产投资、投机需求，满足普通小户型住宅需求的目的。例如，韩国政府从2007年起对出售房产采取按套数梯度征收资本收益率的方法，对出售第二套房产的卖主征收50%的资本收益税，而对拥有第三套住房的卖主征收60%的资本收益税，从而抑制房地产市场的投资、投机需求。

3. 通过对贷款首付的按面积梯度调控抑制房地产需求的膨胀

在需求膨胀的情况下,利率调控的作用相对有限,因为它的提高受制于基准利率水平,但首付比例的调控作用非常强。将首付比例由 20%调到 30%,对需求的抑制将是非常明显的。以北京市场为例,购买一套价格 1000 万元的房子,对中产阶级家庭来说,200 万元首付可能比较容易筹集到,但如果提高到 300 万元甚至 400 万元,许多人将不得不推迟购买。1998 年,央行曾宣布取消对国有独资商业银行贷款规模的限额控制,实行资产负债比例管理和风险管理,商业银行根据信贷原则自主决定发放贷款。现在看来,在转轨时期,基于保障金融安全和宏观调控的需要,将国有银行和国有控股银行首付比例决定权掌握在央行手中很有必要。当然,首付比例应试探性地按面积进行梯度调控,以免造成需求的过度萎缩。

4. 通过贷款利率的灵活调控影响房地产市场的需求

利率作为中央银行实施货币政策、调控宏观经济的重要手段,对房地产市场的供给与需求同样具有很强的调节作用。在房地产消费市场,由于人们消费方式和消费理念的变化,利用按揭贷款买房已经成为人们购买住房的重要手段,而贷款利率就是购房者按揭贷款的成本。显然,当银行利率降低的时候,购房者的贷款成本会降低,因此会促使更多购买者贷款买房,从而增加住房需求;反之,则相反。一般来说,利率政策具有一定的时滞性,需要较长的时间才能显现效果。例如,2015 年央行一度连续五次降息,五年以上的商业贷款基准利率从 2015 年年初的 6.15%降至 4.9%,然而房地产市场成交量并没有相应增大。到了 2016 年年初,房地产市场需求逐渐增加。到 2016 年年中,利率政策的效果彻底发挥出来,房地产需求由此出现井喷,房价也由此出现暴涨。

需要注意的是,尽管利率能在一定程度上影响房地产市场的需求,进而影响房地产的价格。但是利率是一把双刃剑,在房地产市场过热时,提高利率既能抑制房地产供给,也能抑制房地产需求,因而实际上利率对房地产市场的总体影响难以确定。另外,如果购买者对未来房地产价格持上升预期,利率的上升有可能不能有效抑制房地产市场的需求。因此,如果采用利率政策对房地产需求进行调控,必须做到因时制宜和灵活应用,才能正确发挥利率政策对房地产市场需求的调控作用。

5. 通过对贷款期限的按面积梯度调控调节房地产市场需求

贷款期限是指从贷款人将款贷给借款人到贷款收回这一时间段的期限。它是借款人对贷款的实际使用期限。按贷款期限的长短,可以将贷款分为短期贷款和中长期贷款。房地产贷款一般是中长期贷款,即超过 5 年以上的贷款。一般来说,贷款期限的长短会影响借款人贷款本金和利息成本的支付,从理论上讲,可以通过动态调整贷款期限的方式调控房地产市场的需求,如对投资性需求的购房者采取缩短其贷款年限的措施,可以提高购房者的还款压力,从而抑制其投资性购买需求;对经济适用房或首套购买者借款人采取延长贷款期限的措施可以有效降低其每月的还款额,从而提高其还款能力,有利于刺激其购买需求。总的来说,对不同需求类型和需求面积采取动态梯度调整的方式来确定其贷款期限,有利于正确引导房地产市场的需求,从而达到优化房地产市场需求结构、促进房地产市场健康发展的目的。

本章小结

- 房地产需求是指房地产需求者在特定的时间内、在一定的价格水平上，愿意购买而且能够购买的房地产商品的数量。形成房地产需求的两个必要条件是购买意愿与购买能力。
- 市场经济条件下影响房地产市场需求的主客观因素主要包括房地产价格、居民收入水平及消费结构、国民经济发展水平及城市化水平、国家有关经济政策、投资者对未来的预期、城市人口数量和家庭结构、生活方式的变化等。
- 房地产需求的价格弹性是指在一定时期内，房地产需求量的相对变动对于房地产价格相对变动的反应程度，它是房地产商品需求量变动率与房地产价格变动率之比。房地产需求的收入弹性是指收入变动的比率所引起的房地产需求量变动的比率，它反映了房地产需求量变动对收入变动的反应程度。
- 房地产供给是指房地产商品生产者在特定的时间内、在一定的价格水平上，愿意而且能够提供的房地产商品的数量。形成房地产供给的两个必要条件是供给意愿和供给能力。
- 市场经济下影响和决定房地产供给的因素主要是房地产价格、开发成本、城市土地供给数量、开发资金的供应量和利率、国家相关政策、开发企业的理性预期等。
- 房地产市场的供求均衡，即供给与需求的均衡状态，是指房地产商品的供给价格与需求价格相一致，且供给数量与需求数量相一致时的经济运行状态。房地产市场的供求非均衡，即供给与需求的失衡状态，是指房地产商品的供给价格与需求价格、供给数量与需求数量之间有一对不一致，或者两对都不一致的经济运行状态。
- 为改善中国当前房地产市场出现的结构性失衡，政府可以在一定程度上参与供给活动，其措施主要是增加住宅（尤其是小户型）及其用地的供应，并加大对改善需求、投资需求和投机需求的调节力度等。

综合练习

一、本章基本概念

房地产需求；房地产需求弹性；房地产供给；房地产供给弹性；房地产供求均衡

二、本章基本思考题

1. 房地产需求的特点有哪些？
2. 影响房地产需求的因素包括哪些？
3. 分析说明房地产需求的价格弹性与收入弹性。
4. 房地产供给的特点有哪些？
5. 影响房地产供给的因素包括哪些？
6. 分析说明房地产的供给弹性。

7. 分析说明房地产的供求均衡。
8. 试讨论目前中国房地产市场的供求关系处于怎样一种境况。

 推荐阅读资料

1. 尹伯成. 西方经济学简明教程[M]. 9版. 上海：上海人民出版社，2022.
2. 谢经荣，吕萍，乔志敏. 房地产经济学[M]. 3版. 北京：中国人民大学出版社，2013.
3. 陈淮. 广厦天下：房地产经济学ABC[M]. 北京：中国发展出版社，2011.
4. 张永岳，陈伯庚，孙斌艺，等. 房地产经济学[M]. 4版. 北京：高等教育出版社，2021.
5. 郑华. 房地产供求曲线的经济学分析及政策启示[J]. 江淮论坛，2008（3）：53-56.
6. 房地产行业报告：以地产历史周期为鉴，展望城市未来前景[EB/OL].（2022-07-27）. https://mp.weixin.qq.com/s/S-gALj-c1GwQV8VOlSd0TA.

第五章　房地产市场

 学习目标

通过对本章的学习，学生应了解或掌握如下内容：
1. 房地产市场的含义与分类；
2. 房地产市场的基本特征与组成；
3. 房地产市场的运行与四象限模型；
4. 房地产市场过滤规律与分析模型；
5. 房地产市场空置与分析模型。

 导言

市场既是配置资源的重要手段，也是分配商品的有效机制。房地产市场的重要作用体现在，它是实现房地产以及土地资源合理利用与分配的基本途径。中国以房地产商品化为主要目标的房地产改革启动之后，房地产市场的发展、繁荣有目共睹，其关键原因就在于在房地产的生产、分配和交换中，逐渐用市场经济手段替代了计划经济手段。社会主义市场经济体制的确立是房地产业繁荣发展、国民住房水平全面提高的根本原因。

第一节　房地产市场概述

研究房地产市场，首先要对其含义给出一个比较准确的界定，对房地产市场的特征和构成有一个全面的把握。从社会再生产的角度看，完整意义上的房地产市场是房地产商品交换关系的总和，是由市场主体、客体、交换关系、运行机制等要素构成的统一系统。本节介绍房地产市场的含义、基本特征及组成要素，为后续各节提供分析基础。

一、房地产市场的含义与分类

从人类经济发展史来看，市场的概念与商品经济紧密联系在一起。无论怎样的社会形态，只要存在商品交换，市场就必定存在，而且市场的范围和作用随着商品经济的发展而发展、扩大。从本质上讲，市场是商品买卖双方相互作用并得以决定其交易价格和交易数量的一种组织形式或制度安排。[①]

[①] 高鸿业. 西方经济学[M]. 4版. 北京：中国人民大学出版社，2007：183.

(一) 房地产市场的含义

房地产市场有狭义和广义之分。狭义的房地产市场是指进行房地产买卖、租赁、抵押等交易活动的场所,如房地产交易所、不动产交易所等;广义的房地产市场则是指在房地产流转过程中发生的一切经济关系的总和,包括房地产市场的主体、客体、运行机制、房地产市场模式等要素。广义的房地产市场涵盖了房地产资金市场、房地产开发市场、房地产交易市场和房地产劳务市场在内的整个市场体系,是一国或地区市场体系中的一个相对独立并具有明显特征的专门化市场。房地产市场的交易活动表现为交易合同的实现以及权属的转移。

本书采用的是房地产市场的广义含义。

(二) 房地产市场的分类

房地产市场按照不同标准可以划分成不同的分类,其中主要有以下几种:

第一,按房地产类型,可划分为住宅市场、商业房地产市场、工业房地产市场和其他房地产市场。每一类还可以进一步细分,如住宅市场可细分为普通住宅市场、公寓市场、别墅市场等。

第二,按地域范围,可划分为国际性房地产市场、全国性房地产市场、地区性房地产市场。由于房地产具有区域性特点,对房地产市场的研究较多集中于地区性市场。[①]

第三,按生产要素,可分为土地市场、房地产金融市场、房地产劳动力市场等。

除了以上划分方式,还可以按照供货时间将其分为现房市场和期房市场;按照房产的权益让渡方式分为买卖、租赁、抵押、典当、置换、股权交易等房地产市场类别。

二、房地产市场的基本特征

房地产市场的核心功能是促进交易双方就某宗特定房地产的价格达成一致并完成交易。房地产市场属于整个市场体系的组成部分,受市场供求规律的影响。但房地产本身还有一些独特属性,这使得房地产市场产生了如下特征。

(一) 较强的区域性

房地产的位置固定性和不可移动性使得房地产市场的区域性极强,不能将一个地方的房地产搬到另一个地方,所以房地产只能在其所在地区使用,产地和消费地合而为一。进入市场交易的是房地产的产权,房地产本身的空间位置并没有发生变化。人们往往基于居住习惯、工作地点、基础设施的完善情况、交通便利情况及个人偏好等因素选择特定区域和区位的房地产,所以其他区域和区位的房地产对其替代性较差。不同地域的房地产市场具有各自不同的特征,适用于某一地区或城市的房地产市场管理模式不能简单套用于其他地区或城市。

(二) 不充分竞争性

一般意义上的完全竞争市场须具备以下条件:市场信息较为充分;交易商品同质,可互相替代;市场完全开放,买卖双方能自由进出;交易数量众多;等等。但是,房地产市

[①] 随着全球化的发展以及资源流动的日益频繁,全国乃至国际房地产市场也应受到重视。虽然土地具有区域性,但房地产市场的资金和需求具有流动性,而且房地产调控政策和房地产市场运行机理都要求从更为宏观的层面审视房地产市场。

场属于不充分竞争市场，表现在以下方面：市场信息不充分，信息主要掌握在供应者手中；房地产的区域性特征以及规划、设计、施工质量、环境等方面的不同使其具有差异性，不完全同质，可替代性差；开发成本高昂等因素使得房地产市场存在进入壁垒；政府经常使用各种调控手段和干预政策保证市场的平稳发展。

完全竞争市场和房地产市场的具体比较请参考表 5-1。

表 5-1 完全竞争市场和房地产市场的比较

比较项目	市场类型	
	充分竞争市场	房地产市场
交易双方数量	众多	相对较少
交易商品的替代性	替代品多，替代性强	几乎可以说无替代品
位置移动性	可移动，可通过运输调节区域供需状况	不可移动，区域供需状况差别大
交易难度	交易决策和程序简单	交易决策和程序复杂，受到许多政策、法规约束
购买规模与频率	一次性购买价值量小，但购买频率高	一次性购买价值量大，但购买频率低
价格变动规律	上下波动	原则上呈上涨趋势，下跌一般发生在特殊情况下
受政策影响程度	较低	较高

（三）较强的投机性

房地产的供给总体上缺乏弹性。土地是不可再生的自然资源，其自然供给缺乏弹性，而经济供给由于受到各种限制，弹性较小。所以，房地产价格主要取决于市场需求。由于房地产价格主要由需求决定，需求原则上只扩大不缩小，而信贷政策又使得房地产投资回报具有了杠杆效应，从而使得房地产投资回报较高。一部分学者认为当房地产市场投机现象严重，房价非理性上涨，经济出现虚假繁荣的时候，房地产市场就可能产生"泡沫"现象，但这个观点争论很大。

（四）受政策影响大

房地产具有一定的公共产品属性。房地产市场的不完全竞争性、外部性等特征较为明显，导致市场偶尔会出现"失灵"现象，不能自动地调节、满足所有人的需求，进而达到帕累托最优状态。所以，此时的资源配置不能达到最佳状态。因此，政府必须对其进行有效的调控，并承担提供保障性住房的责任，以保障每个国民的居住权利。

（五）银行及中介机构参与多

房地产商品一般价值量较大，无论是房地产的直接使用者还是投资经营者都较难承担全部投资额，往往需要有银行参与资金融通才能顺利完成交易。由于房地产具有保值增值性，价格下降的风险相对较小，这使得银行也愿意办理房地产抵押贷款、按揭贷款和开发信贷业务。房地产交易过程复杂，专业性很强，市场信息又不充分，所以消费者往往不熟悉交易的过程，并且对市场信息的了解程度不高。在这种情况下，房地产交易通常需要中介机构或经纪人的参与[①]，以提供信息咨询、价格评估、业务代理、法律仲裁等服务，最终

---

① 根据新制度经济学的解释，中介机构能使得交易成本降低，交易范围得到扩大。

使得房地产交易能够更加顺畅地进行。

（六）房地产交易主要表现为权益的变更

房地产位置的不可移动性，决定了其市场交易不同于一般的商品贸易，只要将附着于每一宗具体房地产上的权益加以变更就可以了，不涉及土地或建筑物的实物状态。作为变更对象的权益既可以是房地产的所有权，也可以是使用权等其他权益类型，在具体交易时必须有明确界定。房地产权益的变更往往还受到法律、法规以及事先约定条件的限制。

三、房地产市场的组成

所谓市场，即指交换关系的总和，而交换关系主要发生于市场的各个参与主体之间。在房地产市场中，各行政主管部门、房地产供给者与需求者、融资机构及其他中介机构等共同构成了房地产市场的主体，他们是房地产市场的参与者和操控者。房地产市场主体之间的关系如图5-1所示。

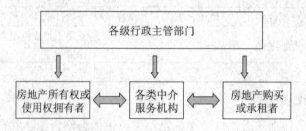

图 5-1　房地产市场的组成

房地产市场的两大基本主体是供给者与需求者。供给者通常包含政府或私人土地拥有者、房地产开发商、二手房业主和转租赁供给者[①]等。需求者通常包括购买者、承租者。

行政主管部门在中国房地产市场上发挥着重要作用：一方面，政府作为土地所有者垄断一级土地市场，向土地需求者供应土地；另一方面，政府还具有制定交易规则、监督和管理市场以及为市场服务等职能，通过总量控制和市场机制调整供求关系和价格水平，以保证房地产市场健康、有序地发展，而且经济、法律、行政手段并用。但在西方发达国家，政府对市场的管制较少，而且一般只使用经济和法律手段，较少使用行政手段。

中介服务机构是房地产市场发展不可或缺的成员，它包括融资机构、评估机构、保险机构、公证机构、各种咨询机构和从事房地产销售、租赁活动的中间商、经纪人以及律师等，它们共同为房地产供应者和需求者提供各种形式的服务，以保证交易的顺利进行。近年来，随着移动互联网、大数据、VR等技术的快速发展，通过互联网平台及O2O（online to offline，线下商务与互联网结合）等方式提供购买新房、二手房、租房的新型服务模式日益普遍。同时，疫情进一步加速了房产服务行业的线上化与数字化的进程。随着互联网房地产交易平台的不断涌现，传统房地产经纪企业也加快了线上平台建设，一些房地产开发商也建立了自营平台发布房源供购房者选房、购房，众多互联网平台企业相继布局房地产服务业务，互联网房产服务行业进入快速发展期。

---

① 在中国，目前还包括政府机关和企事业单位等国有产权、集体产权和企业产权的各类建筑物、构筑物的拥有者。

从活动的内容看，房地产市场主要包含房地产买卖和房地产租赁两种类型。房地产买卖是指房地产所有权或土地使用权的出让。房地产租赁是指房地产所有者将房地产使用权在一定期限内让渡给承租人使用，而承租人则根据合同的规定分期向出租人支付租金，承租人享有使用权及由此产生的其他权益。市场中还存在承租后第一承租人转租赁，将部分使用权再转让给第二承租人的情况。

还有人将房地产抵押作为房地产交易的一种重要形式，本书认为这种说法是值得商榷的。房地产抵押是指单位和个人以一定量的房地产作为如期偿还借款的保证物，向银行或其他信贷机构作抵押，从而取得贷款的行为。这实际上是金融市场的重要内容，是围绕资金需求和供给产生的信贷活动，实质不再是商品房交易活动。

第二节 房地产市场的运行与四象限模型

现实生活中人们接触最多的两类房地产市场就是房地产买卖市场和房地产租赁市场，其是按照交易方式来划分房地产类型的。房地产买卖市场与租赁市场模型是描述房地产投资与房地产使用之间动态关系的经典模型，最早在丹尼斯·迪帕斯奎尔与威廉·C.惠顿的《城市经济学与房地产市场》中有论述。[①]本节就从经济学的角度研究房地产的运行机制与四象限模型，并利用该模型对房地产买卖市场和房地产租赁市场及二者的相互作用关系进行分析。

一、房地产市场的运行机制

房地产市场的主要参与者包括开发商、建筑承包商、金融机构、中介机构、企事业单位、政府和个人，这些市场主体通过市场的供求机制、价格机制等相互作用，共同使得房地产市场有效运转。房地产商品生产和消费的复杂性使得其市场的运行具有独特的规律，房地产市场均衡价格的形成和蛛网模型可以比较充分地诠释房地产市场运行机制。

（一）房地产市场运行机制静态分析——市场均衡价格的形成

房地产市场均衡价格的形成基于房地产市场最基本的供给与需求分析，是其他市场运行模型的基础，它表示市场价格的形成过程以及供求达到均衡的动态过程。房地产市场供求的均衡是指房地产的需求量（Q_D）与供给量（Q_S）相等时的状态。达到均衡时，房地产价格即均衡价格（P_E），房地产数量是均衡数量（Q_E）。此时，房地产市场上的房地产商品全都销售出去，并且恰好满足市场对其的需求。房地产市场均衡形成的过程是市场无数供给者和消费者动态博弈的结果，其过程可用图5-2表示。

房地产市场的均衡价格与均衡数量分别为 P_E、Q_E，如果价格增加到 P_1，由于供给者（如开发商）的经营利润增加，其会增加房地产供给，此时市场上房地产供给量为 Q_{S1}，因为价格上涨，会造成房地产需求减少，此时需求量为 Q_{D1}。这时，房地产市场出现供大于求的状况，表现为房地产商品销售缓慢和滞销，所以房地产供给者不得不降低房价，从而需求增加，供给减少。只要 $P_1 > P_E$，这种趋势就会持续下去，直到 $P_1 = P_E$，市场达到供求均衡。

[①] 迪帕斯奎尔，惠顿. 城市经济学与房地产市场[M]. 龙奋杰，译. 北京：经济科学出版社，2002：9-10.

反之，如果房价降低到 P_2，由于房价低于均衡价格，供给者利润减少，他们会减少房地产供给量到 Q_{S2}。对于需求者（如住宅消费者）来说，房价偏低，需求就会增加，此时需求量为 Q_{D2}，房地产供不应求，导致房价上升，房价上升使得供给者利润提高，就会增加供给，同时需求减少，直到房价上升到 P_E，市场再次达到供求均衡。

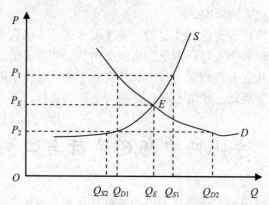

图 5-2　房地产市场均衡价格的形成

（二）房地产市场运行机制动态分析——蛛网模型

房地产均衡价格的形成的方式属于静态分析方法，而现实世界中的市场供求关系每时每刻都在发生变化，均衡点也处于不断移动中。[①]经典的蛛网模型[②]引入了动态分析的思想，并且考虑到房地产供给相对于需求的时滞，以及这种时滞对市场均衡的影响。蛛网模型把时间引入均衡分析，运用弹性原理解释某些生产周期较长的商品在失去均衡时发生的不同波动情况的一种动态分析理论。

房地产市场蛛网模型是在以下假设条件基础上建立的：第一，房地产供给存在时滞，即房地产开发从产品生产到产品上市存在一段较长的建造时间；第二，房地产需求对价格变化的反应较为灵敏，其反应的延后时间小于房地产供给的延后时间，即可认为房地产需求不存在时滞，市场价格一旦变动，就会引起需求量的变动；第三，房地产市场信息不完全，开发商无法做出合理的市场预期，只能根据目前的价格决定下一期的产量，本期的产量则由上一期的价格决定。

现实房地产市场中，根据房地产供求弹性大小的不同，市场均衡点的移动形式可以分为三种类型：收敛式蛛网模型、扩散式蛛网模型和封闭式蛛网模型，以下分别加以介绍。[③]

1. 收敛式蛛网模型

当房地产市场的需求价格弹性大于供给价格弹性时，由于房地产开发者无法预测下一期的房地产市场价格，只能根据当前的价格决定下一期的供给量，则从长期来看会使得房地产价格与房地产产量的变动幅度越来越小，最后呈现出稳定的均衡状态，如图 5-3（a）所示。

[①] 均衡点甚至可被认为不存在，因为无法保持在一点上，就相当于不存在。
[②] 蛛网模型分别由美国经济学家 Schultz、意大利经济学家 Ricel 和荷兰经济学家 Tinbergen 提出，1934 年由英国经济学家 Kaldor 命名。蛛网模型是微观经济学里分析动态均衡价格比较经典的模型，一般用来分析诸如农产品、房地产等生产周期较长的产品的均衡。
[③] 梁运斌. 世纪之交的中国房地产：发展与调控[M]. 北京：经济管理出版社，1996：44-49.

2. 扩散式蛛网模型

当房地产市场的需求价格弹性小于供给价格弹性时,由于房地产开发者无法预测下一期的房地产市场价格,只能根据当期的价格决定下一期的供给量,则从长期来看,使得房地产价格与房地产产量的变动幅度越来越大,从而无法达到均衡点,市场呈现不稳定状态,如图5-3(b)所示。

3. 封闭式蛛网模型

当房地产市场的需求价格弹性等于供给价格弹性时,则房地产价格和产量的摆动幅度固定不变,房地产市场呈现不稳定状态,永远无法达到稳定的均衡状态,如图5-3(c)所示。

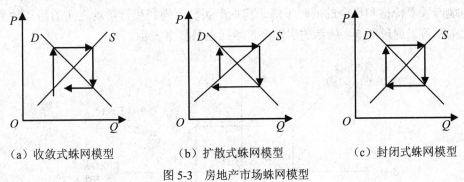

(a) 收敛式蛛网模型　　(b) 扩散式蛛网模型　　(c) 封闭式蛛网模型

图 5-3　房地产市场蛛网模型

二、房地产买卖市场和租赁市场的供求分析

一般来说,一个国家或地区的房地产价格在很大程度上取决于希望拥有房地产的家庭或公司的数量以及可以被人们拥有的房地产数量。在其他条件不发生变化的情况下,房地产需求增加会导致其价格上升,而过多的房地产供给则会导致其价格下降。上述规律适用于房地产买卖市场,也同样适用于房地产租赁市场。

(一) 房地产买卖市场的供求分析

在房地产买卖市场上,房地产的新增供给主要源于新项目的开发建设,其数量取决于房地产价格和相应的建造成本。长远来看,房地产买卖价格应该等于包括土地成本在内的重置成本。短期来看,因为房地产开发建设的周期较长,时滞将导致价格和成本之间的背离。例如,一个区域的房地产需求突然增加,而由于短期内房地产供给缺乏弹性,这就必然导致房地产价格上升。长期中,当房地产价格高于房地产的重置成本时,便会出现新的房地产开发项目。随着新项目的持续增加,市场的需求也逐步得到满足,价格就开始向重置成本回落。

(二) 房地产租赁市场的供求分析

影响房地产需求的重要因素中,除了价格因素,反映房地产资产收益能力的租金水平也是一个重要因素,租金即房地产的租赁价格。在房地产租赁市场上,需求来源于房地产使用者,它既可以是个人、家庭,也可以是企业。对于使用者来说,使用房地产的成本就是为了获得房屋使用权的支出额,即租金。①像房地产买卖市场一样,租金同样是由房地产

---

① 在经济学分析中,房产即使是自己使用,也要考虑成本,即存在一个机会成本问题。

租赁市场的供给与需求决定的,而并非完全与买卖市场上的价格水平相一致。在其他因素不变的情况下,租房者数量增加、企业数量增加或者企业规模扩大等,都会增加对出租房屋的需求,在供给不变或供给不能快速增加的情况下,租金必然会上涨。

三、房地产市场四象限模型

租赁市场上形成的租金水平是决定房地产资产需求的重要因素。投资者购买一处房产,其实是购买了该房产未来的收益流[①],因此租赁市场租金水平的变化将显著影响买卖市场上的房地产需求;同样,如果新建房地产数量增加,那么租赁市场的供应也会增加,将可能造成房地产买卖价格和租金的同时下降。房地产买卖市场和租赁市场之间的相互联系和深层变化关系可以通过图5-4所示的房地产市场四象限模型表示。

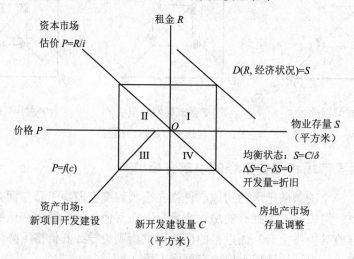

图5-4 房地产市场四象限模型

该模型有两个假设条件:一是在房地产买卖市场上,其他条件不变的情况下,价格取决于供给和需求的变动情况;二是在房地产租赁市场上,租金水平同样取决于供求变动情况。

模型选取房地产经济领域四个较重要又互相作用的变量作为研究对象,即租金 R、市场存量 S,新开发建设量 C 和房地产价格 P,分别作为坐标轴的四个方向,如图5-4所示。每根轴都从原点出发,数据均为正值,越往外,值越大。图5-4中,右侧的两个象限(第 I 象限和第 IV 象限)代表空间使用的租赁市场,左侧的两个象限(第 II 象限和第 III 象限)则是对资产市场上的房地产产权进行研究。下面将按照逆时针方向对四象限模型中各象限的经济变化进行解释。

(一)第 I 象限分析

第 I 象限揭示了短期内租金的形成机理。第 I 象限有租金和存量两个坐标轴:租金 R(每单位空间)和物业存量 S(也以空间的计量单位进行衡量,如平方米)。曲线表明在特定

---

① 如果投资者购买房产不用来出租,而是坐等房产升值,那么租金和房价之间就没有必然的联系。这里的分析排除了这种情况。收益流指的是资金运动的方向,收益流量指的是在特定期间所产生的收益的总量。

的社会经济条件下（国家经济政策等前提不变），对物业的需求数量怎样取决于租金的水平。

从纵轴上可以看出租金变化时所对应的物业需求数量。如果无论租金如何变化，家庭或企业的物业需求数量不变（缺乏弹性），那么曲线几乎会变成一条完全垂直的直线；如果物业的需求量相对于租金的变化特别敏感（富于弹性），则曲线会变得更为水平。

如果社会经济状况发生变化，则整个曲线就会移动。例如，当经济增长或者公司及家庭数量增加的时候，因为购买力的提升，曲线会向上移动，表明在租金不变的情况下，物业需求会增加；反之，当经济衰退或者人口减少时，曲线会向下移动，表明物业需求减少。为了使物业需求量 D 和物业存量 S 达到平衡，必须确定适当的租金水平 R，使需求量等于存量。需求是租金 R 和经济状况的函数：$D(R,$ 经济状况$)=S$。

租赁市场上的存量供给由资产市场给定，在图 5-4 中，对于横轴上的某一数量的物业存量，向上画一条垂直线与需求曲线相交，然后从交点画一条水平线与纵轴相交，按照这种方法可以找出对应的租金水平。

（二）第 II 象限分析

第 II 象限代表房地产买卖市场的第一部分（第 III 象限代表资本市场另一部分），有租金和价格（每单位空间）两个坐标轴。以原点为起点的射线斜率代表了房地产资产的资本化率，即租金和价格的比值，表示投资者愿意持有房地产资产的当前期望收益率。

确定资本化率[①]需要考虑以下因素：一是经济活动中的长期利率；二是预期的租金上涨率；三是与租金收入流量相关的风险；四是政府对房地产的税收政策。当射线以顺时针方向转动时，资本化率提高；逆时针方向转动时，资本化率下降。在此象限中，资本化率被看作一种外生变量，它是根据利率和资本市场上各种资产（股票、债券、短期存款）的投资回报确定的。因此，该象限的目的是相对于租金水平，仅利用资本化率 i 来确定房地产资产的价格（P）：$P=R/i$。

房地产资产的价格在图 5-4 中的确定方式如下：对于第 I 象限中的某种租金水平，画出一条垂直于纵轴的直线，延长到与第 II 象限的射线相交，从交点再向下画出一条垂直于横轴的直线，该直线与横轴的交点便是资产的给定价格。

（三）第 III 象限分析

第 III 象限也是代表房地产买卖市场的一部分。在这个象限中，对房地产新资产（新建项目）的形成原因进行了分析。这里的曲线 $f(C)$ 代表房地产的重置成本。在图 5-4 中，这种情况的假设条件是：新项目开发建设的重置成本随着房地产开发活动量 C 的增加而增加，所以这条曲线向左下方延伸。它在价格横轴的截距是保持一定规模的新开发量所要求的最低单位价格（每单位空间）。假如开发成本几乎不受开发数量的影响，则这条射线会接近于垂直；如果建设过程中的影响因素（如稀缺的土地）以及其他一些影响开发的因素致使供给缺乏弹性变化，则这条射线将会变得较为水平。

从第 II 象限某个给定的房地产资产价格向下垂直画出一条直线，再从该直线与开发成本相交的这一点画出一条水平线与纵轴相交，由纵轴交点便可以确定在此价格水平下的新

---

① 资本化率是把资本投入房地产所带来的收益率，资本化率不等同于银行利率，也不同于其他行业的收益率。收益率反映的是其他不同投资领域的获利能力。

开发建设量,此时开发成本等于资产的价格。如果房地产新的开发建设量小于这种平衡数量,则会导致开发商获取超额利润;反之,如果开发数量大于这个平衡数量,则开发商会无利可图。所以新的房地产开发建设量 C 应该保持在使物业价格 P 等于房地产开发成本 $f(C)$ 的水平上,即 $P=f(C)$。

(四)第IV象限分析

第IV象限是表示房地产租赁市场增量与存量之间关系的象限。此象限中,年度新开发建设量(增量)C 被转换成房地产物业的长期存量。在一定时期内,存量变化 ΔS 等于新建房地产数量减去由于房屋拆除(折旧)导致的存量损失。如果折旧率以 δ 表示,则 $\Delta S= C-\delta S$。

此象限中,以原点为起点的射线代表使每年的建设量正好等于纵轴上某一个存量的水平(在水平轴上)。在这种存量水平和相应的建设量上,由于折旧等于新竣工量,物业存量将不随时间发生变化。因此,$\Delta S=0$,$S=C/\delta$,即在第IV象限假定了某个给定数量的开发建设量,同时确定了假设在开发建设量永远继续的情况下导致的存量水平。

(五)四象限模型的均衡

对四象限模型来说,从某个物业存量值开始,首先在租赁市场有一个确定的租金,这个租金可以通过资产市场转换为物业价格。接着,这些资产价格可导致形成新的开发建设量;再转回到租赁市场,这些新的开发建设量最终会形成新的存量水平。当存量的开始水平和结束水平相同时,租赁市场和资产市场达到均衡状态。假如结束时的存量与开始时的存量之间有差异,那么图 5-4 中四个变量(租金、价格、新开发建设量和存量)的值将不处于完全的均衡状态。假如开始时的数值超过结束时的数值,租金、价格和新开发建设量必须增长以达到均衡。假如初始存量低于结束时的存量,租金、价格和新开发建设量必须减少,使其达到均衡。四象限模型对上述两种类型市场的全面考察,通过以上涉及公式的联立求解,给出了简单直观的关于房地产市场的全面刻画。

四、房地产四象限模型的应用

房地产买卖市场与租赁市场模型对房地产市场具有较强的解释力,下面通过该模型对房地产市场中的一些常见现象进行解读。当一些外生变量发生变化时,四象限模型中的各个数值及曲线会发生变化,能较好地反映房地产市场的各种变化。

(一)宏观经济变化对均衡的影响

四象限模型能够较好地解释宏观经济的变化对房地产供需均衡的影响,如当房地产需求发生改变或者利率水平突然变化时,利用各个因素的变化来观察供需均衡的变动情况,如图 5-5 所示。

当经济处于上行周期时,表现为经济增长速度较快,人们可支配收入增加,此时对房地产的需求随之增长。假设其他条件不变,这种经济增长导致第一象限需求曲线 D 向外移动,对房地产市场产生的影响是:租金水平 R 随之上升,带来第II象限中物业价格 P 的上升,进而第III象限中新开发建设量 C 上升,第IV象限中物业存量 S 上升,最后达到均衡——新增需求得到满足。

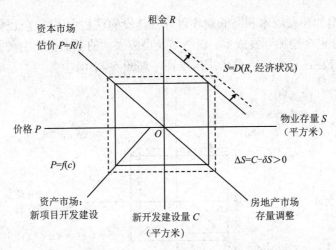

图 5-5　房地产买卖市场与租赁市场模型（需求 D 发生变化，R 上升）

（二）利率变化对均衡的影响

长期利率水平也对投资者的预期产生重要影响，进而影响房地产供需均衡状况。假设资本市场能对各种资产的价格进行有效调整，使各种投资在进行风险调整后，能够获得社会平均的投资回报。那么，利率的上升将使得投资者愿意把资金投向其他经济领域，例如买债券，这样房地产市场资金将减少，价格下跌。利率下跌，房地产市场资金的进入增加，价格逐渐上升。两种情形带来供求的动态变化，最后双方会达到一种均衡，如图 5-6 所示。

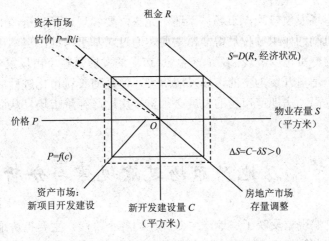

图 5-6　房地产买卖市场与租赁市场模型（利率下降引致资产需求发生变化）

图 5-6 表示利率下降的情形，其均衡变化过程为：利率的下降带来房地产物业价格 P 的上升，所以新开发建设量 C 增大，市场存量 S（供给）增加，进而租金下降，房地产需求上升，最后达到均衡。

（三）开发成本变化对均衡的影响

影响房地产市场的另外一个重要外部因素是新开发建设项目成本的变动带来其房地产供给变化。这种变化的来源较多，例如较高的短期利率将使开发项目融资难度上升，导致新建物业的成本加大，并导致新开发建设量减少；政府出台较为严格的区域规划或宏观调控手段，也可能增加开发成本和降低新项目开发建设的获利水平；建设材料（如钢铁、水泥等）价格的上升也会增加开发成本。这些涉及供应因素的负面变化会使得第 III 象限内的价格成本曲线向外移，进而影响整个供求平衡，如图 5-7 所示。

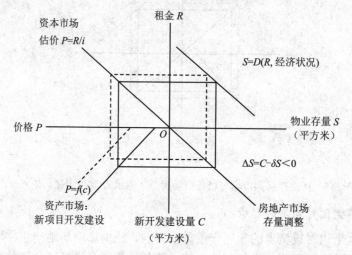

图 5-7　房地产买卖市场与租赁市场模型（开发成本发生变化）

当开发企业的负面因素发生致使开发成本上升时，第 III 象限中价格成本曲线外移，带来新开发建设量 C 的下降，物业存量 S 增加值下降，物业供给下降带来租金 R 的上升，最后拉动房地产价格 P 的上升。

中国房地产市场发展较晚，市场体系还不完善，要实现市场对资源的有效配置，全面把握房地产市场机制的作用过程显得非常重要。通过对基于房地产资本市场与租赁市场分类的四象限模型的分析可以发现，房地产存量①市场的发展是整个市场发展的动力源泉。虽然中国处于房地产增量开发为主的市场发展阶段，但是随着城市化进程的发展和城乡居民收入水平的不断提高，房地产市场的发展必须重视房地产存量市场，从而确立各个市场协调发展的模式。

第三节　房地产市场过滤规律与分析模型

房地产市场过滤现象反映了房地产生命周期的各个阶段，主要指房地产市场中最初为较高收入消费者建造的住房，随着时间的推移，由较低收入的消费者继续使用的动态过程。房地产过滤模型能够从房地产等级和消费者收入水平的角度分析房地产市场的供求结构，经常被用于分析各种房地产市场的重要问题。而梯度消费理论是调节房地产市场上住房需求的重要理论，也是房地产过滤模型的理论基础。

一、房地产梯度消费理论

梯度消费是指消费者在消费过程中存在的分层次和分阶段消费的现象，可以从宏观和

---

① 经济学上所说的存量是指在特定时间点统计出来的某种物品的现存数量。

微观两个层次对其进行分析。一方面，把消费者作为一个总体进行考察，在某一时点上，不同人的收入水平[①]不尽相同，所以其消费水平也存在差异；另一方面，把消费者作为单独个休进行考察。即一个人在不同时期会有不同的收入水平与消费水平。这样，社会同一类消费品的价格和档次会有所不同，以迎合不同收入水平的消费者以及同一消费者在不同时期的不同需要。

房地产的消费具有明显的梯度消费特征：首先，房地产可以被看作耐用消费品。一般来说，房地产的有效使用年限短则几十年，长则上百年甚至几百年，房地产所有者很可能在房产的有效使用年限内将其卖掉，此房产仍然能够继续满足买家的居住需求。其次，人们收入水平的差异决定了房地产需求水平的差别。不同收入阶层对房地产拥有不同的购买力，进而形成了他们之间的房地产梯度消费结构——高收入者的住房条件好于中等收入者，而中等收入者的住房条件又好于低收入者，由此形成了不同的居住水平。最后，消费者逐步提升的消费心理也使得居住水平随之提高。消费者收入水平的提高常常带来消费水平的提高，表现在居住需求方面就可能将原有房地产卖掉或出租，进而换购面积更大、居住条件更好的房产，这在客观上也为梯度消费提供了房屋来源。房地产梯度消费理论指的是不同收入阶层根据自身的收入水平选择能够负担得起的房屋，同一消费者在收入水平的不同阶段也要选择不同档次的房屋。

二、房地产市场过滤规律

在房地产市场中，最初为较高收入消费者建造的住房，随着时间推移逐渐老化，同时随着新建房地产供应的增加，这部分房地产的价格相对甚至绝对下降。这时，根据梯度消费理论，较高收入的消费者为追求更好的居住条件，会放弃现有房屋，而收入较低的消费者则会买入或承租该类房产并继续使用，这一调整变化的过程被称为"住房过滤"。[②]

美国学者阿瑟·奥沙利文（Arthur O'Sullivan）指出过滤过程有两个基本特点：一是住房的价值逐渐下降。随着使用年限的增加，由于折旧的原因，住房的价值自然逐渐下降。二是过滤后的新居住者收入水平较低。低收入者因预算的约束对住房条件要求较低，因此会选择在过滤下来的旧房子里居住。[③]房地产过滤模型根据消费者的收入、房地产的质量等标准将房地产市场分为多个子市场，通过模拟住房在不同子市场之间的过滤，揭示不同子市场之间的相互作用，较真实地反映了房地产市场的运行机制。

奥沙利文从住房消费的角度阐述了住宅市场的过滤模型，该模型存在四个假设条件：（1）将消费者分为三种收入群体：富人、中等收入者和穷人。（2）假设消费者实际收入随时间推移而增加，因此三种收入群体对住宅服务的需求量都会增加。（3）改良住宅的成本相对较高，即住宅质量提高、面积增加的成本相对较高。（4）每10年都会有新住宅建造出来，同时住宅服务存在折旧。奥沙利文在他的《城市经济学》[④]中展示了城市住宅市场的"过滤"情况，如图5-8所示。

[①] 整个社会的收入水平一般呈金字塔形或橄榄形。
[②] 宋博通. 从公共住房到租金优惠券：美国低收入阶层住房政策演化解析[J]. 城市规划汇刊，2002（4）：65-68.
[③] 奥沙利文. 城市经济学[M]. 4版. 北京：中信出版社，2003：259.
[④] 奥沙利文. 城市经济学[M]. 4版. 北京：中信出版社，2003：259.

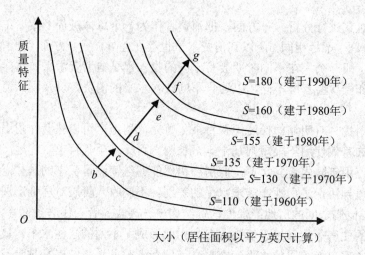

图 5-8　美国住房消费市场的"过滤"[1]

在 1980 年，富人阶层需要 160 单位的住宅服务并且占据了新房（f 点）。中等收入家庭需要 135 单位的服务（d 点），他们居住的住房 1970 年刚建起时能提供 140 单位的服务，10 年以后可以提供 135 单位的服务。贫困家庭需要 110 单位的服务（b 点），居住在 1960 年建成的住宅里。比之富人阶层，中等收入家庭居住的住宅小而且质量较低，贫困家庭居住的住宅质量更低。假设在 1980—1990 年居民的实际收入增加了。富人的期望住宅服务数量增加到 180 单位，中等收入家庭增加到 155 单位，贫困家庭增加到 130 单位。图 5-8 也表明 1990 年住宅市场的一种可能的安排。具有 180 单位服务的新住宅为富人建造，所以他们从 f 点移动到 g 点。中等收入家庭住进由富人腾出的住宅，从 d 点移动到 e 点（建于 1980 年的住宅 10 年后提供 155 单位的住宅服务）。穷人住进由中等收入家庭腾出来的住宅，从 b 点移动到 c 点。

三、房地产过滤模型的发展

1925 年，伯格斯（Burgess）利用空间结构时第一次提出了过滤模型[2]，之后，众多经济学家对此理论的发展做出了很多贡献。1960 年，Lowry 对过滤现象做了概念性解释，指出过滤的主体是住房而非各收入阶层，过滤产生的原因在于住房的老化和新建。简而言之，住房过滤是住房在其生命周期内的价值变化，而非由房客的收入提高所致。至此，人们对"过滤现象"才有了清晰的理解。

20 世纪 70 年代中期以后，过滤理论逐渐从定性分析层面渗透到定量分析层面。1974 年，Sweeney 建立了一个量化的过滤模型，这是第一个也是最重要的一个住宅过滤模型。Sweeney 模型主要集中于住宅市场的静态分析，是从住房供给者角度（即房东）对住宅过滤提出了一个概念性的框架。1975 年，Ohls 建立了一般均衡市场过滤模型，并编制了相应的计算机程序，模拟不同住房保障政策对过滤过程的影响。Braid 在 1988 年建立了一种单中心经济增长住宅过滤模型，该模型考虑了之前所没有考虑的区位条件及经济增长情况。2003 年，阿瑟·奥沙利文运用住房过滤模型对美国的住房保障政策进行了分析，指出住房

---

[1] 奥沙利文. 城市经济学[M]. 4 版. 北京：中信出版社，2003：259.
[2] BURGESS. The Growth of the City: An Introduction Research Project[J]. The Trend of Population, 1925(18): 85-97.

优惠券政策比公共住房政策的资金利用效率高。①经过几十年的研究，住宅过滤模型逐渐成熟，且已越来越多地被应用于房地产政策的研究。

其中，Anas 和 Arnott 在 1993 年运用"芝加哥典型住房市场模型（the Chicago prototype housing market model）"来研究收入税、财产税、住房补贴对供需方的影响。他们认为，过去的有关住房过滤模型都存在没有包含土地市场的缺陷，完整的过滤模型应是土地市场和住房市场的统一。②他们构建了新的过滤模型，如图 5-9 所示。

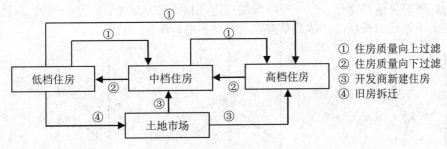

图 5-9　房地产市场过滤关系图③

房地产过滤的过程就是房产不断老化、逐渐折旧的过程。过滤现象研究的对象是房地产本身，而不是消费者的收入。即使消费者收入不发生任何变化，房地产因老化而质量下降也是一种必然。过滤的本质原因是房地产老化及新建房屋的出现，旧房产提供的服务功能减少，降低了质量水平，人们在追求高质量住房条件的心理作用下，放弃原有房地产，而不是由于房客收入的提高而放弃原有房地产。住房过滤现象是房地产市场中常见的一种现象，房地产过滤模型能够帮助人们更好地认识房地产市场的运行机制，协助分析房地产市场的各种政策。

四、房地产过滤模型的应用——分析中国住房保障政策④

房地产市场中，低收入家庭由于购买能力弱，在房价较高的情况下，其住房保障理所应当成为政府的职责之一。自 19 世纪 90 年代初期，中国政府便开始进行住房保障制度的建设。⑤住房保障政策主要可分为实物补贴与货币补贴两种，下面通过构建一个房地产过滤模型对这两种保障政策进行分析。

（一）房地产过滤模型的构建

基于奥沙利文的房地产过滤模型，其假设条件如下：第一，将房地产市场分为三个子市场，即低端房地产子市场、中端房地产子市场及高端房地产子市场。第二，居民收入水平不同，且其收入随时间的推移逐步提高。与三个房地产子市场相对应，可将居民分为低收入群体、中等收入群体及高收入群体。第三，房地产质量可变。房地产可升级进入高端市场——向上过滤；也可降级进入低端市场——向下过滤。第四，不同档次的房地产具有

---

① 奥沙利文. 城市经济学[M]. 4 版. 北京：中信出版社，2003：259.
② 刘友平. 住宅市场过滤理论及其应用研究[D]. 重庆：重庆大学，2003：25.
③ 刘友平. 住宅市场过滤理论及其应用研究[D]. 重庆：重庆大学，2003：25.
④ 董藩，陈辉玲. 住房保障模式经济效应考察：基于住房过滤模型的思考[J]. 河北大学学报，2010（2）：1-7.
⑤ 其基本思路是建立以廉租房与经济适用房为主体的实物保障体制和住房公积金制度。

一定的替代性。不同子市场的房地产在一定程度上可相互替代，消费者可根据房地产价格的变化，在三类市场中选择。第五，房地产市场化程度高。房地产价格（租金）由供求关系决定，存量房地产（尤其是低端房地产）房源充足，房地产中介服务业发达。

构建的房地产过滤模型如图 5-10 所示。初始条件下，三个子市场均处于均衡状态，均衡点分别为 A、B、C。在短期内，不论价格怎样变化，三个子市场的房地产供给量都是不变的，供给完全无弹性。在模型中，三个子市场的短期供给曲线是垂直的，用 $S_{短}$ 表示。从长期来看，随着价格的变化，三个子市场的房地产供给量是可变的，供给富有弹性。在模型中，三个子市场的长期供给曲线是向右上方倾斜的，用 $S_{长}$ 表示。

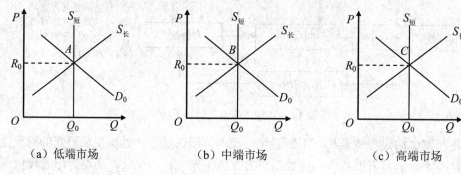

（a）低端市场　　　　　（b）中端市场　　　　　（c）高端市场

图 5-10　房地产过滤模型

其中，$S_{短}$ 代表短期供给曲线；$S_{长}$ 代表长期供给曲线；D_0 代表初始需求曲线；R_0 代表各个子市场初始均衡时的租金水平（价格）；Q_0 代表各个子市场初始均衡时的交易量。使用奥沙利文的过滤模型可对不同住房保障模式进行分析，以考察它们各自的不同效应，为政策制定提供依据。

（二）对廉租房政策的分析

对实物补贴政策的分析以廉租房为例。廉租房是指政府向具有城镇常住居民户口的最低收入家庭所提供的租金相对低廉的普通住房。廉租房不能在市场上交易，而且其租金水平、出租对象均由政府确定，所以廉租房政策是独立于市场之外的非市场行为。当政府直接新建或补贴开发商新建廉租房，并将其出租给低收入家庭时，相当于将承租廉租房的这部分住宅需求从低端市场抽出，使低端市场需求曲线左移至 D_1。短期内，供给无弹性，租金由 R_0 下降到 R_1，低端市场的住宅供应量不变，仍为 Q_0。但从长期来看，租金下降使得低端市场的住宅维修费用减少，折旧加速，从而加快其向下过滤，退出市场，供给量减少，供给有弹性。所以，租金由 R_1 上升到 R_2，同时住宅供给量由 Q_0 下降到 Q_2，如图 5-11（a）所示。

低端市场租金降低，一方面鼓励部分中端市场的房客转向低端市场，使中端市场需求曲线左移至 D_1；另一方面，低端市场租金降低延缓了中端市场住宅向下过滤的速度，使中端市场的供给曲线右移至 $S'_{长}$。[①]这两方面的作用共同推动中端市场租金由 R_0 下降到 R_1，如

---

① 在正常情况下，中端市场的住宅会因折旧等原因质量下降，租金水平降低。当租金下降到低端市场的租金水平时，这些住宅便会过滤到低端市场。但当低端市场的租金也下降时，这些住宅的过滤将被延缓，它们会继续滞留在中端市场。这相当于增加了中端市场的住宅供给。

图 5-11（b）所示。

同样，中端市场租金下降也会导致部分高端市场的房客转向中端市场，同时延缓高端市场中住宅的过滤。需求减少，供给增加，共同推动高端市场租金的下降，如图 5-11（c）所示。

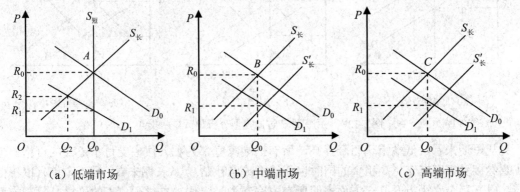

(a) 低端市场　　　　　(b) 中端市场　　　　　(c) 高端市场

图 5-11　利用房地产过滤模型分析廉租房政策

从短期看，所有低端市场的消费者都从廉租房政策中获益：一些家庭接受补贴搬进租金更低的廉租房，而另一些家庭则为私人住宅支付了低价格。[①]从长期来看，廉租房政策有以下效应：（1）租金水平下降。整个房地产市场（尤其是中高端市场）租金下降，开发商新建中高档房地产利润空间缩小，从而使其新建住宅动机不足，不利于房地产业发展。（2）退出率提高。随着租金下降，低端市场中的私人住宅逐渐被廉租房替代，提前退出市场，造成资源浪费，而且不利于二手房市场发展。（3）住宅过滤延缓。不利于各收入阶层住宅水平的提高。（4）政府负担重、成本高。政府除了要负责受保家庭的遴选，还要具体负责廉租房建设、出租及后期使用过程中的各项工作，并且要承担整个过程的全部费用。即便政府可将所有工作交由开发商具体操作，但仍需在各个环节对开发商进行监督（部分监督根本无法实施），对开发商的补贴费用及监督成本都很高。

（三）对货币补贴政策的分析

货币补贴政策是指政府直接向低收入家庭提供住房补贴，以提高其承租或购买住房的支付能力。货币补贴的方式之一便是发放住宅优惠券。它在某些条件下，相当于现金补贴，可提高住宅优惠券接受家庭的收入水平，使低等市场的需求曲线 D_0 右移至 D_1。短期内，租金由 R_0 上升至 R_1，供给量不变；但从长期来看，租金将从 R_1 回落到 R_2，同时交易量由 Q_0 增加至 Q_2，如图 5-12（a）所示。

低端市场租金提高，一方面会鼓励部分低收入家庭向中端市场转移，使中端市场需求曲线右移至 D_1；另一方面，低端市场租金提高，会加快使中端市场住宅向下过滤，使中端市场需求曲线左移至 $S'_长$。供给、需求共同作用，使租金由 R_0 升至 R_1，如图 5-12（b）所示。

同样，中端市场租金提高，也会导致部分中端市场的房客转到高端市场，同时加快使高端市场住宅向下过滤。需求增加，供给减少，共同推动高端市场租金上升，如图 5-12（c）所示。

---

① 奥沙利文. 城市经济学[M]. 4 版. 北京：中信出版社，2003：392.

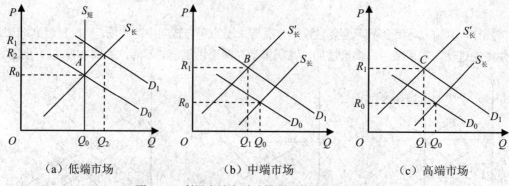

图 5-12　利用房地产过滤模型分析货币补贴政策

从短期来看，低端市场租金提高，所有低端家庭都为私人住宅支付了更高的价格。但优惠券接受家庭在支付高租金的同时也获得了政府补贴。[①]从长期来看，货币政策有以下效应：（1）租金水平上升。一方面表明所有家庭都为私人住宅支付了更高的价格；另一方面整个住宅市场（尤其是中高端市场）租金提高，开发商新建中高档住宅利润空间增大，会激励其建造更多的中高档住宅，从而推动房地产业发展。（2）退出率降低。租金提高，使低收入家庭可以更好地维护、保养住宅，延长住宅的使用寿命，推迟其退出市场的时间，从而可更有效地利用存量房资源，也有利于二手房市场的发展。（3）住宅过滤加快。有利于各收入阶层住宅水平的提高。（4）政府负担轻。政府只需负责优惠券接受家庭的遴选，可专注于一项工作，提高工作效率，优化政策效果。

从以上分析来看，货币补贴政策不仅可以提高补贴资金利用效率，优化政策效果，而且可将住房保障与市场运行有效结合，在达到保障低收入家庭居住权利的同时，还可推动新房和二手房两个市场的发展。通过对住宅过滤模型的分析可知，货币补贴政策的实施效果在理论上优于实物补贴政策的效果。

第四节　房地产市场的空置与空置率

房地产市场中必然存在空置现象，所以空置率与房地产价格及租金一样，是反映房地产市场状况的一个重要指标。本节首先介绍空置、空置率及自然空置率的含义，再具体分析房地产市场中空置存在的原因，并通过闲置和过度需求模型对房地产市场的空置问题进行分析。

一、空置、空置率与自然空置率

（一）空置、空置率与空置期

"空置"一词来源于西方，是指建筑物的整体或部分未得到使用，处于等待出租或出售的状态。[②]这种定义包含两层意思：一方面表明房屋未得到使用；另一方面还意味着所有权人准备将房屋出租或出售。D. 格林沃尔德所主编的《现代经济词典》中，将空置分为房主

[①] 奥沙利文. 城市经济学[M]. 4版. 北京：中信出版社，2003：392.
[②] DENISE D, WILLIAN C W. Urban Economies and Real Estate Markets[M]. Prentiee Hall, Inc., NewTersey, 1996.

房空置和出租房空置，它是指可以用于出售（或出租）但尚未出售（或出租）的房屋。美国联邦统计局的指标解释中，将空置定义为"在调查时点无人居住（并非暂时无人居住）的住宅"。[①]出现下列两种情况的住宅也视为空置：一种是当被调查住宅单元的所有者在其他地方另有更为常住的住宅时，该套住宅视为空置；另一种是仅在周末或一年中的某段时期偶尔使用的住宅（即第二套住宅）也视为空置。使用中的住宅被定义为："在调查时至少有一人居住或仅为暂时外出（如休假）的住宅。"

通过对国际上空置概念和空置率计算方法的比较发现，尽管美国、日本、新加坡以及中国香港和台湾地区对空置的定义和范围的界定存在一些差异，但它们的共性是均针对存量市场上可供使用但未投入使用的部分住宅，并采用"套（unit）"作为空置的统计单位，以便于将住宅单元数量和家庭数量进行比较。对空置率的计算方法则基本一致，即按空置住宅占全部存量住宅的比重来计算，如表 5-2 所示。

表 5-2 国外及我国港台地区空置概念的比较[②]

国家或地区	空置范畴	统计单位	空置率
美国	调查时点无人居住的住宅，包括存量中待出租、出售的住宅；第二居住处	单元数（unit）	$\dfrac{空置的住宅}{所有住宅的总量}\times 100\%$
日本	待租、待售的新建住宅；第二居住处；用于加班的留宿处		
新加坡	没有被使用的住宅单元		
中国香港	调查时点未被使用的单元，装修住宅		
中国台湾	市场待租、售的空屋；第二居所；已不能利用；因屋主短期外出所造成的空置，用于投资、保值和储存的空屋，处于搬迁装潢中的住宅		

空置率（vacancy rate）是指某一时点存量房屋空置面积占存量房屋总面积的比重，反映的是现有房屋的利用状况。其计算公式为

$$房地产空置率 = \frac{存量房地产空置面积}{存量房地产总面积} \times 100\% \tag{5.1}$$

式中，存量房地产总面积是指现有的、可供使用的全部存量房屋面积，包括已经被占用的面积和空置面积两大部分。

空置期是指房屋从开始处于空置状态到空置结束时所经历的时间。房地产市场中不同用途的物业，甚至同一宗物业中的不同单元，不但存在是否空置之分，而且即使同样被空置，其空置期也是各不相同的。

空置是来源于房地产使用市场的统计指标，表明房地产的一种使用状态。由于房地产资产市场中纯粹的投资买卖行为并不改变房屋的使用状态，所以这种行为与房地产的空置没有任何直接关系。也就是说，即使原所有权人已将房屋卖出，如果新的所有权人买进的目的不是自己使用而是将来再次转让或出租经营获利，那么，原来空置的房屋面积在买卖发生后仍属于空置的范围。

[①] ROSEN K T, SMITH L B. The Price Adjustment Process for Rental Housing and the Natural Vacancy Rate[J]. American Economic Review, 1983(3): 719-786.

[②] 贺亮. 中国房地产住宅市场统计指标体系研究[D]. 南京：南京农业大学，2008：54.

（二）中国房地产统计中的空置、空置率与空置期

目前，中国房地产统计中的空置商品房是指报告期末已竣工的商品房建筑面积中尚未销售或出租的房屋面积，包括以前年度竣工和本期竣工可供出售或出租而未出售或出租的房屋面积。中国房地产市场中的空置指的是没有交易过的新房，不包括旧房屋的空置（即中国的住宅市场空置仅指新建商品房的空置），也不包括增量房屋中非房地产开发企业建设的房屋，并以面积为统计单位。因此，中国房地产市场的空置仅指增量市场的空置，空置率也是增量市场的空置率。空置商品房的统计指标[①]按空置时间进行了分组：空置一年以下（含一年）为待销商品房，空置一年到三年（含三年）为滞销商品房和空置三年以上为积压商品房。中国房地产空置率的计算方法尚无定论，主要有以下三种：其一，空置面积除以当年商品房竣工面积；其二，空置面积除以前三年竣工面积之和；其三，全社会空置房面积除以全部住房面积。计算公式的分母不同，其计算结果也不相同。中国房地产统计中的商品房空置主要是用来反映房地产市场销售状况的，而空置真实的意义是反映房地产使用市场和交易市场的景气状况。

（三）自然空置率

自然空置率（natural vacancy rate）也称合理空置率，是指不存在超额供给或需求，而租金处于长期均衡状态时的空置率。美国学者史密斯将其定义为：住宅出租市场中，屋主（房东）考虑市场因素（如空屋持有成本、找寻成本、需求变动及换约成本）后、无调整租金之诱因下的空置率。1990年，Jud和Frew提出，自然空置率可以界定为不会给房主带来调整租金的诱因的空置率[②]，即达到自然空置率时，市场的实质租金不会出现上升或下跌的压力。

从宏观的角度分析，空置率过高对供给方意味着利益损失；而空置率过低，则意味着需求方没有或很少有选择的余地，很难在适当的价格或者租金水平下找到满意的房地产。因此，在过高和过低的两个极端之间必然存在一个正常的空置率，一方面保证需求方充分的选择权利，另一方面又能保证供给方的利益不受损失，这个合理的空置率就是自然空置率。若实际空置率大于自然空置率，则空置率过高；若实际空置率小于自然空置率，则空置率较低。自然空置率的实质就是在长期房地产市场供需平衡下的空置率。

房地产市场空置处在自然空置率水平时，对于供求双方都是有利的，其存在是合理而且有效率的，对于调节住宅市场需求、抑制房地产价格的不正常上涨、降低业主的机会成本等均具有重要意义，对国民经济的良性循环与可持续发展也很有意义。

二、房地产市场存在空置的原因

房地产市场有一定量的空置面积十分正常，原因主要在以下三个方面。[③]

第一，完善的商品经济形态必然存在一定量的商品以供周转之用，尤其是市场经济中的商品必须保持适当的库存量和周转量以满足供求的调整。商品在被生产出来后一般不能立即送到消费者手中，存在一个时滞。处于这个合理的时滞内而不是供给过剩造成的闲置

[①] 《关于加强房地产开发统计工作的通知》（建住房〔2003〕60号）。
[②] JUD G D, FREW J. A Typicality and the Nature Vacancy Rate Hypothesis[J]. AREUEA Journal, 1990(18): 295-301.
[③] 董藩. 空置率过高是天大的谬误[EB/OL].（2006-03-15）. https://suzhou.news.fang.com/2006-03-15/661645.html.

(空置)，属于正常市场现象。房地产作为一种特殊商品，其开发需要较长的周期，而且具有较低的供给弹性和较高的需求弹性（市场需求的变化速度很快），这注定了房地产的供给要滞后于需求。当房屋竣工验收后，不一定会即刻转移到消费者手中，它们要销售出去或出租出去，有时需要一个合理的时间段，这就可能造成房地产市场的空置。房地产空置也表明房地产市场是一个竞争市场，空置商品房既是产生竞争的原因，也是产生竞争的结果。

第二，房地产市场上总是存在一定量的"有瑕疵"供给或者无效供给。这里的"有瑕疵"供给是指品质上不太适应市场需求，在价格上与购买者的购买力和现实购买欲望不很适应的商品；无效供给是指因品质存在严重缺陷而无人要的商品，或者在价格上消费者根本不接受的商品。由于决策失误、交通不便、施工质量缺陷以及楼层、朝向、设计、周边环境等方面的原因，总会有一些商品房要很费劲并延后很长时间才能卖出去，甚至根本卖不出去。这些就是"有瑕疵"供给或者无效供给，它们也表现为空置状态。

第三，空置起到调节市场供求的作用，是通往供求均衡的必经之路。经济学家马歇尔摆脱静态分析的方法，用动态分析法提出了均衡价格理论，认为市场也就在供给过剩和需求过剩的交替变化中，形成动态的均衡。现实的房地产市场一般都是非均衡的，原因主要在于：土地资源的稀缺性；房地产供给的时滞性；房地产需求的敏感性；房地产存量和新增量的不可预期性；房地产空间位置的固定性；不同房地产之间的异质性。从经济学均衡理论出发，空置商品房就是超额供应了不合理的房屋，促使其降低价格出售。从供给的角度看，若空置率过高，会给供给方带来租金损失的风险，迫使其降低房价或调低租金以刺激需求，减少空置；若空置率过低，供给方预期较高收益，造成房价和租金居高不下将抑制需求。从需求者的角度看，保持一定水平的空置率，不但使买方选择余地加大，而且使交易成本降低，需求增大；若空置率过低，买方不但选择余地小，而且交易成本加大将使需求萎缩。

三、通过闲置和过度需求模型分析房地产空置

现实房地产市场中经常出现这样的情况：一部分房地产闲置，找不到买主；同时存在一部分消费者买不到房地产。这种房地产市场中闲置与需求无法满足并存的现象，是房地产市场与一般商品市场的一个主要区别。可以用闲置和过度需求模型[①]分析房地产市场的空置，如图 5-13 所示。

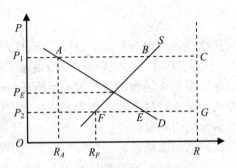

图 5-13 闲置和过度需求模型[②]

[①] 歌德伯戈，钦洛依. 城市土地经济学[M]. 北京：中国人民大学出版社，1990：168-171.
[②] 赵江涛. 我国商品住宅的空置及其对策研究[D]. 西安：西安建筑科技大学，2006：9.

根据城市的一般发展规律，短期内房地产开发的总数量是由城市人口的增长水平、未来城市经济的增长潜力和城市总体规划等多个约束因素共同决定的。假定一个特定区域的房地产供给总量为 R，针对需求，如果不考虑房地产的交易成本和中间成本，房地产需求取决于房地产价格 P_E；针对房地产供给，实际提供到市场上销售的房地产也取决于房地产价格 P_E。可以把房地产需求函数表示为：$D=\alpha-\beta P$，供给函数表示为：$S=-\delta+\gamma P$（α、β、δ、γ 均为常数，且均大于零），根据房地产供给与需求函数可以得到房地产均衡交易水平与均衡价格。

假设图 5-13 中房地产价格处于均衡状态。如果单位房地产均衡价格为 P_E，市场价格为 P_1，在 P_1 处，实际供给与需求相交于 A 点，供给 B 超过需求，房地产交易的实际数量为：R_A（$R_A=\alpha-\beta P$）。由于房地产的总供给为 R，所以当房地产市场实际价格高于房地产市场均衡价格时，房地产市场存在空置，空置房地产的数量为：AC（$AC=R-\alpha+\beta P_1$）。在这种情况下，房地产市场的空置水平由两部分组成：一是房地产市场在某一特定时期新增的供给大于实际需求的空置水平（增量空置）；二是房地产市场在某一特定时期已有的供给大于实际需求的空置水平（存量空置）。整个市场表现为实际投资过剩和有效供给不足。即当房地产价格高于均衡中的价格时，房地产市场存在均衡空置水平 BC，即在此价格水平下供给者不愿意出售或者出租的房地产数量，同时存在非均衡空置房地产数量 AB，即在此价格水平下供给者愿意出售和出租，但未能实现的房地产数量。当房地产销售者愿意接受价格水平 P_1，又不能在市场上实现销售时，房地产非均衡空置水平上升，例如市场中出现没有找到买主的房屋等市场现象。

如果价格低于均衡价格，当价格降到 P_2 时，在这个价格水平下，那些愿意购买房地产的人的购房数量将超过销售房地产的人所提供的数量，市场上实际交易的房地产数量为：R_F（$R_F=-\delta+\gamma P_2$），空置量为：FG（$FG=R+\delta-\gamma P_2$）。在这种价格水平下，市场产生均衡空置，其空置水平为 FG，或者说，在通行价格水平下不愿意转让或出售的空置房地产。所以，在房地产市场上总是存在空置。

【案例/专栏 5-1】 对空置商品房要区分摩擦空置与
市场空置两种情况

 本章小结

- 狭义的房地产市场是指进行房地产买卖、租赁、抵押等交易活动的场所，如房地产交易所、不动产交易所等。广义的房地产市场涵盖了包括房地产资金市场、房地产开发市场、房地产交易市场和房地产劳务市场在内的整个市场体系，是一国或地区市场体系中的一个相对独立并具有明显特征的专门化市场。房地产市场的交易活动表现为交易合同的实现以及权属的转移。

- 各行政主管部门、供给者与需求者、融资机构及其他中介机构等共同构成了房地产市场的主体，他们是房地产市场的参与者和操控者。这些市场主体通过市场的供求机制、价格机制等相互作用，共同使得房地产市场有效运转。房地产商品供给和需求的复杂性使得其市场的运行具有独特的规律，均衡价格和蛛网模型可以比较充分地诠释房地产市场运行机制。

- 在房地产市场中，最初为较高收入消费者建造的住房随着时间推移逐渐老化，同时随着新建房地产供应的增加，这部分房地产的价格相对甚至绝对下降。这时，根据梯度消费理论，较高收入的消费者为追求更好的居住条件会放弃现有房屋，而收入较低的消费者则会买入或承租该类房产并继续使用，这一调整变化的过程被称为"住房过滤"。
- 房地产市场四象限模型有两个假设条件：一是在市场其他条件给定的情况下，住宅资产（所有权）价格是由住宅资产市场的供给和需求相互作用决定的。二是在市场其他条件给定的情况下，在住宅使用市场，使用权的供需关系决定使用权价格，即租金。
- 房地产市场空置处在自然空置率水平时，对于供求双方都是有利的，其存在是合理而且有效率的，对于调节住宅市场需求、抑制房地产价格的不正常上涨、降低业主的机会成本等方面具有重要意义，对国民经济的良性循环与可持续发展也很有意义。

综合练习

一、本章基本概念

市场；房地产市场；房地产均衡价格；蛛网模型；四象限模型；梯度消费；住房过滤；过滤模型；空置；空置率；自然空置率；闲置和过度需求模型

二、本章基本思考题

1. 简述房地产市场的基本特征。
2. 房地产市场的构成主体主要包含哪些？
3. 简述房地产均衡价格的形成过程与蛛网模型。
4. 房地产市场过滤的过程是怎样的？
5. 房地产空置存在的原因是什么？
6. 如何利用房地产过滤模型分析中国住房保障政策？
7. 如何利用闲置和过度需求模型分析房地产市场空置？

推荐阅读资料

1. 奥沙利文．城市经济学[M]．9版．北京：中国人民大学出版社，2019．
2. 董藩，陈辉玲．住房保障模式经济效应考察：基于住房过滤模型的思考[J]．河北大学学报，2010（2）：1-7．
3. 迪帕斯奎尔，惠顿．城市经济学与房地产市场[M]．龙奋杰，译，北京：经济科学出版社，2002．
4. 歌德伯戈，钦洛依．城市土地经济学[M]．北京：中国人民大学出版社，1990．
5. 邓卫，宋杨．住宅经济学[M]．北京：清华大学出版社，2008．
6. 奥沙利文，吉布．住房经济学与公共政策[M]．孟繁瑜，译．北京：中国人民大学出版社，2015．

第六章　房地产价格

学习目标

通过对本章的学习，学生应了解或掌握如下内容：
1. 房地产价格的含义与特征；
2. 房地产价格的决定与构成要素；
3. 衡量房地产价格水平的若干指标；
4. 房地产价格的多种分类方式；
5. 房地产价格与土地价格、租金、利率、汇率、股价等经济变量间的关系；
6. 房地产价格评估的含义、原则、程序及方法。

导言

价格在经济学范畴中泛指买卖双方就商品交易订立的一种兑换比率。市场经济条件下，商品的价格由市场决定，即由价值规律、供求规律和竞争规律调节。对于具体一宗房地产来说，其价格是供给与有效需求相互博弈共同决定的。中国房地产价格自住房商品化改革之后，增长速度一直较快，业已成为关系国计民生的重要问题。房地产经济学研究的核心是把握房地产价格的内涵与决定因素，进而重点研究房地产价格与土地价格、租金、利率、汇率、股价等经济要素之间的关系以及房地产价格评估等。

第一节　房地产价格的基本理论

马克思主义经济学的劳动价值理论认为，房地产价格的基础是价值，其从构成上看是土地、建筑物及其相关权益的价值的货币表现形式。而西方经济学则认为，房产价格的内涵可从机会成本和供求机制两方面把握：一方面，房地产价格是和平地获得他人的房地产所必须付出的代价；另一方面，具体一宗房地产的价格由市场需求和供给共同作用形成。

一、房地产价格的含义与特征

价格是经济研究的核心问题，其内涵多种多样，典型的是以下两种：第一，按马克思的观点，价值是凝结在商品或服务中的人类抽象劳动。那么，价格就是商品或服务价值的货币表现，这种解释是针对价格表象的一种分析。第二，价格是为获得一种商品或服务所必须付出的东西，它通常用货币表示，但不一定用货币形式来偿付，此种解释从机会成本

角度揭示了价格的本质。商品价格与传统观念的"商品价值"并无必然的关系，因为一件商品的价格形成于市场无数个体（包括需求方与供给方）之间的"讨价还价"与动态博弈，也就是说，价格最终取决于商品的供应及需求，而与其价值无关。例如，某商品甲（如钻石）即使在用途（使用价值）上较某商品乙（如空气）少，但亦能因为其供应量相对于需求较少，而比商品乙具有更高的价格。

从价格的第一层内涵来看，房地产价格是指在开发、建设、经营房地产过程中所耗费的全部社会必要劳动所形成的价值，以及土地所有权价格综合的货币表现。从价格的第二层内涵看，房地产价格是和平地获得他人的房地产所必须付出的代价，它既反映了房地产资源的稀缺程度，也反映了市场对这种商品的有效需求规模，由房地产市场的需求和供给共同作用形成。

房地产价格与一般物品价格的相同点在于，它们都是由货币表示商品价格，并且受市场供求关系的影响，具有一定的波动性。但房地产商品作为实物、权益与区位的综合体，其价格还具有一些显著特征，具体如下。

（一）地域性

房地产也叫不动产，其固定不变的区位是决定价格的一个根本因素。房地产的不可移动性决定了房地产商品的唯一性，任何一宗房地产只能就地开发、利用或消费，完全受制于其所在的空间与环境。房地产的供求状况、价格水平及市场周期变化等都具有一定的区域性，突出表现为不同地区的房地产价格水平及变化规律各不相同。房地产地域性的特征不但使其外部效应[①]表现得更为突出，而且使得房地产市场隐含着一定的地域性垄断。

（二）异质性

房地产商品因其区位、自然、社会、经济条件的差异以及建筑物样式、风格、朝向、规模、装修、物业、附属设备等方面的差别，强化了其异质性。房地产商品的异质性主要表现为位置固定性、质量差异性及面积有限性等特征，这使得房地产市场上不可能存在统一价格。以上因素也使得房地产市场不具备完全的自由市场特征，其价格既不易识别又各不相同。此外，房地产商品价值量往往较大，某一类型的物业一般只有少数几个买者或卖者，所以其价格一般随着交易的需要而个别形成，交易主体之间的个别因素及偏好起到很大作用。

（三）趋升性

从经验数据看，房地产价格往往具有趋升性。长期来看，因为房屋使用功能的永久性与居住需求的不变性造成房地产具有增值、保值性。房地产商品的相对稀缺、土地供给缺乏弹性、城市人口刚性增加、生活方式改善、经济发展、消费者收入水平提高及技术持续进步等多种因素决定房地产价格的趋升性往往不可避免。中期来看，房地产价格一般不是直线上升的，而是伴随着供求的变化呈现螺旋上升状态。而在短期内，由于战争、瘟疫、投机、动乱以及衰退等政治、社会、自然和经济因素，房地产价格也可能会下降。

[①] 当一种经济交易的结果影响了交易双方之外的第三者，而第三者又未参与交易时，即产生了外部效应。房地产商品由于地域性，使企业或个人向市场之外的其他人强加某种成本或利益。

（四）权益性

现代产权经济学认为，商品交易的本质不是物品实体的转移，而是一组权利的转让，这一特征在房地产市场中体现得尤为明显。房地产交易的前提就是存在一组明确界定的、专有的、可转让的财产权利。房地产位置相对固定，在交易中转移的并非房地产实物本身，而是关于房地产的所有权、使用权和抵押权等一系列权利。因此，房地产价格实际是一种权益价格。因为价格是对依附于房地产上的权利的衡量，所以根据其不同的权益要求，实物状况相同的同一宗房地产可以具有不同的价格。

（五）政策性

房地产行业是关系国计民生的支柱行业，其市场发展形态和价格水平受政府政策的重要影响。首先，土地市场受到政府的严格把控，土地的权属性质、稀缺性以及耕地保护的必要性都决定了政府必须直接参与土地资源的配置。政府的各类土地利用规划、计划以及相关土地保护政策都会对区域土地价格产生重大影响。其次，具体到房地产市场，各种宏观经济政策以及房地产业本身的调控政策对房地产价格的影响也非常大。

（六）多样性

一般商品的交易方式主要是买卖，价格常表现为单一的买卖价格。而房地产因其价值量大、使用寿命长，所以交易方式多种多样。除了买卖和租赁这两种基本交易方式，还有抵押、典当、作价入股等交易形式。这样，房地产价格既可以用买卖价格，即出售价格表示，也可以用一定期间的收益，即租赁价格表示。租金代表一定期间的收益，将收益以适当的折现率折现，就可以得到买卖价格。在不同的交易方式中，房地产价格还有不同的表现方式，如抵押价、典当价等。

二、房地产价格的决定因素

房地产价格是房地产市场运行的中心，它关系到房地产所有权与使用权在经济上的实现，关系到房地产市场的运行秩序，关系到房地产资源的优化配置。在市场经济条件下，房地产商品的价格及变化趋势由供给与需求共同决定；反之，房地产商品的价格水平及变化又引导了供求数量的调整。房地产供给是指在一定市场条件下房地产的生产者或持有者（针对二手房市场和租赁市场）愿意并且能够提供给市场的房地产数量。房地产供给反映了市场条件与生产者或持有者供应意愿之间的对应关系。而市场条件主要包括房地产价格、生产要素价格、技术与管理水平、市场价格预期、政府税收和产业政策等。房地产需求是指在一定市场条件下消费者愿意并且能够购买或者承租的房地产数量，它反映了市场条件与需求者购买意愿之间的对应关系。这里的市场条件主要包括房地产价格、需求者收入水平、相关商品的价格（如建材、家具等互补品）、消费者偏好、厂商营销手段和价格预期等。

市场供求机制是指当房地产商品的供给大于需求时，逐渐形成买方市场，此时价格下降，供给减少，需求上升，最终供需均衡，价格重新达到均衡；当房地产供不应求时，形成卖方市场，价格上升，供给增加，需求减少，最终再达到均衡。市场机制运行的结果是最终趋向于市场均衡，也称为市场出清，即不存在超额需求或超额供给。

三、房地产价格的构成

从房地产开发企业的财务核算上看,房地产价格主要由房地产开发成本和利润两大部分构成。其中,房地产开发成本是指开发企业在开发和销售房屋的整个过程中发生的土地取得、建筑安装、市政配套、营销管理等各种支付。利润是指房地产开发企业在销售房地产的收入中扣除成本和税金以后的余额,利润总额往往由营业利润、投资收益和营业外收支差额三部分构成。开发成本是决定开发企业回报以及下一生产周期房地产供应的重要因素。只有房地产价格等于或大于开发成本,开发商才能补偿耗费的资金,开发活动才能够持续进行下去。开发成本的构成是以生产费用为理论基础的成本价格的组合,它与市场价格有所区别。

房地产开发建设涉及较多环节,所以最终的开发成本的构成包含很多内容,并且在不同国家或地区也表现出较大差异,下面以中国住宅开发为例加以分析。从开发企业的经营核算来看,中国住宅的成本主要包含但不限于以下几部分。[①]

(一) 土地费用

土地费用包括城镇土地出让金、土地征用费及安置补偿费。

(1) 土地出让金是指各级政府土地管理部门将土地使用权出让给土地使用者,按规定向受让人收取的土地出让的全部价款(指土地出让的交易总额),或使用期届满时,土地使用者需要续期而向土地管理部门缴纳的续期土地出让价款,或原通过行政划拨获得土地使用权的土地使用者,将土地使用权有偿转让、出租、抵押、作价入股或投资时,按规定补交的土地出让价款。

(2) 土地征用费主要是指征用农村土地时发生的费用,包括土地补偿费、土地投资补偿费(青苗补偿费、树木补偿费及地面附着物补偿费)、人员安置补助费、土地管理费等。

(3) 安置补偿费是指国家在征用土地时,为了安置以土地为主要生产资料并取得生活来源的农业人口,所给予的补助。

因为土地自然供给有限,经济供给缺乏弹性,土地费用在房地产价格中所占比例有逐步上升的趋势。

(二) 前期工程费

前期工程费主要是指房屋开发的前期规划费、设计费、可行性研究费、地质勘探费以及前期土地开发费用,它在整个成本构成中所占比例一般相对较低。

(1) 房地产开发项目的规划、设计、可行性研究等费用,一般可以按项目总投资额的一定百分比估算。通常规划及设计费为建安工程费的3%左右。水文地质勘探费可根据所需工作量结合有关收费标准估算。

(2) 前期土地开发费用主要包括地上原有建筑物、构筑物拆除费用,场地平整费。

(三) 建筑安装工程费

建筑安装工程费是指用于建安工程建设的总成本,又被称为房屋建筑安装造价,它在

---

① 马立军. 住宅价格形成机制研究[D]. 保定:河北农业大学,2006:10.

整个成本构成中所占比例相对较大。建筑安装工程费主要包括建筑工程费（建筑、特殊装修工程费）、设备及安装工程费（给排水、电气照明、电梯、空调、燃气管道、消防、防雷、弱电等设备及安装）以及室内装修工程费等。

（四）市政公共设施费用

市政公共设施费用包含基础设施和公共配套设施建设费两部分。

（1）基础设施建设费又称红线内工程费，包括供自来水、供电、供气、道路、绿化、排污、排洪（雨）、电讯、环卫等工程建设费用。

（2）公共配套设施建设费用是指在建设用地内建设的为居民提供配套服务的各种非营利性公用设施（如学校、医院、派出所等）和各种营利性的配套设施（如菜市场等商业网点）所发生的费用。同时还包括建设一些诸如燃气调压站、变电室、自行车棚等室外工程所发生的费用。

（五）管理费用

管理费用主要是指房地产开发企业为组织和管理房地产开发经营活动所发生的各种费用，包括管理人员工资、差旅费、办公费、保险费、培训费、养老保险费等，一般在整个成本构成中所占比例较小。

（六）贷款利息

房地产因开发周期长、投资数额大等原因，必须借助银行的信贷资金。在开发经营过程中通过借贷筹集资金而应支付给金融机构的利息是开发成本的一个重要组成部分。贷款利息的大小与所开发项目的大小以及融资额度的多少等因素具有密切关系，其所占成本构成比例相对不稳定。

（七）税费

税费包含税收和行政性费用两部分。

（1）与房地产开发建设有关的税收包括房产税、城镇土地使用税、耕地占用税、土地增值税、两税一费（增值税、城市维护建设税和教育费附加）、契税、企业所得税、印花税等。

（2）行政性费用主要是指由地方政府和各级行政主管部门向房地产开发商收取的费用，主要包括征地管理费、商品房交易管理费、大市政配套费、人防费、煤气水电增容费、开发管理费等。

（八）其他费用

其他费用是指不能列入前七项的所有费用，主要包括销售广告费、各种不可预见费等，在成本构成中所占比例一般较低。

四、衡量房地产价格的主要统计指标

将房地产的价格水平控制在一定的范围内是保持房地产行业可持续发展的重要前提，所以如何衡量房地产价格水平的高低非常重要。房地产市场主体、相关管理部门及学术界提出了一些衡量房地产价格水平的指标，以下分别加以介绍。[1]

---

[1] 贺亮. 中国房地产住宅市场统计指标体系研究[D]. 南京：南京农业大学，2008：51.

（一）房地产指数

房地产指数主要包括房地产价格指数和房地产综合景气指数两大类。

1. 房地产价格指数

房地产价格指数是动态描述一定区域内各类房地产（包括商业用房、住宅和办公楼等）价格变动及总体价格平均变动趋势与变动程度的相对数。房地产价格指数是一种单一指标指数，即选取一定数量的房地产价格样点，进行价格指数的编制。房地产价格指数抓住了市场价格这一核心因素，是准确、系统地描述房地产价格运动规律的最重要的经济指标。房地产价格指数的理论依据是"特征价格理论"，其内涵为消费者在追求效用最大化过程中，每增加一个单位某种属性的消费，愿意支付的边际费用。特征价格理论的基本思路是将房地产商品的价格分解，以显现出其各项特征的隐含价格。目前中国研究机构对房地产价格的计算主要有房屋销售价格指数、房屋租赁价格指数、土地交易价格指数三个种类。

2. 房地产综合景气指数

房地产综合景气指数是根据一定的原则选取包括房地产价格在内的多种反映房地产景气或房地产业发展状况的经济指标。研究者采用一定的综合方法（如合成指数法或扩散指数法），对经济指标进行加权，综合得到一个综合景气指数，以反映房地产市场或房地产业的景气状况。房地产综合景气指数一般是以经济周期理论、经济景气预警理论等为基础进行编制的，主要用于宏观经济形势与宏观行业发展的分析。目前中国房地产综合景气指数的代表是"全国房地产开发业综合景气指数"[①]。

（二）房价收入比

房价收入比（housing price to income ratio）是指房地产价格与城市居民家庭年收入之比，是国际上被广泛使用的一种衡量房地产市场发展态势及价格水平的指标。目前，国际上通用的房价收入比的计算方式是以成套住宅价格的中值除以家庭年收入的中值。家庭年收入的中值是指全部家庭成员（通常包括夫妇二人）的年度税前收入取中值。房价收入比本质上反映特定一个国家或地区土地和劳动力两种要素价格的比例关系。一些学者认为：合理的房价收入比的取值范围为4~6，若计算出的房价收入比高于这一范围，则房价偏高；高出越多，则价格偏高得越多。现阶段，中国大部分学者认同的房价收入比是房地产平均价格与居民平均年收入的比值，但不同的学者对房地产平均价格及居民平均年收入如何衡量的看法各不相同。不同国家或地区的土地和劳动力的比较优势不同，而且房价的统计范围和收入统计范围也不同，因此简单的横向比较意义不大。表面上，房价收入比可以考察在当前的收入水平下，居民对当前房价的承受能力，但在深层上，房价收入比在各个时期的纵向比较上更有价值，可用来判断居民对房地产价格承受能力的变化情况。一般情况下，大城市的房价收入比高于中小城市，人多地少区域的房价收入比高于人少地多区域的。

（三）空置与吸纳指标

国外的市场统计中，空置房屋是指可以用于出售（或出租）但尚未售出（或租出）的房屋；空置率是指相应类型的房屋的空置量与其总存量的比例。在中国的统计指标中，空

[①] 全国房地产开发业综合景气指数是国家统计局在1997年研制并建立的一套针对房地产业发展变化趋势和变化程度的综合量化反映的指数体系，该指数体系是由8个分类指数合成运算出来的综合指数。

置是指报告期末已竣工的商品房建筑面积中,尚未销售或出租的部分,包括以前年度竣工和本期可供出售(或出租)的商品房面积。空置率为当前商品房空置量与近三年竣工的商品房面积之比。中国对空置及空置率的统计反映了房地产增量市场的销售情况,而国外的空置及空置率则直接反映了当前市场的供求关系。

吸纳率反映当期新建商品房被市场占用或吸纳的程度。吸纳率的变化可以反映市场的需求变化趋势,进而确定市场的合理供给量。国外用吸纳率反映增量房地产市场的销售状况。吸纳周期指的是按报告期内的吸纳速度(单位时间内的吸纳量)计算,同期可供出售量可以全部被市场吸纳所需要花费的时间,在数值上等于吸纳率的倒数。在新建商品房销售市场中,吸纳周期又称为销售周期。

(四)租售比值

租售比值(rent to sale ratio)是指在特定时期内,某一国度或地区,平均一套住房的租金与售价之间的比例关系,该指标可以反映房地产租赁与买卖市场上租金和售价之间的关系,表示为

$$租售比值 = \frac{房地产租金(年或月)}{房地产价格} \quad (6.1)$$

国际惯例上合理的租售比值的经验数据是,若按每月房租计算,租售比值应为 1:300~1:200;若按年房租计算,租售比值为 1:25~1:17。相对于房地产买卖价格来说,房地产租金的变化幅度一般较小,这是因为承租人的目的是居住,而没有投机因素。需求者可以根据租售比值的大小,在买房和租房行为之间权衡取舍。一定的条件下,由于房地产销售与房地产租赁之间存在着一定的互动性,也就是说,房地产售价上涨可能会引发房地产租金上涨,同理,房地产租金上涨也可能会在一定程度上导致房地产售价上涨。

(五)住房消费支出比率

住房消费支出比率(housing consumption rate)是指居民家庭的住房支出占生活消费支出的比率。目前,国际上对用于住房方面的消费支出有不同的表述,主要包含以下三种:住房消费支出仅指房租支出;住房消费支出指居住支出,除了房租,还包括水、电、燃料及其他家具和设备服务等支出;住房消费支出指购房款或房租、装饰装修款、能源使用费和物业管理费等。一个国家房地产市场的理性发展要求住房消费支出比率在一个合理的数值内,过低或过高都将影响经济发展的速度和人民生活的质量。所以,一方面要鼓励居民的正常消费,在稳步增加居民收入的同时,积极调整产品结构,增加居民能够消费得起的住房产品种类供给,以构建阶梯式的房地产供给市场和消费市场;另一方面要引导居民理性消费,防止房地产市场的投机。

【案例/专栏 6-1】 全国 70 个大中城市房地产价格统计调查方案

第二节 房地产价格的分类

房地产价格作为房地产资源合理配置最重要的调节机制,既是重大的民生问题,又关

系市场的持续健康发展。房地产与一般商品相比具有很多不同的特征,再加上房地产市场的特殊运行规律,决定了房地产价格的分类形式具有多样性。房地产价格的多种分类形式是相对于其他一般商品价格的单一性而言的,是由房地产的特性及经济社会结构决定的。房地产价格种类繁多,有一些还是特定房地产制度下的产物。不同的分类方式以及不同的价格形式起到的作用也各不相同。

一、成交价格、市场价格、理论价格和评估价格

房地产成交价格简称成交价,是指一笔房地产交易中双方实际达成交易(买者愿意付出、卖者愿意接受)的额度,即买者支付、卖者收取的货币额、商品或其他有价物。成交价格伴随交易产生,属于已完成的事实,其高低通常受到交易者的收入水平、动机、对交易对象及市场的了解程度、购买或出售的急迫程度、讨价还价能力、交易双方的关系、卖者的价格策略等因素的影响。

房地产市场价格是指某种房地产商品在市场上的一般的、平均的价格,是该类房地产大量成交价格的一个抽象结果。同一宗房地产商品在同一市场上一般只能有一种价格,其价格由部门内部竞争形成,它决定于此类房地产商品在市场上的供求状况。

房地产理论价格是遵循"经济人"前提假设下的房地产均衡价格,是在真实需求与真实供给相等的条件下形成的价格。一般来说,成交价格围绕市场价格上下波动,市场价格又围绕理论价格上下波动。

房地产评估价格简称房地产评估值、房地产评估价或房地产评估额,是房地产估价人员对房地产的某种客观合理价格进行测算和判定的结果。评估价格根据估价方法的不同而有不同的称呼,如通常将按市场法求得的价格称为比准价格,将按收益法求得的价格称为收益价格,等等。当房地产市场处于正常状态时,用市场法求得的价格应当与用收益法求得的价格基本一致。

二、市场调节价、政府指导价和政府确定价

房地产的市场调节价是指由房地产经营者自主制定,通过市场竞争形成的价格。对于实行市场调节价的房地产商品,由于经营者可以自主确定价格,所以,估价应依据市场供求状况进行。

房地产的政府指导价是指由政府价格主管部门或者其他有关部门,按照定价权限和范围规定基准价及其浮动幅度,指导房地产经营者制定的价格。对于实行政府指导价的房地产,由于经营者应在政府指导价规定的幅度内制定价格,所以,估价结果不得超出政府指导价规定的幅度。

房地产的政府确定价是指由政府价格主管部门或者其他有关部门按照定价权限和范围制定的价格。对于实行政府确定价的房地产,由于经营者应执行政府确定价,所以,估价结果应以政府确定价为准。政府对价格的干预,还有最高限价和最低限价,以及规定成本构成或利润率等形式。

三、基准地价、标定地价和房屋重置价格

基准地价是针对不同地域或不同级别的土地,按照商业、居住、工业等用途划分,分

别评估确定的最高年限土地使用权的平均价格。城市基准地价是以一个城市为对象，在该城市一定区域范围内，根据用途相似、地块相连、地价相近的原则划分地价区段，调查评估出的各地价区段在某一时点的平均价格。

标定地价是在基准地价的基础上，按土地使用年限、地块大小、形状、容积率、微观区位、市场行情等，修订评估出的具体地块在某一时期的价格。

房屋重置价格是在某一基准日期，按照当前的建筑技术、工艺水平、建材价格、运输费用和人工费用等情况，重新购建与原有房屋结构、式样、质量、功能基本相同的房屋所需的费用。在实际估价中，估价对象即房屋或建筑物的价格，可以通过对这种房屋重置价格的比较、修正来求取。

四、土地价格、建筑物价格和房地价格

土地价格简称地价，对于一宗没有建筑物的空地，此价格即指该宗土地的价格；对于一宗有建筑物的土地，此价格是指该宗房地产中土地部分的价格，不含建筑物的价格。对于同一宗土地，其"生熟"程度不同，会导致价格不同。[1]有时根据土地的"生熟"程度，把土地粗略地分为生地、毛地、熟地三种，由此又有生地价格、毛地价格、熟地价格之说。

建筑物价格是指建筑物部分的价格，不含建筑物所占用的土地的价格。常说的房价，例如购买一套商品住房的价格，通常含有该建筑物占用的土地的价格，与这里所说的建筑物价格的内涵完全不同。

房地价格又称房地混合价，是指建筑物连同其占用的土地的价格，它往往等同于人们平常所说的房价。

对于同一宗房地产而言，可以推导出如下结论：房地价格=土地价格+建筑物价格。

五、总价格、单位价格和楼面地价

房地产总价格简称总价，是指某一宗或某一区域范围内的房地产整体的价格之和。

房地产单位价格简称单价，其中，土地单价是指以单位土地面积衡量的土地价格；建筑物单价通常是指以单位建筑物面积（如建筑面积、套内建筑面积、使用面积等）衡量的建筑物价格；房地产单价是指以单位建筑物面积衡量的房地价格。房地产的单位价格可以反映房地产价格水平的高低。

楼面地价是一种特殊的土地单价，是指单位建筑物面积对应的土地价格，即指平均到每单位建筑面积上的土地价格。楼面地价与土地总价的关系为

$$楼面地价=土地总价/总建筑面积$$

由此公式可以找到楼面地价、土地单价、容积率三者之间的关系，即

$$楼面地价=土地单价/容积率$$

六、所有权价格、使用权价格和其他权益的价格

房地产所有权价格是指完整产权意义上的价格。但如果在所有权上设定了他项权利，

---

[1] 土地按"生熟"程度可分为五种：(1) 未征用、未补偿的农地；(2) 已征用、补偿但未做"三通一平"或更高程度开发的土地；(3) 已做"三通一平"或更高程度准备的土地，如已做"七通一平"或"九通一平"的土地；(4) 在现有城区内有待拆迁建筑物的土地；(5) 已做拆迁、补偿、安置的城市空地。

则所有权变得不完整,价格因此会降低。所有权为占有权、管理权、享用权、收益权、排他权及处置权(包括出售、出租、抵押、赠予、继承)等诸项个别权利的总和。

房地产的使用权价格实际是租赁价格。以土地为例,中国目前有偿出让和转让的土地的价格都是使用权价格[1]。从国家那里获得的土地使用权的价格,法定名称为出让金,但在现实中有各种演变,多称地价款。出让土地使用权的价格还可按照用途及使用年限区分,如40年商业用地出让价格、50年工用土地出让价格、70年居住用地出让价格等。

其他权益的价格泛指所有权价格、使用权价格以外的各种房地产权益价格,如典权价格等。

七、买卖价格、租赁价格、典当价格、抵押价格、保险价格、课税价格和征用价格

房地产买卖价格简称房地产买卖价,是房地产权利人通过买卖方式将其房地产转移给他人,由房地产权利人(卖方)收取、他人(买方)支付的货币额或其他等价物。

房地产租赁价格常称房地产租金,单讲土地时称为地租,在房地混合条件下则称为房租,它是权利人作为出租人将其房地产出租给承租人使用,由出租人收取、承租人支付的货币额或其他等价物。房租有按使用面积计算的,也有按建筑面积计算的。房租也有日租金、周租金、月租金和年租金之别。例如,中国目前的房租有市场租金(或称协议租金,是由市场供求状况决定的租金)、商品租金(是以房地价值为基础确定的租金,其构成内容包括折旧费、维修费、管理费、贷款利息、房产税、保险费、地租和利润八项因素)、成本租金(是按照出租房屋的经营成本确定的租金,由折旧费、维修费、管理费、贷款利息、房产税五项因素构成)、准成本租金和福利租金等。

房地产典当价格是在设定典权时,由出典人收取、典权人支付的货币额或其他等价物。典当价格往往明显低于房地产的实际价格。

房地产抵押价格是以抵押方式提供债务履行担保时的房地产的价格。理论上讲,抵押价格本质上应是债务履行期届满债务人不履行债务,通过对抵押房地产折价或者拍卖、变卖所最可能实现的价格,或在设定抵押时约定的价格。

房地产保险价格是将房地产投保时,为确定保险金额提供参考依据而评估出的价格。评估保险价格时,估价对象的范围应视所投保的险种而定。

房地产课税价格是为课税的需要,由估价人员评估的作为计税依据的价格。具体的课税价格如何,要视税收政策而定。

房地产征用价格是政府强制取得或强制使用房地产时,给予权利人的补偿金额。

八、现房价格和期房价格

商品依据交割时间的不同,其价格往往具有不同的表现形态,例如现货价格[2]与期货价

---

[1]《中华人民共和国城市房地产管理法》第8条规定:"土地使用权出让,是指国家将国有土地使用权在一定年限内出让给土地使用者,由土地使用者向国家支付土地使用权出让金的行为。"

[2] 现货价格是指在交易达成后立刻或在短期内(可视为在交易达成的同时)进行商品交割的价格;期货价格是指在交易达成后按约定在未来某个日期进行商品交割的价格。

格。房地产市场中的现货价格和期货价格通常被称为现房价格（含土地价格）和期房价格（含土地价格）。

期房价格=现房价格-预计从期房达到建成交房所需时间段内可比现房出租的净收益的折现值-风险补偿。无论是现房价款还是期房价款，付款方式又分在交易达成后立刻付清或在短期内一次付清、按约定在未来某个日期一次付清或分期付清等。

九、起价、标价、成交价和均价

起价、标价、成交价和均价是在商品房销售中出现的一组价格名称。

起价是指所售商品房的最低价格。这个价格通常是楼层、朝向、户型最差的商品房的价格，甚至这种价格的商品房不存在，仅是为了做广告宣传，吸引人们对所销售商品房的关注而虚设的价格。所以，起价通常不能反映所售商品房的真实价格水平。

标价又称报价、表格价，是商品房出售者在其"价目表"上标注的不同楼层、朝向、户型商品房的出售价格。一般情况下，买卖双方会在标价基础上讨价还价，最后出售者可能做出某种程度的让步，按照比标价低的价格成交。

成交价是商品房买卖双方的实际交易价格。商品房买卖合同中写明的价格一般就是这个价格。

均价是所销售商品房的平均价格，具体有标价的平均价格和成交价的平均价格，成交价的平均价格一般可以反映所销售商品房的总体价格水平。

十、保留价、起拍价、应价和成交价

保留价、起拍价、应价和成交价是在房地产拍卖中出现的一组价格名称，房地产拍卖是以公开竞价的形式，将房地产转让给最高应价者的买卖方式。

保留价又称拍卖底价，是在拍卖房地产前确定的可售的最低价格。拍卖分为无保留价拍卖和有保留价拍卖。有保留价拍卖是指在拍卖前将拍卖的房地产进行估价，确定一个比较合理的保留价。拍卖房地产无保留价的，拍卖师应在拍卖前予以说明。拍卖的房地产有保留价的，竞买人的最高应价未达到保留价时，该应价不发生效力，拍卖师应停止对该房地产的拍卖。

起拍价又称开叫价格，是拍卖师在拍卖时首次报出的拍卖房地产的价格。拍卖有增价拍卖和减价拍卖。增价拍卖是先对拍卖房地产确定一个最低起拍价，然后由低往高叫价，直到最后由出价最高者获得。减价拍卖是由拍卖师先喊出拍卖房地产的最高起拍价，然后逐次喊出逐步降低的价格，直至有竞买人表示接受而成交。增价拍卖是一种常见的叫价方式。在增价拍卖中，起拍价通常低于保留价，也可以等于保留价。

应价是竞买人对拍卖师报出的价格的应允，或是竞买人自己报出的购买价格。

成交价是经拍卖师落槌或者以其他公开表示买定的方式确认房地产竞买人后的最高应价。在有保留价拍卖中，最高应价不一定成为成交价，只有在最高应价高于或等于保留价的情况下，最高应价才成为成交价。

十一、拍卖价格、招标价格和协议价格

拍卖价格、招标价格和协议价格是一组与房地产交易（或出让）所采取的方式相联系

的价格名称。拍卖价格是指采取拍卖方式交易（或出让）房地产的成交价格。招标价格是指采取招投标方式交易（或出让）房地产的成交价格。协议价格是指采取协议方式交易（或出让）房地产的成交价格。

协议出让方式是政府对那些需要扶持的高科技项目等提供土地供应的常见方式，政府一般会降低地价。招标出让方式由于不仅考虑投标人的出价，通常还考虑投标人的开发建设方案和资信等，所以选定的土地使用者不一定是出价最高者，从而有抑制地价过快上涨的作用，但与协议出让相比，招标出让方式有抬高地价的作用，毕竟有了一些竞争色彩。拍卖出让方式由于土地使用权由谁获得完全根据价格高低确定，所以最能抬高地价。通常协议地价低于招标地价，招标地价低于拍卖地价。

第三节　房地产价格与其他变量的关系

房地产作为商品在市场上销售，其最终价格主要受到市场供求的影响，但土地价格、房地产租金水平、利率、汇率、货币供应量、市场预期及股票价格等经济变量与房地产价格之间相互影响，具有复杂的关系。通过对房地产价格与这些变量之间关系的分析，能够更加全面地把握房地产价格的影响因素与变化趋势。

一、房地产价格与土地价格

土地价格作为房地产开发成本的重要组成部分，在经验上常被认为是决定房地产价格高低的重要因素。但是，短期内，成本并不是影响市场价格的决定因素，市场供求才是决定价格的关键。在市场经济条件下，终端产品在市场上的需求决定了对上游产品的需求，同时终端产品可接受的价格决定了上游产品的价格。因此，是房地产市场的供需情况决定了土地市场的供需情况，房屋的价格决定了土地的价格。

房地产价格与土地价格在本质上都是一种产权价格，并且由各自的供求关系决定。但二者之间存在不同，表现为土地市场所决定的土地价格更倾向于一种需求价格。因为土地的自然供给缺乏弹性，经济供给受政府相关部门规划及各种用地计划的限制，也缺乏弹性。此种情况下，地价主要由需求一方决定，需求上升则地价上升，需求下降则地价下降。

从中长期（指超过一个房地产生产周期）看，增量市场中的房地产价格除了受需求方影响，还受供给方影响。因为增量房地产的供给不同于单纯的土地（没有生产费用）供给，它是一个生产过程，必须通过销售价格补偿生产过程中的各种支出并获得合理利润，才能维持再生产过程。因此增量市场中的房地产价格作为一种供给价格不仅是买方愿意购买的价格，更应是卖方愿意出售的价格。而作为需求价格的土地价格实际上是由房屋的引致需求带动的，即由于对土地产出物——房地产的需求导致了对土地的需求。

二、房地产价格与房地产租金

由于房地产商品价值量大，部分需求者暂时买不起或不想购买时，就会选择承租房产。房地产市场相应地被细分为买卖市场和租赁市场，从而形成了房价和租金两种价格形态。房地产价格是指在买卖市场中开发商或业主最终成功出售住房形成的房屋价格，而房地产租金则是在租赁市场上所有者暂时转移房地产使用权而获得的补偿或者毛收益。关于房地产价格与房地产租金关系的研究较为典型的是马克思的地租理论以及迪帕斯奎尔—惠顿模型（D—W 模型）。两种理论均假设房价和租金处于同一个成熟的市场环境下，没有相互区隔，从而得出房价和租金呈正比的关系[①]，即

$$房地产价格 = \frac{租金}{i}（i 为租金与房价的比率）\qquad(6.2)$$

所不同的是，马克思的地租理论将房价和租金看成同一住房商品的不同价值表现形式，租售比价 i 是按照房价计算租金的市场依据；D—W 模型则侧重于房屋的投资属性，将租金与房价的比值看作房屋资产的投资回报率 i。

在美国，租房居住是一种住房消费常态，甚至有一些人即使具有购房能力依然选择租房居住。美国的住房买卖市场和租赁市场是平等、平行的关系，二者相互补充，一起满足人们的居住需求。租金成为联结两个市场的关键因素，租金回报率的高低成为人们是否投资房地产的一个重要原因。租金、租金回报率和房价三者形成一种联动效应。

房价和租金绝对的正比关系在现实的房地产市场中是不存在的，因为无论在何种社会形态和经济形势下，价格总会受到各种因素的影响。无论是买卖还是租赁，其价格都形成于市场无数个体的讨价还价。所以，房价取决于买卖供需关系，而租金取决于租赁供需关系。房地产消费和投资的双重属性决定了买卖市场上房地产的需求包括自住需求和投资需求，二者均为市场的真实需求，最终价格就取决于某一时间点上的供给和需求。租金的价格则为真实的租赁需求与供应之间相互作用的结果。

房地产租赁市场和买卖市场既相互分割又具有联系。租赁市场与买卖市场的分离表现为各自市场供给方与需求方的分离，这决定了各自价格的形成可能是互相独立的，买卖价格与租金不具有互相决定性。两个市场的联系在于，房地产需求者在同一时间、地点上其总量基本是不变的，购买者愈多则承租者愈少，基于此才导致两种价格之间的相互影响。前期价格会影响房地产市场中需求者的购买与租赁比例，还影响下一期的两种价格。就现实来看，买卖市场和租赁市场并不是理论上的相互独立的市场，而是两个具有互补性、竞争性和依存性的市场。

三、房地产价格与利率

利率是指一定时期内利息额同借贷资本总额的比率。利率是单位货币在单位时间内的利息水平，与信贷资本结合在一起，可以计算出利息的多少。影响利率的主要因素包括资本的边际生产力、资本的供求关系、承诺交付货币的时间长度及所承担风险的程度等。利率是宏观经济调控的重要工具，当经济过热、通货膨胀上升时，央行便提高利率、收紧信贷；当过热的经济和通货膨胀得到控制时，便会把利率适当地调低以促进经济发展。几乎所有的资产价格波动均与利率这一经济变量有着或多或少的联系，房地产价格也不例外。[②]

[①] 中国长期存在着房价与租金背离的现象，关于这个问题的理解，请参考：董藩，刘建霞. 我国住房价格与租金背离的行为解释[J]. 改革，2010（2）：23-28.

[②] 决定房地产价格的利率体系为：国内各地房地产抵押贷款的平均利率；国家银行所发行的土地债券的平均利率；国内房地产抵押贷款近二十年来长期利率的平均数；政府发行的中长期国债的平均利率。具体到市场主体选择哪种标准利率作为评判房地产价格的趋势，或者说哪种标准利率最大程度影响房地产价格，这要根据房地产交易者对未来收益以及风险的判断及他们自己承担风险的能力而定。

利率究其本质是借款人必须为其所借金钱所支付的代价，亦是放款人延迟消费、借给借款人所获得的回报。房地产价值量巨大，无论是买方还是卖方都经常利用借贷手段解决资金问题。

房地产价格与利率的理论关系是一种负相关的关系：利率上升，则房地产价格下降；利率下降，房地产价格上升。利率主要从以下几个方面影响房地产价格的涨跌。[1]

其一，从投资角度看，房地产作为重要的投资品之一，当利率下降时，资金存入银行的吸引力减弱，流动资金及抵押贷款将快速进入房地产市场。此时，房地产需求者的融资成本会降低，投资需求上升，也将推动房地产价格上涨；相反，利率上升时，融资成本上升，需求下降，房地产投资和房地产价格均会下降。

其二，从消费角度看，银行抵押贷款利率是房地产消费的重要成本之一[2]。当政府采取紧缩性的货币政策时，银行利率提高，房地产按揭的成本相应提高，这会抑制住房消费，减少市场需求，导致房地产租金下降；相反，利率下降，会产生相反效果。

其三，从价值角度看，房地产商品的价值是房地产未来预期收入的现值之和，所以，房地产的价值与折现率[3]负相关，而折现率和利率正相关，所以，利率的上升会使房地产价值下降，有可能带来房地产价格下降。

总之，房地产价格与利率的关系由多种因素共同作用而决定，尤其是在现实经济中，利率的变化也不是孤立的。真实利率的变化同时常常伴随其他经济变量的变化，这些变量之间相互影响使得利率与房价之间的关系更为复杂。

四、房地产价格与汇率

汇率也被称为外汇行市或汇价，是国际贸易中最重要的调节杠杆，具体指一国货币兑换另一国货币的比率，是以一种货币表示另一种货币的价格。由于世界各国货币的名称不同，币值不一，所以一国货币对其他国家的货币要规定一个兑换率，就是汇率。

宏观经济学认为，本国货币相对于外国货币的升值会导致国内资产价格的上涨和国外资产价格的下跌，这在房地产领域也有所体现。在开放经济条件下，房地产价格不但受其自身供求因素的影响，更多受汇率变动的影响。例如在 20 世纪 90 年代，大量资本流入美国的情形下，美元的汇率稳定，美国利率下降，房地产等资产价格持续上涨。1997 年，亚洲金融危机中，大多数发生危机的经济体伴随着本国货币的急剧贬值而出现了股票价格与其他资产价格的剧烈下跌，房地产也在其中。本国货币升值与国内房地产价格上升同时发生的原因往往在于以下几方面。

第一，流动性效应与预期效应。汇率的变动很可能导致境外投机性资金冲击东道国的房地产市场，从而引起房地产价格的变动。当一国货币具有升值预期时，国际投资资金会把外币换为东道国货币并在东道国购置房地产等资产，等东道国货币升值之后，国际投资者将购置的房地产以升值后的价格出售，并兑换为外币，最终获得东道国货币升值与房地产价格上涨的双重升值。由于土地供给有限以及房地产建设周期较长，房地产供给短期内

---

[1] 高波. 现代房地产经济学[M]. 南京：南京大学出版社，2010：164.
[2] 尤其是普通住宅的需求对实际利率更为敏感。
[3] 折现率是指以资金本金的百分数计的资金每年的盈利能力；也指 1 年后到期的资金折算为现值时所损失的数值，以百分数计。

呈现刚性，这种国际投机需求会显著拉动房地产价格上涨。反之，货币贬值将降低国际投资者的预期，他们将抛售房地产，资本流出东道国，这会增加房地产供给，最后导致房地产价格下跌。

第二，财富效应与挤出效应。国内货币升值意味着进口商品的价格下降，会带来进口增加，进而带动国内一般消费品价格走低，货币购买力增加，而多余的购买力可能转入房地产领域，剩余资金可能在一定程度上带来房地产需求上涨与价格上升。相反，如果货币贬值，货币的购买力随之下降，国内的消费者不得不将更多货币用于国内一般消费品的消费，这可能降低对房地产商品的需求，导致价格走弱。

第三，溢出效应。理论分析认为，货币升值可能导致物价下跌与经济紧缩，特别是面临各种外部压力而被动升值时，国内政府可能不得不选择扩张性的货币政策以应对货币升值带来的经济打击。例如，政府可能会采取降低利率或者增加货币供给等措施，这会造成资金充裕而流向房地产市场，导致价格的上涨。反之，若国内货币贬值，政府为应对国际投机者的冲击，以维持经济稳定，往往采取紧缩性货币政策以加强控制，这会给房地产市场带来紧缩性的溢出效应。

总之，依据各国数据，汇率的变动与房地产价格变化之间存在相关性，汇率通过相关经济变量的传导影响房地产价格。

五、房地产价格与货币供应量[①]

房地产市场的发展需要土地和资金的双重支持，所以在影响房地产需求的主要因素中，货币供应量非常重要。当一国央行不断增加货币供应量，并且货币供应量的增长速度超过实体经济的增长速度时，实体经济中的资金就可能充裕甚至过量，这些多余的资金必然会寻求投资获益的机会，而房地产市场往往就充当了这个载体。多余的资金通过市场需求者的按揭和市场供给者的贷款进入房地产市场，这同时带来两种后果：一是经济繁荣，收入提高，对房产的需求进一步增长；二是贷款过剩，价格增长过快，市场风险增加。反之，央行货币供应量的减少会造成房地产需求的萎缩和价格的下降。弗里德曼的货币理论也认为"央行货币超发必然会带来通货膨胀的风险"。当房地产市场中的需求者预测通货膨胀正在发生，持币在手或存入银行都会因货币贬值导致财富缩水，就必然寻求投资机会。房地产作为具有保值增值性的良好资产，正好可吸引大量资金进入。在货币超发和通胀预期的双重推动下，市场供给者和需求者对于房地产市场更加看好，导致其需求进一步上涨。

六、房地产价格与股票价格

从资产属性来看，房地产既是耐用消费品又是投资品，而股票则只是一种投资品。股票价格的变动对房地产价格的影响非常复杂，两者之间存在多种传导途径。从统计数据来看，股票价格走势与房地产价格走势之间并不存在确定无疑的规律，但两者之间的关系仍可从理论方面进行一些分析：

第一，财富效应。从投资者的角度来看，股票价格上涨将导致投资者总财富的增加，

[①] 陶斐斐. 房地产价格与市场预期关系研究[D]. 北京：北京师范大学，2010：10.

投资者如果重新调整其资产组合,有可能会卖掉一部分股票而购买其他资产,这就增加了房地产市场的潜在需求。如果股票价格下跌,则可能存在相反的效果。

第二,挤出效应。股票价格上涨导致风险资产在个人总资产中所占比例增加,一部分投资者,如风险中性投资者,可能会减少股票等风险类的资产而购入其他类资产,而保值性良好的房地产成为较好选择。因此,股价上涨到一定阶段可能因为挤出效应带来房地产价格上涨。

第三,替代效应。由于股票市场与房地产市场都是重要的投资市场,因此在资产量一定的情况下,股票资产与房地产资产是一种竞争的关系。在其他条件不变的情况下,如果资产相对收益发生变化(如股票价格相对于房地产价格上涨更快),就将产生资产的互相替代,即资金从收益相对低的资产转移到收益相对高的资产上。

七、房地产价格与市场预期[①]

经济社会生活的主体是人,所有市场结果都由市场主体的行为造就,而市场主体的行为又以人的某种心理为依据。大至经济活动的扩展或收缩,小至房地产价格的上涨或下跌,都受到市场参与者心理因素的影响。市场预期因素是指市场参与者对于未来经济状况看法的变动。具体到房地产市场,价格主要由市场的供求决定,因此市场供给方和需求方的心理预期就成为房地产价格波动的重要影响因素。

市场参与主体不仅仅以房地产价值和自己的收入状况作为决策依据,而且会根据他们对未来市场价格的预期做出决策。持不同目的进入房地产市场的需求者自然分离为自住和投资两类,但是这两类不是截然分开的,在大多时候是混合于一体的。这是由房地产既是消费品又是资产的双重属性决定的。市场中如果形成价格上涨的预期,自住需求者会认为现期不买的话将来更难以承受不断上涨的价格,其行为就表现为尽量提前购买,这会放大现期需求量,推高价格。投资需求者则认为价格的进一步上涨能抵偿还贷压力并带来财富增长,其行为也表现为尽量更多购买,这也放大了现期需求量。短期内需求量的迅速膨胀与房地产较长的开发周期及土地的有限供给之间必然产生矛盾,这种供求矛盾导致价格快速上涨,而价格的上涨又进一步强化市场参与者的预期。与之相反,当市场形成价格下跌的预期时,各类需求者退出市场保持观望,从而使需求进一步萎缩,造成价格下跌,而价格下跌会继续强化悲观的预期。

综上所述,房地产价格受市场供求、土地价格、租金水平、利率、汇率、货币供应量、市场预期及股票价格等宏观变量影响。而从微观层面看,某一具体房产具有的各种特征因素共同决定了该房产的价格。不同学者研究了各种特征因素对房地产价格的影响,如房屋结构、房产年限、容积率、交通情况、医院配套、教育资源、距市中心距离、居民教育程度,甚至空气质量等。无论是针对房地产的特征属性,还是环境因素,这些研究大都利用特征价格模型(hedonic price model)这一有效的计量经济工具,深化了我们对房地产价格与各种特征属性之间关系的理解。[②]

[①] 陶斐斐. 房地产价格与市场预期关系研究[D]. 北京:北京师范大学,2010:1-7.
[②] 产生于19世纪20年代的特征价格模型是使用特征价格方程对房地产特征与房地产价格之间函数关系进行研究的最重要模型。

第四节 房地产价格评估

房地产价格的影响因素可分为个别因素、社会因素、经济因素、区域因素和法制因素，房地产价格评估就是在综合考虑以上各种因素的情况下，估算出市场条件下房地产的销售价格。中国的房地产价格评估是随着土地使用制度的改革和住宅商品化的进程而逐渐发展起来的，它在市场发展过程中日益发挥重要的作用。房地产价格评估是房地产市场价格管理的核心，对价格的形成发挥着重要的作用。它能够估算出现有存量市场中的房地产价值量，为管理工作提供依据；能够为房地产交易提供基础价格；能够帮助确定房地产抵押品的价值；它还是国家征收房地产税及进行房屋拆迁补偿的根据；等等。

一、房地产价格评估概述

不同国家对房地产价格评估的称呼不尽相同，在美国其被称为"real estate appraisal"；在英国是"property valuation"；在东亚一些国家和地区（如日本、韩国、中国台湾等）则变成"不动产鉴定（估价）"；中国香港的称呼是"物业估价"。在中国（不包括港澳台地区）的叫法多种多样，常见的有房地产评估、房地产价值评估、房地产价格评估、房地产估价，其实这些称呼都指代房地产价格评估这一实践活动。

（一）房地产价格评估的含义

房地产价格评估可简单理解为对房地产价格的判断或估算。大多数地产价格评估的目的是估算所谓的市场价格——房地产在开放的竞争市场上最有可能的销售价格。房地产价格评估的核心内容是根据特定目的，对特定房地产产品，在特定时间的价格进行分析、测算和判断。为保证这种分析、测算和判断的科学、准确、客观以及公正，不仅要求从事这种工作的人员是专业的房地产估价师，而且要求在分析、测算和判断时遵守公认的原则，运用科学的方法、按照严谨的程序进行。这里所讲的特定目的称为估价目的，特定房地产称为估价对象，特定时间称为估价时点，公认的原则称为估价原则，科学的方法称为估价方法，严谨的程序称为估价程序。

基于以上分析，给出房地产价格评估的含义：房地产价格评估是房地产估价师根据估价目的，遵守估价原则，运用估价方法，按照估价程序，对估价对象在估价时点的特定价格进行分析、测算和判断并提出专业意见的活动。[①]房地产价格评估按评估对象的种类，可分为房产评估、地产评估、房地产评估；按评估对象的完整性，可分为单项评估与整体评估。

（二）房地产价格评估的特点

房地产价格评估是不同于一般资产的估价行为，具有以下典型的特点。

1. 科学性

尽管房地产价格受到诸多因素的影响，但是通过评估人员的长期理论研究与估价实践，

[①] 吴玲. 房地产估价方法组合应用研究[D]. 天津：天津大学，2008：5-23.

业已形成了一些基本的估价理论。其中包括地租理论、市场供求理论、购买者行为理论、效用理论和生产费用理论等。在这些理论基础上又形成了一些科学的量化评估方法，即常用的市场比较法、收益折现法、成本法等。基于这些严谨的科学理论及行之有效的评估方法，房地产价格评估行为不再是评估者的主观臆测，而是建立在客观依据基础上的、具有较强的科学性的行为。

2. 艺术性

房地产价格评估尽管具有量化计算的理论基础，但每次的评估行为并不能仅仅依靠这些书面理论。房地产市场价格的形成因素复杂，是简单数学公式难以准确、完整表示的。所以，房地产价格评估还需要评估者的一些经验判断，其间就体现出一定的艺术性。艺术性主要表现为房地产价格评估需要很强的推理与判断能力。丰富的评估经验是顺利评估的前提，在经验基础上合乎逻辑的推理判断能力则在很大程度上体现了房地产评估师的水平。

3. 综合性

优秀的房地产估价人员除了需要具备评估的综合性知识，掌握估价的各种方法、相关法规、房地产经营管理知识，还要熟悉规划、建筑结构、预算等。房地产价格评估涉及面很广，如建筑物的重置成本、折旧、税费、未来的升值潜力等。价格评估需要收集很多相关的信息，需要评估师、结构工程师、建筑师及规划师等人员协同作业。

二、房地产价格评估的理论基础

房地产价格评估不是估价人员随意定价，而是在模拟市场价格形成的过程中将房地产价格尽量准确估算出来的过程。房地产价格评估具有专业性、技术性、复杂性，是科学、艺术和经验三者的结合。房地产的交易、租赁、抵押、担保、开发与销售等各个环节都离不开房地产价格评估。如何把握正确的估价原则、遵循合理的估价程序并采取适合的估价方法，是得到最接近市场价格的价格的三个重要因素。

（一）房地产价格评估的原则

房地产价格评估的原则由房地产的自然特征、经济特征以及房地产价格的影响因素共同决定，它是房地产价格的形成与变化规律的简要概括。房地产价格评估的主要原则如下。

1. 供求原则

房地产作为一种商品，遵循供求原则，其价格与需求成正比、与供给成反比。在实际的房地产价格评估中，估价人员要深刻地了解这些经济学特性，以便对价格做出正确判断。由于房地产商品的独特属性，以及市场的种种限制，房地产市场与一般市场相比具有较大的垄断性。另外，土地资源的限制、市场信息的不通畅等因素也影响供求机制。这些特点要求估价师在进行供求分析时，要深入研究一宗房地产的区位特性，否则评估将导致错误的结果，失去其有效性。进行供求分析时，还要考虑供求原则不是单独发挥作用的，而要与下文提到的替代原则以及竞争原则等密切配合，综合应用。

2. 机会成本原则

机会成本是人们为了购买或生产某种物品而所要放弃的选择购买或生产另一些物品的

最大价值所得。例如，投资者选择购买房地产的条件是升值与租金收益要大于或者等于市场上平均的投资收益，否则没有投资者愿意购买房地产。当收益不足以支撑购买行为时，大多数人将选择承租。投资者通过市场调查和收益分析，并根据机会成本的原则选择对自己有益的方式。在房地产价格评估中，需要时刻牢记任何稀缺资源的利用，不论在实际中是否为之支付代价，总会存在机会成本，即为了这种使用方案所牺牲掉的其他使用方案能够带来的最大益处。

3. 替代原则

基于"理性人"[①]的前提假设，消费者在购买商品时都会选择效用大并且价格低的。在房地产市场上，类似商品的价格相互影响、相互制约，在不断的波动中最终彼此趋近，这就是替代原则。房地产作为一种商品，也受这一原则的影响。该原则是在使用市场比较法进行价格评估时的重要依据。房地产价格评估中的替代原则可概括为：其一，房地产价格水平由具有相同性质的替代性房地产的价格所决定；其二，房地产价格水平是由最了解市场行情的买卖者按市场的交易实例相互比较后所决定的价格；其三，房地产价格可通过比较房地产的条件及使用价值确定。

4. 竞争原则

价格由市场竞争决定，而市场形态对商品价格的影响很大。如在完全竞争市场上，供求双方都不能得到平均利润之外的超额利润。房地产行业处在一个非完全竞争的市场上，存在一定程度的垄断性，其价格往往要超出投资的平均利润率，由此吸引很多投资者进入。正是由于房地产具有这一特性，在供给上虽有竞争，但由于位置、户型、楼层、朝向、周围配套等存在差异，往往很不允分，而竞争主要发生在需求方。需求方内部的竞争使价格不断提高，需求方的竞争越激烈，价格上涨的幅度就越明显。对于不同的物业类型来说，其替代品的相对数量决定了供求竞争的程度，也会对价格产生重大影响。

5. 时点原则

房地产市场是不断变化的，相关信息资料也随着条件、环境和个别因素的变动而产生变化。在进行评估时，必须假定市场情况静止在某一时间点上，以此来收集数据进行价格分析。这一确定估价的时点也就是评估基准日，这一时点的确定说明了所选择的有关评估方面的法律、法规、标准等均以基准日之前的为标准，无论基准日之后国家政策如何变化，都不能影响此次评估的结果。这也同时说明了房地产评估具有很强的时效性。

6. 合法原则

合法原则是指房地产估价必须以估价对象的合法利用为前提[②]。此原则要求估价人员在对一宗房地产进行评估时，必须以法律法规为依据。房地产估价必须以保障评估对象的合法权益为前提。中国现行的土地权属证书有国有土地使用证、集体土地所有证、集体土地使用证、土地他项权证明书四种，房屋权属证书有房屋所有权证、房屋共有权证、房地产

---

① "理性人"是对在经济社会中从事经济活动的所有人的基本特征做的一个一般性的抽象。这个被抽象出来的基本特征就是：每一个从事经济活动的人所采取的经济行为，都是力图以自己的最小经济代价获得最大的经济利益。

② 由于中国土地的所有制特性，土地流转其实是土地使用权的流转，在土地使用权的取得、使用年限、利用方式、利用规划等方面，政府均有严格限制，所以在进行土地使用权价格评估时，必须确保估价对象来源合法、利用合法。

他项权证三种。在某些情况下，房产证与土地产权证合而为一，此时统一的房地产权属证书有房地产权证、房地产共有权证、房地产他项权证三种。这些权属证书都对应着不同权利主体的权益。此外，估价人员还要注意房地产的合法使用，必须以城市规划、土地用途管制等法规为依据。

7. 变动原则

变动原则主要是指在对房地产价格的把握要以变动为基础，估价时必须分析该房地产的效用、稀缺性、个别性及有效需求，以及使这些因素发生变动的一般因素、区域因素及个别因素。无论采用何种估价方法，评估结果能否客观、准确地反映评估对象的市场价格，在很大程度上取决于评估者对变动原则的把握。与其他商品相比，房地产价格的变动更加频繁和复杂，主要是由于其价格构成复杂，影响因素众多。

8. 适合原则

适合原则也被称为最有效利用原则。房地产价格由供求决定，而市场供求往往指向房地产效用的最有效发挥。若房地产适应周围的环境，则房地产的收益或效用能够最大限度发挥，其价格处于最佳水平。反之，若房地产与周围的环境不协调，则因其无法移动，其收益和效用只能相应降低，价格处于最佳水平之下，这就是适合原则的基本含义。以最有效使用为前提，对房地产进行估价时，就不应该受现实使用状况的限制，而应对何种情况下才能最有效使用做出正确的判断。

（二）房地产价格评估的基本程序

房地产价格评估的基本程序是指房地产估价全过程中的各项具体工作，按照其内在联系所排列出的先后次序，主要包含以下七个步骤。

第一，获取估价业务；
第二，确定房地产估价的基本事项；
第三，拟订评估作业计划；
第四，实地勘察和收集、整理资料；
第五，选择估价方法[①]；
第六，确定估价结果（最终估价）；
第七，完成估价报告。

三、房地产价格评估的方法

房地产价格评估在其发展过程中出现过很多方法，主要有市场比较法（the comparative method）、收益折现法（income capitalization method）、成本估价法（the contractors method）、剩余法（residual method），下面介绍前三种方法。[②]

（一）市场比较法

市场比较法又称市场法、现行市价法、交易实例比较法，它是房地产价格评估中最重

[①] 选择估价方法有三个根据：资料特点、估价对象的特点、估价方法的适用条件，一般采用多种方法。
[②] 毕振华. 不动产产权估价研究[D]. 大连：大连理工大学，2005：13-15.

要、最常用的一种方法,是将估价对象与在估价时点交易的类似房地产进行比较,对这些类似房地产的已知价格进行交易日期、交易情况、区域因素、个别因素等方面的修正,以估算估价对象的客观合理价格的方法。由市场法估价得到的价格,称为比准价格。

市场比较法的理论依据是替代原理,若两种商品具有相同的效用,则应对应同一个价格,两者是完全替代关系。从另一个角度来说,在同一个市场上的两个具有替代关系的商品如果同时存在,商品的价格是两者相互影响决定的。也就是说,市场上的具有替代关系的商品之间会存在相互竞争,价格互相牵制,最终趋于一致。

市场比较法适用于有大量丰富的交易案例的房地产评估。在选择交易实例时应做出严格的筛选,必须符合以下条件:

第一,与目标房地产的用途相同。这是选择可比房产的首要前提。用途主要指房地产的利用形式,如是否同为住宅、公寓、写字楼、商业用房、工业厂房等。在基本类型相同的情况下,尽量选择更加接近或者一致的实例。

第二,交易实例必须是正常交易。正常交易是指交易在公平竞争、信息畅通、平等自愿的市场条件下进行,交易双方不存在特殊关系。非正常交易案例是不能客观反映房地产市场价格的。如关联方交易,其交易价格可能严重偏离实际价格,因此不能作为比较基础。若交易案例的数量严重不足,确实要使用非正常交易的实例,则需要对其进行修正。

第三,与目标房地产的建筑结构相同。这里所指的结构主要指砖混结构、钢筋混凝土结构、钢结构和简易结构等分类。

第四,与目标房地产的地区应该相近。房地产价格的地区差异是显著的,因此在选择可比交易数据时,尽量选择在同一个地区的交易。若不能做到属于同一个地区,至少应为相近的地区。

第五,可比交易实例的成交日期应与评估基准日接近。房地产价格的变动比较大,使用历史数据的平均价格不能很好地反映当前的市场情况。只有使用最近的交易数据才能使评估出的价格能够反映当前的价格水平。若无近期数据,只能使用距离目前最近的历史数据,并相应地做物价调整或房地产行业的涨幅调整。

区域因素和个别因素的修正是市场比较法的关键。在实务中,由于影响房价的因素众多且复杂,对修正系数的确定主观性也较大,只能依赖评估人员的经验,所以也就难以保证估价结果的客观、公正。市场比较法的一个缺点是,应用此方法进行评估时,往往是将多个参照实例进行一定的修正之后,对所得出的评估额进行平均来确定最后的结果。无论是使用算术平均法、加权平均法、众数法还是中位数法得到的结果,精确度都不是很高。

市场比较法的基本数学表达式为:

$$待估房地产价格 = 比较实例价格 \times 交易情况修正系数 \times 交易日期修正系数 \times 区域因素修正系数 \times 个别因素修正系数 \quad (6.3)$$

式中

$$交易情况修正系数 = \frac{正常交易情况指数}{可比实例交易情况指数} \quad (6.4)$$

$$交易日期修正系数 = \frac{评估基准日价格指数}{可比实例交易时价格指数} \quad (6.5)$$

$$区域因素修正系数 = \frac{待估对象所处区域条件指数}{可比实例所处区域条件指数} \quad (6.6)$$

$$个别因素修正系数 = \frac{待估对象个别因素条件指数}{可比实例个别因素条件指数} \quad (6.7)$$

市场比较法的具体实施步骤：第一，收集宗地交易实例[①]；第二，选取、确定比较实例；第三，建立价格可比基础；第四，进行交易情况修正；第五，进行交易日期修正；第六，进行区域因素修正；第七，进行个别因素修正；第八，综合评估，确认估价结果。

（二）收益折现法

收益折现法又称收益资本化法、收益还原法、收益法等，是从房地产的经济效用角度出发评估房地产价格的一种方法。它是指预计估价对象未来各期的正常净收益，选用适当的资本化率将其折算到估价时点上的现值后累加，以估算待估对象的客观、合理价格的方法。收益折现法适用于有收益或有潜在收益的房地产价值评估，条件是收益和风险都可以预期和量化，如商场、写字楼、旅馆、公寓等。对于政府机关、学校、公园等公用、公益性房地产价值评估，此方法大多不适用。

收益折现法的理论依据是：房地产的价格是由它在未来一段时期内能给业主带来的全部经济收益的现值所决定的。收益折现法假定房地产的购买者购买房地产的目的是获得房地产将会产生的收益。如果买来自用，省去的租金就是它的收益；如果购买了商用写字楼，那么它出租得到的租金是其未来收益。收益折现法是运用适当的折现率，将未来的纯收益折为现值的一种计算方法。

按照收益折现法的原理，可以得出收益为无限年期的基本计算公式，为

$$V = \frac{a}{r} \quad (6.8)$$

式中，V 为我们求出的房地产价格；a 表示房地产每年的纯收益；r 为使用的收益折现率。

运用此基本公式计算时，要明确它是建立在三个基本假设之上的：其一，纯收益（a）每年不变；其二，收益折现率（r）在整个收益年限中也是不变的，并且是大于零的；其三，年期无限。

但是，对实际的房地产进行估价时，事实上每年的纯收益是不同的，并且收益也有一定的年限，每年的折现率也不尽相同。因此上面的公式就不再适用了。根据各种不同的情况有很多种计算公式，本书介绍经常使用的一种，计算公式为

$$V = \frac{a}{r}\left[1 - \frac{1}{(1+r)^n}\right] \quad (6.9)$$

公式中的 a、r 与上述基本计算公式的含义是一致的，n 就是收益年限。

通过上面的计算公式可以看出，收益折现法中最重要的是每年的纯收益和收益折现率的确定。这种估价方法看似简单，但这两个参数的确定是收益折现法的难点所在。[②]收益折现率的确定有多种方法，它的确定直接影响了评估结果的准确性，而方法的选择依赖评估者的判断。常见方法有三种：其一，市场提取法，又称纯收益与价格比率法、直接比较法，

[①] 资料收集范围包括位置、面积、用途、成交时间、双方当事人、条件、使用年限、交易条件及价格等。
[②] 其中关于折旧是否应该包含在纯收益中，学术界仍存在争论。

它以市场数据为依据,因而最具客观性,是最能反映市场实际的方法。其二,安全利率加风险调整值法,这种方法是先找出安全利率[①],然后在安全利率基础上,根据估价对象所处地区的社会经济发展和不动产市场等状况对其的影响程度,确定风险调整值。其三,投资风险与投资收益率综合排序插入法。这种方法的基本思路是:找出社会上各种类型的投资及其收益率,按收益率与风险的大小从低到高顺序排列,再根据经验,分析判断估价对象资本化率应该对应的范围,从而确定其资本化率。[②]

收益折现法的具体实施步骤:第一,估算年总收益;第二,确定年总费用;第三,确定纯收益;第四,估算资本化率;第五,计算收益价格。

(三)成本估价法

成本估价法又称成本逼近法、原价法、重置成本法等,是指求取估价对象在估价时点的重置价格或重建价格,扣除折旧,以估算价格的方法。成本法求出的价格由各项费用加总而来,因而被称为积算价格。成本法适用于房地产市场不发达,难以运用市场比较法的房地产估价,如无法利用市场比较法进行估价,市场交易案例较少的厂房、仓库、码头等,以及无经济收益的学校、医院、图书馆、公园等公共建筑。

成本法估价的理论依据是经济学上的生产费用论。对于需求方而言,如果市场上的房地产价格高于在当时的市场条件下开发同类房地产的成本,那么其将放弃从市场上直接购买房地产的想法,而代之以自行开发建造。因此,房地产开发的社会成本是需求方愿意支付价格的上限。对于供给方而言,如果其开发出来的房地产商品的销售收入不能回收开发成本并使其获得正常利润,其将不会接受这一价格。开发成本是供给方愿意接受价格的下限。因此开发成本将是供需双方都能够接受的价格。

建筑物的重新建造价值有两种表现形式:重置价格和重建价格。重置价格是指采用估价时点的建筑材料和建筑技术,按估价时点的价格水平,重新建造与估价对象具有同等效用的全新状态的建筑物的正常价格。重建价格是指采用估价对象原有的建筑材料和建筑技术,按估价时点的价格水平,重新建造出来的与估价对象完全相同的建筑物的正常价格。可见,重置价格与重建价格均是估价时点的价格,其不同在于,重置只要求建筑物具有同等效用,重建则要求建筑物是完全相同的复制品。

根据估价对象的不同,成本估价法可以分为新建房地产成本估价法、新开发土地成本估价法、旧有房地产成本估价法,因此决定了成本估价法的基本公式也不完全相同。其中新建房地产和新开发土地的生产成本比较容易确定,而旧有房地产运用成本估价法时具有一定难度。新建房地产成本法价格评估基本公式为

$$\text{新建房地产价格} = \text{购置土地价格} + \text{建造建筑物价格} \tag{6.10}$$

$$\text{购置土地价格} = (\text{土地取得费用} + \text{土地开发费} + \text{税费} + \text{利息} + \text{利润} + \text{土地增值}) \times \text{修正系数} \tag{6.11}$$

$$\text{建造建筑物价格} = \text{直接成本} + \text{间接成本} + \text{正常利润} \tag{6.12}$$

新建房地产成本法价格评估的计算步骤:首先,确定土地的重新取得价格;其次,计

[①] 安全利率就是无风险的资本投资收益率,可选用同一时期的一年期国债年利率或银行一年期定期存款年利率。

[②] 各种投资及其风险、收益率的一般排列顺序是银行存款、贷款、国库券、公司债券、股票、保险及各个领域的投资收益率等,其投资风险基本上是由低到高。

算投资利息；再次，计算销售税费；最后，计算开发利润。

旧有房地产成本法价格评估基本公式为

  旧有房地产价格=土地重新取得价格+建筑物的重新构建价格-建筑物折旧 (6.13)

    旧有建筑物价格=建筑物重新构建价格-建筑物折旧 (6.14)

旧有房地产成本法价格评估的计算步骤：首先，确定土地的重新取得价格；然后，确定建筑物的重新购建价格；最后，计算建筑物折旧。

在旧有房地产价格的评估中，折旧、成新率的求取是最大难点和问题所在。在估价实践中，折旧的计算方法通常有年限法、实际观察法和成新折扣法等。年限法中应用最多的是直线折旧法。直线折旧法忽略了房地产价格变化及货币时间价值的影响，实际观察法有太大的主观性。同时，成新折扣法中成新率的确定，往往根据经验判断，主观确定一个数值，如此确定的成新率很难使估价结果具有客观性、科学性和准确性。

【案例/专栏 6-2】 德国独特的房地产价格评估体系

 本章小结

- 房地产价格是和平地获得他人的房地产所必须付出的代价，它既反映了房地产资源的稀缺程度，也反映了市场对这种商品的有效需求规模，由房地产市场的需求和供给共同作用形成。房地产作为实物、权益、区位的综合体，其价格也表现出不同于其他商品价格的一些显著特征。

- 在市场经济条件下，房地产商品供给与需求的数量关系决定其价格及价格变化方向，价格水平及其变化又引导供求数量的调整。因此，可以依靠市场力量自动调节资源配置；当房地产供过于求时，形成买方市场；当房地产供不应求时，形成卖方市场，这就是所谓的市场供求机制。

- 房地产开发成本是指开发商在开发和销售房屋的整个过程中发生的土地取得、建筑安装、市政配套、营销管理等各种支付。开发成本是决定开发商利润回报以及下一生产周期房地产供应的重要因素。

- 为保持房地产行业的可持续发展，城市房地产的价格水平应该控制在一定的范围，将房地产指数、房价收入比、空置率等作为衡量城市房地产价格水平高低的若干重要指标具有重要意义。

- 成本并不是影响房地产市场价格的决定因素，市场才是决定价格的主体。市场经济条件下，终端产品在市场上的需求决定了对上游产品的需求，同时终端产品可接受的价格决定了上游产品的价格。因此，房地产市场的供需情况决定了土地市场的供需情况，房屋的价格决定了土地的价格。

- 房地产价格评估是房地产估价师根据估价目的，遵守估价原则，运用估价方法，按照估价程序，对估价对象在估价时点的特定价格进行分析、测算和判断并提出专业意见的活动。房地产价格评估在其发展过程中出现过很多方法，主要有市场比较法、收益折现法、成本估价法、剩余法。

 **综合练习**

一、本章基本概念

价格；房地产价格；房地产指数；房价收入比；空置率；租售比值；住房消费支出比重；成交价格；市场价格；理论价格；土地价格；房地产价格评估

二、本章基本思考题

1. 简述房地产价格的含义和决定因素。
2. 房地产价格具有哪些特征？
3. 房地产价格的构成包括哪些要素？
4. 衡量房地产价格水平高低的重要指标有哪些？
5. 简述房地产价格与土地价格的关系。
6. 房地产价格评估具有哪些原则？
7. 房地产价格评估方法有哪些？

 推荐阅读资料

1. 张莉，年永威，皮嘉勇，等. 土地政策、供地结构与房价[J]. 经济学报，2017（3）：91-118.
2. 叶剑平，郑伟汉，郎昱，等. 我国住房市场健康度评价研究[J]. 价格理论与实践，2021（9）：31-36.
3. 周豫. 房地产定价理论与实践研究[M]. 哈尔滨：哈尔滨工业大学出版社，2021.
4. 郭娜. 房地产价格与货币政策关系研究[M]. 北京：中国金融出版社，2014.
5. 董藩，刘建霞. 我国住房价格与租金背离的行为解释[J]. 改革，2010（2）：23-28.

第七章 房地产周期

 学习目标

通过对本章的学习,学生应了解或掌握如下内容:
1. 经济周期的含义、特征及类型;
2. 房地产周期的含义、阶段及表现;
3. 房地产周期的形成机制与影响因素;
4. 房地产周期的测度;
5. 房地产周期与宏观经济周期的关系。

 导言

房地产行业的发展受经济、人口、政治、社会、文化等多种因素影响,在发展过程中常常表现出周期性波动的变化规律。这种随着时间的变化而依次出现的扩张和收缩交替反复的动态过程即房地产周期。如何在房地产业运行过程中识别周期波动状况,探究房地产周期的形成机制与影响因素,进而采取措施来避免周期波动带来的影响,对于各级政府主管部门实施有效的房地产调控政策,开发企业采取合适的经营战略,购买者与承租者选择进入市场的时机,以及实现房地产业的可持续发展均具有重大意义。

第一节 房地产周期概述

房地产周期的概念源自经济周期理论。为了了解房地产周期相关理论,首先要了解经济周期理论。在国民经济运行中存在着导致各项经济指标上升和下降的多种因素,各因素在经济运行中相互作用,使得经济增长呈现出波动的运行特征。经济波动是形成经济周期的原因。

一、经济周期理论

经济增长并非一个直线上升的过程,其间总是包含着各种波动与变化。对经济波动的研究发现,在平均的、概率的意义上能够发现周期变化趋势,即经济现象或变量在连续过程中重复出现涨落。经济波动反映了经济活动及其经济变量在一个时期内波浪式上升和下降的态势,这种态势表现为整个国民经济的周期性波动。

（一）经济周期的含义

周期是指事物在运动、变化过程中，某些特征多次重复出现，其连续两次出现所经过的时间。周期也是指事物在发展进程中重复出现的一次现象从头至尾经历一遍所需要的时间。对周期的研究源于物理学，物理学意义上的周期最先指完成往复运动一次所需的时间，常用于对波的运行的描述，包括波峰、波谷、波长、波幅。最为常见的波的图形是正弦曲线，如图 7-1 所示。把周期波动的概念应用于经济管理领域，就称之为经济周期。

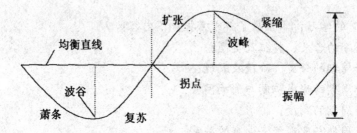

图 7-1 正弦波周期、经济周期示意图[①]

经济周期是指经济现象或变量在连续过程中重复出现涨落的情况，其强调的只是波动的再现性与重复性。经济周期往往指的是总体经济活动的扩张和收缩交替反复出现的过程，包含物价、股价、存货量等相关重要经济指标的变化趋势，呈现周期性循环变动的情况。

经济周期的过程可以分为扩张和衰退两大阶段，细分又可再分为复苏期、扩张期、紧缩期和萧条期四个小的阶段，其周期长度没有定论。古典的经济周期被认定为 GNP（国民生产总值）上升和下降的交替过程。现代经济周期则被认定为建立在经济增长率变化的基础上，是经济增长率上升和下降的交替过程。与科技领域中的周期往往具有间隔性和重复性两大特征不同的是：任何经济周期都不具备机械的、完全规则的形态，因为经济周期不具有等间隔性的特点。

世界各国的经济发展进程一致表明，经济总量的增长不是一成不变的，不同时间段的增长速度存在快慢的差异，由此导致各国经济总量在时间序列上呈现出波浪式上升（复苏）或波浪式下降（衰退）的波动现象。经济周期就是指宏观经济扩张与收缩的交替出现，图形上常表现为波峰与波谷的不断循环，这反映了宏观经济在动态的增长过程中呈现出有规律的起伏波动、循环往复的运行特征。

（二）经济周期的特征

美国著名经济学家米切尔和伯恩斯在 1946 年为经济周期所下定义中强调以下三方面：

其一，经济周期存在反复涨落的波动形态，但不定期；

其二，经济周期的持续期间从 1 年到 10 年、20 年不等；

其三，经济周期不能再分为性质相似、振幅与其接近的更短的周期。

经济波动与经济周期之间相互联系、不可分割。经济周期汇集经济波动的各种特征，表征了市场发展具有的一种内在规律性。经济周期由经济波动组成，但不是所有的经济波动都能够成为经济周期。在现代经济周期理论中，经济周期概念不再仅仅指某一经济活动

[①] 张红. 房地产经济学讲义[M]. 北京：清华大学出版社，2005：362.

的波动特征，而是从国民经济活动的整体出发，表示经济活动中扩张与收缩交替变化的动态特征。现实生活中存在着一种随机性波动，这种波动带有偶然性，某类事件的出现具有某一概率，但在整个事件集合中，各个事件所表现出来的却是一种不确定性。而经济的周期性不同于随机性波动，其具有以下特点：

第一，经济周期属于经济总体的波动，而不仅仅是某个经济局部的波动。经济周期的特点是国民总产出、总收入、总就业量等的波动，它以大多数经济部门的扩张与收缩为标志。

第二，经济周期常表现为较长时间的波动，一般都是以年度为单位。周期源于经济体系内部——收入、成本、投资在市场机制作用下的必然现象，对这种现象的描述分析和规律把握一般根据一定时间内经济的表现特点，以年度来划分。

第三，经济周期是指经济发展从扩张到收缩，再从收缩到扩张，依次出现的繁荣、衰退、萧条、恢复等各个阶段，并且各阶段周而复始地出现。

（三）经济周期的类型

根据经济周期的成因及持续时间的不同，可将经济周期划分为短周期（基钦周期）、中周期（朱格拉周期）、中长周期（库兹涅茨周期）、长周期（康德拉季耶夫周期）以及超长周期（熊彼特周期）等，各周期又具有不同的特点。

1. 基钦周期

基钦周期又被称为存货周期，美国经济学家基钦1862年经研究发现，经济活动中存在着一种同商业库存有关的规律性的短期波动，其持续时间大约为40个月，后人称之为基钦周期。一般认为基钦周期主要是由于企业的存货投资的循环产生的。

2. 朱格拉周期

朱格拉周期又被称为固定资产投资周期，法国经济学家朱格拉在1923年研究了英、法、美等国家工业设备的变动情况，发现了9～10年的周期波动，后人称之为朱格拉周期。通常认为朱格拉周期产生于失业、物价随设备投资的波动，表现为10年左右的周期波动。

3. 库兹涅茨周期

库兹涅茨周期又被称为建筑周期，美国经济学家库兹涅茨1926年研究了美、英、德、法、比等国从19世纪初期或中期到20世纪初期60种工、农业主要产品的价格变动的时间序列资料。在剔除了其间短周期与中周期的变动后，他发现存在着15～25年周期的中长期波动，这种波动被称为库兹涅茨周期。通常认为平均持续时间为20年的库兹涅茨周期是由于建筑活动的循环变动而引起的。

4. 康德拉季耶夫周期

康德拉季耶夫周期由俄国经济学家康德拉季耶夫于1925年发现。人口增加、居民生活环境改变、生活方式及与此相关的一系列观念的变化会引起经济周期的波动。康德拉季耶夫提出资本主义经济中存在着50～60年一个循环的周期。

5. 熊彼特周期

熊彼特周期由奥地利经济学家熊彼特于1936年提出。熊彼特以他的"创新理论"为基础，并在对各种周期理论进行综合分析后提出了该周期理论。熊彼特认为，每一个长周期包括6个中周期，每一个中周期包括3个短周期。短周期约为40个月，中周期为9～10年，长周期为 48~60 年。他以重大的创新为标志,划分了三个长周期:第一个长周期是 18 世纪 80 年代到 1842 年,是"产业革命时期";第二个长周期是 1842 年到 1897 年,是"蒸汽和钢铁时期";第三个长周期从 1897 年开始,是"电气、化学和汽车时期"。在每个长周期中仍有中等创新所引起的波动,形成若干个中周期。在每个中周期中还有小创新所引起的波动,形成若干个短周期。

(四)解释经济周期成因的若干理论

1825 年,英国爆发了历史上第一次生产过剩的经济危机,之后每隔 10 年左右就有一次类似的危机。法国一位学者 C. 朱格拉最先提出:危机并非一种独立的现象,而是经济周期性波动中的一个阶段。从此,经济周期成为宏观经济学的研究主题之一,各个时代的经济学家分别从不同角度解释了经济周期的成因。

1. 乘数—加速原理

著名经济学家萨缪尔森将乘数原理[①]和加速原理[②]结合起来,以说明投资如何自发地引起周期性经济波动。具体过程是:当投资增加时,因乘数原理的作用,会引起国民收入(产量)的大幅增加;而随着收入(产量)的增加,因加速原理的作用,又会引致投资大幅增长,从而形成螺旋式上升的经济扩张过程。当经济扩张达到极限[③]时,投资就会减少或者停止。当投资减少时,因乘数原理的作用,国民收入(产量)就会大幅减少;收入减少后,因加速原理的作用,又引致投资大幅减少,从而形成螺旋式的下降。当国民收入(产量)下降到极限(供小于求)时,在消费需求的刺激下就会增加投资,经济又按上述原理重新回升,如此便形成了周期性的经济波动。

2. 消费不足理论

消费不足理论主要用于解释经济周期中萧条阶段的出现以及生产过剩的原因,并没有形成完全解释经济周期整个过程的理论。此理论最早由英国经济学家马尔萨斯和法国经济学家西斯蒙第提出,其近期的代表人物是英国经济学家霍布森。他们认为:经济中出现萧条的原因是社会对消费品的需求赶不上消费品生产的增长,而消费品需求不足又引起对资本品需求的不足,进而使整个经济出现生产过剩性危机。消费不足的根源在于国民收入分配不平等造成的穷人购买力不足和富人储蓄过度。

3. 投资过度理论

投资过度理论认为,经济周期的根源在于生产资料过度生产、消费资料的生产相对不足。该理论起始于俄国的巴拉诺夫斯基和德国的 A. 施皮特霍夫,之后的代表人物有瑞典的 G. 卡塞尔和 K. 维克塞尔。英国经济学家庇古和罗伯逊在其著作中用多种原因解释危机,其中投资过度也是其一。这种理论的逻辑在于:投资的增加首先引起对投资品需求的增加和投资品价格的上涨,这进一步刺激投资增加,出现经济繁荣。在这一过程中,因为需求增加和价格上涨都首先表现在资本品上,所以投资也主要集中于生产资本品的产业,而生

---

① 乘数原理是指在一定的消费需求下,投资的增加可直接或间接地导致国民收入和就业的若干倍于投资增量的增加;反之,投资的减少也会直接或间接地引起国民收入和就业的若干倍于投资减量的减少。
② 加速原理是指当国民收入(产量)与上年比较的相对量增长时,会引致投资的加速增长;反之,当国民收入(产量)的相对量停止增长或下降时,会引致投资的加速减少。
③ 极限主要是指两种情况:一是经济扩张达到了现有资源充分利用时的上限;二是投资扩张引起了产出过热,供大于求。

产消费品的产业则没有受到足够重视，导致生产结构失调，最终引起萧条，使经济发生波动。

4. 纯货币理论

纯货币理论用货币信用因素和心理因素解释危机的出现及周期的运作，最早由英国经济学家霍特里提出，而后由货币主义的创始人弗里德曼发扬，属内生经济周期理论。霍特里在1913—1933年的一系列著作中认为：经济周期和危机是纯粹的货币现象。他认为，周期性经济波动的唯一及充分原因是银行体系周期性地扩张和紧缩信用。之所以会发生危机，是因为在繁荣的后期，银行体系被迫采取紧缩信用的政策。纯货币理论认为货币供应量和货币流通速度直接决定了名义国民收入的波动，而且认为经济波动完全是由于银行体系交替地扩张和紧缩信用造成的，尤其是短期利率对货币需求起着重要的作用。现代货币主义者在分析经济的周期性波动时，一脉相承地接受了霍特里的观点。

5. 技术创新决定论

创新理论是一种用技术创新解释经济周期的理论，最早由熊彼特提出，属于外生经济周期理论。创新是指对生产要素的重新组合，例如采用新技术、新企业组织形式，开辟新产品、新市场等。熊彼特认为，政府对于经济周期的人为干预是不必要的，甚至是有害的，市场经济有自行恢复的能力。企业家的创新活动实现了生产要素的重新组合，从而获得垄断利润，创新浪潮的出现引起经济繁荣。新的机会吸引了越来越多的企业以后，盈利机会趋于消失，同时创新引起了信用扩张，造成了过度投资行为，经济开始衰退。随之而来的是失衡的必要调整阶段，即经济复苏。经济复苏要借助于新发明等外生因素的刺激，而新发明的实际应用则借助于经济的扩张过程。

6. 心理预期理论

心理预期理论强调心理预期对经济周期各个阶段形成的决定作用，主要代表人物是英国经济学家庇古和凯恩斯。该理论认为：预期对人们的经济行为有决定性的影响，乐观与悲观预期的交替引起了经济周期中繁荣与萧条的交替。在经济活动中，人们具有不同的偏好、预期和目的。在扩张阶段，人们受盲目乐观情绪支配，往往过高估计产品的需求、价格和利润，而低估生产资本，这导致投资过多，形成经济的过度繁荣。这种过度乐观的情绪所造成的错误在现实中显现出来后，扩张就到了尽头，收缩开始。而在经济的收缩阶段，由于过度乐观的情绪所造成的错误逐步被察觉，又会变成过分悲观的预期，由此引起过度减少投资，经济出现萧条。心理预期理论强调乐观与悲观预期的交替引起了经济周期中繁荣与衰退的交替。

7. 太阳黑子理论

除了以上列举的经济周期的主要解释理论，还有诸如太阳黑子理论等其他学说。用太阳黑子来解释经济周期最早由英国经济学家杰文斯父子提出并论证，他们认为太阳黑子的活动对农业生产影响很大，而农业生产的状况又会影响工业及整个经济，太阳黑子的周期性决定了经济的周期性。

二、房地产周期的含义、内涵与类型

对经济周期的研究一般以国民经济的总体运行（即宏观经济）为对象，较少涉及某一具体行业或产业。然而，房地产业作为基础性和先导性产业，具有极强的产业关联度，并且房地产市场的发展水平和运行质量往往是宏观经济发展的重要指示表，因而备受社会各界的关注及学术界的重视。房地产周期是经济周期的重要组成部分，与经济周期的本质具有相似性。房地产业的发展同宏观经济增长过程相似，也呈现出扩张与收缩交替出现的状态。房地产周期波动往往与宏观经济周期相协调，二者常呈现出一种波动方向相同的正相关关系。

（一）房地产周期的含义

房地产周期的含义是随着研究的不断深入而发展变化的，其中有代表性的观点主要包括以下几种。

1. 房地产波动周期说

该观点认为房地产周期是房地产经济波动周期循环的一种经济现象，表现为房地产业在经济运行过程中交替出现的扩张与收缩两大阶段，具体包括复苏期、扩张期、紧缩期和萧条期四个环节。此含义直接从经济周期的含义演替而来，目前持此观点的学者较多。

2. 房地产景气循环说

景气循环是指经济活动兴盛（景气）与衰退（不景气）现象彼此交替、重复出现。这种观点流行于台湾、香港地区。房地产景气循环就是房地产各阶段活动交替出现兴盛、衰退的一种经济现象。

3. 房地产市场周期说

这种观点从市场供求理论出发，认为房地产市场周期是房地产业在宏观社会经济周期的影响下，由参与房地产业的各种社会经济要素相互作用而表现出的运动规律，是由市场供求关系确定的价格平衡点围绕价值波动的轨迹。此定义说明房地产市场周期是由市场供求关系决定的一种价格波动周期。①

4. 房地产生命周期说

任何产品的生命周期都可以划分为投资、生产、交易和使用四个阶段，房地产的生命周期也是由这四个阶段不断循环重复而产生的，需要注意的是，由于房地产生命周期较一般产品更长，因此各阶段之间存在着时差（也叫时滞）。

5. 房地产经济运行周期说

这种观点认为，周期是房地产经济在连续不断循环运动的一个周期内所经过的各阶段和环节的流程，强调以房地产商品的生产为起点，包括房地产开发、房屋建造、房地产营销、房地产使用、维修与服务、废弃等各个阶段或环节。

以上观点可归纳总结为两大类②：前三种观点是一类，均是基于经济周期的内涵，从房地产产业或市场运行角度定义房地产周期，只是表述与侧重点略有不同，并且基本上把房

---

① 也有一种观点认为：房地产开发过程复杂、建设周期长，造成供给同需求相比在时间上是滞后的，这种供给、需求的不平衡使房地产市场规律性地出现萧条、旺盛两种阶段，就形成了房地产市场周期。
② 邹娟. 房地产周期波动研究[D]. 重庆：重庆大学，2004：15-16.

地产周期分为两大阶段和四个环节;第四和第五两种观点为另一类,其表述的基本内涵等同于房地产业的运行过程及各阶段的循环运动,这与经济周期的研究层次不同。基于房地产经济学的研究对象,本章主要集中研究第一类的房地产周期。

(二)房地产周期的内涵与类型

在综合分析经济周期内涵及国内外对于房地产周期的不同界定的基础上,我们认为:房地产周期是指房地产业在经济发展过程中随着时间的变化而出现的扩张和收缩交替反复的动态过程,表现为复苏、繁荣、衰退和萧条循环出现的周期性波动现象。

首先,房地产周期是在房地产经济发展中的周期性波动现象,房地产业的这种循环特征与房地产经济的发展态势密切相关。房地产业的发展是房地产周期的基础,房地产周期是房地产业发展的一种表现形式,并将反作用于房地产业的发展。

其次,房地产周期是经济周期中的产业周期,与农业周期、工业周期、建筑周期、货运周期及非物质生产部门周期等共同构成了经济周期,各周期之间相互关联、相互影响、相互作用。

最后,房地产周期波动具有规律性,它总是按照复苏、繁荣、衰退和萧条四个环节循环往复、周而复始。但是,每个周期都有各自的波动特性,在持续时间、波动幅度、波动频率、扩张期与收缩期的持续时间比例上均有所不同。

房地产周期的类型非常多,根据划分标准的不同主要分为以下几类。

其一,根据物业类型的不同可划分为不同周期,如住宅周期、写字楼周期、仓库周期、商业用房周期等。房地产周期也可以是上述不同类别的物业周期的总和。

其二,根据房地产的经营类别的不同可划分为房地产租赁市场周期与房地产销售市场周期等。

其三,根据经济增长率又可划分为"古典周期"和"增长周期"。"古典周期"指的是经济扩张表现为绝对上升,经济收缩表现为绝对下降;而"增长周期"指的是经济增长率在扩张期呈上升趋势,在收缩期呈下降趋势,但是绝对水平并未下降[①]。

其四,根据时间长短可划分为短周期、中周期和长周期。短周期是指房地产经济活动中经济波动持续时间为40个月左右的周期;中周期是指房地产经济活动中波动持续时间为9~10年的周期;长周期是指房地产经济活动中波动持续时间为15~25年的周期。

其五,根据波动的剧烈程度可分为温和的房地产周期波动、适度的房地产周期波动和剧烈的房地产周期波动。

三、房地产周期的阶段及表现

同经济周期的波动表现形式一样,房地产周期也经常被分为两个过程与四个阶段,即扩张过程与收缩过程,这两个过程又分为复苏、扩张、收缩和萧条四个阶段,复苏与扩张阶段构成房地产业的扩张过程,收缩和萧条阶段构成了房地产业的收缩过程,如图7-2所示。

---

① 古典型周期在波谷年份房地产水平为负值,即房地产水平呈绝对量的下降;增长型周期在波谷年份房地产水平也为正值,即房地产经济的绝对量并不下降,而是其增长速度减缓。一般来说,现代房地产周期多为增长型周期。

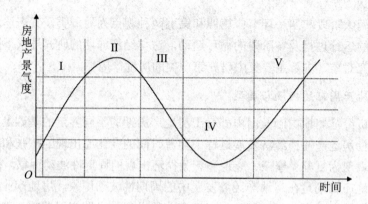

图 7-2　房地产周期的四个阶段

（一）阶段 I：复苏阶段

在房地产的波动过程中，复苏阶段是承接萧条（波谷）而出现的，在循环的最低点，空置率达到最高值，然后进入复苏阶段，该阶段所经历的时间较长，其发展变化的过程如下。

首先，在复苏阶段初期，房地产供给仍然大于需求，价格与租金水平仍然较低，但是房地产价格已经止跌停稳并开始缓慢回升，这一时期的房地产投资活动仍较少，投机者几乎没有。

其次，在复苏阶段中期，房地产需求上升，现房购买者增多，并带动期房销量增加，房地产的投资活动增多。由于建筑成本和楼价呈上升趋势，交易量不断增加，房地产市场加速复苏，少数房地产投机者开始入市。

最后，在复苏阶段后期，宏观经济加速复苏，房地产市场进一步回升，金融机构和房地产投资机构加大对房地产的投资力度，并带动其他行业的投资机构也进入房地产领域，房地产价格开始反弹，表现为工业用房、商业用房、住宅用房等房地产价格的上升，租金上升，房地产的交易量随之快速上升，并且带动整个产业链条上的产业和其他关联产业快速发展。

此阶段的供给、需求、空置率、租金的变化规律：循环的最低点，空置率达到最高值，然后进入复苏阶段。由于前一阶段的新增建设或者需求的下降，市场处于供给过剩状态。最低点过后，需求开始增长，慢慢吸收现存的过剩供给，但这个时候的供给增长是不存在的，或者是相当低的。随着对过剩供给的吸收，空置率开始下降，使得市场租金趋于稳定。随着复苏阶段的继续，对市场前景看好的市场参与者开始小步提升租金率，最后地区市场达到其长期的平均空置率水平，这时租金增长率和通货膨胀率相等。

（二）阶段 II：扩张阶段

复苏阶段之后，房地产进入了扩张阶段，该阶段的持续时间较短，其发展变化的过程如下。

首先，在扩张阶段前期，宏观经济进一步扩张，企业效益提高，消费需求迅速增长，房地产市场进入繁荣阶段，市场交易量明显增加，空置率进一步下降。房地产价格愈涨愈高，先是期房价紧追现房价，然后两者并驾齐驱，接着期房价慢慢超过现房价，进而明显拉开差距，并且在房价上涨过程中起带头作用。

其次，在扩张阶段中期，房地产投机商大量介入，甚至超过了房地产自用者的人数。房地产市场的投机行为越来越严重，政府开始出台一系列限制投机的政策措施，如提高银行利率、压缩投资规模、推行保值储蓄以及紧缩银根等。

再次，在扩张阶段顶峰，楼价继续高涨，市场无力负担，自用购楼者退出市场，剩下投机者的资金支撑市场，形成了有价无市的局面，房地产空置率再度上升。同时，股市上的房地产概念股达到顶峰，房地产市场达到了繁荣阶段的顶点，房地产泡沫达到极限。

最后，在扩张阶段后期，政府的紧缩政策日见效果，新增房地产投资数量明显下降，房地产投资总量也开始回落。房地产销售价格开始回调，其间常伴随着房地产租赁市场交易量和租金水平的下降，房地产空置率有所增加，房地产泡沫明显，面临着萎缩甚至崩溃的危险。

此阶段的供给、需求、空置率、租金的变化规律：当空置率下降到长期空置率之下时，供给开始紧张，租金开始快速上涨直到使收益足以刺激新的建设。在供给紧张、租金上涨的阶段，开发商投入建设活动，但由于建设时滞，需求的增长还是比供给快。只要需求的增长率比供给的增长率高，空置率就会一直下降。当需求和供给的增长率相同的时候，循环达到顶峰。在平衡点之前，需求的增长比供给的增长快；在平衡点之后，供给的增长比需求的增长快。

（三）阶段 III：收缩阶段

当楼价涨到把很多真正自用购房者排斥在房地产市场之外，而主要靠投机资金支撑时，房地产市场也就由盛转衰，预示着收缩阶段的到来，此阶段的发展变化过程如下。

首先，在收缩阶段初期，房地产市场在交易价格和交易数量两个方面均出现萎缩的趋势，房地产泡沫面临着破灭的危险。一方面，房地产价格总体水平已经出现下调趋势，房地产交易量明显减少，各类房地产物业的空置率进一步上升。另一方面，由于投资风险加大，房地产投资额明显下降，新动工的房地产项目急剧减少，已投资建设的房地产项目风险加大。

其次，在收缩阶段中期，受一些突发事件的影响，房地产价格急剧下降，有价无市的局面被打破。在投机者抛售局面下，房地产价格明显下跌，房地产投资量大量缩减，已建项目出现转手、停工现象。

最后，在收缩阶段后期，在价格和交易量明显下降的情况下，房地产企业利润也大幅降低，一些实力较弱的企业宣告破产。同时，由于房地产投资项目减少，该行业的就业水平下降，失业人数增加，并加剧了相关行业，特别是建筑业和建材业的失业问题。

此阶段的供给、需求、空置率、租金的变化规律：平衡点之后，循环进入收缩阶段。这时很多房地产市场参与者并不了解循环的顶峰（空置率最低点）已经过去，仍热衷于投资建设。在收缩阶段，供给的增长率比需求的增长率高，于是空置率又开始上升，逐渐接近长期平均空置率。由于这时供给过剩还不是太严重，租金仍在上升。当新的供给越来越多的时候，租金的增长率开始减缓。最后，市场参与者发现市场已经下滑，于是停止新的建设。但由于建设时滞，供给量仍在上升，于是空置率上升到长期空置率之上，进入第 IV 阶段。

（四）阶段Ⅳ：萧条阶段

在经过收缩期之后，房地产周期便进入持续时间较长的萧条阶段，其变化过程如下。

首先，萧条阶段初期，政府实施的宏观调控政策仍未充分发挥出止跌回升的作用，整体经济规模仍在缩减。房地产价格仍呈下降趋势，个别楼价甚至跌破物业原值或建造成本，市场交易量减少；不动产信贷违约行为大量增加。

其次，衰退阶段中期，在价格下跌和成交萎缩的情况下，房地产纠纷大量出现，一些实力雄厚的大公司也面临着破产危机。

最后，衰退阶段后期，在房地产总体水平继续下滑之后，房地产的泡沫被挤压出来，房地产开发成本与房地产需求恢复到正常水平，房地产波动开始走向平稳。政府开始关注房地产市场对经济发展的制约作用，采取减税、降息等措施刺激房地产经济复苏。

此阶段的供给、需求、空置率、租金的变化规律：刚进入此阶段时，空置率低于长期平均空置率，供给的增长率很高，而需求增长率较低或者是负增长。在这个阶段，出租者认识到，如果他们的租金不具有竞争力，就将失去市场份额，于是降低租金以吸引租客。同时新的建设逐渐减少，在新的建设的增量供给停止的时候，市场达到最低点。

第二节　房地产周期的影响因素

影响房地产周期的因素有许多，大体上可分为内生因素和外生因素两大类。所谓内生因素，指的是房地产经济体系本身的因素，对房地产经济活动起内部传导作用。而所谓外生因素，是指房地产经济体系以外的，对房地产经济产生外部冲击作用的影响因素。通常，外生因素通过内生因素起作用，房地产周期是内生因素与外生因素共同作用的结果。

一、影响房地产周期的内生因素

（一）市场供求矛盾

房地产市场供求矛盾是房地产周期产生的直接原因，可从两个方面展开分析：一方面，如果把房地产周期波动理解为房地产供求关系从非均衡向均衡状态的逼近过程，那么房地产供求关系的变动也就反映出房地产周期波动的运行状态；另一方面，由于房地产供给与需求的变动既是内部传导的重要机制，又受宏观经济变量的影响，因此房地产供给与需求关系的变动过程可以视为外部因素冲击与内部传导机制的综合作用的过程。此外，市场供求矛盾通过开发成本、市场价格和销售利润等几个指标，最终反映在房地产投资的变化上，投资规模的大小可以引导房地产投资走向扩张或收缩，从而使房地产经济出现周期性的变化。

（二）价格预期

市场参与主体对价格的预期是房地产波动的主要动因，这可以从自用和出租投资两方面分析。一方面，对以自用为主要目的的商品房购买者来说，房地产价格涨跌的预期将左右他的购买行为；另一方面，从房地产的出租投资需求来看，如果预测未来的房地产经济形势不好，则市场对土地的需求量和可作为投资进行出租的物业的需求量将减少。反之，如果预测未来的房地产发展势头良好，则市场对土地的需求量和物业出租的需求量都将增加。

（三）投资

投资是影响房地产业发展的重要因素。房地产投资的波动常常被人们看作影响房地产经济波动的重要引擎。房地产投资增加将会引起房地产业的扩张，从而带动房地产市场进入繁荣阶段；而投资下降，则会使房地产市场进入萧条阶段。房地产投资的变动与房地产周期的变动基本上是一致的，或者说，两者几乎是同向共振的；但是，房地产投资波动往往比房地产周期的波动更活跃。

（四）预期收益率

房地产收益率是指房地产开发获取的净收益与房地产的投资额的比率，即投资回报率。此因素是影响房地产周期的重要内生因素。一般来说，当房地产开发商的预期收益率不断提高时，开发商会增加投资和扩大开发规模；当预期收益率不断下降时，开发商的投资行为会变得谨慎。由于市场始终存在竞争，任何一个房地产开发商都不可能长久地获得高出社会平均投资收益水平的超额利润。只要房地产开发投资有超额利润，就会不断有新的投资者加入房地产开发的行列。新的投资者的进入导致了商品房供给增加和市场竞争的加剧，结果使得房地产开发的收益率逐渐回落到社会平均水平。此时，新的投资者将不再进入，而原有部分投资者还可能退出。此时，房地产市场上的新增供给开始减少。而随着房地产自用和投资需求的增加，超量的供给将被市场吸纳，开发商的盈利状况又会出现回升。当回升到一定水平时，又会有新的投资者进入房地产市场。

二、影响房地产周期的外生因素

（一）经济因素

宏观经济对房地产周期波动的影响主要通过以下经济变量和参数[①]的变化表现。

1. 经济增长率

经济增长是指一国经济活动能力的扩大，其衡量标准是一国商品和劳务总量，即国民生产总值的增长状况。经济增长率（RGNP）是末期国民生产总值与基期国民生产总值的比较，以末期现行价格计算末期 GNP 得出的增长率是名义经济增长率，以不变价格（即基期价格）计算末期 GNP，得出的增长率是实际经济增长率。在度量经济增长时，一般都采用实际经济增长率。经济增长率也称经济增长速度，它是反映一定时期内经济发展水平、变化程度的动态指标，也是反映一个国家经济是否具有活力的基本指标。经济增长率与房地产业的发展高度正相关，表现在：一方面，房地产业产业链绵长复杂，具有极强的前向、后向及侧向的关联性，对国民经济的发展具有很大贡献，在很多国家都是第一大产业；另一方面，国民生产总值是一国在一定时期内生产的最终商品和劳务的市场价格的总和，所以用国民经济总产值计算的经济增长率实际已包含了房地产业。

2. 国民收入

国民收入，即一个国家一年内用于生产的各种生产要素所得到的全部收入，即工资、

[①] 宏观经济变量和参数主要有经济增长率、国民收入与消费水平、物价与通货膨胀率、产业结构特征、银行利率等。

利润、利息和地租的总和。从国民生产净值中扣除间接税和企业转移支付加上政府补助金，就得到一国生产要素在一定时期内提供生产性服务所得报酬即工资、利息、租金和利润的总和意义上的国民收入。国民收入的增加或下降一方面表现为消费水平和社会购买力的上升或降低，这会显著影响房地产市场的实际需求；另一方面，国民收入的变化又表现为社会投资水平中可供投资的资源数量的增降。当国民收入水平变动作为外部冲击形成后，在供求等内部传导机制的作用下，不但会影响房地产的消费需求，而且会影响房地产投资需求，最终会导致房地产需求水平随收入水平波动。其中，收入水平影响房地产需求的机制可从两个方面分析：一方面，从实际购买力来看，收入变动显著影响承租者对房地产租金和水、暖、电、气消耗的支付水平；另一方面，从财富累积预期来看，收入水平变动会影响购买者对财富积累的预期，进而影响房地产需求水平。

3. 通货膨胀率

通货膨胀率（或物价指数）主要通过两个途径对房地产经济产生影响：第一，通货膨胀因素影响房地产名义价格与价值的变动，从而导致房地产经济运行出现相应变化。由于房地产价格是构成总物价水平的重要组成部分，因此物价指数或通货膨胀率与房地产价格之间存在明显的正相关关系。当物价总体上涨时，房地产名义价格也随之上涨，扣除通货膨胀率后的房地产真实价格也相应上升；当物价总体水平趋于下降、通货膨胀率下降时，房地产名义价格也会趋于下调，扣除通胀因素后的房地产真实价值明显减少。第二，通货膨胀因素使得房地产商品的保值与升值功能增强，进而影响房地产经济运行。物价上涨引发通货膨胀后，货币价值下降，企业及居民宁愿持有真实资产而放弃货币资产。由于多种原因，房价虽也有波动，但一般呈现出长期上涨趋势，因此房地产具有较强的保值和升值潜力，购买房地产便成为抵御物价上涨的有效投资渠道，这就容易推动房地产投资活动增加。越是担心货币贬值，购买房地产的愿望就越强。

4. 产业结构

产业结构是指各产业的构成及各产业之间的联系和比例关系。在经济发展过程中，由于分工越来越细，因而产生了越来越多的生产部门。这些不同的生产部门受各种因素的影响和制约，会在增长速度、就业人数、在经济总量中的比重、对经济增长的推动作用等方面表现出很大的差异。不同时期产业结构的不同特征会造成房地产周期的基本形态特征也不同。发达国家经济发展的历史表明，在工业化初期和中期，因制造业发展迅速，造成对工业用地需求的剧增，工业地价的涨幅大于其他类型用地及平均地价的涨幅；而在工业化的后期，由于第三产业的长足发展，房地产业的规模和所占比重越来越大，在国民经济中的地位越来越高，房地产周期对国民经济周期的影响也越来越大。

5. 利率

利率对房地产市场的直接影响可从供给与需求两方面考察：第一，在供给方面，利率的高低会显著影响开发商的融资成本及借贷资金的取得。利率下降时，开发商融资成本较低，房地产供给增加，因而房地产价格增长趋缓或处于较低水平，这对促进房地产市场的平稳发展有好处；反之，当利率上升，房地产开发商利息负担加重，融资成本上升，就不利于房地产开发的发展与繁荣。第二，在需求方面，由于房地产价值高，居民或企业进入房地产市场往往需要获得金融机构的支持。如住宅，大部分购房者须依赖长期的按揭贷款取得住房使用权乃至所有权，这必然涉及贷款的难易与成本。较高的利率会使购房者的贷款成本增加，从而抑制部分房地产需求；较低的利率则会使贷款成本下降，鼓励购房者投资房地产，从而使房地产的投资需求和消费需求增加。

（二）社会发展因素

影响房地产市场发展的社会发展因素主要包括传统置业观念及消费心理、社会福利水平、人口数量及年龄结构、家庭户数与规模、家庭生命周期、生活方式等。中国处于经济和社会急剧变化的发展阶段，一方面中国传统的置业思想影响住房投资与消费观念，人口增长速度的下滑以及社会福利尚处于较低水平等因素都显著影响房地产市场的需求，进而影响房地产周期；另一方面，随着收入水平、生活水平及生活方式的变化，城市居民对住房的配套完备程度与质量、功能需求以及对社区环境的要求都在变化，这些因素都会影响房地产的市场格局和周期变化。

（三）城市发展因素

城市化是指在社会生产力快速发展的背景下，人口逐渐由农村向城市转移，农业人口逐渐变为非农业人口，城市数量不断增加，规模不断扩大，人们的生活方式、居住方式及出行方式不断进步，城市基础设施不断完备，城市文化不断提升，市民的观念不断更新的一个动态过程，它反映了人类生活方式乃至社会结构的深刻变化。中国目前已进入城市化加速发展阶段，从改革开放开始到未来相当长的时期，众多人口从农村转向城镇。这种城市化带来的经济社会的大变革将使中国从以农民为主体的社会演变成以市民为主体的社会。房地产周期与城市化发展关系密切，城市化进程极大加剧了对城市基础设施、商业设施和普通住宅的需要，并影响着人口增长、人口流动和交通运输业的发展，这些因素又进一步对地价上涨和房地产业发展产生推动作用，进而影响房地产周期波动。

（四）人口因素

人口因素是影响房地产周期的重要因素，甚至在某种程度上，房地产周期可看成人口变化周期的一个部分。在上升周期，乡镇人口向城市人口转移，人口红利提升了经济增长率，同时居民收入得到提高，住房消费与投资的增加显著拉升住房需求。表现为25~50岁的置业人群显著增加。在下降周期，随着人口红利的逐步消失，以及"刘易斯拐点"的出现，经济增长放缓，居民收入增量同时放缓，城镇住房供应日益饱和，置业人群到达峰值后下降，房地产的需求发生逆转。①在人口自然增长带来的房地产需求之外，人口在一个国家或地区往往经历着以下迁移过程：从农村向城市集聚转移；大城市人口比重继续上升，中小城市人口增长放缓；城市化率超过七成，人口继续向大都市圈集中。总之，人口向城市，尤其是向大城市的迁移对房地产周期的影响显著。

（五）政策因素

政策因素主要包括房地产供给、住房分配和消费、房地产金融、房地产产权与交易、

---

① 刘易斯拐点，即劳动力过剩向短缺的转折点，是指在工业化过程中，随着农村富余劳动力向非农产业的逐步转移，农村富余劳动力逐渐减少，最终达到瓶颈状态。

房地产价格等直接相关政策等。此外，与房地产业密切相关、敏感程度较大的宏观经济政策还包括财政政策、货币政策、产业政策、经济体制改革措施以及区域发展政策等。政府对房地产市场进行宏观调控时会采用一系列的政策措施，这些政策措施会从各个方面影响房地产市场，从而影响房地产周期波动。例如，政府采取积极的财政政策加大支出时，支出总量与结构的变动可能会影响房地产市场总量与结构的变化，包括土地出让规模、保障房建设规模以及对房地产业发展有促进作用的城市基础设施建设规模等，都会影响房地产周期的波动。此外，当采取积极的货币政策扩大信贷规模时，也会有很多资金流入房地产市场，影响房地产周期的波动。若财政政策、货币政策的操作方向相反，出现紧缩倾向，则会加剧房地产行业的收缩。

上述内生因素与外生因素均能对房地产周期产生重要影响。需强调的是，房地产周期由多个因素相互交织影响而成，不能简单地用单一因素解释其波动的原因；具体到某个时期、某个区域市场，并非以上所有因素都同时影响房地产周期波动，而是其中一组重要的因素在起作用；在一组重要因素中，也并非所有因素都处于同等重要的地位。

第三节 房地产周期的形成机制

房地产周期受众多因素影响。分析房地产周期的根源与形成机制有助于为制定房地产调控政策提供理论基础。房地产周期是房地产经济系统内部传导机制与外部冲击机制相互作用的综合结果，其中来自房地产经济系统以外的冲击对房地产周期波动的形成具有决定性影响。通过借鉴经济周期理论的研究方法来研究房地产周期的冲击机制——传导模型，可以帮我们从宏观经济变化和房地产业运行两个方面把握房地产周期的形成机制。

一、房地产周期的外部冲击机制

外部冲击机制是指经济系统以外的冲击通过系统内部传导而发生的经济运动。当来自房地产经济系统以外的干扰或冲击，通过房地产经济系统内部传导机制的作用，促使房地产经济活动趋势出现改变，或者使原来的运行趋势在运行水平或程度上发生变化时，就是房地产周期的外部冲击机制在发生作用。[1]

来源于房地产经济系统外部的冲击既可能是随机性的因素，也可能是周期性的因素。当外部冲击是随机因素时，房地产经济系统既有可能在没有滞后的情况下响应，也有可能在有滞后的情况下响应。前者会使得房地产系统呈现非周期运动，后者会使得房地产经济系统产生单调向上或向下的周期运动。如果外部冲击为周期性因素，那么不论房地产经济系统是在什么情况下做出响应，都会导致房地产业的周期性运动。

房地产周期，究其本质，是宏观经济周期在房地产行业的具体表现。房地产业不但面临着临时性经济波动带来的外部冲击，而且宏观经济周期运行本身也会对房地产业产生同频性影响。对房地产经济系统产生干扰进而导致房地产周期波动的外部冲击，通常包括以下几种。

---

[1] 李海英. 中国房地产周期波动与政策研究[D]. 厦门：厦门大学，2006：15-19.

(一)政策性冲击

依据宏观经济环境的变化,经济管理部门会有不同的政策性调整,这会对房地产运行形成政策性冲击,主要包括货币政策冲击、财政政策冲击、投资政策冲击、金融政策冲击等。它们共同作用,对房地产经济运行产生一定的影响。

(二)体制性冲击

体制性冲击,是指因经济体制改革或政治体制改革所引起的制度变迁对房地产经济系统产生的冲击。从经济体制来看,对房地产经济运行形成外部冲击的主要是所有制结构变动、宏观经济运行机制转换、产业结构升级和政府宏观经济调控体系调整等体制性因素,如建设用地出让体制的变化、对民营经济发展的鼓励或限制等。

(三)供给冲击

供给冲击,主要是指技术进步、气候变化、资源发现以及国际经济要素价格等发生变化,从而对房地产生产率产生直接影响,导致房地产供给出现相应变化。如施工技术进步对房地产建设速度与质量的影响,市场上钢材、水泥、玻璃等建材价格变化及建筑劳务价格对一国房地产行业的影响,等等。

(四)需求冲击

需求冲击主要包括投资性需求冲击、消费性需求冲击以及财政体制改革和金融制度变化等对需求的间接影响。例如,金融制度变化所导致的资产组合调整或投资性需求的提升等,包括利率、存款准备金率和贷款率的上限、资产负债表等金融指标的波动对房地产需求产生的影响。这类冲击主要是由于对经济运行的预期出现变化而产生的。

(五)国际性冲击

在开放市场条件下,国外政治经济形势的变动对于一国的房地产经济运行同样会产生程度不同的直接或间接冲击。例如,当一国政治上出现很大的变化,或者面临战争风险时,可能会导致人口的外流,进而对对应的人口流入国的房地产市场产生需求上的拉升,并影响到下一个周期的开发投资与规模,房地产行业出现明显的波动。

二、房地产周期的内部传导机制

房地产周期波动的内部传导机制是指由房地产经济系统内部结构特征所导致的经济变量之间的必然联系,以及对外部冲击的反应。主要的内部传导机制包括以下几项。

(一)供求机制

供求机制是市场经济运行的基础机制,房地产商品供应量和需求量的变动会导致价格的变动,反之,供需又受到包括价格在内的多种因素影响而发生变化。由于房地产本身具有的特性,造成房地产市场供求机制的特殊性:首先,供应的滞后性造成供给的短期刚性,原因在于房地产开发建设周期长,新开工项目一般要在两三年之后才能上市。其次,供应具有区域性。由于房地产具有不可移动性,房地产的供应只能是区域性的,不能像普通商品那样,通过区域间的运输调整空间供给多寡。最后,供给的不可替代性。房地产具有不可替代性，很难想象没有房子，人类怎样生活。当然，在房地产内部各个产品种类之间，住宅、公寓、写字楼等在一定程度上可以互相替代，但效用差别很大。

（二）价格机制

价格是购买者向生产者发出的信号，是市场经济的信息源泉，是调节供求的杠杆。房地产企业通过价格可以知道应该提供什么样的商品和服务。当企业看到市场上的盈利机会（即房地产价格高于平均成本）时，就会进入市场。直到市场中挤满了竞争者，导致价格下跌，利润消失，企业就会停止进入该市场。当价格下跌到平均成本以下时，企业又会自动退出市场。价格机制也左右着购房者或承租者的行为。当价格升高时，购房者和承租者就会减少房屋的购买和承租；在价格下降时，就会适当增加投资和消费量。房地产市场中的价格机制还调节着房地产买卖市场和租赁市场的结构。购房和租房是企业或居民的两种需求实现形式，两者之间有一定的替代性。房价和租金则是对应于上述两种需求的房地产价格形式。如果房价过高，企业或居民就会选择租房。如果租金过高，企业或居民可能会选择买房。价格机制调节着租价比[①]，使租金和房价维持在一个合理的比值范围内。

（三）乘数—加速数机制

在经济增长中，乘数—加速数机制反映着构成总需求的投资和消费之间的作用和反作用过程，以及对总产出的影响。投资支出是总需求的构成部分。为响应产出变化而增加投资，将会通过乘数作用来增加生产，这又回过头来在加速数的作用下引发进一步的投资，如此反复循环。反之，投资或产出的突然下跌会以类似方式产生反面效应。乘数与加速数的相互作用会立即产生爆发性的产出反应。但是，由于投资水平受到经济实力的限制，经济膨胀不会无限制地扩张下去，而是有一个最终的限制，此时投资与产出增长率都会慢下来，最终导致收缩。同样，收缩也不会无限进行下去，而是在到达底点时开始回升。

（四）产业关联机制

产业关联机制反映了国民经济各产业之间前向、后向以及侧向的关联效应。有的产业（如农业和基础产业）主要具有前向关联效应，需要超前发展，否则就会对经济发展产生阻碍。有的产业（如加工工业）则主要具有后向关联效应，需要与具有前向关联效应的产业协调发展。国民经济系统中各产业之间的关联成为一种重要的内在传导机制。对于房地产经济系统来说，投资部门、建筑部门、中介部门相互间的利益关系、结构关系等关联机制成为房地产系统的内部传导机制。

（五）房地产增长制约机制

房地产业的扩张会受到生产要素的约束，尤其是土地资源、人力资源以及资金等要素的约束，所以在客观上存在一个扩张上限；而房地产业收缩也存在下限约束，对房地产的基本需求，如最低的居住、办公和商业运营面积的需求，要求房地产业至少维持在一定的发展水平上。

（六）信贷—利率机制

信用制度的产生极大地促进了生产力发展，同时也加重了生产过剩的危机和商业投机。

---

① 所谓租价比，也有的地方称为租售比，指的是租金和房价之间存在的比值关系。

信用制度使利率机制加入经济周期波动的传导机制，影响供给者和需求者的行为，加剧了经济波动。利率对房地产经济的影响首先体现在两个方面：一是对房地产开发投资的影响。因为绝大多数开发商的主要资金来源于银行贷款，利率的高低影响开发的成本和利润。二是对房地产需求的影响。在普遍实行房地产抵押贷款和消费信贷的地区，利息高低会影响购买者和承租者的贷款信心、支付能力和还款压力。利率在房地产经济波动中的传导作用还体现在利率的"价格比较"作用上。利率实际上是资金的价格表现，体现了资金的使用成本。当房地产投资的收益率高于利率时，房地产开发商就会借贷资金去投资房地产。反之，就会退出市场。利率在此时所起的作用，就如同价格机制所起的作用。

三、房地产周期的冲击—传导过程

房地产周期的冲击—传导过程大体经历以下四个阶段。

（一）外部冲击阶段

来自房地产经济系统外部的变量，如宏观经济政策变动、经济体制的变迁或者国外政治经济形势变动等，对房地产经济系统产生外部冲击。

（二）初始响应与内部传导阶段

房地产经济系统对外部冲击产生初始响应，并利用内部传导机制把外部冲击转化为房地产经济系统运行的重要动力因素。如果振幅大，说明房地产经济系统对外部冲击很敏感；如果振幅小，说明房地产经济系统对外部冲击敏感程度小。

（三）振荡衰减阶段

由于房地产经济系统存在内部运行阻力，当外部冲击通过内部传导机制向房地产系统各个领域进行全面传导时，必然会导致初始响应曲线发生衰减，也就是随着内部传导过程的持续，外部冲击对房地产经济系统运行路径的影响程度会逐渐衰减。这表现为房地产经济波动在波动强度、波动振幅与波动长度等指标上逐渐趋于正常或稳定状态。

（四）进入稳定状态或复原状态阶段

房地产经济系统在对外部冲击做出初始响应，并经内部传导机制作用而呈现振荡衰减之后，重新进入稳定状态，或重新回到外部冲击前的正常运行轨迹。房地产经济系统重新达到稳定状态所需的时间愈长，说明该系统在受到外部冲击时，抵御能力愈差。相反，时间愈短，说明该系统受到外部冲击时，抵抗能力愈强。

总之，当房地产经济系统受到外部冲击改变运行轨迹后，通过内部传导机制对外部冲击进行反应与调整，在冲击机制与传导机制交互作用下，历经上述四个阶段而重新回到稳定状态，就完成一次房地产波动。当外部冲击连续不断地进行时，房地产经济系统便在冲击—传导机制作用下，进入连续不断的波动循环，由此形成房地产周期。

四、外部冲击与内部传导在房地产周期中的作用

在房地产周期的冲击—传导模型中，外部冲击和内部传导对房地产周期波动的影响有所区别。从运行机制来看，外部冲击来源于外生变量的自发性转移，主要强调时间序列的变化，通过外生变量及与内生变量无关的参数对房地产波动产生影响；内部传导机制则反

映着房地产经济系统的结构效应,主要通过与内生变量相联系的结构参数体现出来,强调房地产经济系统对外生的时间序列变量变化的滞后响应,因此内部传导机制主要通过房地产经济系统的内在机制在系统内部扩散,表现为系统内部对于外部冲击的自我响应与自我调整。

从对房地产波动的影响效果来看,外部冲击是波动的初始推动力量,并不直接决定房地产波动的周期性和持续性,只是通过内在传导机制对周期波动的波幅、波长、波峰、波谷等产生叠加影响,使基本波动形态产生变化,并对房地产周期波动转折点的形成产生主导性作用;内部传导机制虽然表现为对外部冲击的滞后响应,但由于房地产经济系统是一个内生运动决定的单一积累过程,因而在本质上决定着房地产波动的周期性和周期的持续性,决定着房地产周期波动过程中包括波峰、波谷、波幅、波长等基本波动形态。

第四节 房地产周期的测度

房地产业是一个产业关联度很高的行业,对建筑施工、建筑机械、钢铁、水泥、玻璃、电解铝等很多大行业的景气度有重要影响。房地产周期是经济周期的组成部分,二者存在关联性。选择房地产周期的代表性指标,对房地产市场的发展状况进行检验,对准确判断房地产周期和整个经济周期的阶段,在最佳的时点以恰到好处的力度干预经济,很有意义。以上几节对房地产周期的基本含义及形成机制的分析主要关注房地产周期的共性特征,而对于不同房地产周期的进一步深入描述可以从周期长度、波动振幅、波动系数的计量等方面入手,这些指标也能够反映不同周期的个性与区别。

一、房地产周期测度的指标

不同类型的房地产周期有共同特征,但每个周期又有其特殊性。为比较各个房地产周期的区别与差异,我们可以采用以下几种测度方法和指标,如房地产周期频率、长度、波动系数、波动振幅等。

(一)房地产周期频率

房地产周期频率又称房地产周期频度,指在一段时间内波动所经历的周期次数,用以衡量房地产增长的稳定程度。周期频率越高,说明这一时期经济发展越不稳定;反之,如果波动频率低,则表明这一时期经济增长较为稳定。

房地产周期频率的计算公式为

$$F = \frac{\sum_{1}^{n} G_T}{t_n - t_1} \tag{7.1}$$

式中,$\sum G_T$ 为一定时间内房地产周期总次数;下标 T 为周期序号;t_1 为该时期的起点;t_n 为该时期的终点;下标 1、n 为时间单位序号。

(二)房地产周期平均长度

房地产周期平均长度是指在一定时间内每个房地产周期平均持续或经历的时间长度,

以反映房地产行业运行的稳定程度。周期平均长度越长，说明这一时期的房地产经济运行越不稳定；反之，周期平均长度越短，表明这一时期的房地产经济运行越稳定。

其计算公式为

$$L = \frac{t_n - t_1}{\sum_{1}^{n} G_T} \tag{7.2}$$

式中，$\sum G_T$ 为一定时间内房地产周期总次数；下标 T 为周期序号；t_1 为该时期的起点；t_n 为该时期的终点；下标 1、n 为时间单位序号；$t_n - t_1$ 为考察时期总长度。

（三）房地产波动系数

房地产波动系数是指一段时期内房地产实际增长状况对长期增长趋势的变动值，用以衡量在特定时期内房地产增长的波动状态。房地产波动系数高，说明这一时期的房地产实际增长状况偏离长期增长趋势的程度较高，房地产经济运行稳定程度较低；房地产波动系数低，表明这一时期的房地产实际增长状况偏离长期增长趋势的程度较低，房地产经济运行稳定程度较高。

其计算公式为

$$W = \frac{\alpha}{\overline{Y}} \tag{7.3}$$

其中，

$$\overline{Y} = \frac{1}{n}\sum_{1}^{n} Y \tag{7.4}$$

$$\alpha = \sqrt{\frac{1}{n}\sum_{1}^{n}(Y - \overline{Y})^2} \tag{7.5}$$

式中，W 表示波动系数；Y 为经济增长的实际水平；$\overline{Y}$ 为其算术平均值，表示一定历史时期中经济的平均增长水平或者经济增长的长期趋势；α 为标准差，表示实际经济增长水平偏离长期增长趋势的波动幅度；n 为实际样本数。

（四）房地产周期波动振幅

房地产周期波动振幅即房地产周期波动的幅度，可用同一周期内波峰到波谷之间的指标差额表示，它是衡量和反映房地产周期波动程度的重要指标。振幅越大，说明房地产业运行越不稳定；相反，振幅越小，说明房地产业运行越稳定。

其计算公式为

$$W = Y_p - Y_t \tag{7.6}$$

式中，Y_p 为处于波峰时的房地产业经济总量水平；Y_t 为处于波谷的房地产业总量水平，处于波峰和波谷时的房地产业经济总量水平既可以用增长率之类的相对指标表示，也可以采用绝对量指标，一般情况下采用相对指标。

（五）房地产周期平均涨落比

房地产周期平均涨落比是指房地产周期波动中扩张和收缩对于产业增长趋势线偏离程

度的对比，可用扩张阶段的波动振幅平均长度与收缩阶段的波动振幅平均长度之比计算。在波动振幅确定的情况下，房地产周期平均涨落比反映了房地产经济中扩张性因素和收缩性因素的力量对比，可用来说明房地产经济的总体发展趋势。平均涨落比越大，说明房地产经济中扩张因素的弹性大于收缩因素的弹性，因而房地产经济总体趋于上升；相反，平均涨落比越小，表明房地产经济中收缩因素的弹性大于扩张因素的弹性，因而房地产经济总体趋于下降。

其计算公式为

$$R = \frac{H_p}{H_1} \tag{7.7}$$

式中，H_p 为经济波动振幅在扩张阶段的平均长度；H_1 为经济波动振幅在收缩阶段的平均长度。

（六）房地产周期阶段长度比

房地产周期阶段长度比是指在同一房地产周期内，从波谷到波峰的扩张时间与从波峰到波谷的收缩时间之比。阶段长度比越大，说明扩张期持续的时间大于收缩期持续的时间，反映房地产经济状况越好；相反，阶段长度比越小，表明房地产经济状况越差。

（七）房地产周期的主要变量指标

房地产周期的状态和变化可以用代表房地产经济的主要变量指标观测，这些指标一般包含价格、土地购置、投资与建设、销售、资金、库存等类别。土地购置类指标反映了房地产行业的拿地意愿和对未来一段时间的市场预期。销售类指标反映需求端的情况，销售回款是房地产企业开发资金的重要来源，销售指标的变化往往领先于房地产开发投资指标。资金类指标反映房地产行业的融资环境和融资结构，进而反映资金压力和投资能力，一般也领先于房地产开发投资指标。中国房地产市场的常用指标、数据来源及说明如表7-1所示。

表7-1 中国房地产市场部分指标及说明

类别	指标名称	数据来源	指标说明
价格	70个大中城市商品住宅销售价格	国家统计局	新建商品住宅销售价格调查为全面调查，基础数据直接采用当地房地产管理部门的网签数据；二手住宅销售价格调查为重点调查和典型调查相结合，基础数据来源于房地产经纪机构上报、相关部门提供和调查员实地采价
土地	土地购置面积 土地成交价款	国家统计局	购置面积：房地产开发企业本年通过各种方式获得土地使用权的土地面积 成交价款：房地产开发企业本年进行土地使用权交易活动的最终金额
	国有土地使用权出让收入	财政部	政府以出让等方式配置国有土地使用权取得的全部土地价款，包括受让人支付的征地和拆迁补偿费用、土地前期开发费用和土地出让收益等

续表

类别	指标名称	数据来源	指标说明
投资与建设	房地产开发投资额	国家统计局	房地产开发企业本年完成的全部用于房屋建设工程、土地开发工程的投资额以及公益性建筑和土地购置费等的投资
	房屋施工/新开工/竣工面积	国家统计局	施工：报告期内施工的全部房屋建筑面积 新开工：报告期内新开工建设的房屋建筑面积 竣工：报告期内房屋建筑按照设计要求已全部完工，达到住人和使用条件，经验收鉴定合格或达到竣工验收标准，可正式移交使用的各栋房屋建筑面积的总和
销售	商品房销售面积	国家统计局	报告期内出售商品房屋的合同总面积
	商品房销售额	国家统计局	报告期内出售商品房屋的合同总价款
资金	房地产开发企业到位资金	国家统计局	房地产开发企业本年实际到位的，可用于房地产开发的各种货币资金，包括国内贷款、外资、自筹资金、定金及预收款、个人按揭贷款和其他资金
	住户中长期贷款	中国人民银行	住户中长期贷款以房贷为主，一般用于反映居民住房贷款情况
库存	商品房待售面积	国家统计局	报告期末已竣工的可供销售或出租的商品房屋建筑面积中，尚未销售或出租的商品房屋建筑面积
	房地产开发企业待开发土地面积	国家统计局	经有关部门批准，通过各种方式获得土地使用权，但尚未开工建设的土地面积

二、房地产周期的基本测度方法

房地产周期的基本测度方法包括直接测度法和剩余法。①

（一）直接测度法

这种方法也被称为环比测定法，是用代表房地产经济主要变量指标的时间序列，把每年数值直接与上一年的数值相比，求得经济变动的相对数，以反映房地产周期波动状况的测定方法。该方法的计算公式为

$$C_t I_t = Y_t / Y_{t-1} \tag{7.8}$$

式中，$C_t I_t$ 为第 t 年的周期性波动及不规则变动相对数；Y_t 为第 t 年的房地产经济主要变量指标；Y_{t-1} 为上年房地产经济主要变量指标。一般来说，使用直接测度法，把当年数值和上一年同期数值相比，大体上可以消除时期序列中包含季节性变动和长期趋势性变动因素的影响，如果在这一基础上再使用移动平均法，就可以大体上消除不规则变动的影响，得到周期性波动因素的相对数。

使用移动平均法有助于消除由于指标时间序列距离太短而产生的偶然和不规则因素的影响。具体办法是：在某一指标变量前后各取若干相邻的值，然后连同基准指标一起，求出平均数指标。移动平均法既适用于时期动态数列，也适用于时点动态数列。

---

① 张丽杰. 房地产周期波动理论与实证研究[D]. 大连：东北财经大学，2005：25-27.

直接测度法的优点是简单易行，但失之粗糙，其主要局限性是：第一，信息量的损失。如果考察时间短，数据少，就会造成信息量的损失。第二，对不同增长类型经济的适用度问题。由于直接测度法暗含了一个假定，即经济是按照既定的规律发展的，或者说服从指数增长的规律，这一假设与现实并不相符。一般来说，当用直接测度法测定指数增长型经济的周期性波动与不规则变动的相对数时，完全可以消除其长期趋势的影响；但当直接测度法用于直线增长型经济时，则会产生长期趋势影响被过度消除的问题；而对于超指数增长型经济，直接测度法又无法消除其长期趋势的影响。第三，周期性波动的相对水平问题。直接测度法在消除数列的长期趋势的同时，相对加大了年度发展速度的影响。表现在测定结果上就是会加大波动的幅度。第四，短期波动的影响。当存在短期波动时，直接测度法也会拉大周期性波动的振幅，还会使波峰、波谷的位移现象更加明显。

总之，直接测度法的适用范围比较窄，它要求服从指数增长、趋势比较平稳、有较长期的资料等前提条件。常见的房地产价格增长率就是一种直接测度法。

（二）剩余法

剩余法也被称为残余法，其基本前提是假定时间序列 Y 可以被分解为长期趋势（T）、季节变动（S）、周期性波动（C）和不规则变动（I）四个因素。使用剩余法测定房地产周期波动，是从时间数列中逐次或一次性消除长期变动趋势和季节变动，剩下周期性波动和不规则变动，然后进一步消除不规则变动，得到周期性波动值。

剩余法实际上是把周期性波动的测定问题转化成对时间数列分解模型的选择和对长期趋势及季节变动的测定问题。当分解模型的选择比较恰当，长期趋势和季节变动的测定比较合理时，剩下的周期性波动就能够比较恰当地显现。

剩余法基本的步骤如下。

（1）对以月度或季度为时间单位的数据进行季节性调整，消除时间序列中季节性变动因素（S）的影响。

（2）通过最小二乘法等方法求出长期趋势（T）。

（3）利用移动平均法消除不规则变动因素 S 的影响，再利用该数列与长期趋势 T 的比率，求出周期波动 C。

最基本的时间序列分解模型有两种，即加法模型和乘法模型。这两种模型虽然都包括长期趋势（T）、季节变动（S）、周期性波动（C）和不规则变动（I）这四种要素，但因模型结构不同，在再分解的方法、步骤及其各要素的表现形式和数量特征等方面存在较大的差异。这样，乘法模型和加法模型在周期性波动的测定中就具有不同的特点和局限性。

加法模型的一般形式为

$$Y = T + C + S + I \tag{7.9}$$

式中，T、S、C 和 I 均为绝对量。

周期性波动值 C 可表示为

$$C = Y - T - S - I \tag{7.10}$$

加法模型的主要优点是直观性好，缺点是各经济变量之间缺乏可比性。此外，当数据存在明显的长期趋势时，季节变动值会发生相对缩小或扩大的现象。

乘法模型的一般形式为

$$Y = T \cdot C \cdot S \cdot I \tag{7.11}$$

式中，T 为绝对量；S、C 和 I 均表示相对量。利用时间数列 Y 分别求出长期趋势 T 和季节变动 S 后，周期性波动相对数 C 可表示为

$$C \cdot I = \frac{Y}{T \cdot S} \tag{7.12}$$

$$C = MA(C \cdot I) \tag{7.13}$$

式中，MA 是移动平均的简称，即对周期性波动与不规则变动 $C \cdot I$ 进行移动平均，求出周期性波动相对数 C。

同加法模型相比，乘法模型的主要特点是，以相对数表现季节变动 S 和周期性波动 C，从而具有了变量间的可比性。但缺点又和加法模型相反，其直观性较差。此外，加法模型暗含着各年季节变动 S 对长期趋势 T 为一个稳定的比率，从绝对量上说暗含着季节变动与长期趋势同步变化的假定，这种假定有一定的局限性。

第五节　房地产周期与宏观经济周期

房地产业因其产品的基础性、创造社会财富的价值，以及与众多行业的关联性而成为国民经济的重要组成部分。高速发展的国民经济是房地产业健康发展的基础，房地产业的发展又对国民经济有重大贡献。国民经济增长是指一国经济活动能力的扩大，因为房地产业是宏观经济的重要组成部分，所以计算经济增长率时实际上已经包括了房地产业，故在总体上也反映了房地产业在这一时期的运行状况。同时由于房地产业的发展必须以国民经济为基础，其兴衰都不可能离开宏观经济的运行。这样的特征决定了两者存在密切的内在关系。

一、房地产业与宏观经济的相互影响

本书在前面已经讲过，房地产业是经济运行体系中的先导性、基础性产业，属于国民经济的重要组成部分。在很多国家和地区，在其特定的发展阶段，房地产业甚至成为整个国民经济的支柱产业、主导产业和先导产业，如在日本、美国、中国香港等国家和地区。房地产业成为国民经济的支柱产业表现在以下方面：其一，房地产的产业关联度增大，带动效应变强；其二，房地产业增加值在国民生产总值中占到5%以上；其三，房地产业发展的状态符合产业演进的方向，有利于宏观经济结构的优化；其四，房地产业在就业市场上起着举足轻重的作用。

上述事实表明，房地产业的发展与宏观经济总体发展水平互相制约，反过来它们之间又存在互相促进的作用。

从制约方面来看，当宏观经济过热、通胀明显时，或经济萎缩、通货紧缩、结构失衡时，房地产业会受到宏观经济状况的极大制约。反之，房地产业产生泡沫或者萧条时，也会对宏观经济造成巨大伤害。

从促进方面看，在社会总供给和总需求平衡、通货稳定、总体经济运行良好的情况下，宏观经济为房地产业的发展提供良好的客观环境及发展条件，从而有利于房地产业的发展。同样，房地产业的健康发展又通过较强的产业关联性带动其他产业的迅速发展，促进了宏观经济的繁荣。

二、房地产周期与宏观经济周期的时序关系

因为房地产是兼具消费和投资属性的特殊商品，因此宏观经济周期会对其产生较强的影响，具体表现为宏观经济周期与房地产周期呈同向发展趋势，但在波动时序上会略有差别，即房地产周期的复苏、萧条期滞后于宏观经济，而繁荣、收缩期则超前[①]。

第一，当宏观经济开始复苏时，尽管房地产业是基础性、先导型产业，但由于其产品价值量巨大，耗用资金多，生产周期长，并且是非工厂化单件生产，故房地产开发商需要经过相当长的时间筹备、计划才能投入生产，这使得房地产的供应增长速度会稍慢于宏观经济复苏带来的房地产需求增长速度。

第二，房地产业经过复苏阶段的准备和发展后，其基础性和先导性的产业特征充分表现出来。在宏观经济态势良好的状况下，居民收入水平的提高、全社会对于各种商业用房、住宅、工业用房等需求的迅速扩张，都拉动房地产业迅速发展，房地产需求不断上升，而房地产供给在短期内呈刚性，供求关系的不对等使得房地产价格全面上扬。此时，伴随着房价的快速上升，开发商的资产相应地快速膨胀，银行往往为开发企业大额度授信，并为购房者提供大量按揭，市场资金集聚，在投资乘数作用下，房地产周期比宏观经济更快进入繁荣期。

第三，当宏观经济逐步进入萧条期时，各行业的发展都处于停滞不前的状态，失业率居高不下时，房地产周期可能在一定时间内表现出与宏观经济周期不一样的景象。这是因为当宏观经济不景气时，社会剩余资金无处可投，而房地产本身具有保值增值的功能，结果有些资金就流向房地产业，维持房地产市场的一定供给和需求，从而房地产业会在宏观经济已经萧条时仍呈现相对较好的态势并持续一段时间。

第四，当房地产业经过明显的产业紧缩之后，行业进入相对持续时间较长的萧条阶段，直到宏观经济开始缓慢复苏后，才慢慢带动房地产业走出萧条，重新进入新一轮的经济周期。

三、房地产周期与宏观经济周期的关联性

房地产业发展状况与宏观经济的运行状况具有很强的关联性，根源在于：房地产业在一定时期内生产的房地产商品和相关劳务均已计入国民生产总值，因而宏观经济周期不但在整体上反映了整个宏观经济的发展变化，而且在总体上反映了房地产业在这一时期的实际运行状况。美国经济学家西蒙·库兹涅茨在对各国经济增长率进行大量的数据统计分析后，指出国民经济增长率与房地产业发展状况之间存在十分密切的关系，如表7-2所示。

---

① 郭丽芬. 中国房地产周期研究[D]. 西安：西安建筑科技大学，2003：33-34.

表 7-2　经济增长率与房地产业发展状况的关系[1]

经济增长率	房地产业发展状况
小于 4%	萎缩
4%～5%	停滞甚至倒退
5%～8%	稳定发展
8%～10%	高速发展
10%～15%	飞速发展

经济增长意味着国民收入增加，房地产消费需求与投资需求随之上升，整个房地产业呈现出良好的发展状况。经济增长率越高，房地产业的发展速度越快。从房地产业和宏观经济的运行轨迹来看，二者之间存在着密切的关系。

（一）房地产周期与宏观经济周期之间的正相关性

无论从理论层面还是实践数据来看，房地产周期与宏观经济周期都具有很强的正相关性，原因在于：一方面，宏观因素直接或间接地影响着房地产的供求关系，宏观经济的扩张或衰退是房地产周期波动的重要影响力量。随着宏观经济的扩张，对生产资料、劳动力的需求随之增加，进而带动房地产需求上升，使房地产业先于宏观经济的扩张而扩张；经济衰退时，投资需求与消费需求降温，房地产需求也随之急剧下降。另一方面，房地产周期对宏观经济周期具有促进或抑制作用，而不仅仅被动地反映经济发展状况。房地产行业具有较强的产业关联效应，其稳定发展可带动其他相关产业的快速发展，从而带动宏观经济快速向前发展。一旦房地产行业严重萎缩，将对经济结构的优化及健康发展产生极大制约。但是，如果房地产业脱离宏观经济基本面而过快增长，也容易产生房地产泡沫，也将对宏观经济的健康发展产生阻碍作用。

（二）房地产周期波幅高于宏观经济周期波幅的经济学解释

在不同经济发展阶段，房地产周期也表现出不同的特征，其中往往存在这样一种规律：房地产周期波动幅度高于宏观经济周期的波动幅度。这可以基于经济学理论，通过对房地产繁荣期和衰退期的分析加以验证。

从繁荣期看（见图 7-3），当宏观经济复苏带动房地产经济复苏，房地产市场需求上升，当需求曲线从 D 右移到 D' 时，房地产的需求量从 Q_0 增加到 Q''。但是在房地产供给短期刚性的影响下，短期内房地产的供给曲线并不能从 S 移到 S'，同时也就不能形成需求曲线上升而供给曲线不变时的新均衡价格 P_0。由于房地产供给量仍处于 Q_0 水平，这样市场上实际的房地产价格就由 P_0 急剧增加到 P'。房地产需求上升后形成的新市场价格 P' 不但高于原来的均衡价格 P_0，而且高于一般商品供给曲线上升后形成的新均衡价格 P''。这表明，当房地产需求上升时，房地产价格会大幅提升，并由此推动房地产经济急剧扩张。

从衰退期看（见图 7-4），宏观经济出现衰退使得经济收缩阶段的房地产需求进一步下降，使得需求曲线从 D 左移到 D'。由于房地产供给缺乏弹性，使得房地产供给曲线仍保持

---

[1] 库兹涅茨. 各国的经济增长[M]. 北京：商务印书馆，1990. 转引自：罗龙昌. 房地产宏观管理[M]. 北京：经济管理出版社，1999：1.

为 S，这样市场上实际的房地产价格就由 P_0 急剧下降到 P'，房地产需求下降后形成的新市场价格 P' 不但低于原来的均衡价格 P_0，而且低于一般商品供给曲线左移后形成的新均衡价格 P''。这表明，当房地产需求下降时，房地产价格就会急剧下降，并由此带来房地产经济快速收缩。

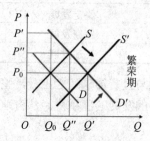
图 7-3 房地产价格在繁荣期急剧上升

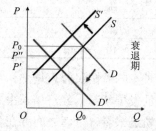
图 7-4 房地产价格在衰退期急剧下降

综合上述两种情况，房地产经济的波动振幅一般大于宏观经济的波动振幅。

【案例/专栏 7-1】 对发达国家房地产周期的思考

本章小结

- 经济周期是指经济现象或变量在连续过程中重复出现涨落的情况，其强调的是再现性与重复性。经济周期的过程可以分为扩张和衰退两个阶段，细分又可再分为复苏期、扩张期、紧缩期和萧条期。
- 根据经济波动的成因及持续时间的不同，可将经济周期划分为短周期（基钦周期）、中周期（朱格拉周期）、中长周期（库兹涅茨周期）、长周期（康德拉季耶夫周期）以及超长周期（熊彼特周期），各类周期又具有不同的特点。
- 用于解释经济周期成因的若干理论主要包括：乘数—加速原理、消费不足理论、投资过度理论、纯货币理论、技术创新决定论、心理预期理论等。
- 房地产周期是指房地产业在经济发展过程中随着时间的变化而出现的扩张和收缩交替反复的动态过程，表现为复苏、繁荣、衰退和紧缩循环出现的周期性波动。
- 影响房地产周期的因素有许多种，大体上可分为内生因素和外生因素两大类。所谓内生因素，是房地产经济体系本身的因素，对房地产经济活动起内部传导作用。而所谓外生因素，是指房地产经济体系以外的，对房地产经济产生外部冲击作用的影响因素。
- 房地产周期是房地产经济系统内部传导机制与外部冲击机制相互作用的综合结果，其中来自房地产经济系统以外的外部冲击对房地产周期波动的形成具有决定性影响。
- 房地产业与国民经济相互制约，相互影响。房地产行业的发展受总体国民经济发展水平的制约的同时，反过来对国民经济的快速协调增长具有促进作用。

 **综合练习**

一、本章基本概念

周期；经济周期；基钦周期；朱格拉周期；库兹涅茨周期；康德拉季耶夫周期；熊彼特周期；乘数—加速数机制；房地产周期频度；房地产波动系数

二、本章基本思考题

1. 周期及经济周期的内涵是什么？经济周期可划分为哪几种类型？
2. 经济学主要从哪几个维度解释经济周期的成因？
3. 简述房地产周期的阶段及表现。
4. 对房地产经济系统产生干扰进而导致房地产周期波动的外部冲击主要包含哪些？
5. 房地产周期的冲击—传导过程大体经历了哪几个阶段？
6. 房地产周期的影响因素包含哪些？
7. 简述房地产周期的两种基本测度方法。
8. 简述房地产周期与宏观经济周期之间的关系。

 推荐阅读资料

1. 霍伊特. 房地产周期百年史[M]. 北京：经济科学出版社，2014.
2. 高波. 中国房地产周期波动与宏观调控[M]. 北京：商务印书馆，2012.
3. 邓创，赵珂，卢漪. 中国的房地产周期及其与信贷周期的交互影响动态[J]. 吉林大学社会科学学报，2022（3）：101-111.
4. 陈雪. 房地产周期波动与宏观政策有效性分析[J]. 砖瓦世界，2021（5）：290.
5. 谭刚. 房地产周期波动：理论、实证与政策分析[M]. 北京：经济管理出版社，2001.
6. 丛颖. 房地产市场周期与宏观经济周期关系的实证研究[J]. 东北财经大学学报，2014（3）：74-79.

第八章 房地产产权与住房制度

 **学习目标**

通过对本章的学习,学生应了解或掌握如下内容:
1. 产权和房地产产权的基本概念;
2. 中国房地产产权制度现状;
3. 中国农村住房制度及其现状;
4. 中国城市住房制度及其改革情况。

 导言

良好的制度基础对于房地产市场的健康发展具有重要作用,而产权制度的构建是房地产制度构建中的关键一环。在中国房地产市场酝酿和发展过程中,围绕着以产权制度为核心的制度变革和创新从未停止。要深入理解房地产市场及房地产经济领域的微观现象,就必须对包括产权制度在内的中国房地产制度及其重要变革有较为深刻的认识。土地公有制的特殊制度基础决定了房地产产权制度具有其特殊性。没有城市土地制度的变革和调整,就没有房地产业的诞生和繁荣,而住房制度则是房地产制度的核心和关键。由于"住房问题是关系广大人民群众切身利益的大事"①,因此在中国房地产制度调整和改革过程中,住房制度的改革一直牢牢占据着首要位置。

第一节 房地产产权

正如马克思指出的那样,产权结构会以其特定而可预见的方式影响经济行为②。产权结构的调整必然会引起与之相关的一系列制度的变化,并对市场主体预期和行为产生影响。作为房地产制度体系的核心组成部分,房地产产权制度的变化对中国房地产制度及房地产市场的形成和变革产生了深远影响。那么什么是产权?什么是房地产产权?中国的房地产产权制度具有哪些鲜明的国情特色?这些具有中国特色的制度构架对房地产市场及其主体行为产生了哪些深刻影响?

一、产权和房地产产权

学术界普遍认为,以科斯为代表的新制度经济学派的兴起,尤其是科斯《社会成本问

---

① 朱镕基. 关于住房制度改革问题[EB/OL]. (2007-06-25). http://www.ce.cn/xwzx/gnsz/szyw/200706/25/t20070625_11931270.shtml.
② 转引自:埃格特森. 新制度经济学[M]. 北京:商务印书馆,1996: 55.

题》一文的问世，标志着西方产权理论和产权思想的产生[①]。

关于产权的定义，制度经济学派的学者从不同角度予以阐释。有的学者主要从内涵上定义产权。例如，费希尔（I. Fisher）认为产权是"享有财富的收益并且同时承担与这一收益相关的成本的自由或者所获得的许可"[②]。斯韦托扎尔·平乔维奇（Svetozar Pejovich）则认为，产权是"人与人之间由于稀缺物品的存在而引起的、与其使用相关的关系"[③]。有的学者则从作用上对产权进行解释。例如，哈罗德·德姆塞茨（Harold Demsetz）认为产权的重要性在于"它们能帮助一个人形成他与其他人进行交易时的合理预期……产权的所有者拥有以特定的方式行事的权利。假定在他的权利的界定中这些行动是不受禁止的情况下，一个所有者期望共同体能阻止其他人对他的行动的干扰"[④]。

关于产权的构成要素，有的划分方式认为产权就是一种所有权。有的则认为产权是一种包括所有权、用益权、使用权、抵押权等在内的权利束。例如，《牛津法律大词典》中就认为产权等同于财产权，是指存在于任何客体之中或之上的完全权利，它包括占有权、使用权、出借权、转让权、用尽权、消费权和其他与财产有关的权利[⑤]。这与罗马法等主流法律对产权的定义和解释相一致。因此，简单地说，产权是指对于某种物品包括所有权、使用权、抵押权等权利在内的，受法律保护的，排他性的权利束。

房地产产权实际上就是针对房地产的产权制度安排。由于房地产所包含内容的差异，房地产产权的内涵也有所不同，一般认为分为广义和狭义两种。广义的房地产产权既包括土地本身及其所提供服务的所有权、使用权、租赁权等在内的权利束，又包括土地附着建筑物、构筑物等土地改良物的所有权、使用权、租赁权等在内的权利束。狭义的房地产产权则不包含土地所有权以及由所有权衍生的权利束。

二、中国房地产产权制度现状

长期以来，中国并没有针对房地产产权问题制定专门的法律规范。房地产产权的规范和调整，一般通过《中华人民共和国土地管理法》（以下简称《土地管理法》）、《中华人民共和国城市房地产管理法》（以下简称《城市房地产管理法》）、《中华人民共和国土地管理法实施条例》、《中华人民共和国城镇国有土地使用权出让和转让暂行条例》等法律法规及国土资源部《确定土地所有权和使用权的若干规定》、住房和城乡建设部《房屋登记办法》等部门规章中的相关条款来实现。

《中华人民共和国物权法》（以下简称《物权法》）颁布实施之后，其对于不动产权利（所有权、用益物权和担保物权）的规定，被作为规范房地产产权问题的重要依据，在《物权法》废止之后，《中华人民共和国民法典》（以下简称《民法典》）延续了其对于不动产权利的相关规定。

[①] 有学者认为，马克思最早提出了有别于西方产权理论的产权思想。实际上，著名学者诺斯和平乔维奇都认为，马克思关于产权理论的思想对西方产权理论的形成具有重要影响。参见：武建奇. 社会主义产权经济理论[D]. 成都：西南财经大学，2007.

[②] FISHER I. Elementary Principles of Economics[M]. New York: Macmillan, 1923: 27.

[③] PEJOVICH S. The Economies of Property Rights: Towords A Theory of Comparative Systems[M]. Kluwer Academic Publisher, 1990: 109.

[④] 德姆塞茨. 关于产权的理论[M]//科斯. 财产权利与制度变迁. 上海：上海三联书店，1994：107-108.

[⑤] 沃克. 牛津法律大词典[M]. 北京：光明日报出版社，1988：524.

按照现行法律条款和部分规章的划分,可以简单地将房地产产权制度划分为建设用地的土地产权制度和房屋产权制度两类。

(一)建设用地的土地产权制度

根据上述法律法规的相关规定,国家按照所有权与使用权分离的原则管理包括建设用地在内的城市土地。

1. 土地所有权的分类及构成

从土地所有权来看,无论是何种土地用途,分为国家所有(或称为全民所有)和农民集体所有两种形式。其中,城市市区的土地属于国家所有,具体包括:城市市区的土地;农村和城市郊区中已经依法没收、征收、征购为国有的土地;国家依法征收的土地;依法不属于集体所有的林地、草地、荒地、滩涂及其他土地;农村集体经济组织全部成员转为城镇居民的,原属于其成员集体所有的土地;因国家组织移民、自然灾害等原因,农民成建制地集体迁移后不再使用的原属于迁移农民集体所有的土地。农村和城市郊区的土地,除由法律规定属于国家所有的以外,属于农民集体所有,宅基地和自留地、自留山属于农民集体所有。《民法典》对不动产物权做了进一步明确,但总体原则并未突破原有法律规定范畴。

2. 土地使用权的获取、确认与使用管理

从土地使用权来看,国有土地和农民集体所有的土地可以依法确定给单位或者个人使用。即在法律允许范围之内,单位或个人可以拥有包括建设用地在内的土地的使用权。但是,土地使用权的获取和确认必须经过特定的法律渠道,其中,按土地使用权获取主体的不同,农民集体所有的土地依法用于非农业建设的,由县级人民政府登记造册,核发证书,确认建设用地使用权。单位和个人依法使用的国有土地,由县级以上人民政府登记造册,核发证书,确认使用权。对于中央国家机关来说,其使用的国有土地的具体登记发证机关,由国务院确定,具体由国务院土地行政主管部门负责,具体登记发证办法由国务院土地行政主管部门会同国务院机关事务管理局等有关部门制定。

按土地使用权获取方式的不同,对于通过招标、拍卖方式提供国有建设用地使用权的,由市、县人民政府土地行政主管部门会同有关部门拟订方案,报市、县人民政府批准后,由市、县人民政府土地行政主管部门组织实施,并与土地使用者签订土地有偿使用合同。土地使用权有偿使用合同约定的使用期限届满,土地使用者未申请续期或者虽申请续期但未获批准的,由原土地登记机关注销土地登记。

3. 土地使用权出让

在土地全民所有或集体所有的制度前提下,中国实行土地使用权出让制度。

(1)土地使用权出让的含义与方式。所谓土地使用权出让,是指国家以土地所有者的身份,将土地使用权在一定年限内让与土地使用者,并由土地使用者向国家支付土地使用权出让金的行为。土地使用权出让的地块、用途、年限和其他条件,由市、县人民政府土地管理部门会同城市规划和建设管理部门、房产管理部门共同拟订方案,按照国务院规定的批准权限报经批准后,由土地管理部门实施。

土地使用权出让方式一般有协议、招标、拍卖三种。土地使用者在支付全部土地使用权出让金后，应当依照规定办理登记，领取土地使用证，取得土地使用权。

（2）土地使用权出让的期限管理。土地使用权出让最高年限按用途的不同分为：居住用地七十年；工业用地五十年；教育、科技、文化、卫生、体育用地五十年；商业、旅游、娱乐用地四十年；综合或者其他用地五十年。国家对土地使用者依法取得的土地使用权，在出让合同约定的使用年限届满前不收回；在特殊情况下，根据社会公共利益的需要，可以依照法律程序提前收回，并根据土地使用者使用土地的实际年限和开发土地的实际情况给予相应的补偿。

土地使用权出让合同约定的使用年限届满，土地使用者需要继续使用土地的，应当至迟于届满前一年申请续期，除根据社会公共利益需要收回该幅土地的，应当予以批准。经批准准予续期的，应当重新签订土地使用权出让合同，依照规定支付土地使用权出让金。土地使用权出让合同约定的使用年限届满，土地使用者未申请续期或者虽申请续期但依照前款规定未获批准的，土地使用权由国家无偿收回。土地使用权因土地灭失而终止。

4. 土地使用权的转让、出租和抵押

土地使用者在获得土地使用权之后，还可以依法转让、出租和抵押。土地使用权转让是指土地使用者将土地使用权再转移的行为，包括出售、交换和赠予。土地使用权出租是指土地使用者作为出租人将土地使用权随同地上建筑物、其他附着物租赁给承租人使用，由承租人向出租人支付租金的行为。土地使用权抵押是债务人或第三人向债权人提供土地使用权作为清偿债务的担保，而不转移占有的行为。为防止土地投机行为，法律规定，未按土地使用权出让合同规定的期限和条件投资开发、利用土地的，土地使用权不得转让和出租。土地使用权转让时，土地使用权出让合同和登记文件中所载明的权利、义务随之转移。

土地使用者通过转让方式取得的土地使用权，其使用年限为土地使用权出让合同规定的使用年限减去原土地使用者已使用年限后的剩余年限。土地使用权转让时，其地上建筑物、其他附着物所有权随之转让。地上建筑物、其他附着物的所有人或者共有人享有该建筑物、附着物使用范围内的土地使用权。土地使用者转让地上建筑物、其他附着物所有权时，其使用范围内的土地使用权随之转让，但地上建筑物、其他附着物作为动产转让的除外。土地使用权抵押时，其地上建筑物、其他附着物随之抵押。同时，地上建筑物、其他附着物抵押时，其使用范围内的土地使用权也随之抵押。

5. 土地使用权的其他管理规定

国有土地使用权的出让、国有土地租赁、国有土地使用权作价出资或者入股均采用有偿使用的方式。按法律规定取得土地使用权的土地使用者，其使用权在使用年限内可以转让、出租、抵押或者用于其他经济活动，合法权益受国家法律保护。但同时，县级以上人民政府土地管理部门依法对土地使用权的出让、转让、出租、抵押、终止进行监督检查。

按照法律规定，改变土地权属和用途的，应当办理土地变更登记手续。改变土地所有权、使用权的，因依法转让地上建筑物、构筑物等附着物导致土地使用权转移的，必须向土地所在地的县级以上人民政府土地行政主管部门提出土地变更登记申请，由原土地登记机关依法进行土地所有权、使用权变更登记。土地所有权、使用权的变更，自变更登记之日起生效。依法改变土地用途的，必须持批准文件向土地所在地的县级以上人民政府土地行政主管部门提出土地变更登记申请，由原土地登记机关依法进行变更登记。

6. 土地产权纠纷的处理

当发生土地所有权和使用权争议时,一般经由先协商,后行政机关处理,最后交由法庭裁决的途径。法律规定,首先由当事人协商解决;若协商不成,由人民政府处理。根据争议主体的不同,负责处理的政府级别也有差异,单位之间的争议,由县级以上人民政府处理;个人之间、个人与单位之间的争议,由乡级人民政府或者县级以上人民政府处理。最后,若当事人对有关人民政府的处理决定有异议,可以自接到处理决定通知之日起三十日内,向人民法院起诉。

(二)房屋产权制度

1. 房屋产权规定的法律依据

过去,房屋产权相关问题主要依靠《城市房地产管理法》进行规范和协调,《物权法》出台后,对于建筑物所有权,尤其是共有部分权利做了进一步明确。从总的立法原则来看,关于房屋产权的规定一般都遵循着房屋作为土地的地上附着物这一原则,房屋产权依附于土地产权而存在。《物权法》废止后,相关内容在《民法典》中充分体现出来。

2. 居住权的含义与规定

《民法典》不仅延续了《物权法》关于房屋产权的相关规定,并在第二编(物权)第三分编(用益物权)第十四章提出了居住权概念。其中第三百六十六条规定,居住权人有权按照合同约定,对他人的住宅享有占有、使用的用益物权,以满足生活居住的需要。第三百六十八条规定,居住权无偿设立,但是当事人另有约定的除外;设立居住权的,应当向登记机构申请居住权登记,居住权自登记时设立。第三百六十九条规定,居住权不得转让、继承;设立居住权的住宅不得出租,但是当事人另有约定的除外。第三百七十条规定,居住权期限届满或者居住权人死亡的,居住权消灭;居住权消灭的,应当及时办理注销登记。

3. 房地产转让与抵押的规定

在《城市房地产管理法》中规定,房地产转让、抵押时,房屋的所有权和该房屋占用范围内的土地使用权同时转让、抵押。房地产转让时,土地使用权出让合同载明的权利、义务随之转移。也就是说,房屋所有权和房屋所占范围内的土地使用权是不分离的,这是关于房屋产权制度规定的前提。关于共有部分的权利,《民法典》明确规定业主对建筑物内的住宅、经营性用房等专有部分享有所有权,对专有部分以外的共有部分享有共有和共同管理的权利且不得以放弃权利为由,拒绝履行义务。

房地产的转让[①],必须以土地产权的同时转让为前提和条件。若房屋所占范围内的土地使用权不完整,那么该房地产是不允许转让的。具体来说,对于房屋所占土地使用权是以出让方式取得的情况,只有在按照出让合同约定已经支付全部土地使用权出让金,取得土地使用权证书,并且房屋建设工程完成开发投资总额的百分之二十五以上,或成片开发土地形成工业用地或者其他建设用地条件,才能转让。若不符合上述条件,房地产不得转让。除此之外,房地产有以下几种情况的也不得转让:一是司法机关和行政机关依法裁定、决定查封或者以其他形式限制房地产权利的;二是房屋所占范围土地使用权被依法收回的;

---

① 根据法律规定,此处所称的房地产转让,是指房地产权利人通过买卖、赠予或者其他合法方式将其房地产转移给他人的行为。

三是房地产是共有房地产，且未经其他共有人书面同意的；四是房地产权属有争议的；五是房地产未依法登记领取权属证书的。对于房屋所占土地使用权是以划拨方式获得的情况，转让房地产时，应当按照国务院规定，报有批准权的人民政府审批。有批准权的人民政府准予转让的，应当由受让方办理土地使用权出让手续，并依照国家有关规定缴纳土地使用权出让金。以划拨方式取得土地使用权的，转让房地产报批时，有批准权的人民政府按照国务院规定决定可以不办理土地使用权出让手续的，转让方应当按照国务院规定将转让房地产所获收益中的土地收益上缴国家或者做其他处理。

房地产的抵押①，只有在依法取得房屋所有权连同该房屋占用范围内的土地使用权的前提下，才可以设定抵押权。涉及房屋所占范围土地使用权抵押的，其规定与土地使用权抵押相同。除此之外，法律规定，在房地产抵押合同签订后，土地上新增的房屋不属于抵押财产。需要拍卖该抵押的房地产时，可以依法将土地上新增的房屋与抵押财产一同拍卖，但对拍卖新增房屋所得，抵押权人无权优先受偿。

对于房屋的权属关系，除了可以将房屋所有权及其所占范围土地使用权转让和抵押，房屋的所有者还可以将房屋对外租赁。在某种情况下，这可以看作将房屋使用权转让的一种形式。按照法律规定，房屋所有权人有获得租赁收益的权利。但是，若房屋所占范围土地为划拨土地，那么租金所含的土地收益需上缴国家。

4. 房地产权属登记

房地产权属的登记分为两个部分，即土地使用权的登记和房屋所有权的登记。办理房屋登记，应当遵循房屋所有权和房屋占用范围内的土地使用权权利主体一致的原则。在国有土地范围的房屋登记，又可以分为房屋所有权初始登记、转移登记、变更登记和注销登记；房屋抵押权的登记、变更登记和注销登记；房屋地役权登记、变更登记、转移登记、注销登记；以及在预购商品房、以预购商品房设定抵押、房屋所有权转让或抵押等情况下的预告登记。

无论房屋所占范围的土地是以出让还是划拨方式获取土地使用权的，都需要向县级以上地方人民政府土地管理部门申请登记，经县级以上地方人民政府土地管理部门核实后，由同级人民政府颁发土地使用权证书。房屋所有权的获得，则需要凭土地使用权证书向县级以上地方人民政府房产管理部门申请登记，由县级以上地方人民政府房产管理部门核实并颁发。房地产转让或者变更时，应当向县级以上地方人民政府房产管理部门申请房产变更登记，并凭变更后的房屋所有权证书向同级人民政府土地管理部门申请土地使用权变更登记，经同级人民政府土地管理部门核实，由同级人民政府更换或者更改土地使用权证书。

在集体土地范围内的房屋登记，在进行初始登记时，需提交申请人属于房屋所在地农村集体经济组织成员的证明。办理村民住房所有权初始登记、农村集体经济组织所有房屋所有权初始登记，房屋登记机构受理登记申请后，应当将申请登记事项在房屋所在地农村集体经济组织内进行公告。经公告无异议或者异议不成立的，方可予以登记。个人申请村民住房所有权转移登记的，还应当提交农村集体经济组织同意转移的证明材料。农村集体经济组织申请房屋所有权转移登记的，还应当提交经村民会议同意或者由村民会议授权经

---

① 根据法律规定，此处所称的房地产抵押，是指抵押人以其合法的房地产以不转移占有的方式向抵押权人提供债务履行担保的行为。债务人不履行债务时，抵押权人有权依法以抵押的房地产拍卖所得的价款优先受偿。

村民代表会议同意的证明材料。

第二节 农村住房制度及其现状

在长期形成的城乡二元结构下,中国的住房制度又被割裂为农村住房制度和城镇住房制度两种截然不同的制度安排。改革开放三十多年来的住房制度改革和演变,主要是围绕城镇住房制度而展开的,农村住房制度虽随着土地制度的变化而有所调整,但调整有限。一直以来,农村住房制度并没有作为正式的制度安排被列入国家整体立法体系。到目前为止,并没有专门的法律法规对农村住房相关问题加以规范和约束。

一、农村住房制度的演变

(一) 关于农村住房的法律法规

自新中国成立以来,农村住房制度一般依附于农村土地相关的制度或法规,在其中部分条文中加以说明和强调。例如《土地管理法》的第五十九条至第六十六条就对农村非农生产建设用地做了相关规定[①]。除此之外,一般认为,自 1949 年至今,专门对农村住房问题进行规定的法律法规或部门规章,就有 1963 年《中共中央关于各地对社员宅基地问题作一些补充规定的通知》、1982 年国务院发布的《村镇建房用地管理条例》、2008 年国土资源部《关于进一步加快宅基地使用权登记发证工作的通知》。2010 年以来,中央 1 号文件多次对宅基地、集体建设用地使用权确权登记工作做出部署和要求,相关部委亦紧密跟进并出台相关制度与要求,2010 年国土资源部《关于进一步完善农村宅基地管理制度切实维护农民权益的通知》,2011—2016 年,国土资源部单独或会同相关部委先后发布《关于加快推进农村集体土地确权登记发证工作的通知》《关于农村集体土地确权登记发证的若干意见》《关于进一步加快农村地籍调查推进集体土地确权登记发证工作的通知》《关于进一步加快推进宅基地和集体建设用地使用权确权登记发证工作意见的通知》《关于进一步加快宅基地和集体建设用地确权登记发证有关问题的通知》,对完善农村住宅用地管理、加强土地确权工作提供了明确指导意见。自 2018 年自然资源部组建以来,又单独或会同相关部委先后发布《关于加快宅基地和集体建设用地使用权确权登记工作的通知》《关于保障农村村民住宅建设合理用地的通知》《关于规范农村宅基地审批管理的通知》《关于农村乱占耕地建房"八不准"的通知》等文件,对进一步规范农村住宅用地管理,推动农村住房制度规范化、法制化管理发挥了重要作用。

(二) 宅基地与农村住房制度的演化

农村住房制度的演变,从某种程度上说,实际上是农村非农建设用地特别是农村宅基地的相关制度的演变。相对于城市土地制度而言,包括非农建设用地特别是农村宅基地制度在内的农村土地制度变化有限,自土地改革之后逐步形成的农村土地集体所有制一直延续至今。因此,从 1949 年至今,农村住房制度并没有明显的变化,基本上围绕着宅基地集

---

① 其中,第六十二条对农村宅基地问题做了专门规定。

体所有、宅基地附着房屋归农民私人所有的制度确立和修补展开。

自新中国成立初期到1978年，随着农村土地改革的推进，特别是农民土地集体所有制的最终确立，在农村地区基本上确立了宅基地集体所有、宅基地附着房屋归农民私人所有的农村住房制度。明确农村居民房屋归其私人所有的规定，最早可以追溯到1962年党的八届十中全会通过的《农村人民公社工作条例（修正草案）》（又称"六十条"）。在第四十三条中，中央明确规定"社员的房屋，永远归社员所有"，并从三个方面做了进一步的规范。

第一，社员有买卖或者租赁房屋的权利。社员出租或者出卖房屋，可以经过中间人评议公平合理的租金或者房价，由买卖或者租赁的双方订立契约。

第二，任何组织、任何人都不准强迫社员搬家。不经社员本人同意，不付给合理的租金或代价，任何机关、团体和单位都不能占用社员的房屋。如果因为建设或者其他的需要，必须征用社员的房屋，应该严格执行国务院有关征用民房的规定，给以补偿，并且妥善安置迁移户。

第三，国家和人民公社的各级组织应该在人力、物力等方面对于社员修建住宅给予可能的帮助。社员新建房屋的地点要由生产队统一规划，尽可能不占用耕地。

这些规定极大地保护了当时农村居民，也就是社员的房屋所有权和使用权，大致确立了房屋归农民私人所有的法律准则。

但是，由于"六十条"中相关规定不甚明确，引发了一系列问题。到了1963年3月，中共中央发布了《关于各地对社员宅基地问题作一些补充规定的通知》，对农村住房相关问题，尤其是宅基地问题做了进一步规定：

首先，除了进一步明确房屋归社员所有，还将社员所有权合理地扩展到宅基地上的附着物范围，规定宅基地上的附着物，如房屋、树木、厂棚、猪圈、厕所等永远归社员所有，并进一步明确了社员有买卖房屋或租赁房屋的权利，以及房屋出卖以后，宅基地使用权随之转移给新房主。

其次，明确规定宅基地的所有权归生产队集体所有，一律不准出租和买卖。有建筑物和没有建筑物的空白宅基地都遵循这一规定，房屋买卖后，宅基地的所有权仍归生产队所有。同时，又明确对农民的宅基地使用权予以保护，不能想收就收，想调剂就调剂。

再次，对新增宅基地和扩大宅基地的行为进行了规范。一方面，对于社员合理需求给予了保护。需建新房又没有宅基地的，可由本户申请，经社员大会讨论同意，由生产队统一规划，帮助解决；另一方面，对不合理需求及占用耕地的行为给予制止，规定"社员不能借口修建房屋，随意扩大墙院、扩大宅基地来侵占集体耕地，已经扩大侵占的必须退出"。即使是经生产队同意的新建需求，也要尽可能利用一些闲散地，不占用耕地。必须占用耕地的，应报县人民委员会批准。

最后，明确了土地无偿使用的原则，提出社员新建住宅占地，无论是否为耕地，一律不收地价。自此，宅基地集体所有、宅基地附着房屋归农民私人所有的农村住房制度基本确立起来了。

1978年开始的农村土地制度改革，仅仅是引进了对耕地的承包经营方式，并未对集体所有的土地制度进行根本性的变革。由于土地所有制度未变，农村住房制度也只是针对当时所出现的突出问题进行了小修小补，宅基地集体所有、宅基地附着房屋归农民私人所有的原则并未发生根本改变。

(三)《村镇建房用地管理条例》的出台

为了防止村镇建房乱占滥用耕地,以更好地保障农业生产发展,1982年,国务院出台了《村镇建房用地管理条例》[①],从用地原则、用地规划、用地标准、用地审批等方面,对村镇建设用地管理问题进行了规定。

其一,再次强调了村镇建房应尽可能利用荒地、坡地、薄地以及原有宅基地和村镇空闲地,建房用地不得买卖、出租和转让的原则,并且对主动腾出耕地的行为提出了减免农业税的具体奖励措施。

其二,再次明确了包括宅基地在内的建设用地的所有权和使用权。规定农村各级组织的土地均归各级组织集体所有。对宅基地、自留地、自留山、饲料地和承包的土地,农村居民(社员)只拥有规定用途的使用权,并且不得变换土地使用用途。

其三,确立了建房用地需规定限额和面积标准的要求,明确"由省级人民政府根据山区、丘陵、平原、牧区、城郊、集镇等不同情况,分别规定用地限额,县级人民政府根据省级人民政府规定的用地限额,结合当地的人均耕地、家庭副业、民族习俗、计划生育等情况,规定宅基地面积标准"。

其四,对农村范围内的非农业户建房用地问题进行了规定。明确了回乡落户的离休、退休、退职职工和军人,以及回乡定居的华侨等群体,需要宅基地建房的,可以向所在生产队提出申请,经有关部门批准后,可获得宅基地使用权。

其五,对买卖房屋的行为做了进一步的规范。不仅要求按相关规定办理申请、审查、批准手续,而且明确规定出卖、出租房屋的,不得再申请宅基地。

《村镇建房用地管理条例》作为迄今为止唯一专门规范村镇建房用地的规定,其提出的许多原则和要求均在其他相应法律法规中得以体现和延续。

(四)《土地管理法》的出台及相关规定

随着1987年《土地管理法》的颁布,《村镇建房用地管理条例》也随之废止,农村住房及宅基地的问题主要由《土地管理法》中第六十二条进行规范。该法实际上沿袭了《村镇建房用地管理条例》中包括关于使用原有宅基地和村内空闲地的规定,强调农村村民住宅用地须经相关部门审批,出卖、出租住房后不得再申请宅基地。除此之外,现行的《土地管理法》明确规定"一户一宅",即农村村民一户只能拥有一处宅基地,并且宅基地的面积不得超过省、自治区、直辖市规定的标准。可以说,20世纪70年代后期最终确立的农村住房制度基本得以延续和稳定,与农村住房息息相关的中国特色农村宅基地制度也初现雏形。

二、宅基地制度的规范与完善

进入21世纪之后,农村宅基地制度日益规范和完善,国土资源部[②]先后发布多项通知,从使用权登记、确认等多方面来规范农村宅基地制度。2010年以来,中央1号文件几乎年年对宅基地、集体建设用地使用权确权登记工作做出部署和要求。为推进这项工作,还明

[①] 该条例自1987年《土地管理法》出台后废止。
[②] 后期主要是自然资源部、农业农村部发文规范。

确农村土地确权登记颁证工作经费纳入地方财政预算,由中央财政予以补助。2018年,中央强调,要在扎实推进房地一体的农村集体建设用地和宅基地使用权确权登记颁证基础上,加快推进宅基地"三权分置"改革。2019和2020年的中央一号文件,也都在强调要"扎实推进宅基地和集体建设用地使用权确权登记颁证工作"。[①]

(一)关于宅基地权利的规定及登记发证工作的提出

2008年国土资源部发布《关于进一步加快宅基地使用权登记发证工作的通知》,主要从操作执行层面,对宅基地和农村住房方面的具体问题进行了规范:一是继续强调了"一户一宅"原则的贯彻实施,明确不予受理除继承外的农村村民一户申请第二宗宅基地使用权登记的情况;二是明确了城镇居民不能在农村购买和违法建造住宅的原则和规定;三是进一步要求严格执行宅基地的面积标准,并对超出标准的几种情况规定了详细的处理办法。

在此之后,为了进一步加快农村土地确权、登记和颁证工作,为宅基地使用权的认定和确认提供更为可靠的法律依据,国土资源部起草并发布了《确定土地所有权和使用权的若干规定》,专门对宅基地使用权相关问题做出了规范和解释。

一是对1982年《村镇建房用地管理条例》发布前,宅基地超过当地规定的面积标准的历史遗留问题做了进一步的明确,明确在《村镇建房用地管理条例》公布后未经拆除、改建、翻建的,可以暂按现有实际使用面积确定宅基地使用权。

二是对符合当地分户建房规定而尚未分户的农村居民,且其现有的宅基地没有超过分户建房用地合计面积标准的,规定可以按现有宅基地面积确定宅基地使用权。

三是对依法通过转让、继承房屋等方式取得宅基地,宅基地与原有宅基地面积合计超过当地规定的面积标准的情况,规定可以按合计面积确定宅基地使用权;但同时明确,当宅基地上的房屋等建筑物灭失后,超过标准部分的宅基地使用权要依法收回。

四是规定对超过当地规定面积标准的部分,应当在土地登记簿和土地权利证书中注明,待以后分户建房或者现有房屋拆除、改建、翻建或者政府依法实施规划重新建设时,按照当地规定的面积标准,重新确定宅基地使用权。

五是规定宅基地所在地的农民集体在报经县级人民政府同意后,可收回空闲或者房屋灭失两年以上未恢复使用的宅基地使用权。

(二)宅基地管理与农民权益的保护

进入2010年之后,为了进一步规范农村宅基地管理,推进社会主义新农村建设,国土资源部发布了《关于进一步完善农村宅基地管理制度 切实维护农民权益的通知》。除了进一步要求加强农村住宅建设用地规划计划控制、科学确定农村居民点用地布局和规模、改进农村宅基地用地计划管理方式、严格宅基地面积标准、合理分配宅基地、规范宅基地审批程序、依法维护农民宅基地的取得权、加强农村宅基地确权登记发证和档案管理工作,还提出了严控总量盘活存量、逐步引导农民居住适度集中、因地制宜地推进"空心村"治理和旧村改造等共十五条要求。这些规定相对宏观,主要是针对新时期农村宅基地申请和审批中存在的问题提出的原则性的要求。但同时对于一些具体问题,也有较为详尽的要求。

---

① 自然资源部. 宅基地和集体建设用地使用权确权登记工作问答[EB/OL]. (2020-07-20). http://www.gov.cn/zhengce/zhengceku/2020-07/30/content_5531248.htm.

(三)关于宅基地登记发证工作的落实

2011年11月,国土资源部、中央农村工作领导小组办公室、财政部、农业部共同发布《关于农村集体土地确权登记发证的若干意见》,针对宅基地土地确权工作做了进一步明确,提出宅基地使用权应该按照当地省级人民政府规定的面积标准,依法确认给本农民集体成员。对于非本农民集体的农民,因地质灾害防治、新农村建设、移民安置等集中迁建,在符合当地规划的前提下,通知也明确经本农民集体大多数成员同意并经有权机关批准异地建房的,可按规定确权、登记、发证。对于已拥有一处宅基地的本农民集体成员、非本农民集体成员的农村或城镇居民,因继承房屋而占用农村宅基地的、宅基地没有权属来源证明的、宅基地超面积的等例外情况,也做了原则性规定。

2014年8月,为落实党的十八届三中全会关于"赋予农民更多财产权利,保障农户宅基地用益物权,改革完善农村宅基地制度;建立城乡统一的建设用地市场,在符合规划和用途管制前提下,允许集体经营性建设用地实行与国有土地同等入市、同权同价"的改革精神,国土资源部、财政部、住房和城乡建设部、农业部、国家林业局联合发布《关于进一步加快推进宅基地和集体建设用地使用权确权登记发证工作的通知》,对宅基地使用权确权登记问题再次提出要求,对于宅基地和集体建设用地使用权确权登记发证中的相关问题,提出了政策制定要以化解矛盾、应发尽发为原则,并进一步强化了"一省一策""分片包干""定期上报"等工作制度。

2016年12月,国土资源部发布《关于进一步加快宅基地和集体建设用地确权登记发证有关问题的通知》,针对前期部分地方农村地籍调查工作基础薄弱,有的地方只开展宅基地、集体建设用地调查,没有调查房屋及其他定着物;宅基地"一户多宅"、超占面积等问题比较严重,且时间跨度大,权源资料不全等问题,又提出了进一步的工作要求。

(四)关于宅基地管理工作的进一步完善

2019年,农业农村部、自然资源部发布《关于规范农村宅基地审批管理的通知》,以规范农村宅基地用地建房申请审批:一是进一步明确部门职责、建立共同责任机制。二是进一步强化宅基地审批和建房规划许可管理机制,要求加强对建房全过程的管理。通知提出要全面落实"三到场"要求:即宅基地申请审查到场、批准后丈量批放到场、住宅建成后核查到场。

2020年7月,针对各地推进宅基地和集体建设用地使用权确权登记工作中普遍反映的问题,自然资源部办公厅印发《宅基地和集体建设用地使用权确权登记工作问答》,从工作组织、确权登记政策、地籍调查、成果入库和整合汇交4个部分,对77个相关问题进行逐一解答。对当前宅基地和集体建设用地使用权确权登记工作重点、如何落实"房地一体"登记要求、基本完成登记任务的标准等基础问题进行了再强调、再部署。同时,对地籍调查与不动产权籍调查之间的关系等专业问题也进行了解答、指导。对于没有权属来源材料的宅基地如何确权登记,"一户多宅"、非本农村集体经济组织成员取得宅基地能不能登记等热点问题也做出了回应。

与此同时,针对个别地方农村未经批准违法乱占耕地建房问题突出,尤其是强占多占、非法出售等恶意占地建房行为,自然资源部、农业农村部发布《关于农村乱占耕地建房"八不准"的通知》，做出了非常明确的规定。在保障村民建住宅合理用地需求的同时，也坚决遏制新增违法违规问题。

以上这一系列文件的出台，推动了宅基地管理制度和体系的加快形成。

三、农村住房现状

新中国成立之初，全国范围内农村居住条件极其简陋，北方内地多为土坯房、窑洞，南方多住茅草房，房屋破旧，年久失修，岌岌可危。随着我国农村经济的快速发展和各项农村建设工程的不断推进，农村居民居住条件得到极大改善。

（一）农村住房面积及投资的变化

根据国家统计局的统计，从住房面积来看，全国农村人均住房面积从1978年的8.1平方米，增加到2000年的24.8平方米，再增加到2020年的46.8平方米，扩大了4.8倍。从住房投资来看，全国农村农户住宅竣工房屋投资额从1985年的313.2亿元，增加到2020年的4248.1亿元，增长近13倍，其中，2014年更是达到6843.0亿元，如表8-1所示。

表8-1　1985—2020年全国农村农户房屋投资情况

年　份	固定资产投资/亿元	竣工房屋投资/亿元	住宅投资/亿元
1985	478.4	350.1	313.2
1986	574.8	503.0	388.6
1987	695.4	603.2	487.2
1988	865.2	741.2	581.0
1989	892.0	794.2	641.7
1990	876.5	777.1	649.8
1991	1042.6	912.5	759.3
1992	1005.5	937.5	678.5
1993	1137.7	1015.4	760.3
1994	1519.2	1315.9	1002.7
1995	2007.9	1709.4	1349.9
1996	2544.0	2250.9	1766.4
1997	2691.2	2405.8	1890.7
1998	2681.5	2402.2	1907.2
1999	2779.6	1908.2	1799.1
2000	2904.3	1969.3	1846.8
2001	2976.6	1908.2	1775.0
2002	3123.2	1956.5	1858.1
2003	3201.0	2053.2	1926.9
2004	3362.7	2031.0	1933.4
2005	3940.6	2190.6	2083.1
2006	4436.2	2620.1	2490.2
2007	5123.3	3228.3	3022.0
2008	5951.8	3748.5	3547.1

续表

年 份	固定资产投资/亿元	竣工房屋投资/亿元	住宅投资/亿元
2009	7434.5	5029.9	4743.3
2010	7886.0	5247.0	4931.7
2011	9089.1	5983.7	5636.0
2012	9840.6	6395.3	6051.6
2013	10 546.7	7249.6	6735.9
2014	10 755.8	7387.5	6843.0
2015	10 409.8	7157.1	6709.6
2016	9964.9	6812.6	6331.3
2017	9554.4	6446.3	5899.3
2018	10 041.7	6368.9	5887.5
2019	9399.0	5732.0	5257.5
2020	8365.1	4665.8	4248.1

（二）农村住房质量的提升

从住房结构来看，农村居民的住房条件也得到了显著改善，农村住房质量和安全性也稳步提高。根据第六次和第七次全国人口普查数据，农村住房为钢及钢筋混凝土结构的家庭户数占比，从2010年的9.83%，增加到2020年的28.92%；农村住房为砖木结构的家庭户数占比，从2010年的43.87%，下降到2020年的27.79%。农村住房的建筑结构进一步优化，住房质量得到较大程度的提升。

从住房设施状况来看，农村住房已有了一定程度的改善。根据全国人口普查数据，全国农村仍以柴草为主要炊事燃料的家庭住户占比，从2000年的64.55%，下降到2020年23.85%；仍饮用非自来水的家庭住户占比，从2000年的75.84%，下降到2020年的17.56%；仍无洗澡设施的家庭住户占比，从2000年的86.14%，下降到2020年的21.27%；仍无厕所的家庭住户占比，从2000年的29.59%，下降到2020年的5.84%，详见表8-2。然而，尽管农村住房设施改善成绩有目共睹，但仍然有进一步提高的空间。除此之外，宅基地浪费、"空心房"大量存在、"一户多宅"等问题也较为严重[①]。

表8-2 全国农村住房设施情况（单位：万户）

年份	家庭户数	以柴草为主要炊事燃料	占比	饮用非自来水	占比	无洗澡设施	占比	无厕所	占比
2000	2062.83	1331.63	64.55%	1564.41	75.84%	1776.83	86.14%	610.33	29.59%
2010	1929.97	1131.78	58.64%	1124.26	58.25%	1227.78	63.62%	768.97	39.84%
2020	1684.19	401.60	23.85%	295.71	17.56%	358.16	21.27%	98.32	5.84%

第三节 城镇住房制度及其改革

城镇住房制度的演变与国家整体经济体制变革进程紧密相连，其发展也同时受到城市土地制度变迁的制约。新中国成立后，以1978年启动的改革开放为分界线，城镇住房制度

---

① 陈美球，黄唱，张婷，等. 中国农村宅基地制度改革：逻辑与路径[J]. 中国土地科学，2022，36（7）：26-33.

主要可以分为计划经济体制下以配给制为主的住房制度和朝着市场经济体制发展的以市场化为主的住房制度两个阶段。在 1978 年之后围绕着市场化这一主线展开的时期，城镇住房制度在不同的改革阶段也呈现出明显的差别。而作为社会保障的重要组成部分，住房保障制度的演变既是城镇住房制度演变的一部分，又有其自身的脉络。为更清晰地把握城镇住房制度演变的脉络，根据各个阶段的特点，我们将其划分为计划经济体制下的城镇住房福利制度、城镇住房制度改革的起步与探索、城镇住房市场化改革的深化和加速、城镇住房制度改革的完善和回归四个阶段。

一、计划经济体制下的城镇住房福利制度

受到新中国成立后复杂的国内外政治经济环境、传统观念和意识形态的制约以及"苏联范式"的示范效应等影响，在高度集权计划经济体制背景下，自 1949 年到 1978 年改革开放以前，中国在城镇实行福利住房制度[1]。

（一）福利住房制度的阶段划分

这一时期又可以分为两个不同阶段：一是自 1949 年新中国成立至 1965 年《关于私房改造中处理典当房屋问题的意见》等政策出台前后。在这一阶段，随着社会主义公有制的确立，以公有制为基础的计划经济体制下城镇福利住房制度逐渐形成和确立；二是自 1966 年至 1977 年城镇福利住房制度的巩固和延续阶段。总体来说，自社会主义改造基本完成之后，城镇住房从投资、建设、分配到管理都是由政府或单位承担的。虽然并不是所有的房屋都被收归公有，但无论从存量还是增量上，公有住房都处于绝对主导地位。

1978 年以前的城镇福利住房制度是依附于计划经济体制而存在的，因此，其形成和确立过程要略晚于计划经济体制的建立。普遍认为，城镇福利住房制度是自 1956 年社会主义三大改造完成之后正式开始的，在此之前的城镇住房制度主要是在延续和继承以往住房制度的基础上，通过政府没收、征收、征用、接管和赎买城镇中属于帝国主义及其代言人、官僚资产阶级、封建阶级的房产，来形成福利住房制度的基础和来源。

（二）对城市私有住房的社会主义改造

1956 年中共中央批转中央书记处第二办公室《关于目前城市私有房产基本情况及进行社会主义改造的意见》，开始对城市私人占有房屋的社会主义改造工作，要求在大约两年的时间内完成改造。

1. 对私有房产的改造方式

按当时政策规定中的说法，私有房产的社会主义改造采取五种方式。

一是由国家经租。即由国家进行统一租赁、统一分配使用和修缮、维护，并根据不同对象给房主以合理利润。在此基础上合理地调整租金，取消一切中间剥削和变相增租的不合理现象。

二是公私合营。根据各个城市的实际情况，对原有的私营房产公司和某些大的房屋占有者，可以组织统一的公私合营房产公司，进行公私合营。

---

[1] 张丽凤. 中国城镇住房制度变迁中政府行为目标的逻辑演进（1949—2008）[D]. 沈阳：辽宁大学，2009：42-55.

三是对于工商业者占有的房屋，可以随本行业的公私合营进行社会主义改造。他们出租的与企业无关的房屋，可由国家经租。

四是对于除了自住外尚有少量房屋出租的小房主及暂时还不能纳入国家经租的其他房主，亦加强管理，使私人房屋出租必须服从国家政策，服从政府关于租金、房屋修缮等方面的规定。

五是对一切私人占有的城市空地、街基等地产，通过适当的办法一律收归国有。

2. 国家经租制度的确立

随后，通过1958年举行的全国第一次房产工作会议以及《人民日报》刊登的"中央主管机关负责人就私有出租房屋的社会主义改造问题对新华社记者发表的谈话"，除少数大城市对私营房产公司和一些大房主实行公私合营以外，国家基本确立起对绝大多数私房改造实行国家经租的原则。经租的办法是，凡房主出租房屋的数量达到改造起点的，即将其出租房屋全部由国家统一经营，在一定时期内付给房主原房租 20%~40%的固定租金。对改造起点的规定是，大城市出租建筑面积达 150 平方米（约合 10 间房），中等城市出租面积达 100 平方米（合六七间房），小城市（包括镇）出租面积达 50~100 平方米（合 3~6 间房）。截至 1964 年，全国各城市和 1/3 的镇进行了私房改造工作，纳入改造的私房共约 1 亿平方米。

然而，在私房改造中仍然存在一系列问题。为了巩固私房改造工作的成果，加强对私房的维修和管理，1964 年国务院批转国家房产管理局《关于私有出租房屋社会主义改造问题的报告》，进一步明确国家经租房屋的性质，强调经租房屋是"对城市房屋占有者用类似赎买的办法，即在一定时期内给以固定的租金，来逐步地改变他们的所有制"。明确凡是由国家经租的房屋，除了过去改造起点定得不合理、给房主自住房留得不够和另有规定的以外，房主只能领取固定租金，不能收回已由国家经租的房屋。符合私房改造的规定而过去漏改的房屋，应当补改。给房主的固定租金额，只要符合规定，一般应当稳定不变；低于原房租 20%的，应当按规定调整。同时，调整了改造起点，区别不同情况，妥善地进行城镇的私房改造工作，特别是对出租房屋较多的房主进行了社会主义改造。大部分私有出租房屋由国家经租以后，允许私人出租少量的房屋，以减少私人修房和建房的顾虑[①]。

3. 城镇公有住房制度的确立

随着上面这些政策的出台，关于私人房屋的社会主义改造陆续完成，城镇福利住房制度基本形成和确立，绝大多数房屋所有权都收归公有。

国家所有的公有住房有直管公房和自管公房两种形式。所谓的直管公房是政府有关部门直接管理的住房，所谓的自管公房则是由企事业单位建造、分配和管理的公房[②]。

在住房公有制条件下，住户享有实际意义上的使用权，只需支付极少的房租。虽然按照中央第二次城市工作会议的规定，公有住宅租金标准应贯彻实行"以租养房"的原则，但是，根据 1965 年国务院批转国家房产管理局《关于制止降低公有住宅租金标准问题的报告的通知》，大多数地方和机关、企事业单位的公有住宅租金标准很低，每平方米使用面积

[①] 最高人民法院关于转发"国务院批转国家房产管理局关于私有出租房屋社会主义改造问题的报告"的通知[EB/OL].（2015-03-05）. https://mip.maxlaw.cn/p-xmfcjfls-cn/artview/812109352214.

[②] 王世联. 中国城镇住房保障制度思想变迁研究（1949—2005）[D]. 上海：复旦大学，2006：24-34.

月租金平均在一角左右,最低的只有几分钱。职工的房租负担一般占家庭收入的2%～3%,有些只占1%左右。租金低到并不能解决维修房屋的最低需要。

这种情况一直延续到1978年改革开放以前。正是由于租金太低,并不能实现"以租养房"的目标,在改革开放之前,老百姓的住房条件并未得到明显改善。

二、城镇住房制度改革的起步与探索阶段

正是由于这种城镇住房福利制度存在天然的缺陷,在1978年以前,全社会城镇居民住房投资存在较大缺口,无论是住房数量还是住房质量均满足不了日益增长的需求。在这种情况下,乘着党的十一届三中全会后的改革东风,城镇住房制度的改革也开始提上日程。在1978—1994年,城镇住房制度完成了从理论准备到实践探索的必经过程,为此后阶段明确市场化的改革取向和坚持改革路径奠定了思想和实践的基础。

(一)思想解放、理论准备和改革试点

城镇住房制度的改革首先经历了理论准备、思想解放的过程。普遍认为,1980年年初邓小平同志关于住房问题的讲话和《红旗》杂志刊发的《怎样使住宅问题解决得快些》一文,为打破旧有观念、解放思想、认识住房改革的必要性及可行性,推动城镇住房制度改革提供了思想和理论准备。随后,中共中央、国务院转发了《全国基本建设工作会议汇报提纲》,允许私人建房、买房和拥有个人住宅,正式宣布实施住宅商品化的改革政策,这标志着城镇住房制度改革序幕的拉开[①]。

这一时期的城镇住房改革主要按照促进个人购房和鼓励个人建房并行的思路展开,采取选取城市进行试点的方式,进行试错型改革。改革的核心是通过鼓励和促进私人资本投资和拥有房产,改变由国家和单位投资建房的局面,从而降低国家和单位负担,改善人民群众的住房条件。

1. 公房出售改革试点与效果

制度改革首先从鼓励个人购房开始。鼓励个人购房也就是有的学者总结的出售试点[②]。这经历了从成本价出售到补贴出售两个阶段。

1979—1981年,国家先在广西柳州、梧州、南宁以及陕西西安四市进行新建住房成本价销售试点,后又将此经验推广到全国60多个城市,销售的住房也扩展到旧有住宅。但从实施效果看,三年时间全国试点城镇售房仅3000多套,效果不理想。

到了1982年,为了进一步推动住宅出售试点工作,国务院在《关于城市出售住宅试点问题的复函》中原则同意国家建委、国家城市建设总局《关于城市出售住宅试点工作座谈会情况的报告》提出的意见,即初步选定常州、郑州、沙市、四平四个城市进行补贴售房试点工作:一方面,对新建住宅积极试行补贴出售的办法。报告提出,除对于家庭收入少(如每月人均不足25元),或鳏寡孤独、严重伤残等少数特殊困难户,经过群众讨论,有关部门批准,住房可继续实行分配办法之外,各部门和企业、事业单位新建住宅,要努力创

---

① 杨丽. 我国城镇住房制度改革的实践及成效研究[D]. 武汉:中南民族大学,2007:7.
② 有学者将1979—1985年总结为城镇住房制度改革的出售试点阶段,但实际上,除了出售试点,在这一阶段国家还进行了允许并鼓励个人建房的试点工作。参见:孙小鹏. 我国城镇住房制度改革问题研究[D]. 郑州:郑州大学,2009:15-17.

造条件向个人出售，以便逐步过渡到以购买为主的阶段。个人购买住宅，一般要支付售价的 1/3，其余 2/3 由建设单位给予补贴。个人购房既可一次付清，也可分期付款。一次付清价款可获酌情优待；分期付款者，首次要交应付款的 30%，余额还清的时间最长不超过 15 年，并要逐年交付一定的利息。另一方面，对原有住宅也要按不同情况区别对待，能折价出售的就按质论价出售，售价同样由住宅所有单位补贴 2/3，个人只付售价的 1/3。有些不宜出售或暂时不便出售的，如两户以上合住不便分割的房屋，花园、别墅式特殊住宅，近期需要拆除改造的住宅，封闭式机关、工厂等院内的住宅，已经进行了社会主义改造的原私人房屋等，可暂不折价出售，但对其中住户超过住房标准而多占用的面积，要考虑按折旧、维修、管理三项实际需要的费用收取房租，或实行累进的房屋租金制。

虽然这些试点"为推行住宅商品化积累了经验……特别是冲击了长期以来'住房靠国家分配'的老观念，给今后整个住房制度的改革造了舆论"，但由于地方政府或居民所在单位需支付 2/3 的住房价款，总体而言，补贴偏多，售价较低，地方政府或居民所在单位积极性不高。加之原有公房低租金福利并未被取消，大部分住房仍然实行低租分配的办法，已经有房住的和将要分到房子的职工都不愿意买，要求买房的实际上多是一些没有希望分到房子的或收入低的职工。无论是地方政府、各机关单位还是居民个人，实际参与购房的热情都不够高。

根据原城乡建设环境部的统计，从开始试点的 1982 年到 1985 年年底，全国共有 90 多个城市和 40 多个县镇进行过城镇公房补贴出售试点，但共计出售新建住宅仅 146.95 万平方米，其中补贴出售的占 44.9%，全价出售的占 55.1%。出售旧住宅 264.2 万平方米[1]。据此，原城乡建设环境保护部在《关于城镇公房补贴出售试点问题的通知》中在强调凡在试点期间按照规定补贴出售给个人的住宅，一律有效，不作变更，同时明确：未参加新的改革方案试点的城市，出售公有住宅，原则上要按全价出售[2]。尤其是该通知"对现行住房制度的改革需要在总结经验的基础上另作考虑"的提法，实际上是对补贴售房这一改革做法进行了自我否定，客观上宣告了这一改革政策的中止[3]。

2. 鼓励个人建造住宅的尝试

与鼓励个人购房试点工作同时推进的是允许并鼓励城镇个人建造住宅。1983 年 6 月，经国务院批准，原城乡建设环境保护部发布《城镇个人建造住宅管理办法》[4]，规范并鼓励个人自建住宅。

按照该规定，城镇个人可以采用自筹自建、民建公助、互助自建等多种形式建造住宅[5]，并且凡在城镇有正式户口、住房确有困难的居民或职工，都可以申请建造住宅。对于个人建房用地，该规定提出在充分利用原有的宅基地和空闲地，禁止占用良田、菜田、道路和

---

[1] 城乡建设环境保护部《关于城镇公房补贴出售试点问题的通知》（城住字〔1986〕第 94 号）。
[2] 但同时规定：在住宅单方造价方面，小城市（包括县、镇）超过 120 元、大中城市超过 150 元的，如果职工所在单位有经济能力，可以给予低收入者以适当的补贴。
[3] 从 1988 年开始，鼓励职工购买旧公房政策作为整个住房改革政策的一部分，被重新推广，但这一政策与之前的公房补贴出售政策有较大差别。
[4] 该办法已被 2008 年 1 月 15 日公布的《国务院关于废止部分行政法规的决定》废止。
[5] 所谓自筹自建是指城镇居民或职工自己投资、投料、投工，新建或扩建住宅；民建公助是指以城镇居民或职工自己投资、投料、投工为主，人民政府或职工所在单位在征地、资金、材料、运输、施工等方面给予适当帮助，新建或扩建住宅；互助自建是指城镇居民或职工互相帮助，共同投资、投料、投工，新建或扩建住宅。

城市绿地建造住宅的大前提下,有条件的城镇应当统一规划、统一解决。对于个人建造住宅的建筑面积,该规定明确了按城镇正式户口平均,每人建筑面积一般不得超过 20 m^2(包括在本城的异地住宅)的上限。

为鼓励城镇个人建造住宅,该规定还强调各地要将个人建房所需要的主要建筑材料列入地方物资供应计划,并且鼓励有条件的单位,在补贴金额一般不得超过住宅造价 20%的前提下,从资金、材料、运输等方面给职工以支持和帮助。

(二)住房制度改革的分期分批推行和实施

经过 1986—1988 年在烟台、唐山等城市进行的提租补贴试点,总结经验和教训,住房改革的主要政策思路逐步形成。1988 年 2 月,国务院发布《关于印发在全国城镇分期分批推行住房制度改革实施方案的通知》,宣布住房制度改革从选取部分城市进行某项改革试点,过渡到有计划、有目的地在全国范围内分期、分批推广和实施。

1. 新的改革目标、任务与政策

通知提出和确立了住房改革的政策目标、主要任务和八条具体举措,尤其是明确了"国务院住房制度改革领导小组不再直接抓试点城市。在全国统一政策指导下,各地可从实际情况出发,因地制宜,选择适合自己情况的做法,充分发挥主动性和创造精神"的指导思想,为之后住房制度改革在全国范围内的推进提供了政策依据。

(1)改革目标。从目标来看,住房商品化的改革目标被明确提出,即"按照社会主义有计划的商品经济的要求,实现住房商品化",并且提出了要努力实现住房的货币分配,提出要将住房的实物分配逐步改变为货币分配,通过商品交换来实现住房所有权或使用权的获得或转移,使住房进入消费品市场,从而"走出一条既有利于解决城镇住房问题,又能够促进房地产业、建筑业和建材工业发展的新路子"。

(2)改革任务。从主要任务安排来看,该通知明确提出了四大任务。

第一,改变资金分配体制,把住房消费基金逐步纳入正常渠道,使当时实际用于职工建房、修房资金的大量暗补转化为明补,并逐步纳入职工工资。

第二,改革把住房作为固定资产投资的计划管理体制,确立住房作为商品生产的指导性计划管理体制。

第三,通过财政、税收、工资、金融、物价和房地产管理等方面的配套改革,建立住房基金,逐步形成能够实现住房资金良性循环的运行机制。

第四,调整产业结构,开放房地产市场,发展房地产金融和房地产业,把包括住房在内的房地产开发、建设、经营、服务纳入整个社会主义有计划的商品经济大循环。

通知还具体规定了之后 3~5 年的主要工作和各地区的改革步骤。这些任务实际上涉及住房的生产、消费、流通各个环节,从资金分配、管理体制、产业政策等多个方面推动住房的商品化,极大地促进了住房的社会化、专业化和企业化经营,为房地产市场的产生和发展奠定了基础。

(3)改革政策。从具体政策来看,该通知在吸取前期试点经验和教训的基础上,兼顾了住房制度现状及改革目标,系统性地提出了一揽子相互配合的改革政策,从根本上扭转了前期单个政策推行的顾此失彼的情况。

第一,为了纠正居民因公房租金过低而不愿意参与住房改革的情况,提出要合理调整

公房租金、确定公房租金标准，并综合考虑住房的折旧费、维修费、管理费、投资利息和房产税因素，测算出全国平均租金水平，作为各地调整的参考。

第二，为了减轻因公房租金上调给居民带来的额外负担，设立职工住房券制度，并提出要从实际出发，确定发放住房券的系数[①]。

第三，为了继续积极推动公有住房出售，并进一步明确公有住房出售的价格、购买优惠措施、贷款政策等，明确向职工出售新建住房，按标准价计算价格[②]。

第四，为了扭转许多单位无法保证住房投入的情况，提出要理顺住房资金渠道，建立城市（县、镇）、企业事业单位、个人三级住房基金，从住房生产、经营、消费等多方面集中资金。

第五，为了推动住房建设，拓展、保障资金来源，提出要吸取烟台、蚌埠成立住房储蓄银行的经验，要求银行成立房地产信贷部，专门办理有关住房生产、消费资金的筹集、融通和信贷结算等业务。

除此之外，还提出了"坚持多住房多交租和少住房可得益的原则""对住房建设、经营在税收政策上给予优惠""加强房产市场管理"等多种措施推动和鼓励住房市场的发展。

2. 其他配套改革政策与措施

在这一时期，为了推动住房制度改革各项政策目标的实现，国务院和相关部门还出台了一系列的配套政策和措施，具体包括：国务院住房制度改革领导小组《关于鼓励职工购买公有旧住房的意见》，建设部、国务院住房制度改革领导小组《关于加强出售公有住房价格管理的通知》，国务院住房制度改革领导小组办公室《关于住房制度改革中如何计算职工计发住房券工资基数问题的答复》《关于解决房改中发放住房补贴辐射问题的通知》等。

（三）城镇住房制度改革的全面推进

经过3年左右时间的探索和实践，各地基本上建立起了住房制度改革的工作机构，制定了改革规划，并且从干部培养、方案落实等多方面积极推动改革试点工作，取得了一定成效。

1. 国务院房改新通知及其主要内容

为了进一步推动城镇住房制度改革的深化，国务院于1991年6月发布了《关于继续积极稳妥地进行城镇住房制度改革的通知》，从公有住房租金和出售方式、新建住房管理和投资体制、住房资金筹集和住房金融、房地产市场管理以及军队住房制度改革等多方面，对住房制度改革有关政策和措施进行了完善。

首先，强调要合理调整公有住房的租金，将其有计划、有步骤地提高到成本租金水平。

其次，对出售公有住房按不同情况加以明确。从产权情况来看，对按市场价出售的公房，给予买者全部产权。对于按标准价出售的公房，给予买者部分产权，可以继承和出售。

[①] 具体来说，就是按全市职工平均使用面积、每平方米平均新增租金和职工平均发券工资基数，计算出住房券发券额占工资的比例，即发券系数。发券系数乘职工本人计券工资基数，就是职工应得的住房券金额。由于各地住房水平差距较大，各地发放住房券系数会有差别。为了使各地住房券占比大致平衡，需要进行宏观控制。根据测算，发券系数应控制在25%以内。

[②] 根据该通知，新建住房的标准价包括：（1）住房本身建筑造价；（2）征地和拆迁补偿费。其他公共设施建设费用和建筑税、能源交通重点建设基金等不应摊入标准售价。旧住房的标准价，按重置价成新折扣和环境因素等按质计价。砖混结构的单元套房，每平方米建筑面积售价一般不能低于120元。

从出售价格来看，在国家规定住房面积标准内的，可以享受标准价，超过标准的部分，则要按市场价计价。

再次，实行新房新制度。对新竣工的公有住房，实行新房新租、先卖后租、优先出售或出租给无房户和住房困难户等办法。

最后，明确提出住房建设应推行国家、集体、个人三方共同投资体制，积极组织集资建房和合作建房；通过多种形式、多种渠道筹集住房资金；发展住房金融业务；等等。

2. 国务院房改办的新文件及其内容

为了落实七届全国人大四次会议通过的《中华人民共和国国民经济和社会发展十年规划和第八个五年计划纲要》中有关改善居民居住条件的要求，全面推进城镇住房制度改革，国务院办公厅转发了国务院住房制度改革领导小组《关于全面推进城镇住房制度改革的意见》。该意见进一步明确了城镇住房制度改革的总目标，提出了分阶段目标，确立了改革的基本原则，并对政策实施过程中的一些问题进行了重申和明确。

从改革目标上看，在继续坚持和延续之前所提出的改革总体目标的基础上，按照短、中、长期的划分，将目标分解为"八五"计划期间目标、十年目标和长期目标，分别提出了人均居住面积达到 7.5 平方米，住房成套率达到 40%~50%；人均居住面积达到 8.5 平方米，住房成套率达到 60%~70%；住房成套率大大提高，每户有一套舒适的住房等具体指标。

从改革原则看，从责任分担方式、住房实现方式、政策出台和实施方式等方面，提出了国家、集体、个人三者共同负担，租、售、建并举，在统一政策下因地制宜、分散决策，转换机制等四项原则。

从具体的改革政策和措施看，对公房租金中的提租与补贴问题、公房出售的价格问题、新房新制度的落实、住房基金和住房权属的管理等问题分别进行了明确和重申。

3. 其他配套政策、措施

在此之后一直到 1994 年年中，为了促进两个文件精神的贯彻落实，避免走入误区，国务院和相关部门还出台了一系列的配套政策和措施，具体包括：建设部《关于重申不得把房管部门直管公房中非住宅用房划归使用部门管理的通知》，国务院住房制度改革领导小组、财政部、建设部《关于住房资金的筹集、使用和管理的暂行规定的通知》，国务院机关事务管理局、中共中央直属机关事务管理局《关于印发〈中央在京党政机关住房制度改革实施方案〉的通知》，国务院房改领导小组、国家国有资产管理局、建设部《关于认真贯彻国发〔1991〕30 号文件和国办发〔1991〕73 号文件，加强配合，共同搞好住房制度改革的通知》等文件。

总体而言，起步与探索阶段的城镇住房制度改革，经历了从局部试点、分批实施到全面推广的逐步递进阶段。在总结房改试点和分批分期实施经验教训的基础上，初步形成了改革的总体思路和目标，确立了改革的主要路径和措施，为下一阶段市场化改革奠定了坚实基础。

三、城镇住房市场化改革的深化和加速阶段

1978—1994 年，中国政府通过不断探索，试图找到一条适合中国国情的城镇住房制度

改革道路。1994—2003 年，则是在坚持改革方向不动摇的前提下，继续深化和加速改革的过程。

从改革推进的深入程度和广度来做简单的划分，以 1994 年国务院《关于深化城镇住房制度改革的决定》和 1998 年国务院《关于进一步深化城镇住房制度改革加快住房建设的通知》的发布为标志，可以将这一阶段划分为改革深化和改革加速两个时期。在改革深化阶段，主要是根据党的"十四大"精神和十四届三中全会《中共中央关于建立社会主义市场经济体制若干问题的决定》，进一步明确城镇住房市场化改革的道路，推动城镇住房商品化、社会化改革走向深入。在改革加速阶段，则主要是在"十五大"精神的指导下，结合扩大内需政策，将培育和发展住房市场并使之成为重要的经济增长点作为改革的重要工作，为发展和改革奠定基础。

（一）城镇住房制度改革的深化

1992 年党的"十四大"明确提出了建立社会主义市场经济体制，十四届三中全会通过的《中共中央关于建立社会主义市场经济体制若干问题的决定》又明确将发展房地产市场作为建立社会主义市场经济体制的重要工作和培育市场体系的重要内容。

在这一背景下，1994—1998 年，城镇住房制度改革工作不断走向深化。1994 年发布的国务院《关于深化城镇住房制度改革的决定》和 1995 年国务院办公厅发布的《国家安居工程实施方案》是指导这一时期城镇住房制度改革的纲领性文件。

1. 房改新决定的内容

从改革的目的和基本内容上看，《关于深化城镇住房制度改革的决定》仍然是在继承和发展前期政策的基础上，根据经济体制改革的变化，适时对具体的政策目标和基本内容表述进行了修正和完善。它强调新的城镇住房制度必须与社会主义市场经济体制相适应；明确了要将住房建设、分配、维修、管理由各单位负责的体制改变为社会化、专业化体制；进一步明晰了住房货币化分配主要是指以按劳分配为主的货币工资分配方式。同时，按家庭收入情况的不同，将住房供应体系划分为以中低收入家庭为对象、具有社会保障性质的经济适用住房供应体系和以高收入家庭为对象的商品房供应体系。这一"双轨制"供应体系对之后的房地产业和住房保障体系的发展产生了深远影响。

从改革的任务来看，该决定明确提出短期任务是"全面推行住房公积金制度，积极推进租金改革，稳步出售公有住房，大力发展房地产交易市场和社会化的房屋维修、管理市场，加快经济适用住房建设，到本世纪（20 世纪，作者注）末初步建立起新的城镇住房制度，使城镇居民住房达到小康水平"。

具体到实际政策，除要求全面推行住房公积金制度和加快经济适用住房建设之外，其他诸如推进租金改革、出售公有住房等政策均是对已有政策的重申和深化，主要是根据客观情况的变化和政策实施中出现的问题进行了修改和完善。例如，根据实际情况规定了当时和未来租金水平的基本标准及在职工家庭收入中的比重[①]；按照职工家庭收入水平的不同，确定公房出售价格采取市场价和成本价两套不同标准，并根据经济发展水平和客观规

---

① 根据该决定的要求，到 2000 年，住房租金原则上应达到占双职工家庭平均工资的 15%。按上述办法测定，租金水平已达到或超过折旧费、维修费、管理费、贷款利息、房产税五项因素成本租金水平的，按成本租金或市场租金计租。

律重新明确了标准价的计算办法和标准；等等。

住房公积金制度作为一项全新的制度，在转变住房分配体制，促进住房资金的积累、周转和政策性抵押贷款制度的建立方面具有重要作用。这一制度的全面建立和推行，特别是"个人存储、单位资助、统一管理、专项使用"原则的确立及住房公积金缴费比例和使用管理办法的明确，使得国家、单位、个人三者合理负担的住房体制成功落地。

除此之外，对经济适用住房开发建设重要性的强调，建设比例、用地来源的确定[①]，在一定程度上保证了经济适用住房的建设，为"双轨制"供应体系的成功实现提供了前提条件。更为重要的是，为了保证改革政策尤其是售房政策的延续和一致，该决定还明确提出要做好与原有政策的衔接工作，既要兼顾原政策下参与者的合法利益，又要减小新政策的实施阻力，为住房制度改革的深化提供了必要保障。

2. 国家安居工程的启动

为配合城镇住房制度改革的深入开展，充分调动住房利益相关者的积极性和主动性，加快住房商品化和社会化改革进程，推动城镇住房建设的快速开展，1995 年，国家开始启动安居工程，根据《国家安居工程实施方案》，在原有住房建设规模基础上，国家计划用 5 年左右的时间，新增安居工程建筑面积 1.5 亿平方米，在 1995 年当年计划完成 1250 万平方米。

由于国家安居工程住房直接以成本价向中低收入家庭出售，并优先出售给无房户、危房户和住房困难户，在同等条件下优先出售给离退休职工、教师中的住房困难户，不售给高收入家庭，并且国家尽可能地降低安居工程的建设费用，规定用于国家安居工程的建设用地，一律由城市人民政府按行政划拨方式供应，且地方人民政府相应减免有关费用，因此，安居工程实际上是通过采用国家政策扶持的方式，来加快面向中低收入家庭的住房投资和住房建设。无论是从政策出台的初衷，还是从政策实施的客观效果上来看，都为推进城镇住房制度改革提供了良好的政策示范。

3. 其他配套措施

除了推行国家安居工程，1994—1998 年，国家和有关部门还出台了多项配套措施，从公房出售管理、资金及收入管理、住房公积金管理等多方面推动城镇住房制度改革的深化。

具体来说，这些政策包括：国务院《关于加强国有住房出售收入管理的意见》，国务院住房制度改革领导小组《关于加强住房公积金管理意见的通知》、财政部《关于企业住房制度改革若干财务问题的规定》、建设部《关于不得擅自将直管公房无偿划转给使用单位的通知》，国家国有资产管理局、建设部、财政部《关于印发〈关于加强出售国有住房资产管理的暂行规定〉的通知》等。

（二）城镇住房制度改革的加速

进入 1998 年，受经济体制改革和政府机构改革进一步深化、亚洲经济危机爆发并迅速蔓延、启动扩大内需工作等国内外政治经济形势变化的影响，城镇住房制度改革也步入了加速发展的阶段。

---

① 根据该决定要求，经济适用住房建设用地经批准原则上采取行政划拨方式供应。在房地产开发公司每年的建房总量中，经济适用住房要占 20%以上。

1. 扩大内需大背景下房改的双重目标

在这一阶段,城镇住房制度的改革,除了需继续坚持稳步推进住房商品化、社会化的道路和原则,还肩负着通过加快住房建设,促使住宅业成为新的经济增长点,为扩大内需工作添砖加瓦的新任务。也正是由于这一使命,城镇住房制度改革在这一时期显现出较为明显的特点——住房分配进入货币化改革阶段。推动和指导这一时期城镇住房制度改革工作的重要文件主要有 1998 年国务院《关于进一步深化城镇住房制度改革加快住房建设的通知》和 1999 年建设部《关于加快推进住房分配货币化改革有关问题的通知》。

《关于进一步深化城镇住房制度改革加快住房建设的通知》的公布,吹响了加速城镇住房制度改革的号角,也标志着城镇住房制度改革进入了新的阶段。通知在坚持国家统一政策目标指导下,鼓励地方分别决策,因地制宜,量力而行;强调继续坚持国家、单位和个人合理负担,坚持"新房新制度、老房老办法",平稳过渡,综合配套等原则。要沿着建立适应社会主义市场经济体制和中国国情的城镇住房新制度等既定目标继续前行,而且要通过加快住房建设,促使住宅业成为新的经济增长点。

为了达成这一全新目标,该通知明确要完成以下三方面任务:第一,停止住房实物分配,逐步实行住房分配货币化;第二,建立和完善以经济适用住房为主的多层次城镇住房供应体系;第三,发展住房金融,培育和规范住房交易市场。其中,住房分配货币化和建立多层次城镇住房供应体系的提法和要求,对城镇住房制度的演变、房地产市场的发展和住房保障制度的变革产生了极为深远的影响。正是由于住房实物分配在全国范围内基本上被叫停、以扩大个人住房贷款的发放范围为主要内容的住房金融的大发展,房地产市场才能够在 1998 年以后,尤其是 2003 年以后,实现高速发展。

具体来说,通知明确要求从 1998 年下半年开始停止住房实物分配,并规定停止住房实物分配后,新建经济适用住房原则上只售不租,这些做法从根本上改变了长期以来因公房建设和分配并未停止,导致群众参与热情不高,房地产市场发展缓慢的局面,极大地加速了城镇住房制度改革的深化。而扩大个人住房贷款的发放范围、取消对个人住房贷款的规模限制、适当放宽个人住房贷款的期限等做法,在很大程度上为个人住房消费和投资提供了资金支持,加速了房地产市场,尤其是商品住房市场的发展。同时,通知提出对不同收入家庭实行不同的住房供应政策。根据家庭收入水平的不同划分出三类住房供应渠道,即最低收入家庭租赁由政府或单位提供廉租住房;中低收入家庭购买经济适用住房;收入高的家庭购买、租赁市场价商品住房。这种供应政策和体系的确立,对之后住房保障体系的发展和完善产生了深刻影响。

2. 住房分配货币化改革的助推

《关于进一步深化城镇住房制度改革加快住房建设的通知》所确立的核心任务之一,就是实施住房分配货币化改革。在人们思想认识还不到位的情况下,住房分配货币化在推广的过程中也遇到了一定的阻力,各地的改革进展也很不平衡。对此,建设部发布《关于加快推进住房分配货币化改革有关问题的通知》,加以推进。

首先,通知明确提出全国各城市的货币化方案必须在当年 9 月底之前出台并实施。

其次,为了推动各地房改方案的尽快出台和实施,通知提出了"两有利于、两符合"的房改方案标准,即只要是有利于住房新体制的建立,有利于扩大居民住房消费,符合国家统一政策目标，符合本地区的实际情况的方案，都应尽快出台并实施，以防止各地在房改方案上的久拖不决。

最后，为了防止停止住房实物分配与住房分配货币化之间存在政策空档，导致出现住房有效需求的真空，并且对今后住房投资和消费产生不良影响，该通知还强调已出台方案的城市，要主动抓好住房补贴资金的落实，使之迅速形成住房有效需求。

3. 其他配套政策措施

除了上述两项政策外，为了使住房分配货币化改革加快进行，规范新政策下城镇住房制度改革秩序，加快经济适用住房建设，做好与原有政策的统一协调工作，1998—2003年，国家和有关部门还出台了一系列配套政策与措施。

这些政策中，比较具有代表性的包括：建设部《关于已购公有住房和经济适用住房上市出售若干问题的说明》，中共中央办公厅、国务院办公厅《关于印发国务院机关事务管理局、中共中央直属机关事务管理局关于〈在京中央和国家机关部级干部住房制度改革实施意见〉的通知》，国务院机关事务管理局、中共中央直属机关事务管理局《关于在京中央和国家机关行政事业单位提高房租增发补贴的通知》，财政部《关于企业住房制度改革中有关财务处理问题的通知》，国务院《关于进一步加强住房公积金管理的通知》等。

四、城镇住房制度改革的完善和回归阶段

从2003年至今，房地产市场经历了一个高速发展时期，随着房地产市场，尤其是商品住房市场的发展，城镇住房制度改革过程中所出现的问题和不足也日益显现，而解决这些问题、纠正偏差的过程，也就是城镇住房制度完善的过程。

（一）宏观调控的加强与对保障工作的强化

2003—2021年，中央出台了一系列房地产调控政策，除了2009年出台的鼓励购房政策措施外，这些政策都旨在抑制房价过快上涨和房地产投资过热。特别是2010年一季度至今，为抑制房价过快上涨势头，中央出台了差别化信贷政策以及包括限购、限贷、限价、限售及行政问责在内的严厉的行政性调控措施，对购房需求特别是投资投机性需求实行严控。

城镇住房制度的完善在一定程度上也借助房地产宏观调控的形式来完成。在住房商品化、社会化这一改革任务基本完成的情况下，住房保障制度作为城镇住房制度不可或缺的一部分，也日益受到政府的重视。城镇住房制度的改革在继续强调市场化方向的同时，也越来越重视和凸显住房的保障功能，呈现出较为明显的回归保障的倾向。在这一阶段，具有代表性的政策主要有2003年国务院《关于促进房地产市场持续健康发展的通知》、2007年国务院《关于解决城市低收入家庭住房困难的若干意见》、2012年住建部《公共租赁住房管理办法》和2021年国务院办公厅《关于加快发展保障性租赁住房的意见》。

（二）"房住不炒"与长效机制的提出

从2016年12月开始，中央多次提出"房住不炒"的房地产市场调控定位，试图矫正以往住房制度改革过度强调市场化和忽视住房保障工作的倾向。

2016年12月，中央经济工作会议提出：促进房地产市场平稳健康发展。要坚持"房子是用来住的、不是用来炒的"定位，综合运用金融、土地、财税、投资、立法等手段，

加快研究并建立符合国情、适应市场规律的基础性制度和长效机制。要在宏观上管住货币，落实人地挂钩政策。要加快住房租赁市场立法，加强住房市场监管和整顿。

2017年12月，中央经济工作会议再次提出：加快建立多主体供应、多渠道保障、租购并举的住房制度。完善促进房地产市场平稳健康发展的长效机制，保持房地产市场调控政策的连续性和稳定性。

2018年12月，中央经济工作会议提出：要构建房地产市场健康发展长效机制。

2019年12月的中央经济工作会议提出：要加大城市困难群众住房保障工作，加强城市更新和存量住房改造提升，大力发展租赁住房。要坚持"房子是用来住的、不是用来炒的"定位，促进房地产市场平稳健康发展。

2020年5月22日，李克强代表国务院向十三届全国人大三次会议做政府工作报告，他重申：坚持"房子是用来住的、不是用来炒的"定位，因城施策，促进房地产市场平稳健康发展。完善便民设施，让城市更宜业宜居。

2021年3月5日，李克强代表国务院向十三届全国人大四次会议做政府工作报告时，再次重申：坚持"房子是用来住的、不是用来炒的"定位，稳地价、稳房价、稳预期。解决好大城市住房突出问题，通过增加土地供应、安排专项资金、集中建设等办法，切实增加保障性租赁住房和共有产权住房供给，规范发展长租房市场，降低租赁住房税费负担，尽最大努力帮助新市民、青年等缓解住房困难。

城镇住房制度的改革在坚持市场经济的框架下，回归其保障功能的政策导向也越来越明显。关于这一阶段城镇住房制度改革的主要内容，将在本书房地产宏观调控章节中结合这一时期调控政策进行详细阐释。特别是2017年后，各地方政府从本地实际出发，出台了具有本地特征的住房保障政策，成为新时代城镇住房制度的重要特点之一，其中北京市的自住型商品房政策和共有产权房建设最为突出。

 【案例/专栏8-1】 北京市共有产权住房管理暂行办法（节选）

 **本章小结**

- 所谓产权是指对于某种物品包括所有权、使用权、抵押权等权利在内的，受法律保护的，排他性的权利束。

- 房地产产权，实际上就是针对房地产的产权制度安排。广义的房地产产权既包括土地本身及其所提供服务的所有权、使用权、租赁权等在内的权利束，又包括土地附着建筑物、构筑物等土地改良物的所有权、使用权、租赁权等在内的权利束。狭义的房地产产权不包含土地所有权以及由此衍生的权利束。

- 从1949年至今，农村住房制度并没有明显的变化，农村住房制度的演变基本上围绕着宅基地集体所有、宅基地附着房屋归农民私人所有的制度确立和修补展开。农村宅基地遵循"一户一宅"原则，并有明确的宅基地标准。经过六十余年的发展，尤其是改革开放以来，农村住房情况得到明显发展和极大改善。但农村的住房设施仍有进一步提高的空间。

- 新中国成立后，城镇住房制度经历了计划经济体制下的城镇住房福利制度、城镇住房制度改革的起步与探索阶段、城镇住房市场化改革的深化和加速阶段、城镇住房制度改革的完善和回归阶段这四个不同阶段。

◆ 计划经济体制下的城镇住房福利制度的演变可以分为两个不同阶段：一是自 1949 年新中国成立至 1965 年前后，以公有制为基础的计划经济体制下城镇福利住房制度的形成和确立。二是自 1966 年至 1977 年城镇福利住房制度的巩固和延续阶段。城镇住房制度改革的起步与探索阶段又可以分为思想理论准备和改革试点、住房制度改革分期分批推行和实施、城镇住房制度改革全面推进三个不同时期。以 1998 年为时间点，城镇住房市场化改革可以划分为深化和加速两个不同阶段。

综合练习

一、本章基本概念

产权；房地产产权；土地所有权和使用权；房屋所有权和使用权；宅基地；住房制度；住房货币化改革；安居工程

二、本章基本思考题

1. 什么是产权和房地产产权？
2. 简述中国房地产产权现状。
3. 中国农村住房制度经过了哪几个发展阶段？每个阶段有哪些特点？农村住房状况仍存在哪些问题和不足？
4. 中国城镇住房制度改革经历了哪几个阶段？每个阶段的主要特点是什么？有哪些主要改革政策？

推荐阅读资料

1. 朱镕基．关于住房制度改革问题[EB/OL]．（2007-06-25）．http://www.ce.cn/xwzx/gnsz/szyw/200706/25/t20070625_11931270.shtml.
2. 罗必良．农地产权及相关要素市场发育研究[M]．北京：科学出版社，2019.
3. 吴玲．新中国农地产权制度变迁与创新研究[M]．北京：中国农业出版社，2007.
4. 毛维国．农村住房及宅基地流转制度研究[J]．法学论坛，2012（4）：102-108.
5. 姚玲珍，孙聪，唐旭君．新时代中国特色住房制度研究[M]．北京：经济科学出版社，2021.
6. 刘守英．土地制度与中国发展（增订本）[M]．北京：中国人民大学出版社，2021.
7. 陈美球，黄唱，张婷，等．中国农村宅基地制度改革：逻辑与路径[J]．中国土地科学，2022，36（7）：26-33.

第九章 房地产税收

学习目标

通过对本章的学习，学生应了解或掌握如下内容：
1. 税收和税收制度的基本概念、作用和税收种类；
2. 房地产税收的基本概念、基本原理和作用；
3. 海外典型国家房地产税收制度的基本情况；
4. 中国房地产税收制度的发展过程、现状和不足之处。

导言

近年来，随着税收手段在房地产宏观调控中扮演着越来越重要的角色，房地产税收逐步成为政府官员、学者和普通民众普遍关注的热点问题。由此引起的关于税收在房地产宏观调控中具体的设计和作用的争论也从未停止过。如何更客观地认识房地产税收，如何更有效地使房地产税收服务于宏观调控的目标，成为社会各界普遍关注和研究的焦点。在房地产市场调控中，税收究竟应当扮演何种角色？与发达国家相比，中国现行的房地产税收制度有哪些可取之处，又存在哪些不足？在房地产市场发展越来越规范的今天，可以考虑采取哪些措施来完善现有的房地产税收制度？这些都成为研究房地产市场和房地产经济学所必须关注的问题。

第一节 税收的基本原理

由于社会政治经济背景的差异，在不同历史时期，各国确定的税收制度各有不同，赋予税收的任务不尽相同，税收所发挥的作用也有所差异，但是税收之于国家及经济社会发展的重要作用却是毋庸置疑的。税收作为财政收入的重要来源，是国家宏观调控的有力杠杆和重要工具，它不仅具有维护国家政权的重要作用，还具有监督和调控国家经济活动的重要功能。作为税收体系中的一个组成部分，房地产税收理所当然地具备税收的基本特征。因此，要想更好地理解和掌握房地产税收和税收制度的基本理论，更好地理解房地产税收在整个税收体系中的地位和作用，必须对税收和税收制度的基本概念、税收的作用及分类等基本问题有正确的认识。

一、税收的内涵和特征

（一）税收的权威定义

什么是税收？按照国家税务总局网站所公布的解释，税收是国家为满足社会公共需要，凭借公共权力，按照法律所规定的标准和程序，参与国民收入分配，强制地、无偿地取得财政收入的一种方式。这也是目前中国民众广泛接受和认可的一个观点。

《美国经济学词典》将税收定义为"居民个人、公共机构和团体向政府强制转让货币、实物或者劳务"。[①]

《不列颠百科全书》将税收定义为"对政府财政收入的捐献，以满足政府开支需要，而不表明是为某一特定目的"。它进一步解释，税收是国家收入最重要的来源，其征收是强制的、固定的和无偿的，是为了全体纳税人的福利而征收的。[②]

《日本现代经济学辞典》中税收的定义是："国家或地方公共团体为了筹集社会共同需要的资金，而按照法律的规定，以货币的形式对私营部门的一种强制性课征。"[③]

中国1979年出版的《辞海》将税收解释为"国家对有纳税义务的组织和个人征收的货币和实物"。[④]

（二）不同学者对税收理解的着重点

关于税收的定义，学术界也有不同的表述：

亚当·斯密认为税收是"公共资本和土地，即君主或国家所特有的二项大收入源泉，不宜用以支付也不够支付一个大的文明国家所必要费用，那么，这必要费用的大部分就必须取决于这种或那种税收，换言之，人民拿出自己的一部分私人的收入，给君主或国家，作为一笔公共收入"。[⑤]

美国财政学家塞利格曼认为，税收是政府对于人民的一种利益关系。[⑥]

日本学者金子宏认为，税是国家以实现为提供公共服务而筹集资金这一目的，依据法律规定向私人所课征的金钱。[⑦]

中国学者杜放、陈拂闻等人认为，税收是国家为了实现其职能，凭借政治权力参与社会剩余产品分配，按照法律规定的标准，无偿地取得政府收入的一种形式。[⑧]

中国学者杨志勇、张馨认为，税收是公共产品的价格。强制性、固定性和无偿性是它的形式特征[⑨]。

由此可见，不同学者因为所在国家国情不同、制度有差异，对税收的定义也有所不同。有的侧重于强调解释税收征收的主体，有的侧重于描述税收的内容，有的则关注税收的意义和作用，还有的聚焦于解释税收的对象。

（三）税收的主要内容

总的来说，对于税收的定义或解释，至少应当包括几个方面的内容：即税收的主体和客体、税收的依据或来源、税收的方式和税收的形态。

---

① GREENWAL D .The Concise Mc Graw-Hill Dictionary of Modern Economics[M]. Mc Graw-Hill Book Company, 1984: 347.
② Encyclopaedia Britannica Inc. The New Encyclopaedia Britannica[J]. Helen Hemingway Benton Publisher, 1973-1974(17): 1076.
③ 转引自：邓子基. 现代西方财政学[M]. 北京：中国财政经济出版社，1999：283-284.
④ 转引自：姜竹，李友元，马乃云. 税收学[M]. 北京：机械工业出版社，2007：5-7.
⑤ 斯密. 国民财富的性质和原因的研究：下卷[M]. 北京：商务印书馆，1974：383.
⑥ 转引自：郭庆旺. 公共经济学大辞典[M]. 北京：经济科学出版社，1999：355.
⑦ 金子宏. 日本税法原理[M]. 北京：中国财政经济出版社，1989：5.
⑧ 杜放，陈拂闻. 财政学[M]. 北京：清华大学出版社，2005：37.
⑨ 杨志勇，张馨. 公共经济学[M]. 北京：清华大学出版社，2005：169.

税收的主体是指征税主体，一般是国家、政府或者权力机构。税收的客体则是征税对象，一般包括法律规定内的法人和自然人，包括公民、居民、国家机关、企事业单位及其他类型的机构。

税收的依据主要是指税收取得的依据，它主要是指国家的强制力，因为税收具有强制性、无偿性的特点，所以税收的取得必须以国家的强制力为基础，而国家强制力的获得，按照现代政治学的观点，主要来源于民众赋予的合法性权力。

税收的方式主要是指税收主要体现为国家的财政收入；税收的形态则是指税收是以什么形态出现——最早的税收主要以劳务形态出现，随着社会的发展，税收也逐渐从劳务形态演变为实务形态，最终转变为以货币形态为主。

因此，可以简单地对税收做如下描述性定义：税收是国家以强制力为基础，从法律规定范围内的法人和自然人那里无偿获得的、以货币形态为主的财政收入。

（四）税收的三大特点

从税收的定义可以看出，与其他财政收入相比，税收具有强制性、无偿性和固定性三个特征。

所谓强制性，是指国家凭借公共权力，通过法律对税收主体和客体的权利与义务进行制约。税收的强制性对税收主体和客体均具有强制力，一方面，对于税收主体来说，这种强制性意味着征税行为必须依照法律进行，不能依照自主意愿随意进行；另一方面，对于税收客体来说，纳税行为也是具有强制性的，它不以税收客体的个人意志而转移。

所谓无偿性，是指当税收纳入国家财政预算之后，其使用就由财政统一分配，而不会根据纳税人纳税的多少直接向具体纳税人返还或支付报酬。必须指出，税收的无偿性是针对单个纳税人而言的，即单个纳税人享有的公共利益与其缴纳的税款不是对等关系。对于所有纳税人来说，税收最终要被用于向社会全体成员提供公共产品和公共服务。这也是我们常说的税收"取之于民，用之于民"。

所谓固定性，是指征税的标准和课征对象等在一定时期内是相对固定的，包括纳税人、课税对象、税率、纳税期限、纳税地点等。

二、税收制度的基本内容与特征

税收的强制性、无偿性和固定性决定了在任何一个国家或地区，都必须有一套完整的制度来对税收进行约定。可以说，税收制度是伴随着税收的产生而产生的。

（一）税收制度的含义与内容

所谓税收制度是指在一定的历史时期内，国家或者地区根据自身的社会、政治经济状况，通过法律形式确定下来的税收体系。或者也可以将税收制度理解为"国家与纳税人之间就纳税的相关事宜所做出的安排，它能提供一种纳税人和其他税务相关人员在其中合作的制度或者提供一种影响经济行为个体的财产权变革的机制"。[①]

作为一种税收体系或者机制，税收制度需明确征税范围、税收种类、征税对象、征税方式及保障手段等问题。具体来说，税收制度应当包括税收客体或者纳税人、征税对象、税收种类、税目及税率、计税依据、纳税期限、附加、加成和减免等内容。

---

① 王春玲. 我国税收制度的经济学分析：一种法经济学的视角[M]. 北京：经济科学出版社，2007：38-39.

税收客体，又称纳税人或者课税主体，是指法律规定的直接负有纳税义务的单位和个人，包括自然人和法人。自然人是指公民个人，法人是指依法成立并能独立行使法定权利和承担法律义务的社会组织，如企业、事业单位、社团等。

征税对象是法律规定的征税标的物，即征税的客观对象。简而言之，就是对什么征税的问题。征税对象是区别税种的重要标志之一，不同的税收种类具有不同的征税对象。征税对象是相对宏观的概念，与之类似却较为微观的概念是税目，也称课税科目或课税品目。税目是征税对象的具体化，指法律规定的同一征税对象范围内的具体项目。一般来说，确定税目的方法有列举法和概括法两种。

税率是指税法规定的所纳税款与应纳税额之比。税率有三种不同类型：比例税率、累进税率和定额税率。比例税率是指对于同一征税对象，不管征税数额大小而规定同样比例的税率，比例税率又可分为统一比例税率和差别比例税率[①]；累进税率是指对同一征税对象，按数量级次的增加而规定不同的税率，累进税率分超额累进税率、全额累进税率、超率累进税率和全率累进税率四种；定额税率是指直接规定按征税对象应纳税款的固定数额的税率，一般分为幅度定额税率、分类分级定额税率、地区差别定额税率三种。

计税依据是计算应征税额的依据，主要解决如何计量征税对象的问题，它分为从价计税和从量计税两种。纳税期限是指法律规定的税收客体，即纳税人应当缴纳税款的期限。它一般根据征税对象的特点和税收客体的生产经营状况来确定。

（二）税收制度结构

与税收制度相伴而产生的一个概念是税收制度结构，它是指为了达到组织财政收入、调节经济运行的目的，在按一定标准进行税收分类的基础上，一个国家或者地区合理设置税种所形成的特定的税收体系。

根据税种的多少，可以把税制分为单一税制与复合税制。单一税制是指以一种征税对象为基础设置税种所形成的税制。复合税制则是指以多种征税对象为基础设置税种所形成的税制。从各国及各地区的税收实践来看，基本上都采用复合税制结构。

（三）税收制度的特征

税收制度具有以下四个特征：（1）税收制度是正式的制度安排；（2）是一种外部的制度安排；（3）税收制度安排的内容是有关国家税收的征收和缴纳，目的是减少经济行为主体纳税方面的机会主义行为，降低税收成本；（4）税收制度安排是国家的一种再分配方式[②]。

强调税收是正式的制度安排，就是强调税收制度是以法律的形式正式确立的，是所有社会成员都必须遵守的制度，它同税收一样具有强制性的特点。或者换句话说，就是强调税收法定原则。而税收制度是外在制度这一特征，强调的是这一制度不是内生演变的，它更多的是自上而下强加的。

三、税收的作用

从政府的角度来看，税收作为一种实现职能的手段，具有四大作用：第一，税收是财

[①] 统一比例税率是指一个税种只设一个比例税率，所有纳税人都按相同的税率纳税。差别比例税率是指一个税种设有两个或两个以上的比例税率。差别比率税率又可分为产品差别比例税率、行业差别比例税率、幅度比例税率、地区差别比例税率。
[②] 王春玲. 我国税收制度的经济学分析：一种法经济学的视角[M]. 北京：经济科学出版社，2007: 38-39.

政收入的主要来源。这也是税收最基本的职能和作用；第二，税收具有调控经济运行的重要作用。税收作为一种有力的经济杠杆，通过税收的增加和减免、税种设置的变化、税率的调节，可以有效地影响市场主体的切身利益，从而引导社会预期和市场主体的具体经济行为，促进资源优化配置；第三，税收具有调节收入分配、调节社会财富结构的作用。通过具体税种的设置，可以有效地调节个人及企业收入分配，促进社会公平；第四，税收具有监督经济活动的作用。通过对税收收入结构和数量的分析及监控，可以及时发现并掌握宏观经济的发展变化苗头和趋势，从而较为深入地了解微观经济状况。在上述四项作用中，前三个是最受人们重视的税收功能。

（一）税收的财政收入组织作用

组织财政收入是税收最基本的功能和作用，也是税收诞生的基本要义之一。从世界各国的实践来看，税收在财政收入中占主导地位。税收是否充沛，至今仍然是衡量各国财政收入是否稳固的重要标志之一。

一方面，从世界各国来看，无论经济发展情况如何，税收收入均是构成财政收入的主要来源，占比一般都在85%以上。以美国、英国和中国为例，美国2021年度财政收入约为42 559亿美元，其中税收收入约为37 325亿美元，占财政收入的比例达87.70%；2020年度财政收入约为35 716亿美元，其中税收收入约为31 717亿美元，占财政收入的比例达88.80%；2019年度财政收入约为36 210亿美元，其中税收收入约为32 287亿美元，占财政收入的比例达89.17%；2018年度财政收入约为33 843亿美元，其中税收收入约为30 021亿美元，占财政收入的比例达88.71%；2017年度财政收入约为33 746亿美元，其中税收收入约为29 870亿美元，占财政收入的比例达88.51%[1]。英国2021年度的财政收入为9143.30亿英镑，其中税收收入为8232.85亿英镑，税收财政比达90.42%，2020年度财政收入为7949.46亿英镑，其中税收收入为7078.21亿英镑，税收财政比达89.04%[2]。中国2021年度财政收入约为202 538.88亿元人民币，其中税收收入约为172 730.47亿元人民币，占财政收入的比例约为85.28%。

另一方面，在同一国家，税收收入和财政收入的变化方向趋同，税收收入的增长必然引起财政收入的增加。以中国为例，从1990年到2021年，税收收入从2821.86亿元人民币增加到172 730.47亿元人民币，财政收入也由2937.10亿元人民币增长到202 538.88亿元人民币。在2005年之前（包含2005年），税收收入占财政收入的比例一直保持在90%以上，而在2005年之后（不含2005年）直至2021年，税收收入占财政收入的比例维持在

---

[1] 此处采用的美国财政收入数据是报表中的合并收入（consolidated revenue）。税收收入数据为个人所得税及预扣税款（indiv-idual income tax and tax withholdings）和企业收入所得税（corporate income taxes）之和，不包含其他收入（other revenu-es include federal reserve earnings, excise taxes, and customs duties）。资料来源：美国财政部. 2021财年美国政府财务报告（Financial Report of the United States Government: Fiscal Year 2021）[EB/OL]. https://www.fiscal.treasury.gov/files/reports-statements/ financial- report/2021/fr-02-17-2022-(final).pdf.

[2] 此处采用的英国财政收入数据是报表中公共部门当前的收益（public sector current receipts），税收收入数据为公共部门税收和社会贡献总额（total public sector taxes and social contributions）。资料来源：英国财政部. 2022年8月19日公共财政资料库（Latest Public Finances Databank 19 August 2022）[EB/OL]. https://www.ons.gov.uk/economy/governmentpublicsectorandtaxes/publicsectorfinance/datasets/appendixdpublicsectorcurrentreceipts.

90%以下、80%以上。尽管如此,二者的变化方向和变化趋势仍然是高度趋同的,如表 9-1 和图 9-1 所示。

表 9-1　中国 1990—2021 年税收收入和财政收入情况统计表[①]

年　　度	国家税收收入/亿元	国家财政收入/亿元	占比/%
1990	2821.86	2937.10	96.08
1991	2990.17	3149.48	94.94
1992	3296.91	3483.37	94.65
1993	4255.30	4348.95	97.85
1994	5126.88	5218.10	98.25
1995	6038.04	6242.20	96.73
1996	6909.82	7407.99	93.28
1997	8234.04	8651.14	95.18
1998	9262.80	9875.95	93.79
1999	10 682.58	11 444.08	93.35
2000	12 581.51	13 395.23	93.93
2001	15 301.38	16 386.04	93.38
2002	17 636.45	18 903.64	93.30
2003	20 017.31	21 715.25	92.18
2004	24 165.68	26 396.47	91.55
2005	28 778.54	31 649.29	90.93
2006	34 804.35	38 760.20	89.79
2007	45 621.97	51 321.78	88.89
2008	54 223.79	61 330.35	88.41
2009	59 521.59	68 518.30	86.87
2010	73 210.79	83 101.51	88.10
2011	89 738.39	103 874.43	86.39
2012	100 614.28	117 253.52	85.81
2013	110 530.70	129 209.64	85.54
2014	119 175.31	140 370.03	84.90
2015	124 922.20	152 269.23	82.04
2016	130 360.73	159 604.97	81.68
2017	144 369.87	172 592.77	83.65
2018	156 402.86	183 359.84	85.30
2019	158 000.46	190 390.08	82.99
2020	154 312.29	182 913.88	84.36
2021	172 730.47	202 538.88	85.28

注:* 2009 年以前税收收入不包括关税、耕地占用税和契税。财政收入中不包括国内外债务收入。

[①] 本表根据相关年度《中国统计年鉴》中的数据整理。

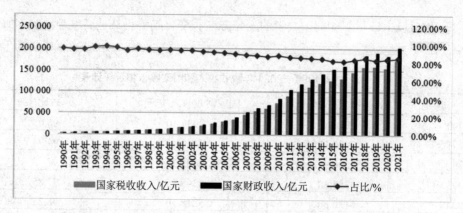

图9-1 中国1990—2021年税收收入和财政收入情况走势图

(二) 税收的经济运行调控作用

税收对经济运行的调控作用，主要通过调整税收制度安排影响市场主体的预期收益，或者说使外部效应内部化，最终影响市场主体行为来实现的。税收的调节作用在经济生活的各个领域均有表现，比较常见的有以下三种。

第一，税收可以调节储蓄和投资的关系，进而调整积累和消费的关系。税收对储蓄的影响可以分为收入效应和替代效应两方面。[①]所谓收入效应，就是通过对储蓄收益征税，可以使居民的储蓄预期收益降低，降低储蓄的净报酬率，从而引导居民消费而不是储蓄；而替代效应则是指通过对不同资产征收不同税收，居民会将储蓄从税率高的资产向税率低的资产转移。

第二，税收可以调节投资行为。投资的目的主要是获得一定收益，当对投资收益进行征税时，自然而然就会影响投资行为。对于政府鼓励的投资行为，政府可以在一定时期内，在法律允许的范围内采取减税甚至免税的做法；而对于政府反对的投资行为，政府可以采取提高税率或者经立法机构批准新设税种的方式，来引导民众减少此种投资行为[②]。

第三，税收可以调节劳动力市场。税收对劳动力市场的调节可以采用两种方式：一是影响劳动力供给市场；二是影响劳动力需求市场。简而言之，在劳动力供给方面，主要通过特定的税收安排影响劳动者的收入，进而影响劳动力的总供给量，达到调节劳动力市场的目的；在劳动力需求方面，主要通过特定的税收安排，对企业用人行为征税或减税，来影响劳动力的需求量。

【案例/专栏9-1】 减税降费促进经济发展

(三) 税收的收入调控作用

税收调节是实现收入再分配的一个重要手段，税收调节收入分配的作用主要表现在三

---

① 於鼎丞. 税收制度与经济发展[M]. 北京：经济科学出版社，2005：62-71.
② 关于税收对投资的影响，有学者将其细分为对实务投资的影响、对资产组合的影响和对资产价格的影响三类。在他们看来，税收主要通过影响税前和税后报酬率影响人们的投资需求。公司所得税从资本的边际报酬率和资本的边际使用成本两个方面影响企业的投资决策，作用相反。刺激投资的税收措施大部分集中在加速折旧制度和投资税收抵免上。更为详细的内容参见：姜竹，李友元，马乃云. 税收学[M]. 北京：机械工业出版社，2007：78-83.

个方面。

一是通过所得税直接调节收入分配。通过对个人所得征税，可以直接调节不同收入层次者的收入，从而达到减小收入差距的目的。国家可以根据经济发展水平和居民收入水平确定所得税的税基和税率，主要通过对高收入者征收一定比率的税达到收入调节的目的。

二是通过对商品征税实现调节收入分配，也就是我们常说的消费税。通过对商品征税达到调节收入的目的，主要采用对奢侈品征税的方式，因为奢侈品的主要消费群体是高收入者，对奢侈品征税实际上是间接地向高收入者征税。

三是通过财产税调节财富在代内代际的分配。通过财产税调节代内财富分配主要通过对财产增值征税实现，而通过财产税调节代际财富分配则主要通过对受赠遗产征税实现。

四、税收的种类

为了更好地开展税收管理、征收及研究工作，人们一般按照一定的标准，将具有相似内容或特点的税收划归为同一个类别。税收的分类方法多样，不同国家因国情和经济发展程度不同，税收分类方法也有所不同。

（一）不同依据下的税收种类划分

按照税收制度的复杂性的不同，可以将税收分为单一税和复合税；按照税收的目的和税款用途的差异，可以将税收分为普通税和特定税；按照税种的地位的不同，可以将税收分为主体税和辅助税；按照计税标准的不同，可以将税收分为从量税和从价税；按照存续时间的差异，可以将税收分为经常税和临时税；按照管理权限或者收入归属的不同，可以将税收分为中央税、地方税和共享税；按照税收形态的差异，可以将税收分为劳役税、实物税和货币税；按照税收和价格关系的不同，可以将税收分为价内税和价外税；按照税收来源的差异，可以将税收分为资本税、财产税和所得税；等等。[①]

（二）世界经济合作与发展组织的税收种类划分

世界经济合作与发展组织（OECD）将税收分为六大类：对所得、利润和资本利得所征的税；社会保险税；对工薪和劳动所征的税；包括房地产和净财富在内的财产税；商品和劳务税；其他税。

（三）中国的现实税收种类

在中国，经过多年的税制改革和发展，目前基本形成了以增值税[②]、消费税、企业所得税、个人所得税、资源税、城镇土地使用税、房产税、城市维护建设税、耕地占用税、土地增值税、车辆购置税、车船税、印花税、契税、烟叶税、关税、船舶吨税为主要内容的税收种类，如表9-2所示。

[①] 更多关于税收分类方法、不同税收分类方法之间比较、不同税收种类的详细阐释，参见：姜竹，李友元，马乃云．税收学[M]．北京：机械工业出版社，2007：9-12．

[②] 自2016年5月1日起，中国全面推开营业税改征增值税（营改增）试点，由缴纳营业税改为缴纳增值税。至此，增值税制度更加规范，营业税退出中国历史舞台。

表9-2 中国现行税种及内容[①]

税种名称	内容
增值税	对在中国境内销售货物或者提供加工、修理修配劳务以及进口货物的单位和个人征收
消费税	对在中国境内生产、委托加工和进口应税消费品的单位和个人征收。征税范围包括烟、酒和酒精、化妆品、贵重首饰和珠宝玉石等18个税目
企业所得税	对中国境内的一切企业和其他取得收入的组织（不包括个人独资企业、合伙企业），就其来源于中国境内外的生产经营所得和其他所得征收。企业所得税以企业每一纳税年度的收入总额，减除不征税收入、免税收入、各项扣除以及允许弥补以前年度亏损后的余额，为应纳税所得额。企业所得税的税率为25%
个人所得税	以个人取得的各项应税所得（包括个人取得的工资、薪金所得，个体工商户的生产、经营所得等11个应税项目）为对象征收。除工资、薪金所得适用5%～45%的九级超额累进税率，个体工商户的生产、经营所得和对企事业单位的承包经营、承租经营所得适用5%～35%的5级超额累进税率外，其余各项所得均适用20%的比例税率
资源税	对各种应税自然资源征收。征税范围包括原油、天然气、煤炭、其他非金属矿原矿、黑色金属矿原矿、有色金属矿原矿、盐共七大类
城镇土地使用税	以在城市、县城、建制镇和工矿区范围内的土地为征税对象，以实际占用的土地面积为计税依据，按规定税额对使用土地的单位和个人征收
房产税	以城市、县城、建制镇和工矿区范围内的房屋为征税对象，以房产余值或租金收入为计税依据，向产权所有人征收的一种税（此税不适用于外商投资企业、外国企业和外籍个人）
城市维护建设税	对缴纳增值税、消费税、营业税的单位和个人征收。耕地占用税是对占用耕地建房或者从事其他非农业建设的单位和个人，依其占用耕地的面积征收
土地增值税	以纳税人转让国有土地使用权、地上建筑物及其附着物所取得的增值额为征税对象，依照规定的税率征收
车辆购置税	对购置汽车、摩托车、电车、挂车、农用运输车等应税车辆的单位和个人征收。车船税是以在中国境内依法应当到车船管理部门登记的车辆、船舶为征税对象，向车辆、船舶的所有人或管理人征收
印花税	对经济活动和经济交往中书立、领受税法规定的应税凭证征收。契税是以出让、转让、买卖、赠予、交换发生权属转移的土地、房屋为征税对象征收，承受的单位和个人为纳税人
烟叶税	对收购烟叶（包括晾晒烟叶和烤烟叶）的单位，按照收购烟叶的收购金额征收，税率为20%

第二节 房地产税收的含义与作用

房地产税作为财产税的重要组成部分，具有悠久的历史，对土地以及土地附着物征税可以追溯到私有制和国家产生之初。作为统治阶级最先采用的税收形式之一，土地税收是奴隶制和封建制国家赖以存续的重要财政收入来源。近代，随着工业革命和新技术革命的

[①] 根据国家税务总局网站及财政部网站相关介绍整理，参见：http://www.chinatax.gov.cn/n8136506/n8136608/n8138877/n8138997/n8353323/index.html/2011-06-06.

发展，土地及其地上附着物的投资属性日益增强。各国纷纷建立起了较为完善的房地产税收制度，与房地产相关的税收占比不断提高。房地产税除了具备税收的一般特征，还具有其特有的属性。要学习和了解房地产税收，首先必须了解其概念和范畴，然后再了解其产生的原因与征收依据等内容。

一、房地产税收的含义

关于房地产税收的概念，国内学者在具体阐释上存在不同看法。

（一）关于房地产税收含义的代表性看法

有的学者主要从税收的基本含义出发，对房地产税收进行了定义，例如，王睿等人认为房地产税收是"国家凭借政治权力依法从房地产所有者或使用者手中取得的国民收入，是国家以法律形式对房地产经济进行宏观调控的重要手段"。[①]

有的学者从税收的一般性和房地产行业的特殊性出发，对房地产税收的概念进行阐释。例如，张河水等人认为，房地产税收是税收在房地产方面的体现，是"税收概念体系中的一个范畴，并且与房地产有密切的联系"，故房地产税收并不是指某种单一的税种，而是一个税收体系，是国家依据法律规定，对一切与房地产有关的经济行为无偿征集部分资金而形成的国家财政收入。房地产税收也包含税种、纳税人、征税对象、税目、税率、计税依据、纳税期限、附加、加成和减免等要素。[②]再如，顾松志等人认为，房地产税收是指以房地产为征税对象的税，即以房产、地产为直接计税依据或以房产、地产的开发、经营、流转行为为直接计税依据所开征的一种特定税。[③]

有的学者则主要通过对房地产税收的基本内容进行阐释来进行定义。例如，陈多长认为，房地产税收是指"公共主体对非公共主体所拥有的房地产产权或者凭借房地产产权从事经营活动而得到的土地财富进行无偿性、强制性的征收活动。房地产税收的课税客体既包括独立存在的土地，也包括独立计税的房屋等土地改良物，还包括房屋与土地的共生体，通常被称为房地产；课税环节既包括房地产的持有，也包括房地产产权交易和取得（出售、出租、抵押、继承和赠予等）"。[④]再如，常莉认为，房地产税是针对土地及地面建筑物的所有、占有、开发、转让而征收的一种税。[⑤]

（二）广义与狭义的房地产税

目前，学者普遍赞同的一个阐释方式，是将房地产税分为广义和狭义两种，并一一阐释。广义房地产税既包括对土地本身及其所提供服务的课税，又包括对土地附着建筑物、构筑物等土地改良物所课征的税赋（如房屋税、土地改良税），对土地或土地改良物交易行为的课税（如契税、印花税）以及对土地的不当利用行为课征的税赋（如空地税、荒地税等）。狭义房地产税又被称为房屋税或房产税，是指单纯以房屋及其产权、使用权交易为课税对象的税种，或以房产与地产的共生体为课税物所征收的税赋。因此，严格来说，房地

[①] 王睿. 房地产税收政策调控房价影响效果评析[D]. 上海：复旦大学，2008：14.
[②] 张河水. 中国房地产税收制度改革研究[D]. 武汉：武汉大学，2005：8.
[③] 顾松志. 我国房地产法律税收制度研究[D]. 吉林：吉林大学，2008：8.
[④] 陈多长. 房地产税收论[M]. 北京：中国市场出版社，2005：1-3.
[⑤] 常莉. 房地产税收改革对房地产业影响的效应研究[D]. 西安：西北大学，2007：3.

产税收并不是一个独立的税收种类，它是指针对包括土地、建筑物等在内的生产生活资料，以及对它们改造、交易等活动征收的一系列相关税种的统称。

【案例/专栏 9-2】 正确理解房地产税、不动产税和物业税

二、房地产税收理论及争论

对房地产税收理论的研究，主要遵循两个研究思路：一是传统古典经济学家从土地税收研究入手，研究与土地及其附着物相关的税收体系。二是将房地产税收作为财产税的一部分加以研究。实际上，房地产税收既可以看作对用于建筑用途的土地及其附着物所征收的税收，又可以看作对房产和地产这两类财产所征收的税收。因此，了解房地产税收相关理论，可以从这两个研究取向入手，以更全面地认识和看待房地产税收理论及相应的理论争议。而了解这些税收基本理论和争论有利于我们对房地产税收的作用形成更为客观和科学的认识。

（一）有关土地税收的传统观点

关于土地税收的传统观点，著名学者 Nicolaus Tideman 对魁奈等重农主义者、亚当·斯密、大卫·李嘉图、James Mill、John R. McCulloch、John Stuart Mill、Henry George 等人的观点进行了深入分析和总结。在他看来，古典经济学家们都认同这样的观点：在税金低于土地租金，并且估价时应从计税基数中去除人为改进对税基影响的前提下，不论是根据出售价格、租用价格还是像英国那样的历史价格对土地征税，土地税收都应该完全由土地所有者支付，并且土地税收不会对生产造成有害的影响。但对于土地税收的影响、土地增值税征收的前提、对土地征税的公平性等问题，不同学者有不同的观点。

关于土地税收的影响，大卫·李嘉图认为对土地征收特种营业税会使土地所有者承担风险，使其产生赌博心理；Henry George 则认为如果不对土地征税会促使投机者占有土地，也就是说，他认为，对土地征税可以减少土地投机行为。

关于土地增值税征收的前提，亚当·斯密和 James Mill 都同意土地增值税征收的前提是土地增值是由政府行为引起的；而 John Stuart Mill 则认为土地增值税征收的前提条件是土地所有者有机会在开征该税前以现行价格出售土地。

关于土地税收公平性问题，亚当·斯密和 Henry George 都认为对土地征税不存在不公平的问题，在 Henry George 看来，促进公平是对土地征税的出发点，换句话说，对土地征税是为了解决公平问题，因此也不存在会产生不公平的问题；而大卫·李嘉图、James Mill、John R. McCulloch 和 John Stuart Mill 都是对土地征税会带来不公平这一观点的支持者。

（二）有关房地产税作为财产税的观点及其争论

常莉在总结国外房地产税收理论时，将房地产税收作为财产税的一部分加以研究，总结出了关于房地产税收理论的三大争论，即地方财产税的受益论和新论之争、房地产税的累进性与累退性之争、房地产税归属与超额负担之争。[1]

---

[1] 常莉. 房地产税收改革对房地产业影响的效应研究[D]. 西安：西北大学，2007：15-21.

1. 地方财产税的受益论和新论之争

地方财产税受益论认为,房地产税是一种财产税。财产税是"取之于民,用之于民"的,其税收收入主要用于提供地方公共服务,尤其是房地产很容易从包括基础设施在内的公务服务提升上获益,因而它最终会使纳税人受益,且不存在福利损失。作为地方财产税的代表人物,William A. Fischel 认为,由于财产税制度结合了城市土地利用分区和所谓的"用脚投票"原则,所以它既是受益的也是有效的税种。他进一步指出,地方公共项目带来的收益和这些项目在财产税中体现的成本将资本融入当地财产价值,如高质量学校、低犯罪率,而这些都会增加住房价格。[①]财产税新论认为,由于资本要素承担了税收的平均负担,对资产征税会扭曲房地产市场的供需和地方财政决策。因为房地产税的税基既包括建筑物,又包括其他地面设施,地方财产税增加了建筑物和其他设施的成本,减少了房屋和其他设施的建设,导致土地利用不足,单位土地面积的资本投入低于有效的资本投入。

2. 房地产税的累进累退性之争

关于房地产税收的累进性与累退性的争论,其分歧主要在于:房地产税收具有累进性的支持者认为,房地产税收是资本税,各个群体支付的财产税率是对所有资本征收的税率,而高收入家庭的资产多,他们承担的赋税也多,所以财产税属于累进税制,即房地产税的资本化和资本收入比例会随着总收入的增加而上升。房地产税收具有累退性的支持者则认为,房地产税收是消费税,房地产税是基于土地或住宅单元价值的比例税率,因为低收入家庭在住房上的支出比例大于高收入家庭,相比之下承担的财产税义务也较重。另外,房地产税会提高应税商品的市场价格,从而把税负转嫁给该房地产税的消费者承担,年居住支出在低收入家庭中占的比重更高,故房地产税负分布相对于收入分布而言是累退的。

3. 房地产税归属与超额负担之争

关于房地产税负归属的争论主要在于:若将房地产税看作资本税,那么在假定资本可以自由流动,且资本供给对于收益率没有弹性的情况下,全国性的地方房地产税制度会使资本所有者的收益降到税收平均水平,即税负转嫁到资本所有者身上,即财产税被完全资本化。若将房地产税看作货物税,在假定土地供给是完全没有弹性,但建筑物的供给是完全有弹性的情况下,则土地部分的房地产税由土地所有者承担,税负负担与租金成正比,建筑物部分的财产税由房屋使用者(利用者)承担,其负担与房屋使用金额成正比。[②]

三、房地产税收的作用

虽然不同国家国情各异,在进行房地产税收制度设计时,对税收职能的侧重点不同,发达国家更多地强调公平性,而发展中国家更强调房地产税收收入和有针对性地解决某些经济问题,但是,同绝大多数税收一样,房地产税收也具备税收的四大基本作用,具体来说,包括:组成财政收入的主要来源;调控房地产经济运行,促进资源优化配置;调节财富分配,促进社会财富结构的优化,促进社会公平;监督房地产经济活动。

[①] FISCHEL W A. Property Taxation and the Tiebout Model: Evidence for the Benefit View from Zoning and Voting[J]. Journal of Economic Literature, 1992, 30(1): 171-177.
[②] 野口悠纪雄. 土地经济学[M]. 北京:商务印书馆, 2007:67.

（一）房地产税收是财政收入的重要组成部分

房地产税收是组成财政收入，尤其是地方财政收入的主要来源。房地产税收具有税源稳定、税额较大等特点，因而成为各国平衡财政收支的重要手段。在发达国家，存量房地产规模巨大，以保有税为主要形式的房地产税成为地方政府的主要财政收入之一。Richard Bird 等人对澳大利亚、加拿大、日本、英国、阿根廷和智利的研究表明，在这些国家，与房地产相关的税收占地方政府收入的 28%～60%，并且澳大利亚、加拿大和日本三国的比例均高于 40%（见表 9-3），而美国的房地产税收一般也占地方财政收入的 50%～80%。[1]必须指出的是，房地产税在地方财政收入中的作用大小，与房地产市场的发达程度、税收制度设计是否科学合理及经济发展程度有关。

表 9-3　部分国家房地产税占地方政府收入的比重[2]

国　　家	房地产相关税收	房地产税占地方财政收入的比重/%
澳大利亚	土地税；市政税	60.0
加拿大	不动产税	53.3
日本	固定资产税与城市规划税	45.3
阿根廷	不动产税	35.0
智利	不动产税	35.1
英国	房屋税、非国内居民不动产税	28.0

（二）房地产税收可以调控房地产市场，促进资源优化配置

房地产税收在调控房地产市场、促进资源优化配置方面的作用主要表现在以下三个方面。

第一，房地产税收通过影响市场主体，即房地产供给者和需求者的预期，来调节房地产供给和需求的总量及结构，从而对房地产市场的景气程度进行必要的调节。通过在房地产建造、租赁、交易、流转、保有等各个环节的税制设计及税率调整，可以有效影响当期和长远的房地产供给和需求。在市场低迷阶段，通过税收减免、税率优惠等政策，可以增加有效供给和需求，提高市场景气程度；在市场过热时，通过取消税收优惠政策，或提高税率，可以有效减少供给和需求，抑制投机。例如，2009 年年初，为降低全球性金融危机的冲击，中国及时调整宏观调控政策方向，对住房转让环节的营业税暂定一年内减免。这极大地促进了供需双方的交易热情，使得房地产市场在短期内由萧条走向火爆。而到了 2010 年年初，为了抑制房价过快上涨的势头，国家果断取消了该项优惠，使得大多数购房者开始观望，房地产市场也开始转入低迷。

第二，通过有效的房地产税收制度设计，可以影响土地利用方式，影响房地产市场产品结构。土地资源既可用于农业，也可以用作建设用地；同样的建设用地，既可以用来建设高密度的住宅小区，也可以用来建设低密度的别墅园林。为了促进土地资源的合理利用，提高房地产市场产品结构的合理化程度，可以通过有效的税收制度设计，增加或减少某类土地利用方式、某种房地产产品的供给，从而达到引导土地利用、调整市场结构的目的。

第三，通过针对性的房地产税制设计，可以提高土地利用效率，促进资源的优化配置。

---

[1] 翁少颖. 我国大陆与台湾地区涉及房地产税收制度的比较研究[D]. 厦门：厦门大学，2007：9.
[2] 转引自：郭文华，曹庭语，刘丽，等. 国外不动产税收制度研究[M]. 北京：中国大地出版社，2005：2.

土地资源的不可再生性决定了在土地使用过程中往往存在着集约利用与资源浪费的矛盾。一方面土地资源不可再生，用一块少一块，土地资源的集约利用、土地利用效率的提升势在必行；另一方面，不可再生使得土地供给曲线缺乏弹性，土地闲置也能够带来增值利润，土地所有者或使用权拥有者往往选择"囤地"，而坐享土地增值收益。因此，为了促进土地资源的集约利用，促进房地产业的可持续发展，可以通过税收制度的设计，提高土地增值税税率，降低土地所有者或使用者单纯通过土地增值获取收益的动机。在房地产保有环节，对闲置不用或待价而沽的房地产，通过征税甚至征重税促进其合理配置，提高土地利用的效率，抑制土地投机行为。

（三）房地产税收可调节财富分配，促进社会公平

房地产税收的征收目的之一就是贯彻公平原则，调整资源分配，促进社会公平。对房地产征税能够有效地降低因房产、地产等资产性收益而导致的收入差距。[①]

从实现方式来看，房地产税收可通过税率和税种的设计达到既促进代内公平又促进代际公平的目的：一方面，通过累进税率和差别税率的设计，让保有房地产多的人缴纳更多的税收；通过房地产相关增值税的设计，有效减少房地产保有者因房地产增值所获收益，尽可能地缩小社会居民因资产拥有量的多寡造成的收入和财富差距，促进当代人之间的社会公平。另一方面，房地产的存续性决定了其可以在代际转移，容易造成代际的财富分配不公。因此，对房地产赠予征收相应的差别税率税收，可以有效地促进代际公平。

（四）房地产税收可以反映房地产市场经济活动

税收本身就是市场景气程度的重要"晴雨表"。房地产税收涉及的税种多，范围广，分布于房地产市场运作过程的各个环节。

通过对房地产税收情况的监控，可以及时了解房地产市场从生产、销售到保有各个环节的运行情况，为调控房地产市场提供科学依据。

通过对房地产投资建设环节税收情况的监控，可以及时了解当前和今后一段时间内房地产投资及供给的总量和方向等情况，为调节房地产投资总量和结构提供科学依据。

同样，对房地产销售环节税收的分析，可以帮助政府及时掌握房地产的需求情况，为出台相应政策提供参考依据。

第三节 国外房地产税收制度及启示

与其他国家相比，中国房地产市场发展相对滞后，市场的成熟度仍需提高，法律制度尚不健全，政策不稳定，而国外大多数国家的房地产市场经过了多年的孕育和发展，行业相对成熟，配套的法律法规经过多年的发展和实践检验，已经自成体系，相对来说较为完善，有许多可供借鉴之处。了解和学习国外房地产税收制度建设情况，有助于我们更为全面客观地看待中国现行的房地产税收制度，在坚持有中国特色的房地产税收制度的基础上，

[①] 张馨认为：对于一个社会来说，产生收入分配不公的根本原因在于资产收益而非劳动收入，资产收益又进一步使得社会财富集中于少数人手中，形成比收入分配不公更为严重的财富两级分化。因此，对重要的资产性收入——房地产收入征税，可以有效地减缓贫富差距恶化的趋势。参见：张馨. 论中西财产税制之差异[J]. 财贸经济, 1992 (6): 54.

充分借鉴发达国家房地产税收制度建设过程中积累的经验和现实成果。

一、国外房地产税收的类型及管理方式[①]

不同国家的房地产税收征收方式、税收种类及管理方式均有所不同。尤其是在税种的划分上，由于世界各国文化或传统习俗的差异，房地产税种名称千差万别。

（一）房地产税收的类型

差异较大的税种名称所指代的税种类别，按征收对象分，可概括为对土地征税、对地上附着物（建筑物、构筑物和树木等）征税和对土地及附着物统一征税三类；按征税环节分，可以分为房地产保有环节和房地产流转环节税收两大类。

1. 基于征收对象的划分

从房地产税收征收对象的不同来看，有的国家对土地及附着物统一征税，征收统一的房地产税或财产税，如美国、墨西哥、瑞士等国家；有的国家分别针对土地或其附着物征税，如俄罗斯、印度、新西兰等国征收土地税，捷克征收地产税，英国、捷克等国征收房屋税；有的国家则在征收统一的房地产税或财产税的基础上，又针对土地或者建筑物征收特别税，如巴西、泰国、日本等国。

在将土地及其附着物（建筑物）统一征税的国家中，不同国家因为征收方式的不同，所赋予的房地产税收的名称也各不相同。例如，美国和新加坡等国就把房地产与其他财产一同计税，统称为财产税，计税依据是某一时点的房地产评估值。加拿大的房地产税（不动产税）的税基则可分为土地、建筑物和其他不动产两个部分；法国的房地产税征收对象则是以建筑土地税和未建筑土地税来划分的。

2. 基于征收环节的划分

从房地产税收征收环节来看，绝大多数国家既在房地产保有环节征税，又对房地产流转环节征税。对房地产保有环节征税主要是指在一定时期或一定时点对房地产保有行为所征收的税，又可以分为房地产租赁税和房地产价值税两大类。根据保有时间长短的不同，各国有不同的税收安排。例如，奥地利、土耳其等国对长期保有所获利得免税，比利时等国的保有税随着持有期限的增加而减少，对持有不足 5 年的未开发房地产，税率为 33%，持有 5 年以上但不足 8 年的未开发房地产所获利得、持有不足 5 年的已开发房地产所获利得征收 16.5%的税；对持有 5 年以上的已开发房地产和持有 8 年以上未开发房地产免税[②]。

而房地产流转环节主要是指对房地产取得和转让行为征税，包括的税种有房地产转让税、房地产交易税、房地产印花税、房地产增值税、契税、遗产税和赠予税等。例如，日本个人转让房地产实现的利得，按持有期限长短适用不同的税率：持有期限超过 10 年、获利不超过 6000 万日元的部分税率为 14%；持有期限超过 5 年但不超过 10 年的，税率为 20%；持有期限不超过 5 年的，税率为 39%。不同国家的税种设置情况有所不同，更为详尽的税种设置及税率安排情况如表 9-4 和表 9-5 所示。

[①] 郭文华、曹庭语、刘丽等人在对世界主要国家房地产税收制度进行研究的基础上，对这些国家房地产税（不动产税）的类型及管理方式进行了系统的总结。参见：郭文华，曹庭语，刘丽，等. 国外不动产税收制度研究[M]. 北京：中国大地出版社，2005：10-18.

[②] 龚辉文. 国外房地产税收政策发展近况[J]. 涉外税务，2009（8）：28.

表 9-4 部分国家房地产保有环节税收情况[1]

国　家	房地产价值税		房地产租赁税	
	税　基	税　率	税　基	税　率
美国	房地产价值	0.75%~5%	净租金收入	35%
德国	房地产价值	0.6%~1%	租金收入	26.5%
法国	房地产价值	0.5%~1.5%	租金收入	33.33%
意大利	房地产登记价值	0.4%~0.7%	租金收入	33%
西班牙	土地清册注册价值	0.4%~1.1%（城市） 0.3%~0.9%（农村）	—	—
瑞典	销售价值	1.5%~2.5%	净租金收入	28%
俄罗斯	房地产价值	2%	租赁收入	24%
韩国	房地产价值	0.36%~8.4%	租金收入	9.9%~39.6%
印度	市场价格	5%	—	—
新加坡	年租金价值	4%~10%	净租金收入	0~22%

表 9-5 部分国家房地产流转环节税收情况[2]

国　家	税种设置	计税依据	税　率
德国	房地产转让税	房地产价值	3.5%
西班牙	财产转让税	财产交易价值	6%
意大利	登记税	转让价格	6%~17%
希腊	房地产转让税	转让收入额	7%~9%
	房地产增值税	增值额	18%
日本	财产购置税	购置成本价	3%~4%
	注册许可税	房地产评估价值	1.5%~2%
韩国	财产购置税	购置成本价	2%
	房地产转让所得税	房地产转让价值	9.9%~39.6%
	遗产税/赠予税	房地产价值	10%~40%
英国	土地印花税	—	0~4%
奥地利	房地产取得税	房地产评估价值	4.5%

（二）房地产税收的管理

各国在征收房地产税的过程中，一般依靠纳税人主动申报和政府制定税收清册两种方式来确认应税房地产。普遍而言，发达国家地籍信息较为完善，信息化水平等基础条件较好，且违约成本较高，能够采用政府制定税收清册的方式发现应税房地产。而发展中国家相关的法律法规不够健全，各项配套设施相对滞后，只能依靠公众纳税意识的提高，以纳税人主动申报的方式为主。

在对应税房地产进行估价、衡量应税额度方面，主要采用单宗评估、批量评估和自我评估三种方式。单宗评估在非洲和南亚等国家使用较广；批量评估为绝大多数发达国家采用，如美国、德国、法国、意大利等；自我评估则主要在泰国、匈牙利等国家使用。

---

[1] 郭文华，曹庭语，刘丽，等. 国外不动产税收制度研究[M]. 北京：中国大地出版社，2005：14.
[2] 郭文华，曹庭语，刘丽，等. 国外不动产税收制度研究[M]. 北京：中国大地出版社，2005：14；龚辉文. 国外房地产税收政策发展近况[J]. 涉外税务，2009（8）：27.

在确定税率方面，有的国家采用比例税率，有的国家则采用累进税率，不同国家的税率选择方式如表9-6所示。

表9-6 不同国家房地产税率形式[①]

税率形式	代表国家	详细规定
比例税率	美国	各州政府自行规定，逐年变化
	德国	个人适用0.5%，公司适用0.6%
	日本	地价税为0.3%，特别土地保有税为1.4%
累进税率	意大利	根据增值额制定累进税率，例如，增值20%以内，征收3%～5%；增值20%～50%，征收5%～10%；等等
	新加坡	根据收入情况确定累进税率，为4%～10%
	韩国	根据房地产价值制定累进税率，为9.9%～39.6%

二、国外房地产税收制度的经验及启示

虽然房地产税收制度千差万别，在具体的房地产税种方面也存在着差异，但是各国房地产税收制度在完善和发展过程中也形成了一些共同的特征，值得学习和借鉴。尤其是欧、美、日等发达国家，其房地产业发展历史悠久，与之相关的税收制度相对健全和完善，具有许多可取的经验。

（一）合理且完善的税收体系是房地产税收运行的基础条件

税收体系是否完善，税收制度设计是否合理，决定着一国或一个地区能否最大化地发挥税收的正面作用。房地产行业所牵涉的上下游产业链条十分广泛，合理完善的房地产税收制度设计对促进经济社会的健康发展具有举足轻重的作用。从发达国家的经验来看，规范、严谨、完善且可行的房地产税收体系是房地产业发展的前提和基础。

以日本为例，日本制定了以《土地基本法》《都市计划法》《都市再开发法》《不动产评估法》为代表的60多个与房地产相关的法律法规，从税前准备、税中执行到税后服务三个方面建立起了完善的房地产税收体系。

由于房地产行业涉足经济生活的生产、流通、交易和消费的各个环节，因此，房地产税收也应当针对性地加以区分和设计。对此，绝大多数发达国家和地区都从房地产流转和保有两个环节设置房地产税种[②]，这样既能够严格地区分税收主体，又可以有针对性地设置税率，以达到调控和监督房地产经济行为的目的。

（二）"重保有、轻流转、重增值"是普遍特征

为了促进土地的集约利用，鼓励房地产的自由流转，避免房地产空置，提高房地产利用效率，绝大多数发达国家和地区都在房地产保有环节征收较高的税收，而在房地产流转环节设置较低的税收。

例如，在房屋保有环节，法国购房者除了需要缴纳高额土地税，还需支付住房税或空房税。从各国的房地产税收实践来看，无论是在保有环节还是在流转环节，都强调对增值

---

① 郭文华，曹庭语，刘丽，等. 国外不动产税收制度研究[M]. 北京：中国大地出版社，2005：24-25.
② 也有学者认为应当分为取得、保有、增值三个环节，但笔者认为，增值可以分为生产增值和持有增值两个方面，它们可以分别划归流转和保有。

收益征收较高税收。例如，美国对增值收益征收 15%～34%的累进税率；而意大利则根据价格增长幅度采用累进制，按 5%～30%的税率征收房地产增值税；韩国则自 2007 年起对出售第二套房产的卖方征收 50%的资本收益税，对拥有第三套住房的卖方征收 60%的资本收益税，使投机者无利可图甚至亏本①。

（三）"少税种、宽税基、低税率、严征管"是发展趋势

"少税种、宽税基、低税率、严征管"是世界各主要发达国家税收改革的发展方向。税种的划分和产生有其固有的历史原因，在发展过程中，难免出现覆盖对象重复、征税成本过高等问题，这极大地降低了税收效率，增加了税收负担。因而，精简税种甚至是征收单一税种在房地产领域成为普遍共识。

在减少税种、有效降低税负的基础上，增加税基是世界各国的普遍做法。这样，既可以减少因税种合并带来的负面影响，保证地方政府的财政收入，又能够为降低税率提供前提和基础。而低税率一方面可降低单个纳税人的房地产税负，另一方面也可提高房地产税收的接受程度、降低征收成本。严征管则是保证房地产税收来源的重要手段。发达国家一般通过"廉价出售、扣押纳税人的不动产或其他财产；建立统一的税收信用记录"等方式打击欠税行为、严格税收征管工作。

（四）对特定群体采取税收优惠政策是普遍做法

对于公共设施、保障用房、绿色建筑的建设，各国政府均在税收方面采取优惠甚至采取减免的做法，以最大限度保障低收入群体的居住权利，或者推动房地产业的可持续发展。这种税收优惠表现在两个方面：一方面是对从事开发普通住房、保障性住房、绿色建筑的开发商给予必要的税收优惠，例如对企业所得税进行减免等；另一方面是对房屋所有者给予必要的税收优惠。这又分为以下两类。

一是针对自用住宅所获收益或首次购买住宅者给予的税收优惠。在美国，按照税法规定，出售一套自用居住满 2 年以上住宅，根据家庭人员比例获得税收优惠。若为单身，住房售价与购入价的差价不超过 25 万美元则可完全免税；如果是已婚家庭，差价不超过 50 万美元也可免税②。在日本，政府规定出让住宅实现的利得可以享受 3000 万日元的特别扣除。在加拿大，从 2009 年 1 月 27 日起首次购买符合条件的住房，可以定额享受 5000 加元的税收抵免，符合条件的个人还可以享受不超过 750 加元的联邦税减免。③

二是对低收入者和老年人购房或租房的税收优惠。美国法律规定，联邦政府每年给各州分配税收抵扣的最高限额，房屋所有者可在 10 年内接受个人所得税的直接抵扣。而 55 岁及以上的纳税人，在出售其住房时，符合一定条件可享受一次性扣除 125 000 美元售房纳税盈利的政策。④

（五）基于价值的税收评估制度和信息化监管方式是重要手段

以房地产评估价值作为税收计税依据是各发达国家的普遍做法。

例如，在澳大利亚，是先由州政府确定房地产评估规则，再由地方政府制定税率，并

---

① 李佳融. 金融危机背景下我国房地产税收法律制度的完善[D]. 上海：复旦大学，2009：42.
② 虞晓芬，傅砒. 借鉴美国交易税制完善我国房地产交易税收体系[J]. 南方房地产，2004（4）：27-29.
③ 龚辉文. 国外房地产税收政策发展近况[J]. 涉外税务，2009（8）：25-29.
④ 刘昊. 国外利用税收手段调控房地产市场的经验与借鉴[J]. 财会研究，2007（5）：18-19.

开展房地产税收的征收和管理工作。而俄罗斯的房地产价值则由当地市技术评估局估定，并于每年3月1日前向地方征税机关提供登记建筑物的价值和所有权信息。征税机关在8月1日之前向所有者发送纳税通知，纳税人则于9月15日和11月15日缴纳税款[①]。

信息化的监管方式是将现代技术手段应用到税收管理中的普遍做法，发达国家税收信息系统起步早、发展快，已经较为成熟。采用信息化的监管手段，可以有效地减少逃税漏税行为。

第四节　中国房地产税收制度

与发达国家相比，中国房地产业起步较晚、发展时间较短、所处发展阶段也不相同，与之相对应的房地产税收制度也因此存在着起步晚、发展不够完善等问题。另外，中国特殊的制度背景、国情因素及经济发展阶段，也导致现行的房地产税收制度必然具有鲜明的时代特点和国情烙印。深入了解中国房地产税收制度的发展沿革和现实状况，有助于我们更好地认识选择现行房地产税收制度的合理性与必要性，并在此基础上进一步发现现行制度的缺陷和不足，从而为改进房地产税收制度奠定坚实的理论基础。

一、中国房地产税收制度的历史与演进

若将"初税亩""摊丁入亩"等具有土地税雏形的税种列入广义的房地产税，那么，中国房地产税收制度可以追溯到奴隶社会的春秋战国时期。可以说，房地产税或者以房地产为课税对象的税种及其制度的产生和发展，贯穿于整个中国社会的发展史。由于社会性质的不同，生产力发展水平、生产关系特征的差异，从奴隶社会到封建社会，再到辛亥革命之后，不同时期的房地产税收制度具有差异性。仅从1949年新中国成立后至今，中国的房地产税收制度就经历过两大阶段、四次发展与演变。以改革开放为分水岭，可划分为计划经济时期的房地产税收制度和迈向市场经济时期的房地产税收制度两大阶段；以1949年新中国成立、1972年税种合并、1994年税制改革和2018年国地税合并等事件为划分依据，可将中国房地产税收制度的发展与演变划分为以下五个不同时期。

（一）房地产税收制度的初步建立阶段

这一阶段从1949年新中国成立到1972年税制合并。在这一阶段，随着社会主义经济制度的确立，为适应社会主义经济发展和政治生活的需要，包括房地产税收在内的税收制度进行了一系列的调整。具体来说，以社会主义改造完成为标志，又可将此阶段分为截然不同的两个阶段。

在1956年社会主义改造基本完成之前，在沿袭过往制度的基础上，根据社会经济发展需要建立起了新的房地产税收制度。在这一时期，先后颁布了《全国税政实施要则》《契税暂行条例》《印花税暂行条例》《印花税暂行条例施行细则》《城市房地产税暂行条例》，对包括房产税、地产税、契税、遗产税等在内的房地产相关税收进行了规定。其中，房产税

[①] 王道树，韩翠霞. 俄罗斯的土地和财产税[EB/OL]. http://shewai.tax861.gov.cn/ssxwz/ssxwz_display.asp?more_id=790405/ 2010-9-9.

和地产税在 1950 年 6 月之后合并为房地产税，之后，又更名为城市房地产税，并进一步明确了课征范围。

在 1956 年社会主义改造基本完成之后，为适应社会主义计划经济体制的要求，进行了以合并税种、简化征收为主要内容的税制改革。1958 年 9 月，第一届人大常委会审议并通过了《中华人民共和国工商统一税条例（草案）》；随后，财政部发布了《中华人民共和国工商统一税条例施行细则（草案）》，将货物税、商品流通税、营业税和印花税正式合并、简化为工商统一税。①这一调整为后一阶段基本取消房地产税收埋下伏笔。

（二）"文革"期间的房地产税制变革

由于经济体制及税收体制遭受到"文革"的严重破坏，这一时期房地产税收体系也遭到严重冲击。

以 1972 年《关于扩大改革工商税制试点的报告》及《中华人民共和国工商税条例（草案）》出台，将工商统一税及其附加、城市房地产税、车船使用牌照税、盐税和屠宰税合并为工商税为标志，房地产税收作为一个独立的税收体系基本上不复存在。原有的房地产税收只有工商税和契税两种。因土地禁止流转，所以原有的城市房地产税不仅取消了税种名称，在实际操作中也几乎不存在。并且此时房地产所有权均归国家，个人之间的房地产交易几乎没有，契税名存实亡。

（三）改革开放初期的房地产税制重塑

这一阶段的时间跨度是从 1978 年改革开放至 1994 年税制改革。在这一时期，先后出台了《中华人民共和国个人所得税法》《中华人民共和国个人所得税法实施条例》《中华人民共和国外商投资企业和外国企业所得税法》《中华人民共和国企业所得税暂行条例》《中华人民共和国城市维护建设税暂行条例》《中华人民共和国房产税暂行条例》《中华人民共和国耕地占用税暂行条例》《中华人民共和国印花税暂行条例》《中华人民共和国城镇土地使用税暂行条例》《中华人民共和国固定资产投资方向调节税暂行条例》《中华人民共和国土地增值税暂行条例》《中华人民共和国营业税暂行条例》等一系列法律法规，从建立房地产所得税制、重征城市房地产税、设立新的房地产税种三个方面，初步建立并重塑了有中国特色的房地产税收制度。

在这一阶段，确立了包括城市房地产税、个人所得税、城市维护建设税、房产税、耕地占用税、印花税、城镇土地使用税、外商投资企业和外国企业所得税、土地增值税、营业税、企业所得税、契税 12 类与房地产相关的税种。至此，适应中国特色社会主义市场经济体制的房地产税收制度初步建立。

（四）房地产税制的调整、完善、创新阶段

这一阶段是从 1994 年分税制改革开始至 2018 年国地税合并。在这一阶段，中国实行了分税制改革，将城镇土地使用税、固定资产投资方向调节税、城市维护建设税、房产税、印花税、耕地占用税、契税、遗产税和赠予税、房地产增值税、国有土地有偿使用收入等房地产相关税收与收入纳入地方税范畴，其中，固定资产投资方向调节税已停征，城市房

---

① 顾松志. 我国房地产法律税收制度研究[D]. 吉林：吉林大学，2008：13-14.

地产税与房产税合并，只保留房产税；统一了内外资企业所得税，对转让房地产的利润所得和其他所得按33%的比例税率征税；改革个人所得税，对财产租赁所得、财产转让所得等征税；改革营业税，对转让土地使用权，销售建筑物及土地附着物的，以全部营业收入为计税依据，按5%的税率征收；开征新税种，新增土地增值税，以抑制土地投机、提高土地资源的利用效率；将房地产业纳入营改增试点，改营业税为增值税，进一步减轻企业税负，推动产业和消费升级。[①]

进入21世纪之后，为促进房地产业健康、平稳和持续发展，国家推行多项涉及房地产税费的宏观调控措施，包括《国务院办公厅转发建设部等部门关于做好稳定住房价格工作意见的通知》《国家税务总局、财政部、建设部关于加强房地产税收管理的通知》《国家税务总局关于房地产税收政策执行中几个具体问题的通知》和《财政部、国家税务总局、住房城乡建设部关于调整房地产交易环节契税、营业税优惠政策的通知》，对房地产税制进行了调整和完善。

（五）新时代房地产税制的新探索

这一阶段以2018年国地税合并为标志，延续至今。2018年3月13日，十三届全国人大一次会议在北京举行。受国务院委托，国务委员王勇向会议做关于国务院机构改革方案的说明。该说明第二点第十一条明确指出："改革国税、地税征管体制。将省级和省级以下国税、地税机构合并，具体承担所辖区域内的各项税收、非税收入征管等职责。国税地税机构合并后，实行以国家税务总局为主与省（区、市）人民政府双重领导管理体制。"这意味着与房地产相关的税收由原本纳入地方税范畴，转变为以国家税务总局为主与省（区、市）人民政府双重领导的管理体制。

这一阶段，与房地产相关的税种、税率和税基等都没有太大的变动。不同的是，税务机构的改革进一步推动了房地产税制的规范化和法制化：

一方面，《国家税务总局关于优化房地产交易办税方式的公告》发布后，不仅推行网上预核，拓宽了办税渠道，同时实行一窗受理，推动了部门合作，还推行业务联办，优化了服务流程。

另一方面，住房和城乡建设部等8部门发布了《关于持续整治规范房地产市场秩序的通知》，要求因城施策、突出整治重点，发挥部门协同作用，税务部门负责查处非法规避房屋交易税费行为。

可以说，新时代房地产税制新探索的方向，就是服务和整治——在服务层面，优化房地产交易税收环境，提升办税效率，增强企业和群众改革获得感。在整治层面，加大对房地产领域违法违规行为的整治力度，促进房地产市场平稳健康发展的决策部署，聚焦人民群众反映强烈的难点和痛点问题，切实维护人民群众合法权益。

二、现行的中国房地产税收制度及税种

（一）房地产税收制度构成

经过改革开放至今40多年的发展，现行的房地产税收制度体系基本建立并趋于稳定，形成了包括5个直接税种、6个间接税种在内的共11个税种构成的，以地方税为主的税收

[①] 张探. 我国房地产业法律制度的调整与完善[J]. 南京经济学院学报，2003（3）：85.

体系。其中，5个直接以房地产为课税对象的税种分别为房产税、土地增值税、城镇土地使用税、耕地占用税、契税；6个间接以房地产为课税对象的税种分别为企业所得税、个人所得税、增值税、印花税、城市维护建设税和教育费附加。[①]这些税种有的贯穿于房地产开发、取得、保有各个环节，有的仅仅在房地产开发、取得、保有中的某一环节征收。

（二）房地产税收种类

本书将主要介绍直接以房地产为课税对象的5个税种，其他6个税种的征税对象及税率如表9-7所示。

表9-7 间接以房地产为课税对象的税种介绍[②]

税种名称	所处环节	具体规定	税率或税额
企业所得税	开发	源于土地或房地产的所得（净收益）	33%
个人所得税	租赁	因租赁房屋所获收益，收入不超过4000元的，减除800元的费用；4000元以上的，减除20%的费用。扣除增值税的部分后，余额为应纳税所得额	20%
	转让	以转让房地产的收入额减除房地产的原值和合理费用后的余额中不含增值税的部分，作为应纳税所得额	20%
增值税	销售/出租	一般纳税人[③]，使用一般方法计税	11%
		小规模纳税人及一般纳税人按规定可以使用简易方法计税	5%
印花税	开发	建设工程勘察设计合同中的合同金额	0.05%
		建筑安装工程承包合同的合同金额	0.03%
	转让	按房屋购销合同金额	0.03%
	办证	办理房屋产权证及其他相关权利证照的按件收费	5元
城市维护建设税	开发/出租	按增值税额，不同地区实行差别比例税率	1%~7%
教育费附加	开发/出租	按增值税额	3%

1. 房产税

房产税依据《中华人民共和国房产税暂行条例》设立，其课税对象为房产，其纳税人为凡是在中国境内拥有房屋产权的单位和个人。其中，产权属于全民所有的，纳税人为经营管理房产的单位；为产权出典的，纳税人为承典人；产权所有人、承典人均不在房产所在地的，或者产权未确定以及租典纠纷未解决的，纳税人为房产代管人或者使用人。

房产税的征收范围为城市、县城、建制镇和工矿区的房产，农村的不包括在内。对于用于出租的房产和不用于出租的房产，其计税依据和税率有所不同：对于不用于出租的房产，以房产原值一次减除10%~30%后的余值为计税依据，没有房产原值作为依据的，由房产所在地税务机关参考同类房产核定，税率为1.2%；对于用于出租的房产，以房产租金收入（不含增值税）为计税依据。租金收入是房屋所有权人出租房产使用权所得的报酬，包括货币收入和实物收入，对以劳务或其他形式为报酬抵付房租收入的，应根据当地房产的租

---

① 也有学者认为，在间接税种中，教育费附加不应纳入，而应将外商投资企业和外国企业所得税纳入。
② 根据公开资料整理而成。
③ 年销售额500万元以上，或年销售额低于500万元，但能够向税务机关提供健全的会计记录，能够提供准确税务资料的，并向税局申请成为增值税一般纳税人并通过税局登记的纳税人被称为增值税一般纳税人；不符合"增值税一般纳税人"标准的纳税人被称为增值税小规模纳税人。

金水平，确定一个标准租金额按租计征，税率为12%。

下列房产免纳房产税：（1）国家机关、人民团体、军队自用房产；（2）由国家财政部门拨付事业经费的单位；（3）宗教寺庙、公园、名胜古迹自用的房产；（4）个人所有非营业用的房产；（5）经财政部批准免税的其他房产。

2. 土地增值税

土地增值税依据《中华人民共和国土地增值税暂行条例》设立，其课税对象为转让房地产所取得的收入的增值额，其纳税人为转让国有土地使用权、地上的建筑物及其附着物（简称转让房地产）并取得收入的单位和个人。其计算依据为去掉扣除项目后的转让房地产所取得收入的增值额。

在2016年营改增后，国家税务总局发布《关于营改增后土地增值税若干征管规定的公告》，其中对土地增值税征收做出了新的规定，纳税人转让房地产的土地增值税应税收入不含增值税。增值额的扣除项目包括：取得土地使用权所支付的金额；开发土地的成本、费用；新建房及配套设施的成本、费用，或者旧房及建筑物的评估价格；与转让房地产有关的税金；财政部规定的其他扣除项目。

根据增值额的不同，土地增值税所适用的税率也有所不同，实行四级超率累进税率：（1）增值额未超过扣除项目金额50%的部分，税率为30%；（2）增值额超过扣除项目金额50%、未超过扣除项目金额100%的部分，税率为40%；（3）增值额超过扣除项目金额100%、未超过扣除项目金额200%的部分，税率为50%；（4）增值额超过扣除项目金额200%的部分，税率为60%。

自《土地增值税暂行条例》颁布以来，土地增值税的征收工作一直处于"空转"状态，在2003年国家要求房地产企业按照销售收入或预售收入的1%~2%预征，到2007年国家税务总局发布《关于房地产开发企业土地增值税清算管理有关问题的通知》，明确以清算式缴纳替代以预征为主的征收办法。此后，又陆续发布了《土地增值税清算管理规程》《关于土地增值税清算有关问题的通知》《关于加强土地增值税征管工作的通知》《关于土地增值税清算有关问题的通知》《关于进一步做好土地增值税征管工作的通知》《关于继续实施企业改制重组有关土地增值税政策的通知》等文件，进一步规范和强化土地增值税全面清算工作。

3. 城镇土地使用税

城镇土地使用税依据《中华人民共和国城镇土地使用税暂行条例》设立，其纳税人为在城市、县城、建制镇、工矿区范围内使用土地的单位和个人。这里说的单位，包括国有企业、集体企业、私营企业、股份制企业、外商投资企业、外国企业以及其他企业和事业单位、社会团体、国家机关、军队以及其他单位；这里说的个人，包括个体工商户以及其他个人。拥有土地使用权的单位和个人不在土地所在地的，其土地的实际使用人和代管人为纳税人；土地使用权未确定的或权属纠纷未解决的，其实际使用人为纳税人；土地使用权共有的，共有各方都是纳税人。

城镇土地使用税计税依据为实际占用的土地面积。土地占用面积的组织测量工作由省、自治区、直辖市人民政府根据实际情况确定。

土地使用税税率根据地区不同而有所差异，每平方米在0.6~30元，具体规定如下：

(1)大城市1.5元至30元;(2)中等城市1.2元至24元;(3)小城市0.9元至18元;(4)县城、建制镇、工矿区0.6元至12元。市、县人民政府应当根据实际情况,将本地区土地划分为若干等级,在省、自治区、直辖市人民政府确定的税额幅度内,制定相应的适用税额标准,报省、自治区、直辖市人民政府批准执行。经省、自治区、直辖市人民政府批准,经济落后地区土地使用税的适用税额标准可以适当降低,但降低额不得超过本条例第四条规定最低税额的30%。经济发达地区土地使用税的适用税额标准可以适当提高,但须报经财政部批准。

下列土地免缴土地使用税:(1)国家机关、人民团体、军队自用的土地;(2)由国家财政部门拨付事业经费的单位自用的土地;(3)宗教寺庙、公园、名胜古迹自用的土地;(4)市政街道、广场、绿化地带等公共用地;(5)直接用于农、林、牧、渔业的生产用地;(6)经批准开山填海整治的土地和改造的废弃土地,从使用的月份起免缴土地使用税5年至10年;(7)由财政部另行规定免税的能源、交通、水利设施用地和其他用地。

4. 耕地占用税

耕地占用税依据《中华人民共和国耕地占用税暂行条例》设立,其纳税人为占用耕地建设建筑物、构筑物或者从事非农业建设的单位和个人。

耕地占用税以纳税人实际占用的耕地面积为计税依据,按照规定的适用税额一次性征收,应纳税额为纳税人实际占用的耕地面积(平方米)乘以适用税额。耕地占用税的税额如下:(1)人均耕地不超过1亩的地区(以县、自治县、不设区的市、市辖区为单位,下同),每平方米为10~50元;(2)人均耕地超过1亩但不超过2亩的地区,每平方米为8~40元;(3)人均耕地超过2亩但不超过3亩的地区,每平方米为6~30元;(4)人均耕地超过3亩的地区,每平方米为5~25元。

各地区耕地占用税的适用税额,由省级人民政府根据人均耕地面积和经济发展等情况,在上述规定的税额幅度内提出,报同级人大常委会决定,并报全国人大常委会和国务院备案。

关于耕地占用税标准的调整及税收减免,有严格规定:

(1)各省、自治区、直辖市耕地占用税适用税额的平均水平,不得低于《各省、自治区、直辖市耕地占用税平均税额表》规定的平均税额。

(2)在人均耕地低于0.5亩的地区,省、自治区、直辖市可以根据当地经济发展情况,适当提高耕地占用税的适用税额,但提高的部分不得超过《耕地占用税暂行条例》第四条第二款确定的适用税额的50%,并要求按规定的程序确定。

(3)占用基本农田的,应当按照《耕地占用税暂行条例》第四条第二款或者第五条确定的当地适用税额,加按150%征收。

(4)军事设施、学校、幼儿园、社会福利机构、医疗机构占用耕地,可免征。

(5)铁路线路、公路线路、飞机场跑道、停机坪、港口、航道、水利工程占用耕地,减按每平方米2元的税额征收。

(6)农村居民在规定用地标准以内占用耕地新建自用住宅,按照当地适用税额减半征收;其中经批准搬迁,新建自用住宅占用耕地不超过原宅基地面积的部分,可免征。

(7)农村烈士遗属、因公牺牲军人遗属、残疾军人以及符合农村最低生活保障条件的农村居民，在规定用地标准以内新建自用住宅，可免征。

5. 契税

契税依据《中华人民共和国契税法》设立，其纳税人为在中华人民共和国境内转移土地、房屋权属时承受的单位和个人。

转移土地、房屋权属，是指下列行为：（1）土地使用权出让；（2）土地使用权转让，包括出售、赠予、互换；（3）房屋买卖、赠予、互换。土地使用权转让，不包括土地承包经营权和土地经营权的转移。以作价投资（入股）、偿还债务、划转、奖励等方式转移土地、房屋权属的，应当依照本法规定征收契税。

契税税率为 3%～5%。具体标准由省级人民政府在规定的税率幅度内提出，报同级人大常委会决定，并报全国人大常委会和国务院备案。

契税的计税依据为：（1）土地使用权出让、出售，房屋买卖，为土地、房屋权属转移合同确定的成交价格，包括应交付的货币以及实物、其他经济利益对应的价款；（2）土地使用权互换、房屋互换，为所互换的土地使用权、房屋价格的差额；（3）土地使用权赠予、房屋赠予以及其他没有价格的转移土地、房屋权属行为，为税务机关参照土地使用权出售、房屋买卖的市场价格依法核定的价格。纳税人申报的成交价格、互换价格差额明显偏低且无正当理由的，由税务机关依照《税收征收管理法》的规定核定。

有下列情形之一的，免征契税：（1）国家机关、事业单位、社会团体、军事单位承受土地、房屋权属用于办公、教学、医疗、科研、军事设施；（2）非营利性的学校、医疗机构、社会福利机构承受土地、房屋权属用于办公、教学、医疗、科研、养老、救助；（3）承受荒山、荒地、荒滩土地使用权用于农、林、牧、渔业生产；（4）婚姻关系存续期间夫妻之间变更土地、房屋权属；（5）法定继承人通过继承承受土地、房屋权属；（6）依照法律规定应当予以免税的外国驻华使馆、领事馆和国际组织驻华代表机构承受土地、房屋权属。另外，根据国民经济和社会发展的需要，国务院对居民住房需求保障、企业改制重组、灾后重建等情形可以规定免征或者减征契税，报全国人大常委会备案。

省、自治区、直辖市可以决定对下列情形免征或者减征契税：（1）因土地、房屋被县级以上人民政府征收、征用，重新承受土地、房屋权属；（2）因不可抗力灭失住房，重新承受住房权属。减免的具体办法，由省级人民政府提出，报同级人大常委会决定，并报全国人大常委会和国务院备案。

【案例/专栏 9-3】 营改增全面实施 7 个月，这四个行业的税负明显降低

三、现行房地产税收制度存在的问题

中国房地产税收制度存在的问题，可以划分为制度层面的问题和执行层面的问题。在制度层面，主要表现为房地产税收立法层次低、税收法规多变、税种设置不够合理、税费划分不够科学等；在执行层面，则主要表现为房地产税率调整相对滞后、税收征管不够严格、税收优惠不够明确等问题。这些问题有的属于中国税收制度固有的不足，如税收法规多变、税种设置不够合理、税收征管不够严格等；有的则是中国房地产税收制度特有的问题，例如，税费划分不够科学、地方税作用不够凸显等。在当前房地产税收制度所存在的

问题中,以下三个相对较为突出。

(一)房地产税的地方税作用不够凸显

房地产税作为地方税种的作用不够凸显,主要体现在税收贡献过小、立法层次较低和征税范围过窄三个方面。

1. 税收贡献过小

税收贡献过小既是集中表现又是引致因素。在国外,房地产税作为地方税收的主体税种,是地方财政收入最主要的组成部分。然而,房地产税在中国地方政府财政收入中的比重却相对偏低(这有土地出让金没有并入的原因)。有关专家[①]研究,2010—2014 年,房地产税收分别为 3464.66 亿元、3832.98 亿元、4610.7 亿元、6204.18 亿元、5968.43 亿元,占全国税收比重分别为 4.73%、4.27%、4.58%、5.61%、5.01%,均不超过 6%,而国外一般在 10%以上。这既与房地产业占 GDP 的比重不相称,也与近几年房地产业迅猛增长的情况不相适应。地方政府承担着本地基础设施建设等与城市和房地产业发展息息相关的公共职能,需要大量的财政收入作为支撑。房地产税理应在地方城市发展中扮演更为重要的角色。[②]

2. 立法层次较低

说房地产税的地方税作用不够凸显,另一重要表现是,房地产税立法层次较低,并与税权划分不合理共存。一方面,房地产税立法层次较低,多数税种仅停留在国务院制定、公布的"暂行条例"的阶段,而非由全国人大或其常委会颁发,这就决定了相对于其他高层次税种,它们具备的权威性和合法性也相对有限,地方政府在征收与管理上对房地产税所投入的精力和财力相对较少。另一方面,税权划分不合理,主要是税权过多地集中在中央,而房地产市场地域性强,这导致难以充分发挥地方政府的主动性和积极性。对房地产相关税种基本要素的调整权绝大多数集中在中央政府手中,地方政府在管理上的权力有限,对于征税对象、纳税人、计税依据、税率、减免税等税制要素几乎没有调整权,只享有征管权限和制定一些具体征税办法及补充措施的权限。这不利于发挥房地产税在地方建设与发展中的作用。

3. 征税范围过窄

地方税作用不够凸显还表现在,房地产税征收的地域范围过于局限,使得税收来源有限,不利于提升房地产税收规模,使之发挥出与房地产地位相对应的作用。城乡经济"二元化"结构以及由此产生的税制结构决定了现行的包括房产税、城镇土地使用税在内的绝大多数房地产相关税收的征税范围,仅限于市区、郊区、县城及镇人民政府所在地的建制镇和工矿区。虽然这么做有利于减轻农民和农村企业的税收负担,对促进农村经济发展具有促进作用,但是,征税范围的限制使得大量农村房地产不能纳入房地产税的征收对象,这极大地减少了房地产税收收入。

(二)房地产税、费、租关系失调

由于土地公有而住房私有的所有制特色,房地产税既涉及房产税又涉及地产税,其征

[①] 王曙光,王敢平. 中国房地产业税负的实证研究[J]. 首都经济贸易大学学报, 2017, 19 (2):30-39.
[②] 人们普遍讨论的土地财政实际上是指地方政府依靠土地出让收入来支撑财政收入进而支持地方发展,这里的土地出让收入应该是费或者租的一种,并不是严格意义上的房地产税。可以说,土地财政既是房地产税作用缺位的原因,也是结果。

税对象较为多元,加之地租、土地税及土地费三者之间的关系仍存有争论,因此,在目前的房地产税收体系中存在着较为明显的"以税代租、以费代租、以费挤税、租税费交叉"的问题。尤其是将租混淆为税和费,将国家作为土地所有者收取地租的行为,与国家作为管理者征收税和费的行为等同了,由此引发了许多土地税费改革的问题:

首先,混淆了税与租的差别,某些税种实际上涵盖或等同于地租收入。例如,城镇土地使用税和房产税,简而言之,是分别对土地使用权和房产使用权征税,实质上则含有使用权人向所有权人缴纳地租的意思。

其次,混淆了费与租的关系,采用一次性收费的方式来取代地租的收取,最为明显的就是土地出让金。[①]虽然从实施效果来看,无论是作为费还是作为租,地方政府均可以作为代理人来管理和使用此项资金。不同之处在于,若将土地出让金定位为行政收费,无论是地方性的还是中央性的,其所有人均为政府;而若将土地出让金回归为地租,则其所有人应为土地所有者,全民所有的土地其出让金应归全民所有,集体所有的土地其出让金应归集体所有,理论上政府只是作为代理人来管理和使用此项资金。

最后,税费混淆,以费代税、以费挤税的情况较为明显。据湖北省国际税收研究会课题组的研究,目前,中国涉及房地产业的各种收费项目名目繁多,例如土地综合配套费、土地闲置费、土地管理费、地籍管理费和地籍调查费等,且费项总数远多于税项总数。仅从房地产开发企业的收费项目上看,有的地方各种收费多达 50 多项;从收费比例上看,各项收费总和相当于经营成本及费用的 70%。[②]虽然在 2001 年和 2002 年,国家为了鼓励房地产市场的发展,出台了相关政策,取消了 47 项住宅建设收费项目,但随着 2003 年之后房地产宏观调控政策的不断加码,各地又相继出台了一些政策,许多不合理收费借机死灰复燃。除此之外,许多收费实际上应当以税收的形式存在。例如,经《中华人民共和国城市房地产管理法》规定设立的"土地闲置费",其内容相当于其他国家和地区的空地税或者非建筑地税,同样具有税收固定性、强制性和无偿性的特征,纳入房地产税收体系进行管理和使用更合适。

(三)房地产税种设置不够合理

房地产税种设置不够合理的问题,主要体现在重复征税与税种缺位现象并存、重流通税收与轻保有税收这两个方面。

1. 重复征税与税种缺位现象并存[③]

一方面,由于历史原因,中国在房地产税种设计上缺乏系统性的考虑,某些环节上存在税种之间的交叉重叠现象,对同一课税对象或税基重复征税。例如,对于出租房地产收入,同时缴纳房产税、所得税、城镇土地使用税、增值税、城市维护建设税等,综合税负高达租金收入的 30%以上。除此之外,城镇土地使用税和耕地占用税的课税对象均为土地;

---

① 土地出让金是指各级政府土地管理部门将土地使用权出让给土地使用者,按规定向受让人收取的土地出让的全部价款,或土地使用期满,土地使用者需要续期而向土地管理部门缴纳的续期土地出让价款,或原通过行政划拨获得土地使用权的土地使用者,将土地使用权有偿转让、出租、抵押、作价入股和投资,按规定补交的土地出让价款。
② 湖北省国际税收研究会课题组. 重构我国财产税制的探讨[J]. 经济研究参考,2003(46):2-21.
③ 重复征税是指对同一征税主体或不同征税主体,对同一纳税人(包括自然人和法人)或不同纳税人的同一征税对象或税源所进行的两次或两次以上的征税。

对房地产转让收入,既要缴纳增值税、企业所得税,还要就增值部分缴纳土地增值税;对纳税人房产坐落地,既要从量课征土地使用税,又要从价计征房产税;对产权转移行为,既要缴纳契税又要缴纳印花税。

另一方面,为了更好地促进社会财富分配和房地产业的发展,应当通过税收对许多经济行为进行规范和调节。然而,现行的房地产税制尚不能完全达到这一要求,存在税种缺位的问题。例如,对以房地产为主的财产代际转移没有征收遗产税,而遗产税对于促进社会公平具有重要作用。对别墅等低密度住宅产品没有开征相应的税收,以促进土地集约利用和房地产业的可持续发展。

2. 重流通税收、轻保有税收

从严格意义上的房地产税来看,在流转环节的房地产税种远远多于保有环节的房地产税种,而且总和税率较高,企业负担重。从广义的房地产税费来看①,开发环节的前期税费,包括土地出让金、土地使用费等,负担非常重,约占整个开发期间税费总额的 75%。流转环节的税费过于集中,必然增加新建商品房的开发成本,降低房地产企业的利润,一定程度上抑制了房地产有效供给,对房地产价格上涨有推动作用。而在保有环节,税费种类过少,降低了保有成本,变相鼓励了房地产保有行为。在房地产供不应求的情况下,这极大地激励了房地产投机行为,不利于土地资源和房产的合理利用。

 本章小结

- 税收是国家以强制力为基础,从法律规定范围内的法人和自然人那里无偿获得的、以货币形态为主的财政收入。税收具有强制性、无偿性和固定性三个特征。税收制度应当包括税收客体或者纳税人、征税对象、税收种类、税目及税率、计税依据、纳税期限、附加、加成和减免等内容。税收具有组织财政收入、调控经济运行、调控收入差距、监督经济活动四大作用。
- 房地产税收是指针对包括土地、建筑物等在内的生产、生活资料,以及对土地和建筑物进行的改造、交易等活动征收的一系列相关税种的统称。它具备税收的四大基本作用。
- 国外房地产税收体系给我们的启示是:较为合理且完善的房地产税收体系是基础条件;"重保有、轻流转、重增值"是普遍特征;"少税种、宽税基、低税率、严征管"是发展趋势;对特定群体采取税收优惠政策是普遍做法;基于价值的税收评估制度和信息化监管方式是重要手段。
- 中国的房地产税收制度经历过两大阶段、四次发展与演变:以改革开放作为分水岭,可划分为计划经济时期的房地产税收制度和迈向市场经济时期的房地产税收制度两大阶段;以 1949 年新中国成立、1972 年税种合并、1994 年税制改革等事件为划分依据,可将其发展与演变划分为四个不同时期。
- 中国现行的房地产税收制度体系基本建立并趋于稳定,形成了包括 5 个直接税种、6 个间接税种在内的共 11 个税种构成的、以地方税为主的税收体系。

---

① 许多房地产收费不应该以收费的形式存在。它们的存在,实际也体现着房地产税收的作用。

▶ 中国房地产税收制度所存在的问题，可以简单地划分为制度层面的问题和执行层面的问题。前者主要表现为房地产税收立法层次低、税收法规多变、税种设置不够合理、税费划分不够科学等；后者主要表现为房地产税率调整相对滞后、税收征管不够严格、税收优惠不够明确等。

综合练习

一、本章基本概念

税收；房地产税收；税收制度；税率；税种；房产税；土地增值税；城镇土地使用税；耕地占用税；契税

二、本章基本思考题

1. 什么是税收和税收制度？税收的基本特征是什么？税收具有哪些作用？
2. 什么是房地产税收？它有哪些作用？
3. 中国房地产税收制度经过了哪几个发展阶段？每个阶段具有哪些特点？
4. 简要概述中国现行的房地产税收制度。
5. 中国房地产税收制度存在哪些问题？如何加以完善？

推荐阅读资料

1. 胡怡建，田志伟，李长生．房地产税国际比较[M]．北京：中国税务出版社，2017．
2. 何杨．中国房地产税改革[M]．北京：中国税务出版社，2017．
3. 贾康．中国住房制度与房地产税改革[M]．北京：企业管理出版社，2017．
4. 张平．现代房地产税：美国经验与中国探索[M]．北京：中国社会科学出版社，2016．
5. 郭文华，曹庭语，刘丽，等．国外不动产税收制度研究[M]．北京：中国大地出版社，2005．
6. 龚辉文．国外房地产税收政策发展近况[J]．涉外税务，2009（8）：25-29．
7. 朱光磊．房地产税收面对面：实务与案例[M]．2版．北京：机械工业出版社，2015．

第十章　房地产市场调控

学习目标

通过对本章的学习，学生应了解或掌握如下内容：
1. 宏观调控和房地产调控的基本含义和理论依据；
2. 对房地产业进行宏观调控的必要性；
3. 房地产调控的目标和手段；
4. 中国房地产调控的发展历程和不同阶段特征。

导言

自 1998 年之后，中国房地产业进入高速发展阶段并延续至今。尤其是 2003 年《国务院关于促进房地产市场持续健康发展的通知》开篇明义地指出"房地产业关联度高，带动力强，已经成为国民经济的支柱产业"，这使得房地产业的发展获得了极大助力，房地产投资和消费双双快速增长。然而，在相当长的时间里，房地产业在高速发展的同时，也出现了供不应求、房价上涨过快等问题。为了促进房地产业的健康发展，中央从 2003 年开始实施宏观调控。从 2008 年 9 月，为应对金融危机影响，央行宣布下调存款准备金率和一年期人民币贷款基准利率开始至今，调控政策经历了一个逐步放松，再由放松转向严控，然后再放松这样的两个周期反复。从中不难看出，调控政策的方向与国民经济发展的趋势紧密相关，房地产调控在整个国民经济管理中的作用日趋凸显。

第一节　房地产调控概述

作为近年来的热点事件，房地产调控不仅是理论界研究的焦点，而且已经成为普通中国民众耳熟能详的话题之一。但究竟什么是宏观调控和房地产调控？房地产调控应该达到什么样的目标，又应当采取何种手段来保证这些目标的实现？这些问题却并不是每个普通民众都能够清晰界定和正确阐释的，即使对于部分研究者来说，也存在着一定的认识误区。而只有对这些基本问题有了正确的认识，才能制订出科学的调控方案。

一、宏观调控的产生和基本内涵

（一）宏观调控思想与理论的产生

普遍认为，宏观调控是中国特有的概念，在西方经济学文献中较为少见。自亚当·斯

密在其著作《国富论》中，将政府职能定义为向社会提供公共安全、法律秩序等公共产品，扮演"守夜人"的角色之后，西方主流经济学者一般不认可政府对经济的干预行为。直到20世纪20年代末至30年代初资本主义经济危机爆发并在全球蔓延后，人们才开始反思这种放任自由的经济学理论。凯恩斯在其1936年出版的《就业、利息和货币通论》中对这一思潮进行了全面而系统的总结和阐释，他的理论体系被称为凯恩斯主义，也被认为是国家干预理论的基石。凯恩斯主义的诞生，为加速西方资本主义国家走出"大萧条"的泥淖，提供了理论依据和政策指导。之后，部分发达国家在奉行自由放任的经济发展理念的同时，强调政府有限度的有效干预。这可以看作西方宏观调控思想的雏形。[1]

（二）宏观调控在中国经济管理中的出现

在中国，宏观调控理念是伴随着社会主义市场经济体制的形成和建立而产生的。虽然中国长期实行的是计划经济体制，政府一般采用计划指令来指导经济运行，但是正如学者魏杰指出的那样，"计划经济体制中，国家对经济生活的计划管理，实际上是把宏观经济目标用层层分解的方式加以微观化，直接组织和干预以企业为主体的全部微观经济运行活动，而以对微观经济运行的直接调控取代了国家的宏观调控。只是微观化了国民经济计划理论，而不存在真正的国家宏观调控"。[2] 真正意义上的宏观调控，是在其出现在1988年十三届三中全会决议中之后，才作为一个正式概念，被广泛采纳和应用，并于1993年被写入宪法修正案，成为正式法律概念的。[3]

（三）中国学者关于宏观调控内涵的争论

关于什么是宏观调控，不同学者有不同的看法。

有的学者强调宏观调控的宏观性和强制性。例如，原国家计委培训中心的研究者认为："宏观经济调控，即国民经济总量调控，是指政府根据国民经济协调发展和均衡增长的要求，在市场经济运行的基础上，综合运用计划的、经济的、法律的和行政的政策手段，对国民经济总量运行进行调控，使总供给与总需求趋于基本平衡，有效地实现发展和增长目标。"[4]

经济学家许小年则认为，宏观调控指的是运用宏观政策调节社会总需求，其中，宏观政策有两类，即货币政策与财政政策，政府控制货币供应总量、税收与财政开支，调节以国内消费与投资为主的社会总需求。宏观调控从来不以供给为目标，从来不以产业结构为目标。[5]

王全兴认为，宏观调控是宏观调控主体从社会公共利益出发，为了实现宏观经济变量的基本平衡和经济结构的优化，引导国民经济持续、健康、协调发展，对国民经济所进行的总体调节和控制。[6]

---

[1] 必须指出的是，虽然西方学者认可国家干预理论，但在西方学者的文献中，宏观调控一说鲜有正式出现。这里所说的雏形是指国家干预理论与宏观调控思想有一定的相似之处，可以简单地这么类比。
[2] 魏杰. 社会主义市场经济通论[M]. 北京：中国人民大学出版社，1993：227.
[3] 杨三正. 宏观调控权论[D]. 重庆：西南政法大学，2006：25-28.
[4] 转引自：张德峰. 宏观调控法律责任研究[D]. 长沙：中南大学，2007：7.
[5] 许小年. 为宏观调控正名[N]. 经济观察报，2007-12-22.
[6] 王全兴. 经济法基础理论专题研究[M]. 北京：中国检察出版社，2002：620.

有的学者直接将宏观调控定义为国家的职能活动或管理手段。例如，漆多俊认为宏观调控是国家综合运用各种引导、促进方式对社会经济宏观结构和运行进行调节的一种国家经济职能活动。[1]袁兆春等人认为，宏观调控是国家以"国民经济的宏观经济关系和宏观经济行为"为调整对象，不直接运用行政管理手段，而是综合运用经济的、法律的和必要的行政手段，以保持经济总量的平衡和重大比例关系协调的一种管理手段。[2]

从这些定义可以看出，所谓宏观调控，其实施主体是国家权力和行政机关；其客体是市场经济主体及其行为；其目标是通过对国民经济进行总体调节和控制，达到促进国民经济健康、持续、平稳发展的目的。因此，可以将宏观调控简单地定义为：国家权力和行政机关为了实现促进国民经济健康持续平稳发展的目的，通过行政的、经济的、法律的手段来引导和影响市场经济主体及其行为，从而对国民经济进行总体调节和控制的手段和职能的统称。

二、房地产调控的含义和目标

所谓房地产调控，简言之，就是针对房地产业的宏观调控，是国家权力和具备管理房地产职能的行政机关，为了达到促进房地产业健康、持续、平稳发展的目的，通过行政的、经济的、法律的手段来引导和影响房地产市场主体及其行为，从而对房地产业进行总体调节和控制的职能和活动的统称。

从2003年至今的房地产调控措施可以看出，虽然因不同时期房地产经济形势略有差异，房地产调控的短期目标也有所不同，有时体现出激励，有时体现出抑制，但总体而言，中、长期目标是一致的，就是为了促进房地产业健康、持续、平稳发展，促进房地产业总需求和总供给的动态平衡，提高各种物业形态结构、比例的合理性，防止房地产价格的过快上涨，同时促进保障性住房的建设。由于2003年至今出台的房地产调控文件太多，我们选择2003—2014年的主要文件说明这个问题——其间政策的短期目标经历了从抑制到鼓励再到抑制的过程，结果导致2015年被迫"去库存"，重新救市。这些具体文件及短期调控目标如表10-1所示。

表10-1　2003—2014年房地产调控文件及目标列示[3]

序号	时间	文件名称	政策目标描述
1	2003.04	《关于进一步加强房地产信贷业务管理的通知》	"进一步落实房地产信贷政策，防范金融风险，促进房地产金融健康发展"
2	2003.08	《关于促进房地产市场持续健康发展的通知》	"促进房地产市场持续健康发展" "……不断完善房地产市场体系，更大程度地发挥市场在资源配置中的基础性作用……调整供应结构，满足不同收入家庭的住房需要……不断消除影响居民住房消费的体制性和政策性障碍……努力实现房地产市场总量基本平衡，结构基本合理，价格基本稳定"

---

[1] 漆多俊. 宏观调控法研究[J]. 中南政法学院学报，1999（2）：33.
[2] 袁兆春，郑贤君. 市场经济中宏观调控问题的法律思考[J]. 齐鲁学刊，1995（5）：105.
[3] 根据公开网络资料和文献整理。

续表

序号	时间	文件名称	政策目标描述
3	2004.04	《关于调整部分行业固定资产投资项目资本金比例的通知》	"调整和优化经济结构,促进上述行业的健康发展"(文件认为房地产业存在"开发投资增幅过高,开发资金过多依赖银行贷款"的问题——笔者注)
4	2005.03	《关于切实稳定住房价格的通知》	"抑制住房价格过快上涨,促进房地产市场健康发展"
5	2005.05	《关于做好稳定住房价格工作的意见》	"进一步加强对房地产市场的引导和调控,及时解决商品住房市场运行中的矛盾和问题,努力实现商品住房供求基本平衡,切实稳定住房价格,促进房地产业的健康发展"
6	2006.06	《关于调整住房供应结构稳定住房价格意见的通知》	"……坚持落实和完善政策,调整住房结构,引导合理消费……调整住房供应结构、控制住房价格过快上涨……促进房地产业健康发展"
7	2007.08	《关于解决城市低收入家庭住房困难的若干意见》	"切实加大解决城市低收入家庭住房困难工作力度" "以城市低收入家庭为对象,进一步建立健全城市廉租住房制度,改进和规范经济适用住房制度,加大棚户区、旧住宅区改造力度,力争到'十一五'期末,使低收入家庭住房条件得到明显改善,农民工等其他城市住房困难群体的居住条件得到逐步改善"
8	2008.12	《关于促进房地产市场健康发展的若干意见》	"贯彻落实党中央、国务院关于进一步扩大内需、促进经济平稳较快增长的决策部署,加大保障性住房建设力度,进一步改善人民群众的居住条件,促进房地产市场健康发展"
9	2010.01	《关于促进房地产市场平稳健康发展的通知》	"进一步加强和改善房地产市场调控,稳定市场预期,促进房地产市场平稳健康发展"
10	2010.04	《关于坚决遏制部分城市房价过快上涨的通知》	"进一步落实各地区、各有关部门的责任,坚决遏制部分城市房价过快上涨,切实解决城镇居民住房问题"
11	2011.01	《关于进一步做好房地产市场调控工作有关问题的通知》	"为巩固和扩大调控成果,进一步做好房地产市场调控工作,逐步解决城镇居民住房问题,促进房地产市场平稳健康发展"
12	2013.02	《关于继续做好房地产市场调控工作的通知》	"当前房地产市场调控仍处在关键时期,房价上涨预期增强,不同地区房地产市场出现分化。继续做好今年房地产市场调控工作,促进房地产市场平稳健康发展"
13	2014.09	《关于进一步做好住房金融服务工作的通知》	"为进一步改进对保障性安居工程建设的金融服务,继续支持居民家庭合理的住房消费,促进房地产市场持续健康发展"

注:① 所选政策以国务院发文为主,单独部委发文未列入;② 部分可公开查阅的文件未对宏观调控目标进行详细阐释,故未列入 2005 年 4 月国务院常务会议通过的"引导和调控房地产市场八项意见"("国八条")、2006 年 5 月的"对房地产调控的六条意见"("国六条")和 2009 年 12 月的"促进房地产市场健康发展四条举措"("国四条")。

三、房地产调控的手段

法律手段、经济手段和行政手段是宏观调控三大手段,其中,法律手段和经济手段是宏观调控的主要手段，行政手段是重要补充。

（一）三大调控手段的各自含义及选择的原则

所谓法律手段是指国家通过制定、执行法律法规来调节宏观经济运行和规范市场秩序的手段。所谓经济手段是指国家运用包括财政政策、货币政策在内的经济政策，通过对经济利益和预期进行调整，从而调节宏观经济运行和规范市场秩序的措施。所谓行政手段是指国家通过行政计划、命令、指标、规定等强制性的手段，来调节宏观经济运行和规范市场秩序的行为。

然而，并不是每项法律、经济政策或行政指令都是宏观调控手段。判断某项政策或政策工具是否是宏观调控的手段，应当看这种政策工具是否在政府的控制之下，是否能对一个或多个宏观经济目标施加影响，并通过这种影响平抑经济波动、实现经济的稳定与发展。[①]因此，宏观调控手段的确定和选择应当遵循功效性原则、可操作性原则、效率性原则和社会可行性原则。[②]所谓功效性原则主要是指调控的力度是否足够、调控的效果是否明显、调控的时效是否迅速。所谓可操作性原则主要是指调控理论和手段是否符合实际、是否适应现有资源供给条件和政府的能力、能否很好地落地。所谓效率性原则主要是指调控手段的成本—收益比是否能够接受。所谓社会可行性原则主要是指所选择的调控手段必须具有社会合法性、社会可承受性、社会利益协调性以及调控主体结构内部的可接受性。

（二）房地产调控的政策工具与实践运用

具体到房地产业，宏观调控的手段也不外乎法律手段、经济手段和行政手段三大类。其中，经济手段又可以具体分为货币政策和财政政策。

1. 房地产调控工具

从货币政策来看，作用渠道与政策工具大致包含三方面内容：一是调控房地产行业的货币信贷总量，例如，通过调整存款准备金率来影响房地产行业的货币乘数和货币流动性。再如，通过调整按揭贷款的首付款比例来影响房地产需求；二是调整房地产信贷利率，通过利率的调整来影响房地产企业或购房者的信贷成本，进而影响供给与需求；三是其他鼓励或限制性的信贷手段。例如，通过"窗口指导"或引导商业银行通过调整授信额度、调整信贷风险评级和风险溢价等方式，限制或鼓励信贷资金向房地产业投放。而财政政策包括两个方面，各有不同工具：一是税收政策，通过对开发、保有和流通等不同环节征税或调节税率，来引导市场主体的行为；二是直接的财政投资或补贴，如通过投入财政资金来支持保障性住房的建设，或者发放货币性住房保障补贴，帮助低收入家庭。从近年来的房地产调控实践来看，以房地产法律法规调整为主的法律手段较为严肃，影响面广；以货币政策和财政政策为主的经济手段最为常见，政策最为多样。而土地政策作为一种特殊的宏观调控形式，后来也被列入重要的宏观调控手段。[③]

[①] 朱玉明，黄然. 土地出让金管理与土地调控政策[M]. 北京：经济科学出版社，2006：190-191.
[②] 孙习稳. 土地政策参与宏观调控理论研究[D]. 北京：中国地质大学，2007：16-17.
[③] 国家作为土地所有者和土地政策制定者的双重身份，决定了包括土地出让计划、土地督察等行为在内的土地政策既有经济手段的特征，又有行政手段的色彩。以土地出让计划为例，其本身是政府行政行为，带有很浓的计划色彩，但因其可以通过影响土地供给量而影响市场预期，因此又具有经济手段的特征。

2. 调控手段与工具的具体运用

举例而言，2009年1月1日起废止《中华人民共和国城市房地产税暂行条例》，取消城市房地产税，将其与房产税合并，就是典型的法律调控手段。在2010年4月出台的《国务院关于坚决遏制部分城市房价过快上涨的通知》中规定："实行更为严格的差别化住房信贷政策——要求对购买首套自住房且套型建筑面积在90平方米以上的家庭，贷款首付款比例不得低于30%；对贷款购买第二套住房的家庭，贷款首付款比例不得低于50%，贷款利率不得低于基准利率的1.1倍；对贷款购买第三套及以上住房的，贷款首付款比例和贷款利率应大幅度提高，具体由商业银行根据风险管理原则自主确定。"就是采用货币政策进行房地产调控的重要表现。而在同年10月份北京、上海等地出台的调控细则中，关于"限购令"的规定，则是采用行政手段干预市场的典型。国土资源部规定故意囤地的企业不得参加招拍挂活动，则是采用土地政策调控房地产市场的尝试。

再如，由于从2017年开始，国家实施了严厉、连续的抑制性调控政策，房地产市场最终陷入严重衰退状态，需求萎缩，开发项目烂尾，大量房地产从业人员及房地产产业链就业人员下岗、失业。为了稳投资、稳就业、稳财政收入、稳经济增长，从2021年开始，先是地方政府通过取消限购、实施购房补贴、降低首付及公积金利率等行政、财政、货币政策工具刺激需求，然后是国家发改委、央行、银保监会、证监会等部委喊话，鼓励购买、鼓励恢复开发。接着，国家层面推出了很多极有力度的房地产救市政策：首先，11月1日，交易商协会、中房协联合中债信用增进公司，召集21家民营房企召开座谈会，明确中债信用增进公司将继续加大对民营房企发债的支持力度，并已经开始推进十余家房企的增信发债，涉及金额约155亿元。接着，11月23—24日，中行、交行、农行、工行、建行、邮储六大行陆续与万科、金地、碧桂园、龙湖等至少17家房企开始签订综合授信额度，规模达1.28万亿元，明确要为民营开发商提供长期、成本适当的资金。然后，11月28日晚，证监会发文宣布：（1）恢复涉房上市公司并购重组及配套融资；（2）恢复上市房企和涉房上市公司再融资；（3）恢复以房地产为主业的H股上市公司再融资；（4）进一步发挥REITs（不动产投资信托基金）盘活房企存量资产作用；（5）积极发挥私募股权投资基金的作用，开展不动产私募投资基金试点。这等于将大量的行政、货币等政策工具同步推出，有些甚至很少使用，可见救市的迫切性之强及力度之大。

第二节 房地产调控的必要性

从国民经济发展水平和城市居民的收入状况来看，对房地产市场进行宏观调控、稳定住宅价格已成为人们的普遍共识。但当被问及"为什么要进行房地产调控，为什么说对房地产进行宏观调控是合法的和必要的"这些问题时，并不是所有人都能给出正确的答案。毕竟在市场经济条件下，企业和个人是独立的市场主体，只要没有违法行为，政府不应随便干预其经营活动和投资与消费行为。因此，如何正确认识房地产调控的必要性，是亟须解决的一个认识问题。

一、房地产"市场失灵"现象的客观存在

市场并不能每时每刻都有效地配置资源。房地产市场是不完全竞争市场、房地产市场的外部性客观存在以及房地产具有公共物品属性,决定了房地产"市场失灵"现象客观存在,必须通过有效的宏观调控政策加以纠正。

(一)房地产市场并不是完全竞争市场

经济学基础理论告诉我们,完全竞争市场必须具备四个条件,即具备众多市场主体,且每一市场主体规模有限,其市场行为对市场供求关系影响极小,无法影响市场价格,是市场价格的被动接受者;产品具有同质性,也就是任何一个生产者的产品都是无差别的,具有可替代性,因产品差别而导致市场主体对市场的影响力可以忽略不计;资源完全自由流动且不受地域、行业、企业、部门的限制,新资本的进入和老资本的退出是无障碍的;市场信息是完全对称的。所有市场主体都具有完备的市场信息。

然而,从实际情况来看,中国房地产市场并不能满足这些要求,因此它不属于完全竞争市场:

其一,土地供给具有天然垄断性,决定了房地产市场不可能成为完全竞争市场。土地归国家和集体所有,城市土地的出让必须经由政府规划且批准,土地供给是垄断的。除此之外,随着近年来市场竞争的加剧,房地产市场的集中度日益加剧,主流房地产商的影响力也日渐增强,这也使得房地产市场越来越呈现出不完全竞争市场的特征。

其二,房地产商品异质性的特点决定了房地产市场是不完全竞争市场。由于土地和区位是不可复制的,宗地周围配套也存在巨大差别,从这个角度来说,每个房地产商品都是独特的,这就决定了供给方对房地产的一定程度的垄断性。除此之外,房地产商品在户型、设计风格、建筑方式、社区配套等方面存在较大差异,即使是同一地段的每个房地产产品之间也存在着较大的差异,呈现出了明显的异质性特点。

其三,土地等基本资源无法自由流动,资金准入门槛很高,这使得资本的退出和进入并不是完全自由的。土地的地域性和不可流动性决定了房地产这种基本生产资料也很难自由流动。

其四,市场信息不对称现象突出。房地产市场信息的不对称体现在两个方面:一是土地在"招拍挂"过程中不公开、不透明的现象仍然存在,以"勾地"等手段获得国有土地使用权的情况时有发生;二是在房屋交易过程中,卖方比买方占有更多的有关商品房成本、质量、权属关系等方面的信息。[1]

(二)房地产市场的外部性客观存在

所谓外部性是指"某一行为对第三方福利所产生的副作用",其中包括正外部性和负外部性。当市场主体的某一行为所形成的收益让别人无偿享有时,就会产生正外部性;当市场主体的某一行为产生的成本由别人承担时,就会产生负外部性。[2]

房地产市场的外部性是指某些房地产市场主体的经济活动对其他经济主体产生正面的

---

[1] 熊方军. 我国房地产市场分类宏观调控研究[D]. 成都: 电子科技大学, 2008: 3-6.
[2] 阿诺德. 经济学[M]. 5版. 北京: 中信出版社, 2004: 813.

或者负面的影响。即在房地产市场中,企业或者个人并不能完全享受其行为产生的收益或者承担其行为带来的损失,其成本和收益不能完全内化,有一些成本和收益会影响到其他人或企业。房地产市场的外部性必须通过强有力的宏观调控使得外部性内化,从而有效地发挥市场的资源配置作用。

房地产市场的正外部性有如下表现:其一,房地产业在一定程度上具有先导产业的特性,房地产业为其他行业提供了基本的生产和生活资料,如厂房、住宅等。因此,房地产开发行为、大量基础设施的兴建会在客观上促进某一区域投资环境的改善,促进当地二、三产业乃至一个城市的繁荣;其二,房地产开发行为能够改善居住环境,房地产开发一般都伴随着景观建设和开发,增加某一区域的景观水平,等等;其三,一个较大的房地产投资项目,尤其是商业性项目,往往会带动周围房地产价值的提升。

房地产市场的负外部性则表现如下:首先,房地产开发伴随着大量的土地用途的转变,从农业用地转变为建设用地是不可逆转的,对农用地、城市绿地的过度开发会带来生态破坏;其次,房地产开发占用钢铁、水泥等大量的资源,间接消耗资源的同时也带来了大量污染;最后,不合理的开发行为会带来社会问题,如贫民窟的形成以及由此引发的社会治安问题,住宅区的过度集中带来的城市拥堵等问题。

(三) 部分房地产产品具有较强的公共物品属性

公共物品是指那些私人部门不愿意或无法生产的,必须由政府提供以及政府和企业或个人共同提供的产品或劳务。公共物品具有非排他性和共同消费的特性。所谓排他性是指物品一旦被生产,生产者能够排斥那些不为此物品付费的个人消费该物品。而公共物品不具有这一特性,因此公共物品无法防止"搭便车者"。所谓共同消费也就是非竞争性,是指新增加一个单位的消费所增加的边际成本为零,或者说单个消费者的消费不会减少其他人消费。根据非竞争性和非排他性的程度,公共物品可以分为纯公共物品和准公共物品。纯公共物品具有完全的非竞争性与完全的非排他性,准公共物品只具有非竞争性或非排他性。

具体到房地产产品,不同性质的房地产,其属性也不一致。包括普通住宅在内的商品房、商铺、写字楼乃至工业用房,因为产权明晰,具有鲜明的排他性和竞争性,都是明显的私人物品。但是,对于包括廉租房、公租房、经济适用房、限价房在内的保障性住房则不然,带有较为明显的准公共物品属性,这主要体现在保障性住房不具备完全的排他性,对于符合条件的受保障人群,保障性住房是不具备排他性的。对于廉租房和公租房来说,虽然在特定时期只能供获得资格的申请者排他性地使用,但是从长期来看,当该申请者不再具备享受保障性住房的资格之后,该廉租房或公租房就会自动地划归为其他申请者使用,因而其排他性是不完备的。这就像小区内的公共健身设施或者公交车的座位。而对于经济适用房和限价房来说,这种非排他性主要体现在轮候阶段,当经济适用房或者限价房分配给购买者之后,因为允许在一定条件下自由交易,其排他性就相对较强,更接近私人物品属性。

二、房地产和房地产业具有特殊性

房地产和房地产业有其特殊性,尤其是作为房地产业生存和发展的基础资源——土地资源具有极强的特殊性,在很大程度上,不仅加重了"市场失灵",也使得"政府失灵"的现象成为客观存在，因此，必须对房地产业进行宏观调控。

（一）土地资源的特性会加重"市场失灵"的情况

房地产开发将大量耗用土地，而土地是人类赖以生存的最基本的自然资源，其使用必须严格遵循可持续发展的要求。可持续发展要求经济、社会的发展与资源和环境的保护性利用相协调，以保证我们的子孙后代能够永续生存并安居乐业。可持续发展的核心是发展，但这种发展是在严格控制人口数量、提高人口素质和保护环境、保证资源永续利用的前提下进行的经济和社会建设。

首先，土地资源之于个体的不可或缺性会加重"市场失灵"现象。土地资源的容载功能和供给自然资源的载体功能是人类和其他一切资源得以存在的前提。因而，对于土地资源的配置不仅要考虑效率，还必须考虑资源配置的公平性。市场力量能够推动土地资源价值的最大化并在人们手中分配（或集中或分散），但并不能保证土地作为一种生存必需资源最小限度公平地提供给每个社会人，实现代内伦理公平。对于土地改革争论的焦点正在于此。土地长期以来被作为人类生存发展的必需品，而耕地资源更是农民赖以生存的根本，农民固着在土地上是中国长期以来维持农业经济持续稳定发展、维持农村社会稳定的最基本政策。完全的土地资源市场化运作将很可能导致对代内伦理公平的忽略，导致土地资源之于每个人的最基本生存权难以得到保障。

其次，土地资源的不可再造性和耗竭性会加重"市场失灵"现象。土地是自然界的产物，人类虽可以对土地加以改造，能够影响土地供给的组成方式[①]，但不能像制造机器等其他生产资料一样制造土地，不能彻底改变土地资源原有的组成方式。这就从根本上决定了土地总量的有限性，而在土地总量既定的前提下，市场通过价格杠杆对供给总量进行有效的调节，通过扩大有效供给促使供给与需求的相对平衡，进而达到市场最优的功能就受到了极大的限制。同时，由于土地资源的不可再生性，使得对于土地资源的使用在某一特定时期内完全呈现出耗竭性[②]的特征。耗竭性的存在加剧了优势土地利用方式对劣势土地利用方式的驱逐、优势阶层对劣势阶层土地使用权的侵占。

再次，土地资源在社会生产过程中的不可替代性会加重"市场失灵"现象。土地资源的地位和作用决定了其不具备可替代性：一方面，它不可由人和其他生产资料所代替；另一方面，土地资源的构成内容不具备相互可替代性。例如，作为耕地资源的土地资源和作为建设用地的土地资源之间不具备相互可替代性。[③]而资源的相对可替代性是市场有效配置资源的首要前提，当资源稀缺且总量有限时，市场往往可以通过生产其替代产品达到调节供需的目的。而土地资源构成内容间的不可替代性则会使市场的纠错机制无法发挥作用，市场不能通过多次博弈达到对土地结构合理配置的目的，可能导致市场上出现严重的结构性供需失衡。当不具备可替代性的土地资源作为商品进行流通的时候，市场就无法对其供给的总量和供给方式进行合理的调配，也就无法实现资源的合理配置。同时，资源的不可

---

① 即对于不同用途的土地资源（如耕地资源、林地资源等）供给在土地资源供给总量中所占比例的配给方式。
② 土地资源作为工业或城市用地，用一块就少一块，用作房屋建筑，就不能同时用作耕地，从这种意义上讲，被利用的这块耕地就被耗竭了。
③ 虽然有些学者认为，可以通过极端的行为使得耕地资源转化为建设用地，实现对农作物而言的高品质土地向低品质土地单方面的转化，但是从土地资源本身的特性而言，要想实现后者向前者的转化却需要相当长的历史时期的积淀，因而笔者认为这种相互转化是非双向的，也是不具备相互可替代性的。

替代性会促使资源所有者对资源自然垄断的出现，导致更深层次的"市场失灵"。

最后，土地资源使用方式的特殊性加重了"市场失灵"。土地资源适宜性是土地资源使用的首要前提，然而，土地资源的生态适宜性并不能等价于市场所需的经济价值。这样一方面，不具备市场价值的土地资源往往会得不到应有的开发和利用，实现不了其资源价值的最大化；另一方面，在市场价格杠杆作用下，人们往往会为了获得更大的市场价值而对那些不具备市场价值的土地资源进行改造，以其生态价值换取经济价值，这样破坏了土地资源原有的适宜性，表面上获得了经济价值的最大化，实际上使社会总价值遭受了极大的损失。

（二）土地资源的政府配置导致"政府失灵"

新中国成立之后，经过过渡时期几年的政策调整，以国家和集体所有制为主体的土地所有制度基本建立起来。伴随着社会经济生活的变革，土地制度的具体形式也不断演化，土地的使用权和收益权经过了"民有—国有—民有"的过程，但是决定土地产权最终归属的所有权制度并没有改变，国家和集体组织仍然是土地的最终所有者。在土地一级市场上，国家和集体组织是土地资源市场仅有的两个供给方。同时，得到土地使用权的个人和企业对土地自由再支配的权利受到严格的限制，仍然受到政府规划的影响，不得随意变更用途。政府配置于是具有了决定性作用。而中国过去几十年的历史证明，将政府配置作为土地资源配置的主要方式，能够在很大程度上促进土地配置的代内公平，较有效地抑制需求增长，从而缓解供需矛盾，在一定的历史时期促进社会经济的发展。

然而，政府在进行资源配置的过程中会出现"失灵"的情况。具体表现在政府公务员在和政府建立了"委托—代理"关系之后，作为公共政策的制定者在进行资源配置的过程中并不完全表现得像传统经济学假设的那样——从"政治人"的角度追求公共利益的最大化，并且不会受到狭隘的个人利益和小集团利益影响，而更多地表现出如同公共选择理论所假设的"经济人"一样追求自身利益的最大化。在这种情况下，虽然政府可以掌握更多科学决策信息，具备优化资源配置的可能，但是由于执行者追求自身利益最大化的目标取向，常常使得这些决策朝着相反的方向发展。

具体到中国，土地资源总量的有限性、人口规模以及土地现实需求的巨大性是土地资源配置中的基本国情。一方面，长期以来，在政府配置方式下，对土地资源的使用方式和使用范围的严格限制，对土地资源使用权获取的严格审批，虽然从资源保护和有效利用的角度是必要的，但在客观上加剧了土地资源供给总量的稀缺性。另一方面，在客观经济形势下，对于土地资源需求预期的不断提高，使得公众对土地资源的实际需求量常常被过分夸大。这样，传统的以抑制需求为主的政府配置土地资源的方式已经难以继续发挥积极的作用。同时，市场供需矛盾使得政府掌握的土地资源配置权成为市场力量追逐的对象，"权力寻租"现象成为影响土地资源优化配置的重要因素。而在一些地区，过去政府部门为了获取所谓的"政绩"，建设政绩工程，利用手中职权参与土地资源的开发和利用过程，与私人和企业争夺土地的使用权和开发权，破坏正常的土地资源开发和利用的秩序，进一步加剧了政府在土地资源配置过程中的"失灵"现象。地方政府的行为失范成为"政府失灵"现象发生的主要原因。

(三)房地产业高关联度容易引起"市场失衡"[①]

国民经济是一个有机整体,每个行业的发展都必须与国民经济体系的要求相适应,房地产业也不例外。

系统论告诉我们,系统的结构在很大程度上决定着系统的功能。不同的要素配置结构,必然有不同的价值输出功能。在结构配比较差的情况下,其结构的功能效益往往低下。国民经济是一个典型的宏观经济系统,在这个系统中,各个行业的发展速度和规模相协调,才能使整个系统的功能最优,不管是出现"短板",还是某个行业过速增长,都会破坏系统的功能。

在中国,改革开放以前,房地产业在很长的历史时期内与整个商品经济一起被取缔,结果极大地影响了经济建设的速度和人民生活的质量,并带来了一系列的经济社会问题。为此,改革开放后,国家采取了积极的干预政策,陆续出台了一系列的法规、措施,以推进住房制度改革,促进房地产业的发展。进入20世纪90年代中后期以后,房地产业逐渐成长为国民经济的主导产业和支柱产业,其前向关联、后向关联和侧向关联作用充分发挥出来,对扩大内需和拉动消费做出了巨大贡献。但是,如果房地产业持续地"一马当先",快速增长,即使存在需求,没有过剩,也会带来物价上涨、资源浪费、投机盛行、秩序紊乱等问题,甚至可能引发金融风险,使整个国民经济的健康运行受到影响。在这种情况下,对其进行抑制性调控是十分必要的。

第三节 中国房地产调控政策

自1998年23号文件确立了住房制度改革的基本原则和精神之后,房地产业就处于一个较为平稳的发展时期,国家并未出台过多的房地产调控政策。但进入2003年之后,在国际国内经济形势的共同影响下,加之住房货币化改革的过渡期基本结束,房地产市场开始由平稳发展进入高速发展阶段,各种问题也开始显现,一个突出的问题就是住宅价格上涨过快。对此,国家密集出台了一系列宏观调控政策。根据目标的宏观差异,大致可以将2003年至今的房地产调控政策分为五个阶段。

一、2003年至2008年年底的"抑制"阶段

从2003年4月121号文件的出台,至2008年10月中国人民银行(以下简称"央行")出台将商业性个人住房贷款利率的下限扩大、最低首付款比例降低政策及各地契税下调为止,房地产业遭遇了长达五年的密集政策调控。在此期间,宏观调控总的方向是抑制房地产价格的过快增长。按照宏观调控政策取向的差异,又大致可以分为"压投资、控供给""抑需求、调结构""增供给、促保障"三个不同阶段。

(一)"压投资、控供给"阶段

基于对房地产投资出现过热势头的判断,这一阶段主要通过压缩房地产开发贷款和控

[①] 董藩. 调控房地产市场的理论依据[N]. 人民日报, 2005-05-11(9).

制土地出让达到"压投资、控供给"的目的。这一阶段代表性的调控政策或文件有央行发布的《关于进一步加强房地产信贷业务管理的通知》、国务院发布的《关于促进房地产市场持续健康发展的通知》和国土资源部、监察部联合下发的《关于继续开展经营性土地使用权招标拍卖挂牌出让情况执法监察工作的通知》。

1. 央行的通知

2003年4月出台的央行《关于进一步加强房地产信贷业务管理的通知》打响了以"压投资、控供给"为主要目标的房地产调控的第一枪。121号文件从加强房地产开发贷款管理、引导规范贷款投向，严格控制土地储备贷款的发放，规范建筑施工企业流动资金贷款用途，加强个人住房贷款管理，强化个人商业用房贷款管理，充分发挥利率杠杆对个人住房贷款需求的调节作用，加强个人住房公积金委托贷款业务的管理七个方面，来控制房地产开发和消费信贷。其中，如"贷款应重点支持符合中低收入家庭购买能力的住宅项目，对大户型、大面积、高档商品房、别墅等项目应适当限制""房地产开发企业申请银行贷款，其自有资金（指所有者权益）应不低于开发项目总投资的30%""商业银行只能对购买主体结构已封顶住房的个人发放个人住房贷款……对购买第二套以上（含第二套）住房的，应适当提高首付款比例""借款人申请个人商业用房贷款的抵借比不得超过60%、贷款期限最长不得超过10年"等规定，直指房地产开发贷款和个人投资型住房贷款，给房地产开发企业和个人投资者带来了较大的资金压力。

2. 国务院的新精神

在2003年8月，国务院发布《关于促进房地产市场持续健康发展的通知》，在将房地产业定位为国民经济支柱产业的同时，明确了"坚持住房市场化的基本方向，不断完善房地产市场体系，更大程度地发挥市场在资源配置中的基础性作用；坚持以需求为导向，调整供应结构，满足不同收入家庭的住房需要；坚持深化改革，不断消除影响居民住房消费的体制性和政策性障碍，加快建立和完善适合中国国情的住房保障制度；坚持加强宏观调控，努力实现房地产市场总量基本平衡、结构基本合理、价格基本稳定；坚持在国家统一政策指导下，各地区因地制宜，分别决策，使房地产业的发展与当地经济和社会发展相适应，与相关产业相协调，促进经济社会可持续发展"的房地产市场发展指导思想。在此基础上，提出了增加普通商品住房供应、建立和完善廉租住房制度、控制高档商品房建设、完善住房补贴制度、搞活住房二级市场、加强房地产贷款监管、加强对土地市场的宏观调控、完善市场监管制度等共20条房地产调控政策。这一文件在一定程度上纠正了121号文件过于严厉的措施，并成为之后一段时间内指导房地产业发展和房地产市场宏观调控的指导性文件。

3. 土地出让执法监察

到2004年3月，为了进一步规范土地市场秩序，减少违法行为，从源头上预防和治理土地出让中的腐败行为，国土资源部、监察部联合下发了《关于继续开展经营性土地使用权招标拍卖挂牌出让情况执法监察工作的通知》，要求从2004年8月31日起，"除原划拨土地使用权人不改变原土地用途申请补办出让手续和按国家有关政策规定属于历史遗留问题之外，商业、旅游、娱乐和商品住宅等经营性用地供应必须严格按规定采用招标拍卖挂牌方式，其他土地的供地计划公布后，同一宗地有两个或两个以上意向用地者的，也应当采用招标拍卖挂牌方式供应"，即所有经营性的土地一律要求公开竞价出让。各地政府要在 2004 年 8 月 31 日前将历史遗留问题界定并处理完毕。8 月 31 日后，不得再以历史遗留问题为由采用协议方式出让经营性土地使用权。此举在惩治和预防土地腐败行为的同时，客观上使得土地购置和开发面积增幅在当年二、三季度有了明显回落，在一定程度上起到了抑制土地供给的作用。

（二）"抑需求、调结构"阶段

从 2005 年开始，房地产调控思路发生了明显转变，从收缩"银根""地根"的"压投资、控供给"转变为从信贷和土地两方面入手抑制需求，调整住宅和需求结构。这一阶段代表性的调控政策和文件包括：国务院办公厅《关于切实稳定住房价格的通知》（"国八条"）、国务院办公厅《关于做好稳定住房价格工作的意见》（"新国八条"）、国常会"对房地产调控的六条意见"（"国六条"）和国务院办公厅《关于调整住房供应结构稳定住房价格意见的通知》（"国十五条"）。

1. "国八条"的出台

2005 年的调控政策主要是以抑制需求为主，并且提出了调整结构的思路。当年 3 月，国务院办公厅下发《关于切实稳定住房价格的通知》，提出了高度重视稳定住房价格工作、切实负起稳定住房价格的责任、大力调整和改善住房供应结构、严格控制被动性住房需求、正确引导居民合理消费预期、全面监测房地产市场运行、积极贯彻调控住房供求的各项政策措施、认真组织对稳定住房价格工作的督促检查八项要求，被称为"国八条"。其中强化政府调控责任、调整供应结构、控制被动性需求、引导消费预期等内容，实际上是将调控思路由单纯的收缩"银根""地根"转变为从消费预期和防止强制拆迁引起被动型需求等方面来抑制需求，是调控思路的重要转变。

2. "新国八条"的颁布

在此基础上，2005 年 4 月 27 日国务院常务会议对房地产市场形势进行了分析，并研究进一步加强房地产市场宏观调控的指导意见。会议认为，房地产市场存在房地产投资规模过大、商品房价格上涨过快、商品房结构不合理、房地产市场秩序比较混乱四大主要问题，并提出加强房地产市场引导和调控的八条措施，被房地产业界称为"新国八条"。这八条措施分别是：强化规划调控，改善商品房结构；加大土地供应调控力度，严格土地管理；加强对普通商品住房和经济适用住房价格的调控，保证中低价位、中小户型住房的有效供应，经济适用住房价格要严格实行政府指导价；完善城镇廉租住房制度，保障最低收入家庭基本住房需求；运用税收等经济手段调控房地产市场，特别要加大对房地产交易行为的调节力度；加强金融监管，各商业银行要加强对房地产贷款和个人住房抵押贷款的信贷管理，防范贷款风险；切实整顿和规范市场秩序；加强市场监测，完善市场信息披露制度，加强舆论引导，增强政策透明度。

3. "七部委八条"推出

2005 年 5 月，为了进一步加大房地产调控的力度，国务院七部委又联合下发了《关于做好稳定住房价格工作的意见》("七部委八条"),从强化规划调控、改善住房供应结构、加大土地供应调控力度、严格土地管理,调整住房转让环节营业税政策、严格税收征管、加强房地产信贷管理、防范金融风险,明确享受优惠政策普通住房标准、合理引导住房建设与消费,加强经济适用住房建设、完善廉租住房制度,切实整顿和规范市场秩序、严肃查处违法违规销售行为,加强市场监测、完善市场信息披露制度八个方面提出了具体的调控政策。与以往调控文件的不同之处在于,此次政策分别从规划、土地、税收、信贷等方面提出了微观的调控做法,标志着房地产调控从较为宏观的层次向更为微观的层次深入。

4. "国六条"及其细则的问世

进入 2006 年之后,由于之前房地产调控政策的效果并不显著,国家又陆续出台了两个重量级文件。

当年 5 月,国务院常务会议通过了"对房地产调控的六条意见"("国六条"),具体内容包括:(1)切实调整住房供应结构;(2)进一步发挥税收、信贷、土地政策的调节作用;(3)合理控制城市房屋拆迁规模和进度,减缓被动性住房需求过快增长;(4)进一步整顿和规范房地产市场秩序,制止擅自变更项目、违规交易、囤积房源和哄抬房价行为;(5)加快城镇廉租住房制度建设,规范发展经济适用住房,积极发展住房二级市场和租赁市场,有步骤地解决低收入家庭的住房困难;(6)完善房地产统计和信息披露制度,增强房地产市场信息透明度,全面、及时、准确地发布市场供求信息,坚持正确的舆论导向。

在此基础上,国务院九部委联合发布了《关于调整住房供应结构稳定住房价格的意见》,被称为"国六条"细则或"国十五条"。该意见对国务院常务会议提出的"对房地产调控的六条意见"进行了细化,提出了制定和实施住房建设规划,要重点发展满足当地居民自住需求的中低价位、中小套型普通商品住房;明确新建住房结构比例;调整住房转让环节营业税;严格房地产开发信贷条件;有区别地适度调整住房消费信贷政策;保证中低价位、中小套型普通商品住房土地供应,要优先保证中低价位、中小套型普通商品住房(含经济适用住房)和廉租住房的土地供应,其年度供应量不得低于居住用地供应总量的 70%;加大对闲置土地的处置力度;严格控制被动性住房需求;加强房地产开发建设全过程监管;切实整治房地产交易环节违法违规行为;加快城镇廉租住房制度建设;规范发展经济适用住房;积极发展住房二级市场和房屋租赁市场;建立健全房地产市场信息系统和信息发布制度;坚持正确的舆论导向。共十五项政策。

在"国六条"细则中,"自 2006 年 6 月 1 日起,凡新审批、新开工的商品住房建设,套型建筑面积 90 平方米以下住房(含经济适用住房)面积所占比重,必须达到开发建设总面积的 70%以上""从 2006 年 6 月 1 日起,对购买住房不足 5 年转手交易的,销售时按其取得的售房收入全额征收营业税,个人购买普通住房超过 5 年(含 5 年)转手交易的,销售时免征营业税,个人购买非普通住房超过 5 年(含 5 年)转手交易的,销售时按其售房收入减去购买房屋的价款后的差额征收营业税""从 2006 年 6 月 1 日起,个人住房按揭贷款首付款比例不得低于 30%,对购买自住住房且套型建筑面积 90 平方米以下的仍执行首付款比例 20%的规定""土地、规划等有关部门要加强对房地产开发用地的监管,对超出合同约定动工开发日期满 1 年未动工开发的,依法从高征收土地闲置费,并责令限期开工、竣工,满 2 年未动工开发的,无偿收回土地使用权,对虽按照合同约定日期动工建设,但开发建设面积不足 1/3 或已投资额不足 1/4，且未经批准中止开发建设连续满 1 年的，按闲置土地处置""规定 2006 年各地房屋拆迁规模原则上控制在 2005 年的水平以内"等关于住宅户型结构、个人购房贷款首付比例、个人住房转让营业税、土地闲置费规定的出台，标志着以调结构为主的房地产调控全面进入微观层面。

（三）"增供给、促保障"阶段

从 2006 年 8 月开始，在继续坚持采取既定措施"抑需求、调结构"的同时，政府将"增供给、促保障"也纳入调控政策。通过加强土地增值税清算，降低和减少开发商"囤地"所获超额利润，进而促进土地开发速度和效率，增加房地产市场有效供给，达到"增供给"的目的。而一系列住房保障政策的出台和加码，则标志着政府调控目标从单纯关注调控房价等数据指标转向建立长远的保障体系，传统"重市场轻保障"的住房政策开始转变。其间代表性的政策主要有：国税总局《关于房地产开发企业土地增值税清算管理有关问题的通知》、建设部《城镇廉租房工作规范化管理实施办法》和国务院《关于解决城市低收入家庭住房困难的若干意见》。

1. 土地增值税政策的调整

2006 年 12 月，为通过进一步加强房地产开发企业土地增值税清算管理工作，实现减少恶意"囤地"行为、促进有效供给增加的目的，国税总局发布了《关于房地产开发企业土地增值税清算管理有关问题的通知》，旗帜鲜明地规定，从 2007 年 2 月起，对分期开发的房地产项目进行土地增值税清算。该通知从清算对象、清算条件、收入确定、扣除项目、资料报送、审核鉴证及核定征收等方面，对土地增值税清算工作进行了详细规定。由于除了将符合"房地产开发项目全部竣工、完成销售的；整体转让未竣工决算房地产开发项目的；直接转让土地使用权的"条件的三类项目列为清算范围之外，还规定税务机关可以对"已竣工验收的房地产开发项目，已转让的房地产建筑面积占整个项目可售建筑面积的比例在 85%以上，或该比例虽未超过 85%，但剩余的可售建筑面积已经出租或自用的；取得销售（预售）许可证满三年仍未销售完毕的"等情况进行清算，一定程度上扩大了清算范围，使得开发商难以规避。这些具体规定的出台，一方面，对土地增值收益征收较高的税收，使得土地囤积行为预期收益大大减少；另一方面，严格的清算要求，在一定程度上加重了部分开发商资金链条的紧张程度，对于扩大供给具有积极作用，同时极大地增加了土地税收。正是由于此项政策具有双方面的有效性，在之后的很长时间内，土地增值税清算成为一项重要的房地产调控政策工具。

2. 廉租房管理的完善

从单纯关注调控房价等数据指标转向建立长远的保障体系，改变传统"重市场、轻保障"的住房政策，是房地产调控具有深远意义的一项转变。2006 年 8 月原建设部出台的《城镇廉租房工作规范化管理实施办法》预示着这一转变的开始。实际上，保障性住房政策作为房地产调控的重要组成部分，贯穿于自 2003 年开始的房地产调控的始终，最为典型的就是，《城镇最低收入家庭廉租住房管理办法》早在 2003 年年底就已经出台并于 2004 年正式实施。但是，在实际工作中，各地保障性住房的建设存在着各种各样的问题，集中表现在政策执行不力这一问题上，各地保障房建设长期处于"只闻楼梯响"的状态。而2006年8月出台的《城镇廉租房工作规范化管理实施办法》则从建立城镇廉租住房制度、制订廉租住房保障的中长期规划及年度计划、建立以财政预算安排为主、稳定规范的资金筹措和管理制度、制订相关配套措施、建立健全管理机构、配备专职管理人员、实行窗口服务、规范服务行为、规范审核程序、规范办理手续、严格执行公示制度、严格实施年度复核制度、建立廉租住房统计报表制度、建立健全城镇廉租住房档案管理制度、实现廉租住房管理信息化等十几个方面对城镇廉租房工作进行了具体规定和规范，并且明确规定了要对廉租房建设工作进行分级考核，极大地促进了廉租房的建设，推动了该项制度的落地，为下阶段"促保障"调控政策的实施落地奠定了基础。

3. 国家"促保障"文件的出台

一年之后的2007年8月，《国务院关于解决城市低收入家庭住房困难的若干意见》正式发布，标志着"促保障"已成为房地产调控的主要政策目标之一。有业界人士甚至认为此文件是房地产业回归保障的重要标志，该文件对于促进住房保障建设的作用可见一斑。该文件不仅系统地提出了国家关于住房保障工作的指导思想、总体要求和基本原则，将"建立健全以廉租住房制度为重点、多渠道解决城市低收入家庭住房困难的政策体系"作为今后一段时间住房保障工作的重心，而且对进一步建立健全城市廉租住房制度、改进和规范经济适用住房制度、逐步改善其他住房困难群体的居住条件等工作做了明确而详细的规定。这些规定对廉租住房和经济适用住房的适用范围和定位进行了明确划分，基本上确立了以廉租住房制度为核心、经济适用住房和其他保障房为补充的，多层次、全方位的住房保障政策体系。

（四）其他重要房地产调控政策

如果将"抑制"阶段作为整个房地产调控的第一轮，那么在这轮宏观调控中，抑制房价过快增长是主要的政策目标。围绕着这一政策目标，调控思路经历了从"压投资、控供给"到"抑需求、调结构"，再到"增供给、促保障"的转变。在这一过程中，除了上述重要的调控政策，还出台了许多具体的经济政策和行政指令，这些政策和指令在实际运行中，有的起到了立竿见影的效果，有的则产生了南辕北辙的负面影响。表10-2选取了住建部（建设部）、央行、银监会、财政部、税务总局等职能机构发布的部分重要政策进行简要介绍。

表10-2 "抑制"阶段其他重要房地产调控政策[①]

类型	时间	文件名称	政策主要内容
经济手段	2004.04	《关于调整部分行业固定资产投资项目资本金比例的通知》	房地产开发项目（不含经济适用房项目）资本金比例由20%及以上提高到35%及以上
	2004.10	《关于调整金融机构存、贷款利率的通知》	上调金融机构存贷款基准利率并放宽人民币贷款利率浮动区间和允许人民币存款利率下浮

---

① 根据公开材料整理而成。政策主要内容根据需要有所删减，详细内容可参考文件原文。

续表

类型	时间	文件名称	政策主要内容
经济手段	2005.03	《关于调整商业银行住房信贷政策和超额准备金存款利率的通知》	(1)取消商业银行自营性个人住房贷款优惠利率,自营性个人住房贷款利率改按商业性贷款利率执行,上限放开,实行下限管理,下限利率最低可9折。(2)房地产价格上涨过快的城市或地区,个人住房贷款最低首付比例提高到30%。(3)上调各档次个人住房公积金贷款利率0.18个百分点
	2005.09	《关于加强信托投资公司部分业务风险提示的通知》*	新开办房地产业务应符合宏观调控政策,并进行严格的尽职调查,对未取得"四证"的项目不得发放贷款;申请贷款的开发企业资质不低于二级,开发项目资本金比例不低于35%
	2005.10	《关于实施房地产税收一体化管理若干具体问题的通知》	对于存量房交易环节所涉及的营业税及城市维护建设税和教育费附加、个人所得税、土地增值税、印花税、契税等,各地要依法征收,不得进行变通和调整
	2006.04	央行决定上调金融机构人民币贷款基准利率	上调金融机构贷款基准利率。金融机构存款利率保持不变
	2006.05	《关于加强住房营业税征收管理有关问题的通知》	(1)个人卖出持有不足5年的住房,全额征收营业税。(2)个人将购买超过5年(含5年)的普通住房卖出,可申请免征营业税。(3)个人将购买超过5年(含5年)的住房卖出,不能提供属于普通住房证明材料或经审核不符合规定条件的,按其售房收入减去购房价款后的余额征收营业税
	2006.07	《关于个人住房转让所得征收个人所得税有关问题的通知》	(1)对住房转让所得征收个人所得税时,以实际成交价格为转让收入。对申报成交价明显偏低且无正当理由的,征收机关依法有权核定其转让收入,但必须保证各税种计税价格一致。(2)对转让住房收入计算个人所得税时,允许纳税人将其转让收入减除房屋原值、转让住房过程中缴纳的税金及有关合理费用(需有凭证)
	2006.08	央行决定上调金融机构人民币存贷款基准利率	(1)上调金融机构人民币存贷款基准利率。其中一年期存、贷款基准利率各上调0.27个百分点;其他各档次存贷款基准利率也相应调整。(2)商业性个人住房贷款利率下限由9折扩大为85折,其他商业性贷款利率下限保持9折
	2007.03至2007.09	央行先后5次加息	分别从2007年3月18日、5月19日、7月20日、8月22日、9月15日起,不同程度上调了金融机构一年期人民币存贷款基准利率、其他各档次存贷款基准利率、个人住房公积金存贷款利率
	2008.03	《关于廉租住房经济适用住房和住房租赁有关税收政策的通知》	(1)规定了支持廉租住房、经济适用住房建设的详细税收政策。(2)规定了支持住房租赁市场发展的详细税收政策

续表

类型	时间	文件名称	政策主要内容
经济手段	2006.11 至 2008.06	央行先后 16 次上调存款准备金率	2006 年 11 月 15 日—2008 年 6 月 25 日,14 次上调金融机构人民币存款准备金率各 0.5 个百分点,2 次上调金融机构人民币存款准备金率各 1 个百分点
法律及行政手段	2006.07	《关于进一步整顿规范房地产交易秩序的通知》	(1) 加强商品房预售许可管理。(2) 加强对商品房预(销)售活动的动态监管。(3) 加强房地产广告发布管理。(4) 加强房地产展销活动管理、预(销)售合同管理、经纪管理等
	2006.07	《关于规范房地产市场外资准入和管理的意见》	(1) 规范外商投资房地产市场准入。(2) 加强外商投资企业房地产开发商经营管理。(3) 加强境外机构和个人购房管理
	2006.12	《关于加强房地产经纪管理规范交易结算资金账户管理有关问题的通知》	全面推行房地产经纪机构备案公示制度,严格实施经纪人员职业资格制度,规范经纪行为,加强经纪合同管理,建立存量房交易结算资金管理制度,规范交易结算资金专用存款账户开设和资金划转,加强账户管理
	2008.03	《关于加强廉租住房质量管理的通知》	(1) 严格建设程序,加强建设管理。(2) 落实有关方面责任,确保工程质量。(3) 强化竣工验收工作,保证使用功能。(4) 加强监督检查工作,建立长效机制

注:*已于 2007 年 7 月 3 日由银监会正式发文废止。

二、2008 年年底至 2009 年年底的扶持阶段

经过近 5 年时间的持续调控,加之美国"次贷危机"引发的全球金融危机的冲击,进入 2008 年之后,房地产市场基本进入了一个观望期,房地产价格上涨速度得到了有效控制,部分城市房地产价格甚至出现了下跌的态势。随着全球金融危机的进一步蔓延,国内经济也受到一定程度的影响,经济增长有放缓甚至下滑的可能。在这种情况下,为了促进国民经济的持续健康发展,实现当年的 GDP 增长目标,国家果断地出台了一系列救市政策。受此影响,房地产调控政策也首次出现了转向,对房地产行业由抑制转为扶持。扶持政策以包括货币政策和财政政策在内的经济手段为主,并且主要着眼于通过一系列利率和税收优惠政策鼓励购房行为,以扩大需求。政策的主要受益对象是普通消费者。

(一) 货币政策与财政政策的变化

与抑制阶段一样,央行打响了此轮调控的第一枪。作为救市政策的一部分,央行宣布从 2008 年 9 月 16 日起,下调一年期人民币贷款基准利率 0.27 个百分点,下调金融机构人民币存款准备金率 0.5 个百分点。一个月之后,当各国纷纷宣布降息救市的时候,央行再次做出下调基准利率的决定,宣布自 10 月 9 日起下调一年期人民币存贷款基准利率各 0.27 个百分点,其他期限档次存贷款基准利率也做相应调整。从 2008 年 9 月到 12 月,央行共下调利率五次,其余三次分别为 2008 年 10 月 30 日下调存贷款基准利率 0.27 个百分点,2008 年 11 月 26 日下调存贷款基准利率 1.08 个百分点,2008 年 12 月 23 日下调一年期存贷款基准利率 0.27 个百分点。

与"调息"相配合的是包括降低首套房首付比例、调整流通环节税收、下调开发项目自有资本金比例等一揽子鼓励购房、促进开发的政策。

首先,央行发布《关于扩大商业性个人住房贷款利率下浮幅度等有关问题的通知》,决定自 2008 年 10 月 27 日起,将商业性个人住房贷款利率的下限扩大为贷款基准利率的 0.7 倍;最低首付款比例调整为 20%。随后,四大国有商业银行出台了 7 折利率实施范围,规定只要 2008 年 10 月 27 日前执行基准利率 0.85 倍优惠、无不良信用记录的优质客户,原则上都可以申请七折优惠利率。

其次,国家税务总局先后发布《关于调整房地产交易环节税收政策的通知》《关于个人住房转让营业税政策的通知》①,在前一个文件中规定,对个人首次购买 90 平方米及以下普通住房的,契税税率暂统一下调到 1%②,并对个人销售或购买住房暂免征收印花税、土地增值税。在后一个文件中规定,自 2009 年 1 月 1 日至 12 月 31 日,个人将购买不足 2 年的非普通住房对外销售的,全额征收营业税;个人将购买超过 2 年(含 2 年)的非普通住房或者不足 2 年的普通住房对外销售的,按照其销售收入减去购买房屋的价款后的差额征收营业税;个人将购买超过 2 年(含 2 年)的普通住房对外销售的,免征营业税。该条例的发布,实际上废止了《财政部 国家税务总局关于调整房地产营业税有关政策的通知》中关于营业税征收的有关规定。

最后,在 2009 年 5 月 27 日,国务院发布了《关于调整固定资产投资项目资本金比例的通知》,规定保障性住房项目和普通商品住房项目的最低资本金比例为 20%,其他房地产开发项目的最低资本金比例为 30%。这是自 2004 年 4 月以来执行 35%自有资本金贷款比例后的首次下调。

(二)其他扶持政策规定

除了这一系列以经济手段为主的具体调控政策之外,2008 年 12 月,国务院办公厅发布了《关于促进房地产市场健康发展的若干意见》,从制度层面对扶持政策进行了强化。除继续强调加大保障性住房建设力度、强化地方人民政府稳定房地产市场的职责之外,该文件旗帜鲜明地提出了要"进一步鼓励普通商品住房消费,加大对自住型和改善型住房消费的信贷支持力度,对住房转让环节营业税暂定一年实行减免政策","引导房地产开发企业积极应对市场变化,支持房地产开发企业合理的融资需求,取消城市房地产税",并且提出了要"及时发现市场运行中的新情况、新问题,提高调控措施的预见性、针对性和有效性"。这一文件的发布,实质上从中央政府层面宣告了"抑制"政策的中止,为各地政府因地制宜地出台救市措施提供了政策支持,对促进房地产业迅速恢复和发展发挥了重要作用。

【案例/专栏 10-1】 *扶持阶段其他相关房地产调控政策*

三、2009 年年底至 2014 年年初的打压阶段

近一年的扶持政策效果极为明显,房地产业迅速告别了短暂的"寒冬期",呈现出供需

---

① 该条例已失效,可参见:《财政部、国家税务总局关于调整个人住房转让营业税政策的通知》(财税〔2009〕157 号)。
② 该条例已失效,可参见:《财政部、国家税务总局关于调整个人住房转让营业税政策的通知》(财税〔2009〕157 号)。

两旺的局面。随着世界经济的逐步转暖、国内经济形势的好转，在过剩的流动性和刚性需求的支撑下，房地产价格重新呈现出过快上涨的势头。在这种形势下，国家果断开始新一轮的房地产业宏观调控，调控政策由扶持重新转为打压。在这一阶段最开始，媒体工作者习惯将调控分为两个阶段，即以2010年9月国务院有关部委再次出台一系列宏观调控措施为界限，分为"首轮调控"和"二次调控"，然而随着调控的持续进行，调控政策不断加码，"二次调控"之后，又出现了多轮次调控。在打压阶段，房地产调控手段由开始的以经济手段为主，渐渐转变为以行政手段为主，调控政策愈发严厉。

（一）首轮调控

一般认为，所谓"首轮调控"，应该以2010年1月《国务院办公厅关于促进房地产市场平稳健康发展的通知》（又称"国十一条"）为标志，但房地产调控政策的转向从2009年12月份就已经开始。当月14日的国务院常务会议研究完善促进房地产市场健康发展的政策措施中，明确提出"随着房地产市场的回升，一些城市出现了房价上涨过快等问题，应当引起高度重视"，并要求继续加强和改善对房地产市场的调控，提出要"稳定市场预期，遏制部分城市房价过快上涨的势头"，"抑制投资投机性购房，加大差别化信贷政策执行力度，切实防范各类住房按揭贷款风险"。

时隔3天，财政部、国土资源部、央行、监察部、审计署五部委联合发布了《关于进一步加强土地出让收支管理的通知》，从"统一思想认识，不折不扣地将土地出让收支全额纳入地方基金预算管理""加强征收管理，保障土地出让收入及时足额征收和缴入地方国库""完善预算编制，严格按照规定合理安排各项土地出让支出""加强统计工作，提高土地出让收支统计报表编报质量和编报水平""强化监督检查，严格执行土地出让收支管理的责任追究制度"五个方面，提出了进一步加强土地出让收支管理有关事宜的要求。其中，"市县国土资源管理部门与土地受让人在土地出让合同中依法约定的分期缴纳全部土地出让价款的期限原则上不超过一年。经当地土地出让协调决策机构集体认定，特殊项目可以约定在两年内全部缴清。首次缴纳比例不得低于全部土地出让价款的50%。土地租赁合同约定的当期应缴土地价款（租金）应当一次全部缴清，不得分期缴纳"的具体规定，大大提高开发商的拿地成本，可以在一定程度上降低开发商"囤地"的可能。

除了在土地出让金的收取方面收缩开发商的"钱袋子"，调控政策还从抑制需求入手，开始取消部分对普通购房者的优惠政策。2009年12月22日，《财政部 国家税务总局关于调整个人住房转让营业税政策的通知》正式发布，通知规定，自2010年1月1日起，个人将购买不足5年的非普通住房对外销售的，全额征收营业税；个人将购买超过5年（含5年）的非普通住房或者不足5年的普通住房对外销售的，按照其销售收入减去购买房屋的价款后的差额征收营业税；个人将购买超过5年（含5年）的普通住房对外销售的，免征营业税。自此，2008年年底为救市而颁布的个人购房营业税优惠政策被正式取消。

与上述三项"前哨"政策相比，2010年1月"国十一条"的出台，正式标志着房地产调控政策的转向。"加快中低价位、中小套型普通商品住房建设""增加住房建设用地有效供应，提高土地供应和开发利用效率""加大差别化信贷政策执行力度""继续实施差别化的住房税收政策""加强房地产信贷风险管理""继续整顿房地产市场秩序""进一步加强土地供应管理和商品房销售管理""加强市场监测""进一步健全和落实……省级人民政府负总责，市、县人民政府抓落实的工作责任制"等十一条意见，从支持居民合理住房消费、抑制投资投机性购房、增加有效供给等方面提出了新阶段房地产调控的重点方向。尤其是"严格二套住房购房贷款管理……对已利用贷款购买住房、又申请购买第二套（含）以上住房的家庭（包括借款人、配偶及未成年子女），贷款首付款比例不得低于40%，贷款利率严格按照风险定价""合理确定商品住房项目预售许可的最低规模，不得分层、分单元办理预售许可……要在规定时间内一次性公开全部房源……明码标价对外销售"等具体规定，对打击投资投机性购房、规范开发商行为、扩大供给提出了具体要求，为之后的具体调控政策提供了依据和基础。

从"国十一条"的出台到2010年4月"新国十条"的发布，调控的重点在土地政策方面。在此期间，国土资源部先后发布了《国土资源部关于改进报国务院批准城市建设用地申报与实施工作的通知》和《关于加强房地产用地供应和监管有关问题的通知》，治理和规范土地市场。其中，前一个文件明确提出，城市申报住宅用地的，经济适用住房、廉租住房和中低价位、中小套型普通商品住房用地占住宅用地比例不得低于70%；城市申报下一年度用地时，征地率（完成征地面积与国务院批准用地面积的比率）应达到60%，征地率或供地率未达到规定要求的，按其中较大的差值，等比例扣减申报用地规模。这一要求既促进了供地速度的加快，又提出了硬性"促保障"供地要求。而后一个文件除了继续强调上述保障房占70%的供地要求，还提出了严格规范商品房用地出让行为、实施住房用地开发利用申报制度、严格依法处置闲置房地产用地等19条具体的土地调控措施，尤其是"土地出让最低价不得低于出让地块所在地级别基准地价的70%，竞买保证金不得低于出让最低价的20%""对用地者欠缴土地出让价款、闲置土地、囤地炒地、土地开发规模超过实际开发能力以及不履行土地使用合同的，市、县国土资源管理部门要禁止其在一定期限内参加土地竞买""土地出让成交后，必须在10个工作日内签订出让合同，合同签订后1个月内必须缴纳出让价款50%的首付款，余款要按合同约定及时缴纳，最迟付款时间不得超过一年"等具体措施，对打击开发商恶意囤地、收紧开发商资金链、规范土地出让行为起到了一定的积极作用。

这一系列政策的出台，使得市场出现了一些积极的变化，部分城市开始重新呈现观望态势。但是，在流动性过剩的大背景下，投机性购房行为并未得到有效遏制，部分城市房地产价格仍然呈现快速上涨的趋势。在此背景下，号称最为严厉的宏观调控措施——《国务院关于坚决遏制部分城市房价过快上涨的通知》出台，除进一步强调"稳定房价和住房保障工作实行省级人民政府负总责、城市人民政府抓落实的工作责任制""增加居住用地有效供应""调整住房供应结构""加大交易秩序监管力度"等要求之外，该通知在进一步抑制投机性购房、抑制囤地行为、增加保障性住房建设等方面提出了十分具体的要求：

首先，采用了更为严厉的经济手段。在"国十一条"的基础上，提出"实行更为严格的差别化住房信贷政策"。二套房贷款首付比例由不低于40%提高到不低于50%，并明确提出贷款利率不得低于基准利率的1.1倍。同时，购买首套自住房且套型建筑面积在90平方米以上的家庭，贷款首付款比例由不得低于20%提高到不得低于30%。

其次，大量行政手段开始实施。在强调抑制不合理购房需求时，提出"商业银行可根据风险状况，暂停发放购买第三套及以上住房贷款；对不能提供1年以上当地纳税证明或社会保险缴纳证明的非本地居民暂停发放购买住房贷款。地方人民政府可根据实际情况，采取临时性措施,在一定时期内限定购房套数"的做法。

最后,提出了大量指标性的要求。例如,在强调加快保障性安居工程建设的时候,提出了"确保完成2010年建设保障性住房300万套、各类棚户区改造住房280万套的工作任务"的年度工作目标。

国务院这份文件的出台,基本上标志着从2009年年底开始的"首轮调控"整体布局的完成。2010年4月至9月,政策进入了实施阶段。在9月份以前,后续工作主要以落实这份文件的要求为主。例如,2010年6月,国家税务总局下发《关于加强土地增值税征管工作的通知》,抬高了土地增值税预征率的下限,确定土地增值税核定征收率原则上不得低于5%。住建部、央行、银监会对商业性个人住房贷款中第二套住房认定标准进行了规范。在一连串的政策压力下,住宅价格从高歌猛进转为温和上涨,房地产交易量呈现下行趋势,市场重新进入观望状态。首轮调控的目标初步实现。"打压"阶段部分房地产调控政策如表10-3所示。

表10-3 "打压"阶段部分房地产调控政策汇编[①]

类型	时 间	文 件 名 称	政策主要内容
经济手段	2010.1至2011.06	央行先后12次上调存款准备金率	从2010年1月18日到2011年6月20日,央行先后12次上调存款类金融机构人民币存款准备金率,每次均上调0.5个百分点,最终达21.5%
	2010.10至2011.07	央行先后5次加息	从2010年10月20日至2011年7月7日,连续5次上调金融机构人民币存贷款基准利率,每次一年期存款基准利率上调0.25个百分点,其中前3次其他各档次存贷款基准利率也据此相应调整,第5次时住房公积金存贷款利率也同步上调
	2011.01.27	上海、重庆市人民政府试点征收房产税的通知	两市从2011年1月28日起同时试点征收房地产税。上海只针对新房征收,不对二手房交易征收。重庆只针对高端住宅和别墅项目征收,普通住宅免征。上海覆盖全市,重庆仅仅针对城九区
法律及行政手段	2009.12.14	国务院《关于促进房地产市场健康发展的通知》	(1)增加普通商品住房的有效供给;(2)继续支持居民自主和改善性住房消费,抑制投资投机性购房,加大差别化信贷政策执行力度;(3)加强市场监管;(4)继续大规模推进保障性安居工程建设
	2010.01.10	国务院办公厅《关于促进房地产市场平稳健康发展的通知》	严格二套房贷款管理,贷款首付款比例不得低于40%;严禁对不符合信贷政策规定的房地产开发企业或开发项目发放开发贷款,加大房地产贷款窗口指导
	2010.04.17	国务院办公厅《关于坚决遏制部分城市房价过快上涨的通知》	(1)贷款购买第二套住房,首付款比例不得低于50%,贷款利率不得低于基准利率的1.1倍。(2)暂停发放购买第三套及以上住房贷款,对不能提供一年以上当地纳税证明或社会保险缴纳证明的非本地居民暂停发放购买住房贷款。(3)地方政府可根据实际情况,在一定时期内临时限定购房套数

① 根据公开材料整理而成。政策主要内容根据需要有所删减,详细内容可参考文件原文。

续表

类型	时间	文件名称	政策主要内容
法律及行政手段	2010.05.26	住建部、银监会、央行《关于规范商业性个人住房贷款中第二套住房认定标准的通知》	借款人有购房记录，或者有购房贷款记录，不管房贷还清与否，再次购房时，均认定为第二套房
	2010.09.29	央行、银监会《关于完善差别化住房信贷政策有关问题的通知》	（1）对贷款购买商品住房，首付款比例调整到30%及以上。（2）对贷款购买第二套住房的家庭，严格执行首付款比例不低于50%、贷款利率不低于基准利率1.1倍的规定
	2011.01.26	国务院办公厅《关于进一步做好房地产市场调控工作有关问题的通知》	（1）把二套房贷首付比例提至60%，贷款利率提至基准利率的1.1倍。（2）第三套及以上住房不发放商业贷款。（3）要求35个直辖市、计划单列市、省会城市实施限购
	2011.07.19	国土部、住建部《关于进一步严格房地产用地管理巩固房地产市场调控成果的紧急通知》	对预判成交价创历史总价最高，或单价最高，或溢价率超过50%的房地产用地，包括商服、住宅或商住综合，要及时调整出让方案，采用"限房价、竞地价"或配建保障房、公共设施等办法出让土地
	2013.02.28	国务院办公厅《关于继续做好房地产市场调控工作的通知》	（1）限购区域应覆盖城市全部行政区域；限购住房类型应包括所有新建商品住房和二手住房。（2）进一步提高第二套住房贷款的首付款比例和贷款利率。（3）个人所得税按照交易差额的20%计征
	2013.04.07	《关于调整北京市差别化住房信贷政策的通知》	对贷款购买第二套住房的家庭，首付款比例不得低于70%
	2014.09.30	央行、银监会《关于进一步做好住房金融服务工作的通知》	拥有1套住房并已结清相应购房贷款的家庭，为改善居住条件再次申请贷款购买普通商品住房，银行业金融机构执行首套房贷款政策

（二）二次调控

在经历短暂的"观望"之后，进入2010年9月，房地产市场又呈现交易量大幅上升、供需两旺的局面，部分城市房地产价格重新进入快速上行通道。在此情况下，为了进一步巩固房地产调控的成果，9月29日，国务院有关部委分别出台措施，以遏制部分城市房价过快上涨。这也就是所谓的"二次调控"。总体而言，"二次调控"以落实国务院办公厅《关于坚决遏制部分城市房价过快上涨的通知》为主要目标，以地方政府出台各项细则、加强调控措施落地为主要手段，调控所采取的措施由"经济手段为主、行政手段为辅"，变为"行政手段为主、经济手段为辅"。

2010年9月29日，国务院有关部委出台的调控措施主要从要求各地加大贯彻落实房地产市场宏观调控政策措施的力度、完善差别化的住房信贷政策、调整住房交易环节的契税和个人所得税优惠政策、切实增加住房有效供给、加大住房交易市场检查力度五个方面着手。除了在个人住房贷款、"限购令"、保障性住房建设等方面对国务院十号文件所提出的调控要求进行深化和加强（见表10-4），还进一步明确提出了"加强对土地增值税征管情况的监督和检查，重点对定价明显超过周边房价水平的房地产开发项目进行土地增值税的清算和稽查。加快推进房产税改革试点工作，并逐步扩大到全国"的税收政策和"对有违法违规记录的房地产开发企业，要暂停其发行股票、公司债券和新购置土地，各商业银行停止对其发放新开发项目贷款和贷款展期"等行政处罚要求。

表10-4 2010年4月和9月房地产调控政策对比①

		9月二次调控政策	4月国务院10号文件规定
个人房贷	首套房	首付款比例调整到30%及以上	套型建筑面积90平方米以下不得低于20%，面积90平方米以上不得低于30%
	二套房	严格执行首付款比例不低于50%、贷款利率不低于基准利率1.1倍的规定	首付款比例不低于50%、贷款利率不低于基准利率1.1倍
	三套房	暂停发放第三套及以上住房贷款	贷款首付款比例和贷款利率应大幅度提高，部分地区可暂停发放购买第三套及以上住房贷款
保障性住房		加大对各地2010年住房建设计划和用地供应计划实际完成情况的督查考核力度，切实落实中小套型普通商品住房和保障性住房建设计划和供地计划	确保完成2010年建设保障性住房300万套、各类棚户区改造住房280万套的工作任务
限购令		房价过高、上涨过快、供应紧张的城市，要在一定时间内限定居民家庭购房套数	地方人民政府可根据实际情况，采取临时性的措施，在一定时期内限定购房套数

自此之后，各地纷纷出台以"限购"为主要手段的调控措施，调控手段愈发倾向于"行政化"（见表10-5）。同样是限购政策，不同城市的限购方式也各不相同。有的城市采取较为严厉的做法，限制总购房数量。例如，深圳市户籍居民家庭限购两套住房，非深圳市户籍居民家庭限购一套住房。而有的城市则采取相对宽松的做法，例如，北京、上海等地政策均为只能新购一套，而对已保有住房情况没做规定。除此之外，有的城市除了限制购房数量还限制购房年龄，例如，广州市就规定"未满18岁的人士不能单独购买商品住房"。

表10-5 各地调控细则对比简表②

日期	城市	停放三套房贷	停放第三套公积金贷款	限购	调整税收优惠政策	房产税试点	土地增值税清算稽查	增加土地住房供给	惩罚违规房企
9月29日	全国	√			√		√	√	√
4月30日	北京						√	√	√
9月30日	深圳	√		√					
10月1日	厦门	√			√				
10月7日	上海	√		√					
10月9日	宁波	√							
10月10日	福州	√							
10月11日	杭州	√							√
10月12日	南京	√		√	√		√		
10月12日	温州	√		√					

---

① 根据网络公开信息整理。
② 根据当时各地颁布的调控政策整理。

续表

日期	城市	停放三套房贷	停放第三套公积金贷款	限购	调整税收优惠政策	房产税试点	土地增值税清算稽查	增加土地住房供给	惩罚违规房企
10月13日	天津	√			√				
10月14日	海口	√			√			√	
10月15日	广州	√	√		√		√		
10月16日	三亚	√			√			√	√
10月18日	大连	√			√			√	

这一系列政策的出台，充分表明了政府调控房地产市场的决心，对影响住房市场预期、稳定住宅价格具有明显作用。行政手段虽然在很大程度上破坏了市场机制，可能会对部分刚性需求、改善性需求产生"误伤"，但在供给没有得到切实增大之前，采取行政手段"打压"需求确实是"次优"的办法，对于稳定房地产市场，促进国民经济平稳、健康、快速发展具有应急意义。

【案例/专栏10-2】 78家央企将退出房地产业务

（三）调控持续升级

然而"二次调控"之后，房价上涨势头虽有所缓解，但主要城市尤其是一线城市房地产市场总体上依然较为活跃，从2011年至2013年年初，国家又陆续出台多项政策，从"限购令"的全面实施，到房产税试点，再到"限房价、竞地价、竞配建"的土地竞拍方式，调控持续升级，行政手段逐步占据主要地位。

1. 中央政府的新通知及其影响

2011年1月，国务院办公厅发布《关于进一步做好房地产市场调控工作有关问题的通知》，从落实地方政府责任、加大保障性安居工程建设力度、调整相关税收政策并加强税收征管、强化差别化住房信贷政策、严格住房用地供应管理、合理引导住房需求、落实住房保障和稳定房价工作的约谈问责机制、坚持和强化舆论引导八个方面，提出了调控要求。该文件的发布对后续房地产市场产生了较为深远的影响，主要体现在以下三个方面。

一是限购令对限购范围和要求做了明确规定，并要求"已采取住房限购措施的城市，凡与本通知要求不符的，要立即调整完善相关实施细则"，同时，将限购政策扩大到"尚未采取住房限购措施的直辖市、计划单列市、省会城市和房价过高、上涨过快的城市"。

二是提出了"全国建设保障性住房和棚户区改造住房1000万套"的目标，鼓励金融机构和房地产企业等社会资本参与保障房建设、持有及运营，为后续土地招拍挂政策调整埋下伏笔。

三是建立约谈机制和提出舆论引导要求。尤其是明确提出"对于新建住房价格出现过快上涨势头、土地出让中连续出现楼面地价超过同类地块历史最高价……住房城乡建设部、国土资源部、监察部要会同有关部门，约谈省级及有关城市人民政府负责人"以及"对制造、散布虚假消息的，要追究有关当事人的责任"，使得在较长一段时间内市场"地王"频出的局面大大减少，媒体也不再炒作"地王"概念。

除此之外，该通知继续从税收、信贷方面从严调控，对个人购买住房不足 5 年转手交易的，按销售收入全额征税；将二套房贷款首付款比例提升至 60%。

2. 上海、重庆两地的房产税开征试点

在此之后，各地政府纷纷出台地方细则，落实国务院调控工作要求，其中以北京调控细则最为严格。从具体政策看，这个阶段最引人注目的是上海、重庆试点房产税的征收。作为房地产调控长效机制的主要内容之一，房产税征收一直是业内极为关注的问题，上海、重庆两地的试点也被行业看作政策风向标。从两地出台的政策来看，房产税的征收范围和方式均有所不同，其对市场的影响也较为有限。重庆将房产税试点范围限制在渝中区、江北区、沙坪坝区、九龙坡区、大渡口区等城九区，征税对象限定为"个人拥有的独栋商品住宅，个人新购的高档住房，在重庆市同时无户籍、无企业、无工作的个人新购的第二套（含）以上的普通住房"，计税价格为交易价而不是评估价，税率也根据交易价占均价的比例从 0.5%到 1.2%不等。上海在试点范围方面未做限制，征税对象为本市居民家庭在本市新购且属于该居民家庭第二套及以上的住房和非本市居民家庭在本市新购的住房，不仅包括新房也包括二手房，计税价格为评估价，但在实施初期均按交易价的 70%计算，税率则为统一的 0.6%，若低于均价的 2 倍，则可降低至 0.4%，此外，还有税收减免的相关适用条件。

3. 两部委的紧急通知

到了 2012 年 7 月，伴随着各地房地产市场的快速回暖，土地市场交易变得活跃。为防止地价的过快上涨，国土资源部与住房和城乡建设部联合下发《关于进一步严格房地产用地管理巩固房地产市场调控成果的紧急通知》，除再次重申原有调控原则和要求外，着重从以下两方面加强对土地出让的管理。

一是明确提出要防止"地王"出现，要求各地方政府"对预判成交价创历史总价最高，或单价最高，或溢价率超过 50%的房地产用地，包括商服、住宅或商住综合，要及时调整出让方案，采用'限房价、竞地价'或配建保障房、公共设施等办法出让土地"。

二是加强对土地出让后的管理，着重强化对"囤地"行为的查处，要求"各类住房建设项目要在划拨决定书和出让合同中约定土地交付之日起一年内开工建设，自开工之日起三年内竣工"，并"对用地者欠缴土地出让价款、闲置土地、囤地炒地、土地开发规模超过实际开发能力以及不履行土地使用合同的，市、县国土资源管理部门要禁止其在一定期限内参加土地竞买"。

4. 国务院对调控工作的再次强化

上述文件出台后，从实际调控效果来看，这一阶段房地产市场总体上交易依然较为火爆，一线城市房地产价格持续走高。在这种情况下，2013 年 3 月，国务院办公厅发布《关于继续做好房地产市场调控工作的通知》，从完善稳定房价工作责任制、坚决抑制投机投资性购房、增加普通商品住房及用地供应、加快保障性安居工程规划建设、加强市场监管和预期管理、加快建立和完善引导房地产市场健康发展的长效机制六个方面全面升级调控要求。从管控效果来看，影响较大的政策主要有两点，即限购范围全覆盖、二套首付及利率再上浮。所谓限购范围全覆盖就是要求"限购区域应覆盖城市全部行政区域；限购住房类型应包括所有新建商品住房和二手住房;购房资格审查环节应前移至签订购房合同(认购)前"。通知进一步要求提高第二套住房贷款的首付款比例和贷款利率,央行在 4 月立即落实该政策要求,将北京市贷款购买第二套住房的首付款比例提高至不得低于 70%。

四、2014 年 4 月至 2016 年 9 月的"刺激"阶段

随着新一届政府履职,通过构建长效机制来推动房地产市场健康发展的观念成为主流。从 2013 年中期至 2014 年中期,中央政府并未出台专门政策调控房地产市场。

(一)地方政府的救市尝试

受到增长速度换档期、结构调整阵痛期、前期刺激政策消化期"三期叠加"的影响,中国经济发展步入新常态,加之前期房地产调控政策并未取消,房地产市场进入了自发调整阶段,尤其是进入 2014 年,房地产市场整体交易低迷,出现同比交易量跌价滞甚至量价齐跌局面,商品房挤压严重,销售困难。在这种情况下,部分地方政府根据辖区内经济发展需要,陆续推出"松绑"政策,但政策松动依然是局部情况,"双向调控"的特征依然较为明显,如表 10-6 所示。

表 10-6 2014 年 4 月下半月各类调控政策汇总表

时间	标题	基调	具体内容	政府/部门
17 日	天津取消购房落户	收紧	从 2014 年 5 月 31 日起,停止外省市人员通过购买商品住房、投资兴办企业和引进人才办理蓝印户口。而已经办理或正在办理的外省市人员可按照原先规定办理相关户口	天津市政府
22 日	无锡降低购房落户门槛	放松	自 2014 年 5 月 1 日起在该市购买成套商品住宅、户均建面达 60 平方米以上(原为 70 平方米),且在该市有稳定工作的人员,准予本人、配偶和未成年子女来无锡落户	无锡市政府
22 日	央行下调存款准备金率	放松	央行决定从 2014 年 4 月 25 日起下调县域农村商业银行人民币存款准备金率 2 个百分点,下调县域农村合作银行人民币存款准备金率 0.5 个百分点	央行
24 日	广州天河区楼盘零首付销售	放松	"天健上城"项目推行"零首付"的分期首付促销方式,广州国土房管局官方微博中发布购房风险提示,指出存在借贷安全隐患,并未进行查处	广州国土房管局
26 日	6 城市共有产权住房试点	收紧	住建部官网发布消息,决定北京、上海、深圳、成都、淮安、黄石 6 个城市为共有产权住房试点城市	住房和城乡建设部
28 日	天津滨海新区限购松动	放松	滨海新区房交会新闻发布会指出天津滨海新区将实施差别化限购,只要滨海范围内无房,即可在新区购房	天津滨海新区
28 日	南宁市限购松动	放松	从 2014 年 4 月 25 日起,广西北部湾经济区内的北海、防城港、钦州、玉林、崇左市户籍居民家庭可参照南宁市户籍居民家庭政策在南宁市购房	南宁市房管局

（二）中央政府推动的"去库存"工作

伴随着经济"保增长"压力的逐步显现，房地产市场的困境引起了国家层面的重视。以 2014 年 9 月央行、银监会《关于进一步做好住房金融服务工作的通知》出台为标志，房地产调控政策正式转入"刺激"阶段。2015 年 12 月 20 日至 21 日，在北京举行的中央城市工作会议明确，2016 年经济社会发展五大任务之一就是化解房地产库存。要鼓励房地产开发企业顺应市场规律调整营销策略，适当降低商品住房价格。要按照加快提高户籍人口城镇化率和深化住房制度改革的要求，通过加快农民工市民化，扩大有效需求，打通供需通道，消化库存，稳定房地产市场。中央及地方的救市政策主要包括：

第一，落实户籍制度改革方案，允许农业转移人口等非户籍人口在就业地落户，使他们形成在就业地买房或长期租房的预期和需求。

第二，明确深化住房制度改革方向，以满足新市民住房需求为主要出发点，以建立购租并举的住房制度为主要方向，把公租房扩大到非户籍人口。

第三，发展住房租赁市场，鼓励自然人和各类机构投资者购买库存商品房，成为租赁市场的房源提供者，鼓励发展以住房租赁为主营业务的专业化企业。

第四，鼓励房地产开发企业顺应市场规律，调整营销策略，适当降低商品住房价格，促进房地产业兼并重组，提高产业集中度。取消过时的限制性措施。

这一阶段，调控政策以二、三线城市全面取消"限购"政策、降低首付比例，以及贷款利率降低为主，政策出台一定程度上缓解了房地产市场下滑的局面，部分城市房地产市场出现较为明显的回暖迹象，一线城市土地市场表现较为活跃，"地王"频出的现象再次出现，二、三线城市亦持续回暖并迎来新一轮的价格上涨，总体而言，政策效果较为显著，在初期基本达到了调控的目的，但部分地产企业及市场投机者错误地判断了调控政策的初衷，"赌市场""赌政策"的非理性行为频出，房地产市场出现了"过热"现象，这是下一阶段长效调控政策出台的重要诱因，也为 2020 年之后部分房地产企业"暴雷"埋下伏笔。

【案例/专栏 10-3】 丰台变"疯抬"？

五、以"房住不炒"为主基调的长效机制加速构建阶段

2016 年 9 月，一、二线热点城市房地产市场持续维持高位，房价过快上涨的问题再次引发关注。以 9 月 30 日住建部召开的热点城市房地产工作部署会为标志，房地产调控进入新的发展阶段。此次会议传达了习近平总书记、李克强总理重要批示和张高丽副总理重要讲话精神，会议明确调控目标为"尽快遏制房价过快上涨的目标，就是房价环比不增长，逐步有回落，努力回归到合理区间"，并强调将对调控不力、过高房价仍然遏制不住的地方启动问责。在中央的统一指示和部署下，当年"十一"期间，各类楼市调控政策密集出台，涉及限购、限贷及土地供应等多方面，政策出台密度和集中性、覆盖范围、政策精准性均前所未有，也拉开了以"房住不炒"为主基调的房地产调控长效机制加速构建的序幕。

（一）中央经济工作的部署

在 2016 年的中央经济工作会议上，再次强调要促进房地产市场平稳健康发展，会议提

出要坚持"房子是用来住的、不是用来炒的"的定位，成为指导后续房地产调控与市场发展的主基调。会议再次强调加速推进长效机制的建立，明确要综合运用金融、土地、财税、投资、立法等手段，加快研究并建立符合国情、适应市场规律的基础性制度和长效机制。对于调控目标，明确要既抑制房地产泡沫，又防止出现大起大落。在具体调控手段上，强调要坚持分类调控、因城因地施策，包括在宏观上管住货币，在微观上信贷政策要支持合理自住购房，严格限制信贷流向投资投机性购房；明确要落实人地挂钩政策，根据人口流动情况分配建设用地指标；同时进一步强调落实地方政府主体责任，房价上涨压力大的城市要合理增加土地供应，提高住宅用地比例，盘活城市闲置和低效用地。特大城市要加快疏解部分城市功能，带动周边中小城市发展，等等，并对住房租赁市场立法，机构化、规模化租赁企业发展，对住房市场监管和整顿等方面提出明确要求。

【案例/专栏 10-4】 权威专家点评九城市房地产调控新政

（二）两部委对中央调控精神的落实

为进一步落实"房住不炒"的决策部署，住房和城乡建设部与国土资源部于 2017 年 4 月联合发布《关于加强近期住房及用地供应管理和调控有关工作的通知》，从合理安排住宅用地供应、科学把握住房建设和上市节奏、加大住房保障力度、强化地方主体责任四个方面，对房地产市场发展和宏观调控提出了十项具体要求。通知中的部分要求成为指导之后几年房地产调控的原则性规定，对房地产市场发展影响深远：

一是通知坚持了从"供给侧"发力的总体思路，无论是住宅用地供应，还是商品住房建设和上市节奏，抑或是住房保障，均是强化供给端的调控，直指房地产市场症结所在。

二是进一步强化了因城施策的总方针，在住宅用地供应方面，强化住宅用地供应"五类"调控目标管理，即对消化周期在 36 个月以上的，应停止供地；36~18 个月的，要减少供地；18~12 个月的，被认为整体健康，保持持平；12~6 个月的，要增加供地；6 个月以下的，不仅要显著增加供地，还要加快供地节奏。在商品住房建设和上市节奏方面，要求根据供求情况分别施策，对住房供求矛盾突出、房价上涨压力大的城市，要求建立商品住房建设项目行政审批快速通道，提高办事效率；在土地端严查"囤地"，要求开发企业严格按照合同约定及时开工、竣工，加快商品住房项目建设和上市节奏，尽快形成市场有效供应。

三是强化了对宏观调控行政手段的应用。一方面强调各级政府的调控主体责任，并且强化约谈问责，对工作不力、市场出现较大波动、未实现调控目标的地方，住房和城乡建设部、国土资源部将对有关地方主管部门和责任人约谈问责。另一方面强化了对相关限制性政策的应用，通知明确提出要落实房地产成交价格申报制度，明码标价、一房一价，也就是我们普遍理解的"限价"政策。以"限价"政策为核心，"限购、限贷、限价、限售、限签"成为热点城市房地产市场的新常态。尤其是在 2021 年实施的"三道红线"管理要求，对房地产市场产生了深远影响。

（三）对房地产市场风险的关注与防范

党的十九大报告明确提出，坚持"房子是用来住的、不是用来炒的"定位，加快建立多主体供给、多渠道保障、租购并举的住房制度，让全体人民住有所居，这成为房地产工作的指导思想。在2017年11月，住房和城乡建设部会同国土资源部、央行召开了部分省市房地产工作座谈会，会议要求将住房和房地产工作放在坚决打好防范化解重大风险攻坚战中去部署，从六个方面对切实防范化解房地产风险再强调、再部署：

一是坚持调控目标不动摇、力度不放松，不能有任何"喘口气、歇歇脚"的念头，保持调控政策的连续性和稳定性，把稳定房地产市场、化解泡沫风险作为重中之重，引导好市场预期，防止出现大起大落。

二是加强金融管理，平衡好房地产业与其他行业的资金配置，防止资金违规流入房地产。

三是完善土地供应管理，提高租赁住房和共有产权住房供地比例，防止高价地推涨房价。

四是引导住房需求合理分布，加快疏解人口过多、房价过高特大城市的部分城市功能，促进大中小城市互联互通，带动周边中小城市、县城和小城镇的发展。

五是大力整顿规范市场秩序，坚决打击投机炒作，净化市场环境。

六是研究建立房地产统计和市场监测预警指标体系，加强对地方稳定房地产市场工作的评价考核和约谈问责。

此后，针对部分地方政府调控"松绑"的试探，住房城乡建设部及时予以回应，强调坚持房地产调控目标"毫不动摇"①，多地政策均出现"一日游"现象。在2018年5月，住房城乡建设部发布《关于进一步做好房地产市场调控工作有关问题的通知》，对相关精神与要求进行重申。总体而言，这一阶段房地产市场调控政策成效是较为显著的，房价过快上涨的态势得到有效遏制，多主体供给、多渠道保障、租购并举的住房制度加速形成。

本章小结

- 所谓房地产调控，简言之，就是针对房地产业的宏观调控，是国家权力和房地产相关的行政机关为了实现促进房地产业健康持续平稳发展，通过行政的、经济的、法律的手段来引导和影响房地产市场主体及其行为，从而对房地产业进行总体调节和控制的手段和职能的统称。

- 房地产调控的目标是促进房地产业健康持续平稳发展，促进房地产业总需求和总供给的动态平衡，提高各种物业形态结构比例的合理性，保持房地产价格的稳定，防止房地产价格过快上涨，同时促进保障性住房的建设。法律手段、经济手段和行政手段是宏观调控三大手段。

- 简而言之，之所以要对房地产业进行宏观调控是基于以下两大因素：其一，房地产业作为宏观经济的重要组成部分，也具有宏观经济"市场失灵"的问题。房地产业的宏观调控是对宏观经济进行调控的重要组成部分，是应有的题中之意。其二，房地产作为一种特殊的商品、房地产业的特殊性都决定了必须对房地产业进行必要的宏观调控。

---

① 王优玲. 兰州等地调控松绑系误读，住房城乡建设部称坚持房地产调控目标"毫不动摇"[EB/OL]. (2018-01-16). https://cj.sina.com.cn/articles/view/1661325893/6305d245019002lok.

 **综合练习**

一、本章基本概念

宏观调控；房地产调控；宏观调控的手段；"国六条"；"国十条"；"国八条"；"国十一条"

二、本章基本思考题

1. 什么是宏观调控？宏观调控的手段和目的是什么？
2. 简述房地产调控的含义和中国进行房地产调控的必要性。
3. 2003年之后，中国房地产调控经过了哪几个发展阶段？各有哪些特点？
4. 如何评价当前的房地产调控政策？宏观调控的目标如何实现？如何改善宏观调控方案？

 **推荐阅读资料**

1. 陈创练，王浩楠，高锡蓉. 宏观调控政策分析报告：1996—2020 [M]. 广州：暨南大学出版社，2022.
2. 李克穆. 中国宏观经济与宏观调控概说（修订版）[M]. 北京：中国财政经济出版社，2019.
3. 朱玉明，黄然. 土地出让金管理与土地调控政策[M]. 北京：经济科学出版社，2006：190-191.
4. 董藩. 调控房地产市场的理论依据[N]. 人民日报，2005-05-11.
5. 董藩. 当前调控房地产市场的四项原则[N]. 光明日报，2005-04-19.
6. 董藩，丁宏. 房地产业的可持续发展和宏观调控[J]. 新疆大学学报（哲学·人文社会科学版），2007（5）：13-17.
7. 皮娟梅. 论房地产宏观调控长效机制的构建[J]. 金融经济（理论版），2015（5）：105-106.

第十一章 房地产业可持续发展

学习目标

通过对本章的学习,学生应了解或掌握如下内容:
1. 可持续发展理论的内涵、原则;
2. 中国现代可持续发展思想演化的不同阶段及其特征和标志;
3. 房地产业可持续发展的含义和内容;
4. 中国房地产业可持续发展的必要性、现状及成因;
5. 中国房地产业可持续发展的可选对策。

导言

进入 21 世纪之后,在继承可持续发展理念的基础上,以低能耗、低污染、低排放为基础的低碳经济理念席卷全球,如何通过技术创新、制度创新、产业转型等多种手段,尽可能地减少能源消耗,成为各个国家、各个行业竞相研究的焦点。随着科学发展观的提出,中国可持续发展持续引向深入。党的十八大把生态文明建设纳入中国特色社会主义事业"五位一体"总体布局,全国推动绿色发展的自觉性和主动性显著增强,美丽中国建设迈出重大步伐,生态环境保护发生历史性、转折性、全局性变化。而房地产业所涉及的产业和领域较广,其产品从生产、流通到消费的整个过程会消耗大量的资源,推动房地产业的可持续发展,既是从国情出发的必然,又是行业发展的要求,更是中国生态文明建设、落实碳达峰、碳中和目标的重要一环。

第一节 可持续发展概述

可持续发展观的提出是人类发展观的一个飞跃,它促使人们突破传统的破坏性发展的怪圈,走可持续发展的道路。普遍认为,现代意义上的可持续发展思想起源于 20 世纪 60 年代。而可持续发展这一概念,则是在 1972 年联合国人类环境会议通过的《联合国人类环境会议宣言》中正式形成,并在 1980 年国际自然与自然资源保护联盟起草的《世界自然保护大纲》中首次正式使用,而在 1987 年联合国世界环境与发展委员会(WCED)发布的《我们共同的未来》报告中被普遍接受和认可的。从提出至今,经过中外理论界和实践界四五十年的研究和实践,可持续发展理论的内涵和外延有了深刻的扩充和延伸。

一、可持续发展的内涵

关于可持续发展的内涵,不同组织和学者有特定的表述和阐释,但是普遍以 1987 年 WCED 在《我们共同的未来》的报告中的界定为基础。在这个报告中,联合国世界环境与发展委员会将可持续发展明确界定为:可持续发展是这样的发展——它满足当代的需求,而不损害后代满足他们需求的能力。

(一)国际组织的说法

在此基础上,作为研究和推广可持续发展的主要力量,各类国际性研究机构和非政府组织提出了大量有针对性的可持续发展定义。按照学者李仲生的总结,较有代表性的含义有四种,它们分别是:(1)由世界自然保护同盟、联合国环境规划署和世界野生生物基金会在《保护地球——可持续性生存战略》一文中提出的,可持续发展应当是"在生存不超出维持生态系统涵容能力的情况下,改善人类的生活品质"。(2)由 WCED 在《里约热内卢环境与发展宣言》报告中提出的,可持续发展是"人类应享有与自然和谐的方式、过健康而富有成果的生活权利,并公平地满足今世和后代在发展和环境方面的需求,求取发展权利的必须实现"。(3)世界银行在 1992 年撰写的《世界发展报告》中提出的,可持续发展是"建立在成本效益比较和审慎的经济分析基础上的发展,以及加强环境保护,导致福利增加和可持续水平提高的环境政策"。(4)联合国人口与发展国际会议上通过的"可持续发展作为确保当今和后世所有人公平地享有福祉的手段,要求充分认识和妥善处理人口、资源环境和发展之间的相互关系,并使它们协调一致求得互动平衡"的解释性定义[①]。除了这四种传播较广的定义,美国世界资源研究所 1992 年提出的"可持续发展就是建立极少产生废料与污染物的工艺和技术系统"[②],国际生态学联合会和国际生物学联合会定义的"保护和加强环境系统的生产和更新能力"[③],均具有一定的代表性。

(二)不同学科的理解

各国学者也从不同角度对可持续发展这一概念进行了阐释,主要是从生态学、经济学和社会学这三个角度切入的。生态学角度的代表人物主要是福尔曼,他认为可持续的发展是通过寻求最佳的生态系统及土地利用模式,来保持生态的完整性,最终使得人类得以延续。经济学角度的代表人物有戴里、巴贝尔、皮尔斯和沃尔福特。戴里认为可持续发展就是资源使用水平既满足人们的需要又处于环境负载能力之内的具有可持续性的发展。巴贝尔把可持续发展定义为"在保持自然资源质量和所提供服务的前提下,使经济利益增加到最大限度"[④]。皮尔斯和沃尔福特则认为可持续发展是这样一种状态,即在保证当代人福利增加的同时,也不应使后代人的福利减少。社会学主要是从"加强发展的社会属性"角度出发,主要代表观点由世界自然保护同盟、联合国环境规划署和世界野生生物基金会在《保护地球——可持续性生存战略》一文中提出。除了这三种较具代表性的划分方法之外,也

[①] 李仲生. 人口经济学[M]. 北京:清华大学出版社,2006:268.
[②] 转引自:孙国强. 循环经济的新范式:循环经济生态城市的理论与实践[M]. 北京:清华大学出版社,2005:16.
[③] 转引自:吴添组,冯勤,欧阳仲健. 技术经济学[M]. 北京:清华大学出版社,2004:389.
[④] 转引自:车维汉. 发展经济学[M]. 北京:清华大学出版社,2006:327. 关于生态学的、经济学的和社会学的主要代表人物的观点是根据李仲生、孙国强、车维汉等人总结的内容整理的。

有学者从系统论、环境学、地理学的角度对可持续发展定义进行研究和界定[①]。

（三）可持续发展的多重内涵

了解上述这些差异化的定义，有助于我们更好地理解可持续发展的内涵和外延。不同学者出于特定的研究目的对可持续发展所做的定义，实际上代表了各个领域关于可持续发展问题不同的关注重点，但其关于可持续发展本质的阐释是基本一致的。综合这些观点可以发现，可持续发展的内涵应该包括以下几个方面的内容：首先，可持续发展是一种发展观的嬗变，它强调的是发展而不仅仅是增长。也就是说，经济的增长并不等同于经济发展，单纯的增长可能会带来"不发展的增长"[②]。强调可持续发展，就是要否定之前的只看重GDP的发展观。现代意义上的可持续发展至少应该是"传统增长目标的实现+生态和社会的可持续"[③]。其次，发展是前提和基础，没有发展就谈不上可持续发展，不能因为发展可能会带来一系列社会、经济、生态甚至是政治问题就否定发展本身，更不能因此拒绝发展。我们强调可持续发展就是希望找到一种平衡，即人类社会在高速发展的同时，能够有效地减少甚至避免不正确的发展方式带来的问题。再次，可持续发展是整体的发展。可持续发展观就是要求人们将整个社会当作一个整体来发展。它不仅强调经济的可持续发展，还强调社会的、生态的乃至政治的可持续发展，可持续的经济增长并不能涵盖可持续发展的全部内容，单纯从某一个角度理解是不全面的。最后，可持续发展强调发展的可持续性。即我们在看待发展问题时，除了许多专家学者强调的，即应该从社会、经济、生态等维度强调发展的可持续性，还应当考虑时间的维度，正如联合国世界环境与发展委员会指出的那样，不仅是当代人的发展，还应当包括后代的发展。

二、可持续发展的原则

学术界普遍认为，作为一种全新的发展理念，可持续发展观本身就具有其内在要求，即可持续发展需遵循某些原则。与可持续发展的内涵一样，关于可持续发展的原则，学术界尚未形成确切的共识，有的学者提出了可持续发展六大原则说，也有的学者认为可持续发展应该遵循四大原则。但无论是哪种观点，都一致认为有三大基础原则是人们在实践可持续发展时必须遵循的，即公平性原则、持续性原则和共同性原则。

（一）公平性原则

公平性原则强调的是发展机会的公平。可持续发展所追求的公平，从时间维度上来说，包括代际公平和代内公平两个方面；从空间维度上来说，可以分为区际公平、国际公平等，但普遍将区际公平、国际公平列为代内公平的一个方面[④]。

代内公平原则是指当代所有人，不论其国籍、种族、性别、经济发展水平和文化等方面存在多大的差异，在利用自然资源、享受清洁良好的环境、获得经济发展和进步等方面

---

① 关于其他研究角度的整理，参见：袁运开. 自然科学概论[M]. 台北：五南图书出版股份有限公司，2005：517-528.
② 克劳尔（R.Clower）在1966年发表的对利比亚经济研究的论著《无发展的增长》（*Growth Without Development*）中提出了这一概念。
③ LELE S M. Sustainable Development:A Critical Review[J]. World Development, 1991, 19 (6): 608.
④ 有学者将公平性原则分为代际公平、人际公平和区际公平，但实际上这三类并不是按照同一种划分标准区分的，代际公平体现时间维度，而人际公平和区际公平则按空间维度划分，它们可以看作代内公平的种类。

应享有平等的权利。也就是说,在世界范围内,当各国共同促进全球可持续发展的时候,发达国家和发展中国家应当公平地分享可持续发展带来的利益,同时要公平地承担相应的责任。在某个特定国度内,发达地区和欠发达地区也应当公平地分享和承担可持续发展所带来的权责利,不能失之偏颇。事实上,从空间范围来说,可持续发展是全球性的问题,生态环境本身是无法相互孤立和割舍的。没有全球范围内的可持续发展,某一地区、某一领域的可持续发展只能是昙花一现,其本身是不可持续的。

代际公平原则强调的是既要满足当代人的需要,又不对后代满足其需要构成危害。代际公平强调的是代与代之间的所有人,即不管是这代人还是下代人乃至于若干代人以后,其在利用自然资源、享受清洁良好的环境、获得经济发展和进步等方面都应享有平等的权利。《吕氏春秋·义赏》中提到的"竭泽而渔,岂不获得?而明年无鱼;焚薮而田,岂不获得?而明年无兽"阐释的就是这个道理。代内公平可以通过不同国家、不同地区、不同利益群体的长期博弈和共同协作来获得,而代际公平则只能依靠具有长远发展眼光的当代人的自我约束而实现。如果当代人不能够做到着眼于长远,为子孙后代着想,采用竭泽而渔式的发展方式,剥夺了后代获得发展的权利,即使在某段时间内短暂地实现代内公平,也无法长期存续。在整个历史长河中,这种发展仍然是不可持续的。

(二)持续性原则

持续性原则强调的是发展能力要可持续。即发展要在某一特定历史条件中、某一特定区域内、某一特定经济情况下,在自然资源和生态、经济环境所能承受的最高限度之内进行。否则,这一发展就是不可持续的。

发展的目的是满足人们日益增长的物质文化生活需要,而这种需要不能是无节制的,它是有限度的,而这个限度就是某一特定历史条件中、某一特定区域内、某一特定经济情况下的自然资源和生态、经济环境的最大负荷。在这个限度之内,人们为了实现发展的目的,所实施的干预自然、改造自然的行为是能够实现的,超过了这一限度,这些行为或者根本无法实现,或者即使在短期内实现了,也会因为违背自然规律而招致自然无情的报复。

实际上,在工业革命的初期,在技术能力得到极大增强的背景下,人们摆脱了长期积累下来的畏惧自然的心理,认为自己能够随意地改造自然,结果发生了许多因生态失衡而导致的社会的、经济的和生态的问题。也正是因为这些血淋淋的教训,人们才重新注意到了发展持续性的重要性。因此,可以说,持续性原则是可持续发展的最为重要的指导原则。

(三)共同性原则

共同性原则强调的是可持续发展作为人类发展的全球性目标,应当是人类共同的追求目标和行为准则。它强调世界各国,不论发展水平如何,不论自然景观如何,不论历史文化如何,都应当共同着眼于推动可持续发展,为实现可持续发展这一目标而努力。就像《我们共同的未来》一书中提到的那样,向可持续发展转化,要有所有国家联合的行动;人类需求的一致性,要求一个有效的多边系统。

共同性原则是公平性原则和持续性原则的延伸和保障。如果说公平性原则和持续性原则更多的是强调理念,那么共同性原则更多的是侧重于行动。正是因为可持续发展必须坚持公平和持续的原则,所以在行动方面,才需要坚持共同性原则;另一方面,只有在行动上坚持了共同性原则,所谓的公平性原则和持续性原则才能得以实现,因为如果没有全球共同的行动,只有某个国家或某个地区坚持可持续发展,那么不仅实现不了代内公平和代际公平,而且也不可能使整个发展具有持续性。

但是,强调共同性原则并不代表绝对的平均承担,《联合国气候变化框架公约》和《巴黎协定》确立的"共同但有区别的责任"等原则和"国家自主决定贡献"的制度安排,是对共同性原则的深入阐释,强调在可持续发展问题上,共同性要建立在尊重不同国情的基础上。

除了公平性原则、持续性原则和共同性原则这三大学界公认的基础性原则,还有学者据此引申出诸如和谐性原则、需求性原则、高效性原则和阶段性原则等。所谓和谐性原则是指可持续发展的战略要促进人类与自然的和谐。需求性原则强调发展立足于人的需求而不是立足于市场、商品,可持续发展要满足所有人的基本需求,向所有人提供实现美好生活愿望的机会。高效性原则是指发展要高效,这种高效不仅是用经济生产率来衡量的高效,而且是人类整体发展和需求满足程度的高效。而阶段性原则是指可持续发展的实现是阶段性的,它本身也会随着人类需求内容和层次的变化,不断地向着更深层次发展[①]。

三、中国可持续发展理念的确立与实践

在中国,可持续发展理念由来已久。《文子·七仁》中的"不涸泽而渔,不焚林而猎"宣扬的就是最为朴实的可持续发展理念。而《吕氏春秋·义赏》提到的"竭泽而渔,岂不获得?而明年无鱼;焚薮而田,岂不获得?而明年无兽"则从另一个角度阐释了可持续发展理念的重要性,体现了中国古代先哲朴素的可持续发展理念。

现代意义的可持续发展思潮在中国直到20世纪90年代才出现。可持续发展思想在中国的确立主要是以政府层面的推动为主,学术界则主要根据政府的相关精神针对性地对相关问题进行研究,其研究范畴与国际学术界的相关说法也大同小异。在政府层面对可持续发展的推动和实践,一般可以分为学习启动、理解深化及提升、新的历史时期三个阶段。从时间上,这三个阶段先后延续,相互联系;从发展脉络上,这三个阶段层层递进,不断深化。尤其是党的十八大以来,中共中央把生态文明建设摆在全局工作的突出位置,全面加强生态文明建设,统筹治理山水林田湖草沙,开展了一系列有根本性、开创性、长远性的工作,决心之大、力度之大、成效之大前所未有,生态文明建设从认识到实践都发生了历史性、转折性、全局性的变化。

(一)推动可持续发展的学习启动阶段

这一阶段的主要特征是,中国接受并加入了全球推动可持续发展和实践的共同行动,并开始提倡符合可持续发展的经济发展方式。在理论认知层面,它主要以《中国21世纪议程——中国21世纪人口、环境与发展白皮书》的通过,以及可持续发展作为国家发展战略写入《国民经济和社会发展"九五"计划和2010年远景目标纲要》为标志。在实践层面,它主要以集约式经济增长方式的提出为标志。

[①] 更为详细的阐释,参见:孙国强. 循环经济的新范式:循环经济生态城市的理论与实践[M]. 北京:清华大学出版社,2005:289-290.

1. 从白皮书到中央的规划建议：可持续发展理念的推广

自 1992 年联合国在巴西里约热内卢召开了由 146 位国家元首和政府首脑参加的第二次环境会议，并发表了《21 世纪议程》之后，中国政府便开始组织编撰《中国 21 世纪议程——中国 21 世纪人口、环境与发展白皮书》，并于 1994 年在国务院第 10 次常务会议上讨论通过。可以说，作为中国可持续发展的总体方案，该白皮书是中国开始接受和推行可持续发展战略最为重要的标志。它从中国的具体国情出发，提出了推动社会、经济、生态、资源和环境可持续发展的总体战略和实施途径。

随后，1995 年 9 月召开的党的十四届五中全会通过了《中共中央关于制定国民经济和社会发展"九五"计划和 2010 年远景目标的建议》，大力提倡集约式经济增长理念，并把它作为"具有全局意义的两个根本性转变之一"，这是对过去粗放型的经济增长方式的自我反思和否定。建议提出，要积极推进经济增长方式转变，把提高经济效益作为经济工作的中心。实现经济增长方式从粗放型向集约型转变，要靠经济体制改革，形成有利于节约资源、降低消耗、增加效益的企业经营机制，有利于自主创新的技术进步机制，有利于市场公平竞争和资源优化配置的经济运行机制。向结构优化要效益，向规模经济要效益，向科技进步要效益，向科学管理要效益。提倡集约式的经济增长方式，就是要改变过去粗放式的资源消耗和利用方式，改变过去单纯追求数量扩张、低水平重复建设的经济增长的内涵。其对资源和生态环境的影响与粗放式的经济增长方式有着本质的差别，而这种本质的差别也正是可持续发展的应有之意。

2. 可持续发展战略的落地

除了上述理念方面的推广之外，在实践中，将可持续发展战略提升到国家发展战略层面，则可以看作中国政府将可持续发展理念落地的一个重要尝试。1996 年举行的第八届全国人民代表大会第四次会议将可持续发展战略纳入《国民经济和社会发展"九五"计划和 2010 年远景目标》，并明确提出要"鼓励和吸引社会各界广泛参与社会事业发展，多渠道筹措社会发展资金，注意搞好经济发展政策与社会发展政策的协调，实现可持续发展"，并从国土资源保护和开发、环境和生态保护、统筹城乡建设等方面提出了推动社会经济可持续发展的具体要求。作为第一个将可持续发展作为一种战略纳入国家发展战略层面的国家，中国此举影响极为深远。

（二）推动可持续发展的理解深化和提升阶段

这一阶段的主要特征是，中国提出了本国对可持续发展的认识，提出了实施可持续发展战略的总体进展、重点领域的成就、战略设想及政策措施以及对国际环境与发展领域若干问题的基本原则和立场，在全球推动可持续发展工作中，发出了自己的声音。在理论发展方面，《中国可持续发展国家报告》的发布，尤其是科学发展观的提出，把可持续发展观作为科学发展观的一个重要组成部分写入党章，成为中国共产党的指导思想之一，将可持续发展议题提升到了新的高度。在实践层面，则从 2004 年《政府工作报告》中强调大力发展循环经济，推行清洁生产开始，在全国层面大力推广实践循环经济，2008 年还颁布了《中华人民共和国循环经济促进法》（以下简称《循环经济促进法》），为应对持续严峻的空气质量等生态问题，各地方政府也出台了专门的治理举措。

1. 《中国可持续发展国家报告》及主要内容

在 1997 年召开的联合国第 19 届特别联大会议上，中国代表团提交了《中国可持续发展国家报告》。如前提及，这份报告结合中国的具体国情，系统地阐释了对可持续发展的认识、实施可持续发展战略的总体进展、重点领域的成就、战略设想及政策措施以及对国际环境与发展领域若干问题的基本原则和立场。在这个报告中，实施可持续发展战略的总体进展、重点领域的成就、战略设想及政策措施这几部分，主要展示中国在联合国环境与发展大会 5 年来执行《21 世纪议程》的进展情况，是属于各国报告中相对常规的部分，而中国对可持续发展的认识、对国际环境与发展领域若干问题的基本原则和立场这两个部分，则提出了中国对可持续发展问题的独特看法和立场，体现了中国在推动可持续发展问题方面的深入理解和思考，意义深远。

关于对可持续发展的认识，中国政府认为，可持续发展应该至少包括三个方面的内容。首先，可持续发展的核心是发展，无论是社会生产力的提高、综合国力的增强、人民生活水平和人口素质的提高，还是资源的有效利用、环境和生态的保护，都有赖于经济的发展。其次，可持续发展的重要标志是资源的永续利用和良好的生态环境。要保护好人类赖以生存与发展的大气、淡水、海洋、土地和森林等自然环境与自然资源，防治环境污染和生态破坏，是中国社会主义建设的一项战略性任务，也是中国的一项基本国策。最后，中国实施可持续发展战略的实质，是要开创一种新的发展模式，代替传统的落后发展模式，把经济发展与人口、资源、环境协调起来，把当前发展与长远发展结合起来。

除此之外，报告还提出了中国对国际环境与发展领域若干问题的基本原则和立场。报告将其概括为四项内容：第一，国际社会应该做出切实努力，创造良好的外部环境，改善发展中国家在债务、贸易、资金等领域面临的困难处境，并为其实现可持续发展提供必要的援助。第二，发达国家应在解决本国环境问题的同时，向发展中国家提供新的、额外的资金，并以优惠条件转让环境无害化技术。第三，各国有权根据自己的国情选择经济发展和环境保护的道路，根据需要开发利用本国的自然资源。同时，各国在开发利用本国自然资源的过程中，也应防止对别国环境造成影响。第四，在重视一些全球性环境问题的同时，需要优先考虑区域性的环境问题，特别是发展中国家面临的水资源短缺、城市空气污染、水土流失、荒漠化、自然灾害和生态破坏等问题。这实际上是作为最大的发展中国家，中国根据发展中国家的普遍实际，代表发展中国家的普遍利益，所提出的共同推动可持续发展的建设性意见和建议。

2. 科学发展观的提出

2003 年，党的十六届三中全会召开，中共中央在全会报告《关于完善社会主义市场经济体制若干问题的决定》中提出"坚持以人为本，树立全面、协调、可持续的发展观，促进经济社会和人的全面发展"，按照"统筹城乡发展、统筹区域发展、统筹经济社会发展、统筹人与自然和谐发展、统筹国内发展和对外开放"的要求推进各项事业的改革和发展，首次全面提出科学发展观的思想。随后，在 2004 年举行的中央人口资源环境工作座谈会上，时任总书记胡锦涛全面阐述了科学发展观的深刻内涵和基本要求，并指出发展观的抉择对国家发展的重大意义："一个国家坚持什么样的发展观，对这个国家的发展会产生重大影响，不同的发展观往往会导致不同的发展结果。"在这次会议上，科学发展观首次被确认为"从新世纪新阶段党和国家事业发展全局出发提出的重大战略思想"。在 2007 年举行的党的第十七次全国代表大会上,科学发展观被确立为"是对党的三代中央领导集体关于发展的重要思想的继承和发展,是马克思主义关于发展的世界观和方法论的集中体现,是同马克思列宁主义、毛泽东思想、邓小平理论和'三个代表'重要思想既一脉相承又与时俱进的科学理论,是经济社会发展的重要指导方针,是发展中国特色社会主义必须坚持和贯彻的重大战略思想",并作为党的指导思想写入党章。

科学发展观是坚持以人为本,全面、协调、可持续的发展观。其中,协调,就是要统筹城乡协调发展、区域协调发展、经济社会协调发展、国内发展和对外开放;可持续,就是要统筹人与自然和谐发展,处理好经济建设、人口增长与资源利用、生态环境保护的关系,推动整个社会走上生产发展、生活富裕、生态良好的文明发展道路。科学发展观的第一要务是发展,核心是以人为本,基本要求是全面、协调、可持续,根本方法是统筹兼顾。将可持续发展观作为重要组成部分的科学发展观,其提出和指导地位的确立,实际上标志着可持续发展理念在中国基本上完成了从理论到实践再从实践升华到理论的过程,可持续发展观已经作为党的指导方针的一部分被确立下来。

3. 新型工业化道路:发展方式和路径的重新选择

在实践层面,以党的十六大报告中提出的"走新型工业化道路,大力实施可持续发展战略"为标志,中国可持续发展事业从国家层面的战略定位深化到发展方式和路径的具体选择上。报告提出,要坚持以信息化带动工业化,以工业化促进信息化,走出一条科技含量高、经济效益好、资源消耗低、环境污染少、人力资源优势得到充分发挥的新型工业化路子。除了提出了符合可持续发展要求的新型工业化道路这一具体发展路径,报告还结合国情,对在走新型工业化发展道路时需采取的具体方式提出了要求,即"必须把可持续发展放在十分突出的地位,坚持计划生育、保护环境和保护资源的基本国策……合理开发和节约使用各种自然资源。抓紧解决部分地区水资源短缺问题,兴建南水北调工程。实施海洋开发,搞好国土资源综合整治。树立全民环保意识,搞好生态保护和建设"。

走新型工业化道路方针的提出,实际上为可持续发展战略的贯彻落实指明了道路。长期以来,在中国,人们总是将发展工业与可持续发展对立起来,虽然认同可持续发展的理念,但无论是在地方政府施政过程中,还是在企业发展生产时,都很容易为了工业产值的增加,而在坚持可持续发展战略方面让步。毕竟,传统的工业化道路就是以牺牲环境、消耗资源来换取经济增长的。而走新型工业化道路这一方针很好地协调了工业发展与可持续发展之间的矛盾,它使得人们在追求工业发展的同时,能够兼顾环境、资源的要求,满足可持续发展的要求。因而,可以说,走新型工业化道路的提出,很好地破解了长期以来可持续发展战略实施过程中的思想屏障,为推动可持续发展战略的实施提供了现实途径。

4. 循环经济的提出与实践

大力推广、实践循环经济,是落实科学发展观,推动社会可持续发展的重要实践。2004 年的《政府工作报告》在谈到可持续发展时,强调要大力发展循环经济,推行清洁生产,将发展循环经济作为实现可持续发展的重要途径之一。

2008 年 8 月,《循环经济促进法》正式通过,并于 2009 年 1 月 1 日正式实施。该法的出台和实施,标志着作为推动社会可持续发展的重要实践之一,促进循环经济的发展已经

上升到了法律高度。这部法律对推动循环经济发展的重大意义主要表现在以下四个方面:

首先,对循环经济进行了准确定义,并提出了发展循环经济的基本原则。循环经济是指在生产、流通和消费等过程中进行的减量化、再利用、资源化活动的总称。其中,减量化,是指在生产、流通和消费等过程中减少资源消耗和废物产生。再利用,是指将废物直接作为产品或者经修复、翻新、再制造后继续作为产品使用,或者将废物的全部或者部分作为其他产品的部件予以使用。资源化,是指将废物直接作为原料进行利用或者对废物进行再生利用。发展循环经济的基本原则是,发展循环经济应当在技术可行、经济合理和有利于节约资源、保护环境的前提下,按照减量化优先的原则实施。在废物再利用和资源化过程中,应当保障生产安全,保证产品质量符合国家规定的标准,并防止产生再次污染。

其次,规定了发展循环经济的管理监督部门以及基本管理制度。国务院循环经济发展综合管理部门负责组织协调、监督管理全国的循环经济发展工作;国务院环境保护等有关主管部门按照各自的职能负责有关循环经济的监督管理工作。县级以上地方人民政府循环经济发展综合管理部门负责组织协调、监督管理本行政区域的循环经济发展工作;县级以上地方人民政府环境保护等有关主管部门按照各自的职能负责有关循环经济的监督管理工作。

再次,对减量化、再利用和资源化提出了较为详细的指导和要求。对推动循环经济开展的具体工作做了较为详尽的原则性部署。

最后,提出了发展循环经济的激励措施和法律责任。提出了要从财政、税收、价格政策等方面鼓励循环经济的发展,并对违反相关规定的行为提出了处罚要求。

【案例/专栏 11-1】 支持政策对新能源汽车的促进

(三) 推动可持续发展的新的历史时期

党的十八大以来,中共中央高度重视生态文明建设,坚持把生态文明建设作为统筹推进"五位一体"总体布局和协调推进"四个全面"战略布局的重要内容,推动生态文明建设在重点突破中实现了整体推进,在新时代生态文明建设伟大实践中形成了中国化的生态文明理论与思想。这是中国生态文明建设的根本遵循,将推动中国生态环境保护发生历史性、转折性、全局性的变化,指引中国生态文明建设取得历史性成就、发生历史性变革。

2012 年,党的十八大报告曾大篇幅阐述建设生态文明的要求,报告明确提出:"建设生态文明,是关系人民福祉、关乎民族未来的长远大计……把生态文明建设放在突出地位,融入经济建设、政治建设、文化建设、社会建设各方面和全过程,努力建设美丽中国,实现中华民族永续发展。坚持节约资源和保护环境的基本国策,坚持节约优先、保护优先、自然恢复为主的方针,着力推进绿色发展、循环发展、低碳发展,形成节约资源和保护环境的空间格局、产业结构、生产方式、生活方式,从源头上扭转生态环境恶化趋势,为人民创造良好生产生活环境,为全球生态安全做出贡献。"报告还从优化国土空间开发格局、全面促进资源节约、加大自然生态系统和环境保护力度、加强生态文明制度建设四个方面提出了极为务实的工作方针和要求。

随着生态文明建设的推进,党的十八届三中全会进一步提出要建立系统完整的生态文明制度体系,并强调要实行最严格的源头保护制度、损害赔偿制度、责任追究制度,完善环境治理和生态修复制度，用制度保护生态环境。这不仅将生态文明建设系统化，而且从建设产权制度和用途管制制度、生态保护红线、资源有偿使用制度和生态补偿制度以及改革生态环境保护管理体制四个方面，将生态文明、可持续发展的具体要求制度化。

2015年5月，中共中央、国务院发布《关于加快推进生态文明建设的意见》，提出坚持把节约优先、保护优先、自然恢复为主作为基本方针；坚持把绿色发展、循环发展、低碳发展作为基本途径；坚持把深化改革和创新驱动作为基本动力；坚持把培育生态文化作为重要支撑；坚持把重点突破和整体推进作为工作方式。该文件明确提出，到2020年，资源节约型和环境友好型社会建设取得重大进展，主体功能区布局基本形成，经济发展质量和效益显著提高，生态文明主流价值观在全社会得到推行，生态文明建设水平与全面建成小康社会目标相适应。在9月发布的《生态文明体制改革总体方案》中，明确了生态文明体制改革的理念、原则、目标以及具体要求。这两个方案及其他共计40多项涉及生态文明建设的改革方案，从总体目标、基本理念、主要原则、重点任务、制度保障等方面对生态文明建设进行了全面、系统的部署与安排。

2020年9月22日，在第75届联合国大会一般性辩论上，中国宣布：中国二氧化碳排放力争于2030年前达到峰值，努力争取在2060年前实现碳中和。2021年9月，中共中央、国务院发布《关于完整准确全面贯彻新发展理念，做好碳达峰碳中和工作的意见》，提出了实现碳达峰、碳中和目标的总体要求和主要目标。文件明确要坚持"全国统筹、节约优先、双轮驱动、内外畅通、防范风险"的原则。

所谓的全国统筹，是指要全国一盘棋，强化顶层设计，发挥制度优势，实行党政同责，压实各方责任。根据各地实际分类施策，鼓励主动作为、率先达峰；所谓的节约优先，是指把节约能源资源放在首位，实行全面节约战略，持续降低单位产出能源资源消耗和碳排放，提高投入产出效率，倡导简约适度、绿色低碳生活方式，从源头和入口形成有效的碳排放控制阀门；所谓的双轮驱动，是指政府和市场两手发力，构建新型举国体制，强化科技和制度创新，加快绿色低碳科技革命。深化能源和相关领域改革，发挥市场机制作用，形成有效激励约束机制；所谓的内外畅通，是指立足国情实际，统筹国内国际能源资源，推广先进绿色低碳技术和经验。统筹做好应对气候变化对外竞争与合作，不断增强国际影响力和话语权，坚决维护中国的发展权益；所谓的防范风险，是指处理好减污降碳与能源安全、产业链安全、粮食安全、群众正常生活的关系，有效应对绿色低碳转型可能伴随的经济、金融、社会风险，防止过度反应，确保安全降碳。在2030年二氧化碳排放量达到峰值并实现稳中有降、2060年碳中和目标顺利实现的总体目标之下，意见进一步对2025年、2030年、2060年主要目标及细项指标提出了具体要求。

此外，意见从推进经济社会发展全面绿色转型、深度调整产业结构、加快构建清洁低碳安全高效能源体系、加快推进低碳交通运输体系建设、提升城乡建设绿色低碳发展质量、加强绿色低碳重大科技攻关和推广应用、持续巩固提升碳汇能力、提高对外开放绿色低碳发展水平、健全法律法规标准和统计监测体系、完善政策机制10方面明确了重点工作任务。

随后，为进一步推动碳达峰目标实现，国务院发布了《2030年前碳达峰行动方案》。方案提出，将碳达峰贯穿于经济社会发展全过程和各方面，重点实施"碳达峰十大行动"，包括：(1) 能源绿色低碳转型行动；(2) 节能降碳增效行动；(3) 工业领域碳达峰行动；(4) 城乡建设碳达峰行动；(5) 交通运输绿色低碳行动；(6) 循环经济助力降碳行动；(7) 绿色低碳科技创新行动；(8) 碳汇能力巩固提升行动；(9) 绿色低碳全民行动；(10) 各地区梯次有序碳达峰行动。碳达峰被认为是一个经济体绿色低碳转型过程中的标志性事件，中国的碳达峰行动，也将完成碳排放强度从全球最大到逐步下降的过程。

【案例/专栏 11-2】 中国生态文明建设和生态环境保护取得历史性成就

第二节　房地产业与可持续发展

在学术界，对房地产业可持续发展问题的研究和实践，要远远滞后于可持续发展研究与实践的进程。从世界范围来说，房地产被学术界认同为一门实用性极强的学科，至今也才 10 余年的时间[①]。对房地产业可持续发展问题的研究和实践，是伴随着研究城市、土地、建筑可持续发展问题而衍生和发展起来的。因此，了解房地产业可持续发展的内容，不仅要对房地产业可持续发展的定义有深刻的认识，还需要了解诸如城市可持续发展、土地资源可持续利用、可持续建筑等与房地产业可持续发展相关的几组概念的内涵、外延及它们之间的相互关系。

一、房地产业可持续发展的含义

对于房地产业可持续发展的含义，学术界也没有达成普遍共识，不同学者有不同的看法。目前较为普遍的观点是直接将可持续发展的含义套用于房地产业可持续发展上，认为所谓的房地产业可持续发展就是"既要满足当代人对房地产的各种需求，又要合理利用土地资源，保护生态环境，为后代人的生产生活创造必要的空间发展条件"[②]。这个定义直接源于可持续发展的含义，能够从整体上概括房地产业可持续发展的特征，即在保证效率的前提下，房地产的发展既要符合代内公平的要求，还要符合代际公平的要求。其不足是仅仅体现了可持续发展的内在要求，没有体现房地产业这一相对较为特殊的行业在可持续发展方面的特殊要求。

一些学者在此基础上又做了较为深入的研究，将目光放在房地产业可持续发展的具体内容上。学者游军涛就将房地产业可持续发展理解为，房地产经济在自身发展的前提下，与社会、环境协调发展的一种状态[③]。学者吴宁锋则认为，房地产业的可持续发展是包括土地资源的永续利用、住宅业的稳定协调发展、房地产市场的完善和人居环境改善等多方面内容的综合[④]。学者赵华平、张所地认为，房地产业可持续发展包括两个方面的含义：一是

---

① 香港大学的 K. W. Chau 教授在第 13 届亚洲房地产学会年会暨国际研讨会上，在对房地产教育和研究问题发表看法时做出了上述论断。参见：王克强，王洪卫，陈帅，等. 聚焦房地产市场 关注房地产业可持续发展：第 13 届亚洲房地产学会年会暨国际研讨会综述[J]. 中国土地科学，2008（8）：74-80.
② 李英，张红日，李淑梅，等. 房地产业及其可持续发展的思考[J]. 山东科技大学学报（社会科学版），2001（3）：60-63.
③ 游军涛. 房地产经济可持续发展与指标控制[J]. 上海统计，2000（10）：15-16.
④ 吴宁锋. 论房地产业的可持续发展[J]. 宁波广播电视大学学报，2004（3）：33-35.

指房地产业的发展既要满足当代人对各种房地产商品的要求，又要满足子孙后代未来发展的需要。其中包括土地资源的永续利用、住宅业的稳定协调发展、房地产市场的完善及人居环境的改善等。二是既要保持产业自身不断增长，又要与社会以及国民经济其他产业协调发展，主要包括社会的公平性，资源开发利用的可持续性，如土地资源、空间资源、建材资源利用的可持续性，产业发展的协调性等[1]。这些概念主要是将房地产业可持续发展的内容进行拆分，分解为土地、住宅、资源利用等不同方面。

另外，一些学者对这一概念做了进一步的解释和阐述。学者骈永富认为，"房地产业的可持续发展，是在处理好城乡规划、节约能源的基础上，解决好眼前利益和长远利益的关系，局部利益与整体利益的关系，经济利益和社会利益的关系，可持续发展与可持续增长的关系，达到房地产建筑的规划形态、住宅功能、环境效益、人文特色的可持续发展"[2]。学者周方等人则认为，房地产业的可持续发展，是在对自然资源集约利用的基础上，房屋生产过程的绿色化、房屋的绿色化和居民住房消费观念的绿色化[3]。学者郭苏豫认为，房地产业可持续发展应把房屋、业主和环境三要素作为一个整体，重视对自然资源的使用和保护，争取实现向自然索取与对自然回报之间的平衡[4]。学者佟克克认为，房地产业可持续发展的含义应包括两个方面的内容：一是满足当代人及其子孙对住房以及其他房地产产品的需求；二是要保持房地产业与城市规划和国民经济其他产业协调发展，维护和建设良好的生态环境[5]。

这些观点从不同层面对房地产业可持续发展的内涵进行了阐述，都具有一定的科学性和借鉴意义。但是这些观点要么过于宏观，没有体现房地产业发展的特点；要么过于微观，失之偏颇，将房地产业的可持续发展等同于房地产业内某个部分的可持续发展。鉴于此，英国学者安德鲁在其书中对房地产业可持续发展进行了一个较为全面且具体的阐述，他认为，房地产业可持续发展至少包括两层含义：一是经济的可持续，即房地产市场的发展在不断满足人们需要的同时，不能给宏观经济带来严重的问题；二是生态的可持续，即房地产业的发展必须同土地合理利用等生态问题相结合[6]。

二、房地产业可持续发展的相关概念

与房地产业可持续发展相关或相似的概念主要有城市可持续发展、土地可持续利用和城乡建设绿色发展。其中，房地产业可持续发展可以说是城市可持续发展的一部分，而房地产业可持续发展本身就包括对土地可持续利用的要求。

（一）城市可持续发展

关于城市可持续发展的研究，国内外学者主要从资源和环境、城市生态、经济发展、城市空间结构、社会学五个不同角度进行了研究[7]。其中，最具代表性的是前三个角度。

---

[1] 赵华平，张所地. 论中国房地产业的可持续发展[J]. 技术经济，2006（4）：5-6, 11.
[2] 骈永富. 房地产业必须走可持续发展的道路[J]. 中国房地产，2003（11）：34-35.
[3] 周方，郑丽珍. 知识经济时代我国房地产业的可持续发展[J]. 商业研究，2004（6）：9-13.
[4] 郭苏豫. 论房地产业的可持续发展[J]. 黑龙江科技信息，2007（9）：6.
[5] 佟克克. 促进中国房地产业可持续发展研究[J]. 产业论坛，2006（8）：180-181.
[6] GOLLAND A, BLAKE R. Housing development: theory, process and practice[M]. New York: Routledge Press, 2004: 65-69.
[7] 许光清. 城市可持续发展理论研究综述[J]. 教学与研究，2006（7）：87-92.

根据学者许光清的总结,从资源角度研究城市可持续发展问题,主要集中于城市的自然资源禀赋与城市经济发展之间的矛盾。城市同时扮演两个角色:作为消费者,它要消耗可再生资源和不可再生资源,从而为城市居民提供生产和生活所需的服务。作为摧毁者,它要消耗甚至浪费资源。作为摧毁者的角色,城市对资源特别是对不可再生资源的消耗,使其必然成为今后长期可持续发展的限定因素。

从环境角度研究城市可持续发展问题,主要集中于城市经济活动中的污染排放与自然环境的自净能力之间的矛盾。这类研究着重于城市环境污染治理和减排的技术、经济和法律手段。

从城市生态角度进行的研究认为,生态城市是可持续的、符合生态规律和适合自身生态特色发展的城市。生态城市的发展原则包括:修复退化的土地;城市开发与生物区域相协调、均衡开发;实现城市开发与土地承载力的平衡;终结城市的蔓延;优化能源结构;保护历史文化遗产;培育多姿多彩的文化景观;纠正对生物圈的破坏;等等。

从经济发展角度研究得出的主要观点包括:世界卫生组织(WHO)提出的,城市可持续发展应在资源最小利用的前提下,使城市经济朝更富效率、稳定和创新的方向演进的观点;著名学者 Nijkamp 提出的城市应充分发挥自己的潜力,不断地追求高质量的社会、经济、人口和技术产出,长久地维持自身的稳定,并巩固其在城市体系中地位和作用的观点。他认为,对大多数城市来讲,只有提高城市的生产效率以及物质产品的产出,才能永葆其生命活力[1]。这类研究的对象准确地说是城市经济的可持续发展,它只是城市可持续发展的一个重要组成部分,而不是全部。

(二)土地可持续利用

普遍认为,土地可持续利用的思想是 1990 年由印度农业研究会、美国农业部和美国 Rodale 研究所在国际土地持续利用系统研讨会上正式提出的。不同学者因自身知识结构和研究角度的差异,根据土地功能不同,对土地可持续利用含义的理解也不尽相同,迄今为止没有统一的定义。

关于土地可持续利用或者土地保护,美国著名学者雷利·巴洛维认为,土地资源保护应该主要关注与土地资源长期最佳利用有关的经济问题和社会问题。对于经营者来说,土地资源保护实际上是在两种策略之间做出抉择:要么是自己的短期收益最大,而对土地资源进行掠夺式的利用;要么强调土地资源的保护或节约,以在较长的时间内利用。巴洛维进一步指出,土地资源保护应该建立在土地资源分类的基础上,据此,他将土地资源分为存量资源、流量资源以及介于二者之间的资源,最后一种资源又可以分为生物资源、土壤资源和人工改良设施。其中,存量资源是相对固定有限和不可再生的,因而需要"将相对固定的供给量分散在较长时间使用",这就必须降低资源灭失或者消费的速度。流量资源很难储存,因此对其可持续利用就应该是"在现有条件下最经济最有效地利用这些资源"。对于包括生物资源、土壤资源和人工改良设施在内的资源的可持续利用,则是指"在每个经营计划期都能带来尽可能最大的净收益,而同时又维持或者尽可能地提高资源未来生产力的资源利用"[2]。

---

[1] 转引自:许光清.城市可持续发展理论研究综述[J].教学与研究,2006(7):87-92.
[2] 巴洛维.土地资源经济学:不动产经济学[M].北京:北京农业大学出版社,1989:141-145.

在中国，较为常见的土地可持续利用的定义是，在特定的时期和地区条件下，对土地资源进行合理的开发利用、治理、保护和管理，并通过一系列的合理利用、组织，协调人地关系及人与资源、环境的关系，以期满足当代人与后代人生存发展的需要。其中，合理的开发、利用，就是寻求和选择土地资源的最佳利用目标和途径，发挥土地资源的优势和最大结构功能；治理则是要采取综合性措施，改造那些不利的资源环境条件；保护就是要保护土地资源及其环境条件中原来有利于生产和生活的状态。

（三）城乡建设绿色发展

在中共中央办公厅、国务院办公厅印发的《关于推动城乡建设绿色发展的意见》中，从城乡建设绿色发展的目标及内容角度，对房地产业可持续发展问题做了较为全面和深刻的定义。

从发展目标来看，城乡建设绿色发展应该包括：具有较为完善的城乡建设绿色发展体制机制和政策体系，建设方式逐步实现绿色转型，碳减排水平不断提升，城市整体性、系统性、生长性持续增强，"城市病"问题逐步缓解，城乡生态环境质量整体改善，城乡发展质量和资源环境承载能力明显提升，综合治理能力显著提高，绿色生活方式普遍推广。

从具体内容来说，一是推进城乡建设一体化发展。包括促进区域和城市群绿色发展、建设人与自然和谐共生的美丽城市以及打造绿色生态宜居的美丽乡村三个方面。二是转变城乡建设发展方式，包括建设高品质绿色建筑、提高城乡基础设施体系化水平、加强城乡历史文化保护传承、实现工程建设全过程绿色建造、推动形成绿色生活方式五个方面。

第三节　中国房地产业可持续发展的必要性

将可持续发展战略作为国家发展战略后，中国各届政府都十分重视这一问题，也做出了努力来推动可持续战略的执行。在这种背景下，作为中国经济的重要组成部分，房地产行业走可持续发展道路就成了必然选择。房地产业高资源消耗性和短期内的不可逆转性，决定了加快推动房地产业走可持续发展道路应该成为可持续发展战略中的首要任务之一。现阶段收入不均等社会公平问题是中国社会面临的主要问题，房地产领域同样面临着这一问题，而可持续发展作为一种新的发展模式，最大的特点就是在注重效率的同时，也关注发展公平，可持续发展道路也是房地产业解决发展中所面临的公平问题的正确选择。

一、中国国情的特殊性

人均土地资源稀缺、房地产需求巨大、相关资源供需矛盾突出是中国房地产业发展长期面临的三大国情背景。人均土地资源的稀缺决定了必须坚持对土地的集约利用；高房地产需求与低土地利用效率矛盾突出，决定了提高房地产开发项目的容积率势在必行；相关资源供需矛盾突出决定了必须走低资源消耗的绿色房地产发展道路。简言之，在推动房地产业发展的过程中，必须告别传统的发展模式，走可持续发展的道路。

（一）中国人均土地资源十分稀缺

土地资源是房地产业发展的载体和基本生产要素。无论是微观层面的房地产开发企业，还是中观层面的房地产产业，土地资源都是其生存和发展不可或缺的要素。没有了土地资源，房地产业的发展也就成了无源之水、无本之木。因而，中国土地资源的稀缺，尤其是人均土地资源稀缺这一特殊国情，直接决定了走可持续发展道路是房地产业发展的一个紧迫且必然选择。

虽然中国拥有 960 万平方千米广袤的陆地面积，但是中国同时也是世界上土地荒漠化和沙化面积大、分布广、危害较严重的国家之一，适宜居住的土地面积并不充裕。根据国家林草局 2023 年发布的《第六次中国荒漠化和沙化状况公报》[①]，截至 2019 年，全国荒漠化土地面积 257.37 万平方千米，沙化土地面积 168.78 万平方千米，与 2014 年相比分别净减少 37 880 平方千米、33 352 平方千米。与 2014 年相比，重度荒漠化土地减少 19 297 平方千米，极重度荒漠化土地减少 32 587 平方千米。虽然荒漠化土地和沙化土地面积自 2004 年以来就出现缩减趋势，但这些数字仍然是巨大的，还有一些没统计在这些面积内的具有明显沙化趋势的土地面积。总体上看，中国荒漠化、沙化以及具有明显沙化趋势的土地面积占总国土面积的近 50%，换言之，中国只有大约一半的土地是较为适宜人们居住和耕种的，从这个角度来说，中国可利用的土地资源总量并不充裕。

人口数量众多、人口密度大、人均土地使用量低是中国的另一大国情背景。国家统计局公布的 2021 年年末中国人口为 14.126 亿人，约占全球人口总数的 18%。与此相比较，中国国土面积仅占全球土地面积的 7.1%。按照国家统计局的数据，2020 年年末中国人口密度约为 147 人/平方千米，高于亚洲的 145 人/平方千米，远远超过 57 人/平方千米的世界人口平均密度，是大洋洲人口密度的近 30 倍，如表 11-1 所示。与其他国家和地区相比，较高人口密度和较低的人均土地使用量，决定了在房地产业走集约化、可持续的发展道路方面，中国更具有紧迫性。

表 11-1　中国与各大洲陆地面积和人口密度比较

国家和地区	陆地面积/ 万平方千米	2020 年人口数/ 百万人	2020 年人口密度/ （人/平方千米）
世界总计	13 381.6*	7600	57
中国**	960.0	1412	147
亚洲	3174.8	4596	145
非洲	3031.2	1276	42
欧洲	1016	745	73
北美洲	2239.1	1388	17
南美洲	1783.2	1460	26
大洋洲	853.6	1140	5

注：*是指有定居人口的各大洲面积，未包括尚无定居人口的南极洲。如包括南极洲，全世界陆地面积为 14 950 万平方千米。**中国为年末人口数。

除此之外，在一个较短的时期，城市土地面积，尤其是城市建设用地面积对房地产业

[①] 第六次全国荒漠化和沙化调查结果发布[EB/OL].（2023-02-05）.https://www.hxw.gov.cn/content/2023/01/04/14082493.html.

的发展起着关键的作用。这是因为无论是哪个国家,房地产业主要的市场和面对的顾客群都在城市,尤其是较为发达的大型城市。而城市人口规模大、城市土地面积尤其是建设用地面积较少是中国人均土地稀缺的一个重要表现。2020 年,全国城市建设用地面积仅为 58 355.3 平方千米。其中,居住用地面积占比 31%;公共管理与服务用地面积占比 8.8%;商业服务业设施用地面积占比 7%;工业用地面积占比 19.4%;物流仓储用地面积占比 2.7%;道路交通设施用地面积占比 16.3%;公共设施用地面积占比 3%;绿地与广场用地面积占比 11.7%。

(二)高房地产需求与低土地利用效率之间矛盾突出

工业化和城市化在中国正以前所未有的速度进行着。进入"十二五"之后,工业化和城市化进程进一步加快。伴随着工业化的迅猛发展,城市发展对商业用房和工业用房的需求也不断增加。这些增加既体现在新建用房上,又体现在对原有用房的改建和扩建上;而城市化水平的不断提高,一方面促使大量人口由农村向城市转移,给城市房地产业带来了大量的新增需求;另一方面,也使得原有城市居民对自身住房水平提出了更高的要求。这些需求在给房地产业的发展带来机遇的同时,也带来了房价上涨的巨大压力。

除此之外,"三大制度背景"和"三大意识背景"也推动着中国当前和今后住房需求的扩张[①]。一方面,市场化的住房制度改革使得原有受到抑制的住房需求显现出来,过去大量未被满足的住房需求和购买能力被释放。另一方面,金融制度的改革和"负债消费"意识的形成,促使大量住房需求被提前释放。这二者综合在一起就造成了当前住房需求的迅猛扩张,而且这种状况还将在一个相当长的时期内持续。

然而,在过去相当长的一段时期,由于土地使用以划拨为主,土地的价值难以得到体现,土地使用效率极低,大量宝贵的城市建设用地未被高效率地利用。据 2005 年国土资源部土地利用管理司公布的《城市地价与房价关系专题报告(2004)》,全国平均容积率只有 1.9,住宅平均容积率只有 1.87,工业用房的容积率则更低,北京、上海、天津三个直辖市的工业容积率仅为 1.0 左右,如表 11-2 所示。大量工业园区的重复建设和闲置,在破坏宝贵的耕地资源的同时,也浪费了大量的建设用地。在住宅市场,虽然市场化运作相对较为成熟,土地的市场价值能够在商品房中部分得以体现,容积率相对高些,但是也同样面临着土地使用效率低的问题。这一问题主要体现在商品房建设整体结构的不合理上,低密度的高档别墅和城中村的存在,占用了大量的土地资源。

表 11-2 全国及部分城市容积率[②]

地 区	平均容积率	商业容积率	住宅容积率	工业容积率
全国	1.9	2.33	1.87	
北京	1.7	2.0	2.0	1.0
天津	1.5	2.0	1.5	1.0
上海	2.0	2.5	2.5	1.0

注:全国的容积率是地价监测城市上报材料中容积率分用途的简单算术平均值;上海、深圳的容积率是根据相关资料推算的;其余城市的容积率是从该市上报材料中选择的。

---

① 董藩. 中国国情是高房价形成的重要因素[J]. 人民日报·内部参阅, 2005 (30): 1-3.
② 国土资源部土地利用管理司. 城市地价与房价关系专题报告[R]. 2005-03-10.

（三）现阶段资源供需矛盾十分明显

伴随着中国工业化和城市化进程的加快以及全球能源争夺的日益激烈，以能源问题为核心的资源问题也越来越成为制约中国经济发展和社会进步的瓶颈之一。2005—2009 年可以被称为"中国能源危机警示年"，在这些年中，各大中型城市先后经历了"电力短缺""水资源短缺""石油短缺"的考验。在现阶段以及今后的若干年之内，资源供需矛盾突出成为一个不争的事实。

国家统计局发布的《2021 年国民经济和社会发展统计公报》显示，全年能源消费总量 52.4 亿吨标准煤，同比增长 5.2%，原油对外依存度高达 72%，天然气对外依存度达到 46%。中国经济的可持续高质量发展离不开能源的稳定供给，能源供需矛盾也必然影响各行业的发展。例如，2021 年，全球疫情得到有效控制后，经济强劲复苏推动能源需求快速反弹，而受疫情冲击的部分能源产品供给不能快速满足需求变化，曾导致中国局部地区某些时段出现了用能用电紧张的状况，其中湖南、四川、重庆缺电问题较为严峻。

房地产在开发过程中，必然消耗大量的自然资源和能源；在房地产的持有和使用过程中，也要消耗大量的能源，如煤气、电力等。这说明房地产问题不是简单的盖房与卖房问题，生态环境、自然资源、经济状况等都与房地产的开发、持有、使用息息相关。中国的人均资源占有量非常有限，很多资源属于不可再生的，一旦被浪费，会对后代的发展造成不可挽回的损失。因此，房地产业不能再走粗放型的老路子，必须考虑生态环境、资源供应的可承受性，寻求房地产经济的可持续发展模式。

二、房地产业的特殊性

房地产业发展要走可持续发展的道路，这不仅是由中国特殊国情决定的，还与房地产业自身的发展特点密切相关。高资源消耗性和短期内的不可逆转的现状是房地产业区别于其他行业的两个显著特点。高资源消耗性的特征决定了房地产业的发展往往以资源的极大消耗为代价。在资源日益紧张的今天，为了房地产业的长远发展，这种对资源的利用就不能是"竭泽而渔"式的消耗，而必须是以提高资源的利用效率为基本特征的可持续发展的利用模式。由于房地产业在发展过程中的偏差所带来的负面影响是长期的，其对环境、资源所产生的破坏是很难逆转的，因而，减少发展过程的"试错"，尽快走可持续的发展模式是十分必要的。

（一）房地产业的高资源消耗性

房地产业的生产模式决定了它的发展必须以对资源的大量消耗和占用为前提。这一特性主要体现在对土地资源、建筑材料和开发、使用阶段能源的消耗上。在建筑容积率和建设科技水平已定的情况下，房屋建设规模实际上就直接表现为对土地资源的大量占用、对建设材料和能源的大量使用。

1. 房地产业的发展伴随着对土地资源的大量占用

房地产业发展对土地资源的占用，主要表现在对建设用地的使用上。规划内的建设用地是房地产业发展所需土地的主要来源。在建设用地的三种主要使用方式中，以居民点和独立工矿为主要开发场地的房地产业所占用的土地不仅总量大，大约占总建设用地的近

85%，是交通运输用地、水利设施用地两种使用方式的近 10 倍，而且还以每年 1%以上的速度在不断增加。统计数据显示，中国城市建设用地面积从 1981 年的 0.67 万平方千米扩增至 2021 年的 6.24 万平方千米，增长速度较快。当然，土地利用强度也在提高，2012 年至 2021 年，全国单位 GDP 建设用地使用面积下降 40.85%，国土经济密度明显提高。

房地产业发展对土地资源的占用还表现为对耕地、林地、牧草地等其他用途土地的侵占上。由于相对于其他用地方式，建设用地的经济价值较高，所以，在房地产业发展过程中，受利益驱使，不可避免地会采取占用其他用途土地的做法。据统计，2009—2019 年，中国耕地年均净减少超过 1100 万亩，呈逐步增加态势。2019 年耕地保护督察结果显示，当年全国违法违规占用耕地 114.26 万亩，其中占用永久基本农田 14.34 万亩。当然，随着近年来严格的耕地保护制度的实施，耕地占用情况已快速好转。"十三五"期间因生态退耕、农业结构调整、建设占用等的耕地面积预计减少了 7000 多万亩。

由此看来，必须坚持并落实最严格的节约用地制度，实施建设用地总量和强度双控，健全区域、项目节约用地评价制度，实行建设用地增量安排与存量盘活挂钩机制。严格划定城镇开发边界，促进城镇内涵式集约型绿色化高质量发展，从而达到可持续发展的目标。

2. 房地产业的发展伴随着对其他工业产品和能源的大量消耗

房地产业发展对其他工业产品和能源的大量消耗由两个部分组成：建设过程中对建筑材料和电力、水的大量消耗和建成后使用过程中对能源的大量消耗。对建筑材料的消耗主要体现在对水泥、钢铁、玻璃、木材等的消耗上。从相对比例上来看，房地产业消耗了全国钢材的 40%、水泥的近 60%。从绝对数量上看，无论是钢材、木材还是水泥的消耗都是十分巨大的，而且还呈现不断增加的趋势。这些数据以前《中国统计年鉴》上有反映，但 2002 年后不再列示。表 11-3 列示了 1998—2001 年建筑三大材的消耗状况。而生活能源方面主要是指房屋使用过程中的电能、热能等的消耗，具体包括建筑采暖、空调、热水供应、炊事、照明、家用电器、电梯等方面的能耗，这并不是房地产业发展所产生的直接资源消耗，但是房屋建设工艺、建筑材料会直接影响使用过程中能耗的多少，而现阶段由于房屋建设的科技含量较低，往往导致使用过程中能耗远远超过国际水平，造成了不必要的资源损失。据统计，中国建筑能耗的平均效率是 30%[1]，远低于同类气候的发达国家的平均水平。

表 11-3　1998—2001 年各地区建筑业企业主要建筑材料消耗[2]

年　份	钢材/万吨	木材/万立方米	水泥/万吨
1998	4366.8	2808.1	22 836.3
1999	528 960.1	317 161.0	27 603.9
2000	6237.9	3681.0	33 311.3
2001	7810.1	4519.3	41 399.8

注：2002 年以后的数据没有进入国家统计局的统计年鉴。

（二）房地产业短期内的不可逆转性

与其他行业相比，房地产业最为显著的特点之一，就是其短期内的不可逆转性，这种

---

[1] 中国 21 世纪议程管理中心. 中国 21 世纪议程：中国 21 世纪人口、环境与发展白皮书[R]. 2005-06-20.
[2] 根据 1999—2002 年《中国统计年鉴》整理。

特性是由其发展周期的长期性和空间的不可重复性决定的。

1. 房地产业发展的长周期性

发展的长周期性主要表现在其建设周期和使用周期较长上。一般房屋的设计使用寿命都在70年以上。这种长周期性使得房地产业在发展过程中，从投入到产出需要经历相当长的时间，初始投入所带来的影响要经过相当长一段时间才能显现出来，同时这种影响一旦产生就会在相当长的时间内发挥作用，短期内无法通过恰当的手段加以改变，或者改变要付出巨大的成本和代价。

2. 房地产业发展空间的不可重复性

发展空间的不可重复性有两层含义：一是发展空间在纵向上是不可重复的。虽然相对于人们的需求，地球的空间资源是取之不尽、用之不竭的，从理论上说，房屋建筑高度可以不断地提高，但是从现实来看，科技水平对房屋建设的高度有硬性约束，而对于特定的建筑，它的设计高度也是相对确定的，因而，在某一特定时期，房屋在纵向上的发展规模是确定的。二是发展空间在横向上是不可重复的。土地的总量是固定的，在某个特定时期，建设用地的总量以及可转化为建设用地的土地资源也是相对固定的，房地产业不能突破确定的空间规模进行发展；又由于土地资源的使用在某一特定时期呈现出典型的耗竭性特征，建设用地是用一块少一块的，在某一个特定土地上进行了建设，那么就没有办法同时将这块土地用作其他用途。

三、走可持续发展的道路是对社会公平的回应

社会公平问题是当今世界各国都在着力解决的问题之一，处于高速发展期的中国也不能例外。在中国，房地产业在经历了一个高速发展时期之后，由于传统发展模式的弊端，发展不均衡所带来的社会公平问题也日益凸显，有的甚至演化为严重的社会问题。在继续保持高速发展的同时，关注社会公平问题是当前房地产业发展的必然要求，走可持续发展道路是房地产业长远解决社会公平问题的必由之路。

（一）房地产业可持续发展符合代内公平的要求

如前所述，所谓代内公平原则是指当代所有人，不论其国籍、种族、性别、经济发展水平和文化等方面的差异，对于利用自然资源和享受清洁、良好的环境享有平等的权利。结合中国房地产业的具体情况，就是要让所有的中国公民，不论其民族、性别、地区经济水平和文化等方面的差异，对于居住权和居住环境享有基本平等的权利。房地产及其相关资源的稀缺是造成现有社会对房地产分配不均的根源，但是房地产业在发展过程中对于利润的盲目追求，大量地投资高档住宅和别墅，对普通住宅供给不足，这是社会贫富阶层之间房地产产品分配不均的主要原因。可持续发展思想指导下的中国房地产业，首先要合理地配置房地产产品结构，保证社会各阶层基本的居住权，达到房地产业发展代内基本公平的要求。

（二）房地产业可持续发展也符合代际公平的要求

如前所述，所谓的代际公平，是指既满足当代人的需要，又不对后代人满足其需要的

能力构成危害。房地产业要符合代际公平的要求,就必须做到既满足当前居民的居住需要,又不能对后代人的居住需要造成危害。当前中国房地产业只有走可持续发展的道路,才能保证土地资源能够合理地在代际分配,才能保证其他资源代际的合理分配,才能从根本上解决业已存在的掠夺性开发的问题。

第四节　影响中国房地产业可持续发展的因素

虽然可持续发展已经确定为基本的国家发展战略,房地产业走可持续发展的道路也是一个必然趋势,但是房改后多年的客观状况证明,房地产业的发展主要还是依靠对资源和环境的掠夺式开发实现的。在实践中,房地产业目前仍然采取对土地资源扩张式开发、对能源等工业资源消耗式使用等方式满足巨大的需求,正如《关于推动城乡建设绿色发展的意见》中指出的那样,系统性不足、宜居性不高、包容性不够等问题,大量建设、大量消耗、大量排放的建设方式尚未根本扭转,市场发展不成熟,制度安排不够合理,成为一段时间内影响中国房地产业可持续发展的主要因素。

一、影响中国房地产业可持续发展的市场因素

伴随着住房制度改革的深化,市场化已经成为中国房地产业发展的主要方向。通过市场推动房地产业的深入发展已经成为人们的共识。但是,多年的发展实践证明,市场在通过其自发调节机制解决自身问题的同时,也产生了自身难以调和的矛盾,正是这些矛盾成为影响房地产业可持续发展的主要原因。

(一)单一市场机制调节下的"市场失灵"

过于依赖单一的市场调节手段是影响房地产业可持续发展的重要原因。市场化的支持者们认为,有效的市场调节不仅能够实现经济价值最大化,还能够实现生态价值的最大化,市场调节手段能够促进可持续发展。这是因为他们相信,当包括土地在内的自然资源足够稀缺时,市场就会自发通过价格手段进行调节,从而达到保护并合理利用资源的目的。然而事实并非如此,单一市场调节的结果是房地产业对资源的掠夺式开发。例如,在土地开发过程中,虽然适宜性是土地资源使用的首要前提,但是由于适宜性与市场价值存在差异,人们往往会为了追求市场价值而忽略了适宜性。这样就出现了以生态价值换取经济价值,而不顾生态效益的破坏式开发现象[①]。

造成这一现象的原因有两点:一方面,单一的市场调节手段无法解决"外部性"的问题。无论是土地资源的保护,还是对能源的节约利用,可持续的房地产开发都会对整个社会发展具有正的外部效应。但是,对于房地产开发主体而言,这种外部效应没有办法单纯通过市场调节内化为自身的经济利益,开发主体既不用为自己造成负外部性付费,又不能从自己遵循可持续开发的行为中获利。在这种情况下,选择不当手段获取短期、高额利润

---

① 丁宏. 土地资源利用过程中市场与政府的博弈[M]//邓楠. 可持续发展:经济与环境(上册). 上海:同济大学出版社,2005:220-223.

就成了他们最优的选择。另一方面,单一的市场调节手段具有较强的滞后性。虽然市场能够通过价格杠杆对稀缺资源进行保护和有效利用,但是这种调节并不像经济模型中描述的那样能够在瞬间实现,它需要经历较长的时间,对于土地资源这种较为特殊的资源尤其如此[1]。

(二)规范市场尚未建立前的短视经济

当前规范的房地产市场尚未建立,决策过于短视是影响房地产业可持续发展的又一原因。在十八大以前,虽然经过了二十多年的发展,房地产市场已经初步建立并且迅速发展,但是由于不完善的外在制度和不成熟的内在治理结构的共同作用,房地产市场还远未规范,以追逐短期利益为目的的行为在房地产市场上十分普遍。这些短视行为影响了房地产业的可持续发展,在土地市场和房产市场上均如此。

在二级市场上,不合理的土地增值收入分配方式是影响房地产业对土地资源可持续利用的直接原因。区位的变化是影响土地价格变动的根本因素,城市土地价格的增长主要来源于包括商业、教育、交通在内的周边配套的改善,因而土地增值收入应当按照投入比例合理地在国家、企业和个人之间分配。然而,这部分收入究竟怎么分配才更科学,确实很值得研究。在实践中,有的人抱怨国家以土地出让金和税收方式拿走得过多,导致开发成本高企;也有的人抱怨开发商囤地,坐享升值。研究好土地增值收益分配关系,建立起良好的分配秩序,减少投机获利,确保市场稳定、健康发展,是促进土地资源可持续利用的重要工作。

在房产市场,房屋增值的主要原因仍然在于房屋所在区位地段的增值。依靠土地增值而不是建筑技术更新所带来的回报成为当前的主要利润增长模式。在这种模式下,开发者关注的主要不是建筑耗材的多少、建筑科技和建筑容积率的高低,而是土地区位的优劣。对优势土地的争夺成为开发商的主要目标,其直接结果就是建筑手段落后、建筑工艺科技含量较低、建筑耗材量巨大。这既不利于建设过程中资源的节省,又不利于使用过程中能源的节约,可持续发展无从谈起。

(三)消费者需求的过度透支

影响房地产业可持续发展的第三个重要原因,在于当前部分地区过度的房地产需求,这导致房地产业透支了发展潜力。虽然总体上来说,房地产的需求基本上是经济水平不断提高和城市化进程不断推进的客观反映,但是在局部地区和某些时期还是存在着过度需求问题的。这种过度需求具体表现在两个方面:一是当前的需求超出实际需要,例如市场上对超大住宅、超豪华商务楼的盲目追求,使得空置现象明显;二是未来的需求被提前实现,例如对负债购房的过度追求导致购买行为被人为地提前了几年甚至是十几年,而不是根据自己的实际情况,先租后买。

过度需求的最直接结果就是使得供不应求的状况恶化,进而促使房地产投资规模不断扩大,结果超出了社会、经济、生态所能承受的范围。过度需求对房地产业可持续发展的负面影响主要体现在两个方面:一方面,源于过度需求的投资规模的扩张加剧了房地产业

---

[1] 由于适宜性特征的影响,土地资源用途的转换是单方向的,市场可以很迅速地将农用地转化为建设用地,但是要想将建设用地转化为农用地却是相当困难的,即使能成功也需要相当长的时期。

对土地、能源、建材等资源的耗用，激励了短期投资行为，不利于房地产业的可持续发展；另一方面，为了满足不断增长的市场需求，政府和开发商都往往会忽视建筑工艺等科技水平对房地产业能耗的影响。

二、影响中国房地产业可持续发展的制度原因

可持续发展强调遵循代际和代内公平、可持续、环境与发展一体化等原则。而市场在解决公平问题方面具有天然的缺陷，在涉及代际公平问题时尤其如此，环境与发展一体化则更不是市场主体所追求的主要目标。因此，仅仅依靠市场无法有效体现可持续发展的基本原则，良好的制度设计才是实现可持续发展的基本前提。

在过去很长一段时间，这个基本前提的缺失也深刻影响到当前房地产业的可持续发展，正如曾任住房和城乡建设部副部长的张小宏所说，"过去城乡建设工作重速度、轻质量，重规模、轻效益，重眼前、轻长远，没有形成一套与绿色发展要求相适应的建设和监管体制机制"。这些制度因素主要体现在土地市场的制度安排有待完善、城市规划的刚性约束不强、节能环保政策激励不力三个方面。

（一）土地市场的制度安排有待完善

制度安排缺陷是造成房地产开发过程中无法有效利用和保护土地资源的根本原因，也对房地产业的可持续发展产生了不良影响。土地市场的制度安排缺陷主要体现在土地一级市场供给由政府垄断和土地保护"收益—成本"分担不对等两个方面。这两个制度缺陷使得政府，尤其是地方政府在房地产开发及土地利用过程中常常忽视对土地资源的保护。

一方面，土地一级市场由国家高度垄断供给，各级政府对本行政区域内的土地实行统一规划、统一征用、统一储备、统一开发整理、统一供应、统一监督管理。在土地一级市场上，政府既是土地政策和土地规划的出台者，是土地资源合理利用和保护的守护者，扮演着"裁判员"的角色，又是土地使用权的唯一出让方，是土地出让市场最大的获利者。这样，在利益驱动下，政府往往存在着出让土地的冲动，从而忽视了自身保护土地资源的职责。

另一方面，在土地保护上存在着收益和成本的不对等现象，这成为政府忽略土地保护的另一重要原因。因土地保护而获取的收益较为长远，需要较长时期才能显现出来，而且大多表现为社会效益与生态效益，而土地保护所付出的成本则是现实的、立即发生的、大多表现为经济性的。这是因为土地保护本身是一项长期工程，其收益也具有极大的滞后性，而为了保护土地，当届政府则可能会损失很大一部分土地使用权出让收益。另外，从地域上看，土地保护，尤其是农用地的保护，其最大的受益者是整个国家、整个社会，而付出成本的往往是地方政府。因此，权衡利弊之后，某些地方政府很难有土地保护的主动性。

（二）城市规划的刚性约束不强

城市规划对于控制城市规模、调节土地用途、均衡城市发展都具有十分重要的作用。在房地产业发展过程中，城市规划发挥着不可替代的作用。通过控制城市规模可以有效地控制城市总体人口规模和密度，防止城市恶性膨胀；通过调节土地用途可以按照土地的适宜性来开发和使用城市土地，进而规划城市和房地产业的发展格局；通过均衡城市发展可

以对土地使用次序、公共设施配套进行有效调控,进而使得城市房地产业在空间上的配置更为合理和可持续。不仅如此,城市规划还可以通过对城市土地使用计划、建筑容积率和密度的控制直接影响房地产业的发展模式。

然而在过去很长一段时间,城市规划在推动房地产业的可持续发展中却并没有发挥应有的刚性约束作用。

首先,各管理部门职能重合,导致在城市规划的出台过程中"政出多门"。作为城市规划重要组成部分的土地使用规划和城市建设规划分属于当时的国土资源部和建设部,其直接结果往往是规划之间存在冲突,无法实现城市有效规划进而明确城市房地产业发展的目标。

其次,各职能部门权责不清,导致城市规划在实施过程中"执行不力"。各职能部门相互推诿成了一种常态,所碰到的问题自然也就没办法得到及时的解决。"执行不力"的直接结果就是城市规划往往成了一纸空文,其刚性约束作用无从谈起。

最后,无论是规划部门还是实施部门,都没有切实重视城市规划的刚性约束作用,没有将城市规划看成一个指导和约束城市发展的严厉法规,更没有将城市规划与推动房地产业可持续发展结合起来。

(三)节能环保激励政策与处罚规定不完善

可持续发展的房地产业往往以高效的能源利用为特征。节能项目既带来企业效益,又带来社会效益,是保护环境的有效措施。外国政府对节能项目采取了鼓励科研、资金补贴、减少税收、低息贷款等优惠政策,效果明显。而在中国,命令性政策占主导地位,经济政策很少,一些鼓励和惩罚的规定也不完善。为引导用能单位节能和保护环境,中国应继续完善鼓励与处罚规定。

节能省地型建筑至少要求"四节一环保"——节能、节地、节水、节材、环保,节能居首,可见它的重要性。中国建筑节能已有一些法律规范,但亟待加以完善。理论上,完善的调整建筑节能的法律体系应包括法律、行政法规、地方性法律规范、部门规章和标准。从已经出台的法律法规看,法律层面主要是《中华人民共和国建筑法》(以下简称《建筑法》)、《中华人民共和国节约能源法》(以下简称《节约能源法》)和《中华人民共和国可再生能源法》三部法律;国务院法规包括《民用建筑节能条例》《公共机构节能条例》;部门规章有《民用建筑节能管理规定》和《建设领域推广应用新技术管理规定》。根据《中华人民共和国标准化法》和《实施工程建设强制性标准监督规定》,建设领域的强制性标准也属于调整建筑节能的规范性文件,主要包括国家标准《公共建筑节能设计标准》以及覆盖各气候区的居住建筑节能设计标准。另外,在招标投标法规、房地产开发法规、资质管理规范等法律法规和部门规章中还有一系列可以采取调控手段规范建筑节能的规定。很多地方根据本地区实际情况出台了一系列地方法规和地方规章,以调整本地区的建筑节能问题。但《建筑法》对建筑节能的态度为"支持"、"鼓励"和"提倡",缺少强制性,没有具体条款加以约束。《节约能源法》对建筑节能虽规定了法律责任,但该法的罚则部分并未规定违反第十二条、第三十七条应当承担的法律责任。只有规定而无强制措施和法律责任,使该法关于建筑节能的规定缺乏实施力度,难以实现立法目的。另外《民用建筑节能管理规定》适用范围狭窄,不能规范整个建筑业节能要求。而《公共建筑节能设计标准》和各气候区居住建筑节能设计标准的缺陷是只针对设计阶段。另一方面光有标准还不行，还必须有法规、规章明确不执行标准的后果。目前的这类规定或者没有，或者过轻；而对设计单位虽然处罚有力度，但设计单位毕竟是受雇于建设单位的，还是应当从源头抓起。部门规章和标准文件应及时修订，做到更加科学、系统、更加具有可操作性。特别是要规定一些措施，加大执行力度。

总体上看，传统的粗放经营和依靠资源消耗获得经济增长的观念根深蒂固，是向集约化、节能型发展的重要障碍。城乡建设领域还有很多方面与绿色发展不相适应，"大量建设、大量消耗、大量排放"的现象依然存在[①]。

当然，虽然这些问题仍很明显，但十八大以来，随着生态文明建设的有序推进，上述制度制约因素出现了逐一被破解的迹象，城乡建设绿色发展领域的制度体系也不断完善，促进房地产业可持续发展的制度保障正在逐渐形成。

第五节 中国房地产业可持续发展的对策及成就

要实现房地产业的可持续发展，就必须从根本上改变现有的发展模式。从长远来看，既需要有一个规范的房地产市场提供良好的发展平台，又需要建立科学的相关制度激励市场主体采用可持续的发展方式进行房地产开发。当前，利用科学的宏观政策在短期内消除发展障碍，也是推动房地产业可持续发展的一个必然选择。在进行宏观政策设计时，必须通过规范市场、完善制度、改革政策三管齐下的方式达到推动房地产业可持续发展的目的。

一、有效利用市场力量，推动房地产业可持续发展

虽然市场的天然缺陷决定了仅仅依靠市场力量没有办法解决好公平问题以及环境与发展一体化的问题，也就不能真正实现房地产业的可持续发展，但是，毫无疑问，一个规范成熟的房地产市场是房地产业可持续发展的前提和基础，而且通过对市场缺陷的改进，还可以提升房地产业可持续发展的质量。内化外部性、建立长期规范的市场和引导过度的需求，是改善房地产业可持续发展工作的三个抓手。

（一）内化外部性，激励市场主体

要大胆利用市场机制调控房地产市场。纵然单一市场调节手段存在滞后性，但这方面的问题可以通过强有力的宏观调控手段加以改进。要想有效地利用市场力量调节房地产业市场主体，走可持续开发的道路，必须解决好可持续发展中所存在的外部性问题。一个比较有效的方法就是通过对相关金融和税收政策的设计，将可能产生的外部性内化为经济成本或者收益，以此激励市场主体选择可持续开发的模式。

一方面，要激励产生正外部性的行为。对那些采用可持续开发模式和节能环保技术的企业，给予金融和税收政策上的优惠，例如给予开发贷款的申请便利、利率优惠和适当减免企业所得税等税收方面的政策；对那些购买相关节能、节地、节水、节材、环保类房地

---

① 訾谦. 将绿色发展贯穿城乡建设全过程[N]. 光明日报，2021-10-26.

产的购买者给予适当的补贴,例如给予办理按揭的低首付、打折利率和销售时的个税的减免等。

另一方面,惩罚产生负外部性的行为。通过对减少贷款和提高税负的方法,对大量浪费土地、采用高消耗开发方式的企业进行惩治,提高这种开发方式的成本;通过征收高额所得税、增值税和提高按揭贷款利率等方式,对房地产的炫耀式购买、承租行为进行限制。

(二)规范市场秩序,完善市场机制

虽然仅靠市场调节手段并不能自发地推动房地产业可持续发展,但是一个长期规范的市场机制与市场秩序仍是房地产业可持续发展的必要前提。而要想推动房地产业实现环境与发展一体化等可持续目标,首先就必须改变房地产市场过于短视的现状,建立起可以持续发展的长期经济秩序。

首先,在土地二级市场上,要建立起合理的土地增值分配机制,按照投入的多少分配增值收益。这一方面可以限制单纯的土地投机行为,从而防止房地产市场波动和土地浪费[1];另一方面,可以有效激励人们对土地进行长期投入和保护,在获取土地市场价值的同时,也保证土地资源不被破坏,从而为土地市场的长期存在、最佳利用和健康发展打下坚实的基础。最重要的是,在投资者和国家之间合理分配增值收益,可以使作为城市基本建设主要投入方的地方政府获得足够的收益,进而为房地产业的发展提供良好的基础设施和环境。

其次,在房产市场上,要改变现有的利润增长模式,提升建筑材料对房产价格的影响,强调建筑科技对房产的价值,尤其是绿色建筑材料和建筑工艺对房产的增值作用,其最终目的是推动绿色、可持续建筑材料和建筑工艺在房地产开发中的使用。要达到这一目的,既要通过对绿色建筑材料和工艺的研究进一步降低开发成本,扩大市场占用率;又要通过对绿色建筑材料和工艺的倡导,改变现有的消费、投资习惯和理念,提高人们对绿色房产的兴趣。

(三)抑制过度需求,推动健康发展

过度的购房需求不符合市场健康发展的要求,其结果必然是透支房地产业的未来。当前房地产市场的过度需求已经对土地、能源、建材的保护和高效利用造成了极大的危害,从长远来看,不利于房地产业的可持续发展。要改变这一现状,必须从改变购买者的购买习惯和投资理念入手,促使广大民众树立起适度的投资意识和合理享用理念。然而合理的投资习惯和消费理念的形成并不能一蹴而就,它需要长时间的熏陶和培养。在当前条件下,通过税收政策、货币政策和财政补贴几种手段抑制过度需求,是一个较为恰当的办法。

对高档物业特别是别墅征收较高的房产税,被证明是抑制过度投资和消费尤其是炫耀式投资和消费的有力杠杆[2]。这样可以有效地提高其持有和使用成本,进而迫使一部分人退出高端市场,从而可以从根本上缓解对高档住宅特别是别墅的过度需求。这不仅有利于房地产业自身的健康发展,还能促进土地资源的集约利用。

对高档物业特别是别墅实施抑制性按揭贷款政策,也有利于降低市场对这部分房地产

---

[1] 有的学者认为,高地价并不会导致土地的高效利用,因为高地价常常会导致土地投机的大量出现,而土地投机会使得大量土地为了增值目的而闲置或浪费。

[2] 董藩. 决定命运的两只手[N]. 中国房地产报, 2006-04-24 (26, 27).

市场的需求。基本思路包括：首先，提高首付，或者说对高档物业的贷款降低比率；其次，对高档物业的贷款利率进行调整，上浮一定比率，如10%或20%，增加购买者压力；最后，缩短对高档物业的贷款期限，如将按揭贷款的时间由30年缩短到20年甚至10年。这些政策对房地产业的可持续发展很有意义。

提供购房补贴和租房补贴也是引导过度需求的有效手段。通过对购买中小户型房产的家庭提供适当的补贴，可以有效地激励购房者进行合理投资，提高中小户型的开发占比和需求占比，这对房地产业的集约发展具有重要作用，与对高档物业征收较高持有和交易税的做法是殊途同归的。对租房行为进行大量补贴可以彻底扭转市场上"只买不租"或者"多买少租"的现象，使市场回归到一个较为合理的"租买比例"。这样可以盘活存量住房市场，减少不必要的开发活动，节约宝贵的土地、能源等资源。

【案例/专栏 11-3】 多措并举、利用市场力量，推动城乡建设绿色发展

二、持续完善制度体系，推动房地产业可持续发展

完善合理的制度是保证房地产业健康发展的必要前提。在推动房地产业可持续发展的过程中，无论是保障代内和代际公平，还是要实现环境和发展一体化，都离不开一个完善合理的制度基础。既然不合理的制度安排是影响当前房地产业可持续发展的根本原因，那么在进行宏观制度与政策的设计中，必须把废弃不合理的制度、完善科学的制度与政策放在首要位置。完善土地制度、加强城市规划的刚性约束、加大节能环保的政策激励、推进城乡建设绿色发展的政策保障与实践是当前制度完善的四大首要任务。

（一）完善不合理的土地制度

土地一级市场由政府垄断和土地保护"收益—成本"分担的不对等是土地制度不合理的两个重要表现，这两个制度缺陷共同加剧了土地资源保护的难度。因此，改革土地一级市场管理体制，科学设计土地制度，是当前推动土地资源保护、合理开发房地产业的重中之重。

改革土地一级市场管理体制的关键在于解决好政府在市场中清晰定位的问题。政府作为社会公平的主要维护者，在土地一级市场中，应当更多地扮演"裁判员"的角色，主要负责土地政策和土地规划的出台，维护市场秩序，担负起土地资源保护的重任。然而政府对一级土地市场的垄断又决定了它必须在土地使用权转让中充当唯一卖者的角色。在这种情况下，将政府的土地垄断者与土地使用权转让者这两个角色分离，是解决政府角色混淆的唯一办法。一个可行的方案就是在土地一级市场中充分利用非营利组织的作用，让它们代替政府承担土地使用权转让者的角色。这样既能保证非营利组织中立地代表土地所有者的利益，保障土地资产的增值，不会造成国有资产的流失；又使政府能够以公正的"裁判员"身份维持土地市场秩序，履行好保护土地资源的职责。这个问题比较复杂，这里只先提出这么一种改革思路。

让土地在保护过程中产生的收益和成本相对应，是正确设计土地保护制度的首要任务。一方面，土地资源保护的全局性决定了中央政府应当主动地承担起大部分土地资源保护的

成本。这是因为土地资源保护，尤其是耕地保护的最终目的和宗旨是国家生态安全和粮食安全。虽然从长远来说，地方政府和地方人民是最终受益者，但是从短期来看，这种收益并不明显、也不直接，地方政府很难具有内在的土地资源保护的政治激励。因而中央政府应当站在全局的高度，通过财政转移支付推动土地资源保护工作。另一方面，土地资源保护的长期性决定了这项工作必须作为一项重要考核内容列入地方政府的政绩考核指标。而且，这种考核指标不能仅仅是数量上的，应当是具有前瞻性和可持续性的，以促使地方政府用长期的眼光看待土地保护问题。

 【案例/专栏 11-4】 北京开展高标准商品住宅建设方案评选

（二）加强城市规划的刚性约束

加强城市规划的刚性约束需要从控制城市规模、调节土地使用用途、均衡城市发展三个方面入手，而要做到这几点，必须首先解决好规划出台和实施过程中"政出多门"和"执行不力"的问题。必须将各职能部门的相关职能进行有效整合，相关政策和规划能够相得益彰、相互配合，使土地使用规划和城市建设规划共同发挥对城市建设和房地产业发展的指导作用。在执行过程中各部门能够有效配合，减少执行过程中的职能重复和职能漏洞，使得城市规划能够真正成为一个刚性约束条件。

具体到城市规划的设计上，首先，应当强调城市规划对城市规模的控制作用。再具体到房地产业，就应当着力控制土地开发总面积。通过对城市规模和新开发土地面积的控制，减少新增土地的出让，促进存量土地资源的使用效率，保障房地产业可持续发展。其次，应当强调城市规划对土地使用用途的调节作用。通过对土地使用用途的调节，鼓励中小户型的开发，减少高档公寓和别墅的开发，推动土地的集约利用和房地产业的集约开发。最后，应当强调城市规划对房地产开发模式的引导作用。通过对建筑容积率、建筑密度、公共设施配置等具体指标的规定，保证房地产业开发符合生态环保和社会发展的需要，体现环境和发展的一体化要求。

以 2016 年中共中央、国务院《关于进一步加强城市规划建设管理工作的若干意见》的出台为重要标志，在推动房地产业可持续发展领域，国家也在全力解决城市规划刚性约束不强等问题。首先，强调将以人为本、尊重自然、传承历史、绿色低碳等可持续发展理念融入城市规划全过程。要求坚持协调发展理念，加强空间开发管制，划定城市开发边界，根据资源禀赋和环境承载能力引导调控城市规模，优化城市空间布局和形态功能，确定城市建设约束性指标。其次，按照严控增量、盘活存量、优化结构的思路，逐步调整城市用地结构，把保护基本农田放在优先地位，保证生态用地，合理安排建设用地，推动城市集约发展。最后，强调进一步强化规划的强制性。要求增强规划的前瞻性、严肃性和连续性，实现一张蓝图干到底，提出凡是违反规划的行为都要严肃追究责任，对于城市总体规划的修改、控制性详细规划编制等都做出了原则性要求。

（三）加大节能环保的政策激励

国家从建筑设计管理、新型建造方式使用、节能城市建设等方面，对房地产业可持续发展提出了具体要求。譬如，在建筑设计管理方面，要求按照"适用、经济、绿色、美观"

的建筑方针，突出建筑使用功能以及节能、节水、节地、节材和环保，防止片面追求建筑外观形象等；在发展新型建造方式方面，要求大力推广装配式建筑，减少建筑垃圾和扬尘污染等；在节能城市建设方面，要求提高建筑节能标准，推广绿色建筑和建材。支持和鼓励各地结合自然气候特点，推广应用地源热泵、水源热泵、太阳能发电等新能源技术，发展被动式房屋等绿色节能建筑。

这些规定中，节能是重点。能源的节约利用首先必须树立起全社会的能源节约意识。通过政府近些年来的大力宣传，能源节约的重要性可谓家喻户晓。但是在房地产业，无论是房地产开发过程还是业主持有、使用过程，能源使用状况仍然不容乐观，因而在继续加大宣传力度的同时，必须出台相应的鼓励节约政策。

首先，应当通过税收和金融政策的优惠，对那些从事符合生态效益的建筑技术研究和制造企业给予支持。可以将此类企业类比高科技企业进行税收上的减免和贷款上的支持，以此鼓励该类建筑的基础研究和技术开发。

其次，对使用此类技术的开发者和消费者给予适当的补贴。通过政府财政补贴降低新技术应用成本，提高此类技术的市场竞争力和占用率，达到推广新技术、促进开发方式转变的目的。

再次，对一些陈旧且对能源高度消耗的技术和设备征收较高的税收，加快此类陈旧技术和设备的淘汰速度。

最后，合理提高部分能源的使用价格，例如提高暖气的供给价格，这样不仅可以通过价格杠杆激励消费者节约能源，还能促使消费者选用节能式住宅，从需求层面推动节能式住宅的开发。

（四）推进城乡建设绿色发展的政策保障与实践

随着生态文明建设的加速推进，中央政府加大了政策层面推进可持续发展的力度。中共中央在十八届三中全会的报告中提出，"建立生态环境损害责任终身追究制""加快自然资源及其产品价格改革，全面反映市场供求、资源稀缺程度、生态环境损害成本和修复效益。坚持使用资源付费和谁污染环境、谁破坏生态谁付费原则，逐步将资源税扩展到占用各种自然生态空间……发展环保市场，推行节能量、碳排放权、排污权、水权交易制度，建立吸引社会资本投入生态环境保护的市场化机制，推行环境污染第三方治理。"

2021年10月，中共中央办公厅、国务院办公厅发布《关于推动城乡建设绿色发展的意见》，强调以城乡建设绿色发展为目标，加强顶层设计，编制相关规划，建立规划、建设、管理三大环节统筹机制，统筹城市布局的经济需要、生活需要、生态需要、安全需要，统筹地上地下空间综合利用，统筹各类基础设施建设，系统推进重大工程项目。完善城乡规划、建设、管理制度，动态管控建设进程，确保一张蓝图实施不走样、不变形。同时，要求建立健全"一年一体检、五年一评估"的城市体检评估制度，将绿色发展纳入评估指标体系。在节能环保政策领域，从建设高品质绿色建筑、实现工程建设全过程绿色建造、推动形成绿色生活方式三个方面做了具体要求。包括：实施建筑领域碳达峰、碳中和行动；规范绿色建筑设计、施工、运行、管理，鼓励建设绿色农房，推进既有建筑绿色化改造；开展绿色建筑、节约型机关、绿色学校、绿色医院创建行动；大力推广超低能耗、近零能耗建筑，发展零碳建筑；实施绿色建筑统一标识制度；大力推动可再生能源应用，鼓励智能光伏与绿色建筑融合创新发展；大力发展装配式建筑，重点推动钢结构装配式住宅建设，不断提升构件标准化水平；完善绿色建材产品认证制度，开展绿色建材应用示范工程建设，鼓励使用综合利用产品；加强建筑材料循环利用，促进建筑垃圾减量化；倡导绿色装修，鼓励选用绿色建材、家具、家电；深入开展绿色出行创建行动，优化交通出行结构，鼓励公众选择公共交通、自行车和步行等出行方式。

在具体实践中，以城乡建设绿色发展为目标，房地产业的绿色低碳发展取得了长足进步。在城市建设中，城市生态修复和功能完善工程持续推进，海绵城市建设不断深化，城市黑臭水体治理、生活垃圾分类等不断强化，绿色建筑加速发展。截至 2020 年年底，全国城镇新建绿色建筑占当年新建建筑面积比例达 77%，累计建成绿色建筑面积超过 66 亿平方米，累计建成节能建筑面积超过 238 亿平方米，节能建筑占城镇民用建筑面积比例超过 63%，全国新开工装配式建筑占城镇当年新建建筑面积比例为 20.5%。相信随着城乡建设领域的碳达峰、碳中和行动的推进，房地产业可持续发展的前景也将日益光明，中国房地产业的可持续发展将走出一条极具特色且成效显著的道路。

本章小结

- 可持续发展是这样的发展，它满足当代的需求，而不损害后代满足他们需求的能力。可持续发展有三大基础原则，即公平性原则、持续性原则和共同性原则。
- 可持续发展思想在中国的发展主要是以政府层面的推动为主，在政府层面对可持续发展思想的推动和实践，一般可以分为学习启动、理解深化和发展提升三个阶段。
- 房地产业可持续发展至少包括两层含义：一是经济的可持续，即房地产市场的发展在不断满足人们需要的同时，不能给宏观经济带来严重的问题；二是生态的可持续，即房地产业的发展必须同土地合理利用等生态问题相结合。
- 中国人多地少、能源稀缺的特殊国情，决定了在中国走可持续发展道路不仅仅是发展的必然趋势，更是发展过程中的一个紧迫而又唯一的选择；而房地产业高资源消耗性和短期内的不可逆转性，又决定了加快推动房地产业走可持续发展的道路应该成为可持续发展战略中的首要任务之一。
- 中国房地产市场发展不成熟、影响房地产业发展的制度安排不够合理、现阶段宏观调控政策存在偏差是影响中国房地产业可持续发展的主要因素。
- 推动房地产业可持续发展需要从三方面着手：一是内化外部性，激励市场主体。二是建立规范市场和有利于可持续发展的经济秩序。三是抑制过度需求，推动健康发展。

综合练习

一、本章基本概念

可持续发展；可持续发展三原则；房地产业可持续发展；城市可持续发展；土地可持

续利用；存量资源；流量资源；生态资源；土壤资源

二、本章基本思考题

1. 房地产业可持续发展与城市可持续发展、土地可持续利用的关系是什么？
2. 中国房地产业为什么必须走可持续发展的道路？
3. 影响中国房地产业可持续发展的市场因素包括哪些？
4. 影响中国房地产业可持续发展的制度因素包括哪些？
5. 如何利用市场力量推动房地产业可持续发展？
6. 如何完善制度，推动房地产业可持续发展？

 推荐阅读资料

1. 布林克曼．可持续发展概论[M]．天津：天津人民出版社，2022．
2. 孙国强．循环经济的新范式：循环经济生态城市的理论与实践[M]．北京：清华大学出版社，2005：16．
3. 车维汉．发展经济学[M]．北京：清华大学出版社，2006：327．
4. 王克强，王洪卫，陈帅，等．聚焦房地产市场关注房地产业可持续发展：第13届亚洲房地产学会年会暨国际研讨会综述[J]．中国土地科学，2008（8）：74-80．
5. 赵华平，张所地．论中国房地产业的可持续发展[J]．技术经济，2006（4）：34-38．
6. 肖元真．宏观调控下我国房地产发展的战略与态势[J]．社会科学辑刊，2005（6）：86-90．
7. 游军涛．房地产经济可持续发展与指标控制[J]．上海统计，2000（10）：15-16．
8. 骈永富．房地产业必须走可持续发展的道路[J]．中国房地产，2003（11）：34-35．
9. 董藩．中国国情是高房价形成的重要因素[J]．人民日报·内部参阅，2005（30）：1-3．
10. 丁宏．土地资源利用过程中市场与政府的博弈[M]//邓楠．可持续发展：经济与环境（上册）．上海：同济大学出版社，2005：220-223．
11. 董藩．决定命运的两只手[N]．中国房地产报，2006-04-24（26，27）．
12. 李传健，邓良．新型城镇化与中国房地产业可持续发展[J]．经济问题，2015（1）：119-123．
13. 龚云．习近平生态文明思想的重大理论和实践意义[N]．中国环境报，2022-02-15．
14. 高敬，胡璐，侯雪静，等．努力建设人与自然和谐共生的现代化：以习近平同志为核心的党中央推进生态文明建设述评[EB/OL]．（2022-06-04）．https://baijiahao.baidu.com/s?id=1734682163914219376&wfr=spider&for=pc．